福建民族研究文集（2022）

福建省民族与宗教研究所 编

海峡出版发行集团
THE STRAITS PUBLISHING & DISTRIBUTING GROUP
福建人民出版社

图书在版编目（CIP）数据

福建民族研究文集. 2022 / 福建省民族与宗教研究所编. --福州：福建人民出版社，2024.8

ISBN 978-7-211-09352-6

Ⅰ. ①福…　Ⅱ. ①福…　Ⅲ. ①少数民族－民族历史－福建－文集　②少数民族－民族文化－福建－文集　Ⅳ. ①K280.57－53

中国国家版本馆 CIP 数据核字（2024）第 079373 号

福建民族研究文集（2022）

FUJIAN MINZU YANJIU WENJI

编　　者：福建省民族与宗教研究所
责任编辑：林　顶
美术编辑：林　玲
责任校对：陈　璟
出版发行：福建人民出版社　　**电　　话**：0591-87533169(发行部)
网　　址：http://www.fjpph.com　　**电子邮箱**：fjpph7211@126.com
地　　址：福州市东水路 76 号　　**邮政编码**：350001
经　　销：福建新华发行（集团）有限责任公司
印　　刷：福建建本文化产业股份有限公司
地　　址：福建省福州市仓山区建新镇红江路 6 号浦上工业园 C 区 17＃楼三层
开　　本：787 毫米×1092 毫米　1/16
印　　张：27
字　　数：469 千字
版　　次：2024 年 8 月第 1 版
印　　次：2024 年 8 月第 1 次印刷
书　　号：ISBN 978-7-211-09352-6
定　　价：108.00 元

前　言

党的十八大以来，以习近平同志为核心的党中央就民族工作做出一系列重大决策部署，提出了一系列新思想、新理念、新战略，形成了习近平总书记关于加强和改进民族工作的重要思想。习近平总书记在2021年的中央民族工作会议上明确指出，要以铸牢中华民族共同体意识为主线，推动新时代党的民族工作高质量发展。铸牢中华民族共同体意识是新时代党的民族工作的"纲"，所有工作要向此聚焦。

习近平总书记在福建工作17年半，始终心系少数民族和民族地区经济社会发展。1997年12月，时任福建省委副书记的习近平同志强调要"把福建建设成为中华民族团结进步的窗口"。多年来，福建省始终牢记习近平总书记的重要嘱托，紧紧围绕铸牢中华民族共同体意识这一主线，致力于各民族共同团结奋斗、共同繁荣发展，持续深入推进民族团结进步创建工作，汇聚各民族共筑中国梦的磅礴力量。

在此过程中，福建省各地的民族工作部门在民族团结进步创建、少数民族乡村振兴、少数民族文化保护、少数民族流动人口服务管理等具体的工作实践中积累了很多宝贵的经验。2020年，福建省民族与宗教事务厅与福州大学以共建的方式，成立"福建省铸牢中华民族共同体意识研究中心"，合力推动铸牢中华民族共同体意识重大基础理论与现实问题的研究，形成了一系列的研究成果。福建省民族与宗教研究所紧扣"铸牢中华民族共同体意识"主线，加强中华民族共同体理论与民族工作实践研究，连续举办了"中华民族团结进步窗口论坛""铸牢中华民族共同体意识论坛"，为政界与学界相互交流、相互学习搭建平台。研究所的同志们也始终围绕民族工作主题，积极开展课题研究，形成了一批学术成果。

为总结推广新时期福建省各地民族工作的实践经验，共享关于铸牢中华民族共同体意识重要理论问题与现实问题的研究成果，共同探索铸牢中华民族共同体意识的实践路径，福建省民族与宗教研究所精心筹划出版《福建民族研究文集（2022）》。将2020年至2022年期间，福建省各地关于民族团结进步创建、民族乡村振兴、优秀民族文化保护等方面的调研报告或实践工作经验；福建省铸牢中华民族共同体意识研究中心开展的“铸牢中华民族共同体意识的理论内涵与实践路径研究”等课题项目的研究成果以及研究所同志撰写的学术文章汇集成册公开出版，以期达到保存资料、分享经验、交流观点的目的。文集中各篇文章的观点仅代表作者观点，不代表福建省民族与宗教研究所的立场。

由于编者水平有限，文集中难免出现错误，敬请读者见谅。

福建省民族与宗教研究所

2024年3月

目　录
CONTENTS

1 铸牢中华民族共同体意识的理论内涵与实践路径 …………………… 卢长宝　杨文法　何蔓莉　刘婷婷　许陶然

42 铸牢中华民族共同体意识的理论内涵与福建省实践路径研究 …………………… 赖海榕　林　林

69 福建省各民族交往交流交融历史及其经验研究 …………………… 甘满堂

92 努力把福建建设成为中华民族团结进步的窗口 …………………… 刘敏榕

104 福建省各民族交往交流交融历史及其经验研究 …………………… 麻健敏

133 福建省少数民族流动人口服务与管理研究 …………… 陈凤兰　陈鸿娟

162 树立和突出各民族共享的中华文化符号和中华民族形象研究 …………………… 徐冬梅

186 铸牢中华民族共同体意识的双层面向与路径探析
——以"个体意识—社会表征"为框架 …………………… 黄淑萍

198 社会表征理论框架下的民族交往交流交融运行逻辑及路径探析 …………………… 黄淑萍

215 中华民族共同体视域下的少数民族干部培养
——对福建少数民族干部工作调研情况的思考 …………… 高　静

223 从契约文书看清代屏南县巴地畲民的经济行为 …………………… 李周泰

244 政治视角下清代福建畲汉交往交流交融述论
——基于对畲族古籍文献的考察 …………………… 黄淑萍　陈　华

253 文旅融合背景下青水畲族乡文化空间再生产 …………………… 兰　晔

267 加强铸牢中华民族共同体意识宣传教育的几点思考 …………… 黄淑萍

272 关于漳州市开展民族团结进步创建工作铸牢中华民族共同体意识的调研报告 …………………… 漳州市民族宗教局

278 铸牢中华民族共同体意识　唱响“石榴籽和谐之声”
………………………………………………… 三明市民族宗教局
283 铸牢中华民族共同体意识　打造有温度的幸福龙岩
………………………………………………… 龙岩市民族宗教局
288 凝心聚力开新局　同心同向谋新篇
………………………………………………… 泉州市民族宗教局
293 福建省民族乡村脱贫人口可持续发展问题研究
——基于龙岩、泉州部分民族乡村的调查
……………………………………… 省民族与宗教研究所课题组
299 加强少数民族文化建设　提升福建文化软实力 ……………… 黄淑萍
305 关于福建省开展铸牢中华民族共同体意识宣传教育的研究报告
…………………………………………………………… 黄淑萍
314 大力推动民族乡村建设　铸牢中华民族共同体意识
……………………………… 泉州台商投资区党工委党群工作部
319 推进民族团结进步　铸牢中华民族共同体意识 …… 霞浦县民族宗教局
323 推进民族团结进步事业　铸牢中华民族共同体意识
……………………………………… 漳州市龙海区民族宗教局
327 建设少数民族特色村寨　助推民族乡村振兴发展
——龙岩市少数民族特色村寨建设实践与思考
………………………………………………… 龙岩市民族宗教局
333 聚力创建特色村寨　扎实推进乡村振兴
——南平市开展少数民族特色村寨建设的做法与成效
………………………………………………… 南平市民族宗教局
337 多措并举推进特色村寨建设　助力少数民族乡村振兴发展
………………………………………………… 宁德市民族宗教局
341 福鼎市磻溪镇赤溪村调查 ……………………… 福鼎市民族宗教局
348 惠安县推进少数民族乡村振兴的工作实践 ………… 惠安县民族宗教局
352 关于新时代少数民族村寨建设的思考 ……………… 霞浦县民族宗教局
357 进一步稳固脱贫攻坚成果　助力乡村振兴战略实施 …………… 廖祖英
362 宁德市蕉城区畲族文化保护传承的现状与思考 …… 蕉城区民族宗教局
367 晋江市少数民族文化保护传承工作的经验、不足与思考
………………………………………………… 晋江市委统战部

371 泉州市少数民族流动人口服务管理工作的现状、问题及建议
……………………………………………… 泉州市民族宗教局
376 莆田市大统战工作格局下建设中华民族团结进步窗口研究
……………………………………………… 莆田市民族宗教局
381 中华民族共同体建设的福建实践 ………………………… 张耀影
386 铸牢中华民族共同体意识　加强中华民族共同体建设
……………………………………………… 福州市民族宗教局
390 创新平台促融入　共享发展新成果 ………………… 厦门市民族宗教局
394 推动民族团结进步创建　深化铸牢中华民族共同体意识教育
……………………………………………… 宁德市民族宗教局
398 聚焦民族团结进步　助推民族乡村振兴
…………………………………… 平潭综合实验区党工委党群工作部
402 大团结　大融合　大发展
——晋江市三举措推动民族团结进步创建 ……… 晋江市民族宗教局
405 画好“同心圆”　铸牢中华民族共同体意识 ……… 连江县民族宗教局
409 念好“高、精、多”三字经　谱写铸牢中华民族共同体意识教育
新篇章 ……………………………………………… 罗源县民族宗教局
414 畲汉一家亲　共筑中国梦 ………………………… 上杭县民族宗教局
419 高山畲水舞丰年　民族团结一家亲 …… 华安县少数民族事务服务中心

铸牢中华民族共同体意识的理论内涵与实践路径①

[1]福州大学经济与管理学院　[2]福建省委统战部

卢长宝[1]　杨文法[2]　何蔓莉[1]　刘婷婷[1]　许陶然[1]

铸牢中华民族共同体意识是习近平总书记关于民族理论的重大论断，反映了坚持党的领导，坚持走中国特色解决民族问题的正确道路，坚持和完善民族区域自治制度，加强党的民族理论和民族政策学习以及民族团结教育，以铸牢中华民族共同体意识为主线做好各项工作的现实需要。当前，需要把各族干部群众的思想和行动统一到党中央决策部署上来，不断增强各族群众对伟大祖国、中华民族、中华文化、中国共产党、中国特色社会主义的认同。为此，有必要对铸牢中华民族共同体意识的理论内涵、意义价值、现实困境以及实践路径等方面做系统全面的分析。

一、铸牢中华民族共同体意识的理论内涵

（一）铸牢中华民族共同体意识的时空背景

1. 中华五千年的民族历史文化底蕴

中华民族共同体是在中华民族五千年历史发展中形成的，承载中华传统文化和中华民族精神内涵的，能够让各族人民同呼吸、共命运、心连心的共同体。中国沃野上先后生息过众多民族，并随历史长河的演进和族际间“三交三化”，最终形成各族人民共同缔造的统一多民族国家。在这广袤无垠的中华大地上，五千年的风吹雨打与分合聚散历练了民族性格，锻造了身份认同，在“中华儿女”“炎黄子孙”“龙的传人”等标签下，原本多元复杂的人们逐

①　本文系2021年度福建省铸牢中华民族共同体意识研究中心课题研究成果，项目编号21SKZ45。

渐融为一体，形成了“四个共同”的基本事实。一部中国史，就是一部各民族交融汇聚成多元一体中华民族的历史，就是各民族共同缔造、发展、巩固统一的伟大祖国的历史。多民族是我国的一大特色，也是我国发展的一大有利因素。可以认为，中华民族共同体意识的形成是历史的必然，是中国炎黄子孙在历史洪流中相互融合发展积淀形成的一种潜意识和心理自觉。

2.“百年未有之大变局”的国际环境

习近平总书记多次指出，当今世界正处于百年未有之大变局。综观当今世界，原有的世界格局被彻底打破，各种不确定性使得各个国家都面临着风险和危机，维护国家主权、安全和发展利益需要凝聚全体中华儿女的力量。

当前，我国的发展环境面临更多的复杂性和不确定性。世界经济中心正向亚洲转移，中美关系的变化将引发世界政治格局的变动，大国战略博弈由此发生变化，多极化趋势不可阻挡。同时，全球化进程不断深入。信息化技术将各个国家结合成一个荣辱与共的共同体。在这样一个共同体当中，各个国家相互之间的联系变得日益密切，促使经济高速发展的同时一些国际性的挑战也随即出现，特别是各种各样的地方保护主义、局部矛盾以战争、冲突等激烈的方式表现出来，西方的思想文化以形形色色的途径传入我国，使我国在全球化的社会思潮中面临巨大的考验。西方敌对势力一贯打着“民族”“人权”的旗号，对中国进行渗透、西化、分化，国外敌对势力加紧利用所谓民主、人权、民族、宗教以及香港、台湾、西藏、新疆等问题对我国实施“颜色革命”，“三股势力”不断制造分裂破坏活动，各种思潮叠加上演。面对深刻变化的国际形势，如何借鉴西方国家的先进经验、如何维护我国国家的主权和领土完整，如何抵制敌对势力的侵蚀和破坏，对上述问题的思考对于保障我国繁荣稳定、实现中华民族伟大复兴中国梦具有重要意义。

3．正值中华民族伟大复兴的时代

当今中国，正处在“两个一百年”奋斗目标历史交汇关键节点和全面建设社会主义现代化国家新征程开启的关键时期，在统筹中华民族伟大复兴战略全局和世界百年未有之大变局的重要时刻，凝聚智慧、汇聚力量的任务也非常繁重。铸牢中华民族共同体意识是建设新时代中国特色社会主义现代化国家的重要内容，是我国民族工作新的目标和新的思想，是提高各民族对中华民族共同体的归属感和认同感，使各民族的各项权益得到保障的重要举措，是实现中华民族一家亲，共圆中华民族伟大复兴中国梦的必然要求。

党的十九届五中全会指出，全党要统筹中华民族伟大复兴战略全局和世界百年未有之大变局，深刻认识我国社会主要矛盾变化带来的新特征新要求，深刻认识错综复杂的国际环境带来的新矛盾新挑战。面对变局和挑战，实现中华民族伟大复兴的中国梦，必须进一步增进各族群众对伟大祖国、中华民族、中华文化、中国共产党、中国特色社会主义的认同，需要铸牢中华民族共同体意识，筑牢各族人民团结奋斗的政治基础、思想基础和社会基础。毫无疑问，无论是为了实现中华民族伟大复兴的中国梦这一发展目标，还是作为抵抗外部分裂势力的一个重要手段，铸牢中华民族共同体意识是解决这些问题的关键。铸牢中华民族共同体意识的提出正当其时，符合我们国家在世界发展洪流当中繁荣昌盛的趋势，是符合我国各民族实际发展情况的新思想。

我们伟大的祖国进入了一个前所未有的新时代，这个时代需要一种时代精神、需要一个时代的发展目标，这就是中华民族伟大复兴的中国梦，而要实现中华民族伟大复兴的中国梦，就需要铸牢中华民族共同体意识。如何在实际生活中铸牢中华民族共同体意识，如何从我国的基本国情出发更好地发挥中华民族共同体意识的作用，这些都需要我们进行不断地探索和实践。

（二）铸牢中华民族共同体意识的提出过程

铸牢中华民族共同体意识是习近平总书记在党的民族理论方面做出的重大原创性论断。这一论断的提出经历了 2014 年萌芽与发展、2015 年完善、2017 年成熟、2018 年形成政策、2019 年形成体系、2020 年全面落实、2021 年进一步稳固等多个阶段，具体如表 1 所示。

表 1　铸牢中华民族共同体意识的提出过程

阶段	具体时间	重要论断/关键事件
2014 年萌芽与发展阶段	5 月	习近平总书记在第二次中央新疆工作座谈会明确提出“牢固树立中华民族共同体意识”。
	9 月	习近平总书记在中央民族工作会议上指出，要“积极培养中华民族共同体意识”，这是中国特色解决民族问题正确道路的核心内涵。
2015 年完善阶段	8 月	习近平总书记在中央第六次西藏工作座谈会上提出要“大力培育中华民族共同体意识”。

续表

阶段	具体时间	重要论断/关键事件
2017年成熟阶段	10月	党的十九大报告指出，铸牢中华民族共同体意识，加强各民族交往交流交融，促进各民族像石榴籽一样紧紧抱在一起，共同团结奋斗、共同繁荣发展。“铸牢中华民族共同体意识”被正式写入党章。
2018年形成政策阶段	3月	十三届全国人大一次会议通过宪法修正案，“中华民族”一词首次写入国家的根本法。
2019年形成体系阶段	9月	习近平总书记在全国民族团结进步表彰大会上明确强调，“以铸牢中华民族共同体意识为主线做好各项工作”。
	10月	习近平总书记在党的十九届四中全会上深刻指出，坚持各民族一律平等，铸牢中华民族共同体意识，实现共同团结奋斗、共同繁荣发展，是我国国家制度和国家治理体系的显著优势之一。
	10月	《关于全面深入持久开展民族团结进步创建工作铸牢中华民族共同体意识的意见》指出，中华民族共同体意识是国家统一之基、民族团结之本、精神力量之魂。
2020年全面落实阶段	1月	习近平总书记赴云南考察，指出要坚持走中国特色解决民族问题的正确道路，全面深入持久开展民族团结进步创建，打牢中华民族共同体思想基础。
	5月	习近平总书记赴山西考察，指出要深入挖掘云冈石窟蕴含的各民族交往交流交融的历史内涵，增强中华民族共同体意识。
	6月	习近平总书记赴宁夏考察，指出中华民族是多元一体的伟大民族，全面建成小康社会，一个少数民族也不能少。各民族团结携手，共同迈进全面小康，体现了中华民族优良传统，体现了中国特色社会主义制度的显著优势。

续表

阶段	具体时间	重要论断/关键事件
	8月	习近平总书记在中央第七次西藏工作座谈会指出，坚持稳中求进工作总基调，把铸牢中华民族共同体意识纳入新时代党的治藏方略。
	9月	习近平总书记在第三次中央新疆工作座谈会上，强调要坚持以凝聚人心为根本，以铸牢中华民族共同体意识为主线，不断巩固各民族大团结。要加强中华民族共同体历史、中华民族多元一体格局的研究，将中华民族共同体意识教育纳入新疆干部教育、青少年教育、社会教育中，让中华民族共同体意识根植心灵深处。
	11月	党的十九届五中全会通过的《中共中央关于制定国民经济和社会发展第十四个五年规划和二〇三五年远景目标的建议》，把“中华民族凝聚力进一步增强”列入“十四五”时期经济社会发展主要目标，对铸牢中华民族共同体意识进行了战略性部署。
2021年进一步稳固阶段	3月	习近平总书记在参加内蒙古代表团审议时强调，在开启全面建设社会主义现代化国家新征程的伟大实践中，各民族要“完整准确全面贯彻新发展理念，铸牢中华民族共同体意识”。
	8月	习近平总书记在中央民族工作会议上强调，要以铸牢中华民族共同体意识为主线，坚定不移走中国特色解决民族问题的正确道路，构筑中华民族共有精神家园，促进各民族交往交流交融，推动民族地区加快现代化建设步伐，提升民族事务治理法治化水平，防范化解民族领域风险隐患，推动新时代党的民族工作高质量发展。

对照表1来看，习近平总书记上述关于铸牢中华民族共同体意识的相关论述，充分体现了党和国家对铸牢中华民族共同体意识的高度重视。从第二次中央新疆工作座谈会提出“牢固”树立中华民族共同体意识，到2014年中央民族工作会议提出积极“培养”中华民族共同体意识，再到十九大提出

“铸牢”中华民族共同体意识的新任务，这一理论从政治伦理到国家战略、从理论构想到具体实践、从内地到边疆，形成了一整套宏大的国家治理体系，既反映了中国共产党人在新时代对如何推进铸牢中华民族共同体意识的理论认识和实践过程，也反映了中国共产党是具有强大内生动力的。这种内生动力来自于与时俱进，来自于对时代发展趋势的正确把握。中华民族共同体，既是国家与民族统一的全新理论，又是当前国家治理体系变革的必然实践。

认真梳理中华民族共同体意识提出的过程，有几点值得关注：第一，中华民族共同体意识既要“积极培育”又要“铸牢”；第二，要以铸牢中华民族共同体意识为主线，促进各民族大团结；第三，铸牢中华民族共同体意识的重要途径是促进各民族的交往交流交融；第四，要把铸牢中华民族共同体意识教育纳入国民教育、干部教育和社会教育全过程；第五，要让中华民族共同体意识根植心灵深处。

（三）铸牢中华民族共同体意识的科学内涵

1. 主要概念辨析

“铸牢中华民族共同体意识”是对中国历史、政治文明、精神文明和国家认同感的理解。同时，对民族、中华民族、中华民族共同体等基本概念的解释，是理解“铸牢中华民族共同体意识”的前提基础。在理解这些概念的基础上，才能进一步理解其形成的历史根基。

（1）民族与民族国家

“民族”概念的产生、定义、译法等在学术界一直争论较多。安东尼·史密斯、厄内斯特·盖尔纳、霍布斯鲍姆、本尼迪克特·安德森等学者，都对“民族”下过定义。斯大林的“民族”的定义是我国在新中国成立初期引用最多的。1913 年，他在《马克思主义和民族问题》一文中综合“民族”所具有的各种特征对其定义为“民族是人们在历史上形成的一个有共同语言、共同地域、共同经济生活以及表现在共同文化上的共同心理素质的稳定的共同体”[1]。2005 年中央民族工作会议中，中国共产党把马克思主义理论与我国实际情况相结合，提出“民族是在一定的历史发展阶段形成的稳定的人们共同体。一般来说，民族在历史渊源、生产方式、语言、文化、风俗习惯以及心理认同等方面具有共同的特征。有的民族在形成和发展的过程中，宗教起着重要作用”[2]。

综合来看，民族是历史上形成的人们共同体，这一共同体是客观存在的，是长期演变中形成的，共同的地域是他们的生活环境，在共同的地域下他们从事着不同的生产交换活动，并且创造出了物质财富和精神文化。血脉相连赋予了他们更加忠诚的民族纽带，把他们逐步凝聚成一个共同体，增强了他们的认同感。西方对“民族”的观念是“一个民族就是一个国家”。在英文中“民族”译作 nation，是借鉴拉丁词 natio 而来，与 state 联系在一起，构成民族国家，有很强的政治意识。韦伯（2004）也说过：“民族这个概念总是将我们牵引到其与政治‘权力’的关系上。”[3]他认为“所谓‘民族的’，显然是指某种特殊的激昂之情，此种感情交织于借着语言、信仰、习俗或命运共同体而凝聚在一起的人群团体所建立起来的政治权力组织里”。

因此，近代的民族国家，既是一个以国民为核心的政治共同体，也是一个以民族为自我理解的文化共同体[4]。这是历史学家经常采用的划分，将“民族”划分为“文化的民族”和“政治的民族”，在这以前民族作为一个客观存在的人类共同体在历史上早已存在。

（2）中华民族

如何界定“中华民族”是研究中华民族共同体意识首要回答的问题，对中华民族的定义学术界众说纷纭，没有一个统一的标准。现代意义上的中华民族最早出现在近代，在这一时期，梁启超对民族、中华民族、中国民族进行了深入的阐发，并且将西方的民族概念介绍到我国，他指出“民族者，民俗沿革所生之结果也”[5]。孙中山在《三民主义》中认为民族是由血统、生活、语言、宗教、习俗五种自然力构成的。在近代，对中华民族的定义大都带有西方语境的色彩，在一定程度上混淆了民族与种族的概念。到了现代，中国研究者对中华民族的界定深受苏联民族学科理论的影响，尤其受斯大林对民族下的定义的影响。当前对中华民族的定义主要有以下几种观点：

第一，认为中华民族是中国五十六个民族的总称，其代表人物是谷苞。谷苞在《论中华民族共同性》中指出“目前，中国境内有 56 个民族，每个民族都有各自的族名，同时，56 个民族又有一个共同的族名，即中华民族”[6]。这一说法流行于新中国成立至 20 世纪 80 年代末，强调个体民族与中华民族之间的关系。

第二，认为中华民族是一个统一的多元一体的民族实体，其代表人物是费孝通。费孝通指出“中华民族所包括的五十多个民族单位是多元，中华民族是一体，它们虽则都是民族，但层次不同”[7]。他强调中华民族并不是 56 个民族的简单相加，而是 56 个民族在交流碰撞中结成的在经济上相互依存，在命运上休戚与共，统一而不可分割的民族实体。

第三，认为中华民族具有双重含义，代表人物是陈连开。他重点强调了中华民族是多元性与一体性的统一，每个民族都有自己产生发展历程，都有自己生活的疆域与风俗习惯，在强调一体性的同时要注重民族多样性，让56个民族在经济、文化、思想观念相互碰撞、交流的过程中，逐步融合成一个具有共同心理素质的中华民族。

对中华民族概念不同的界定，反映了研究者们的不同学术视角与学术背景，综合起来，中华民族的定义可以概括为：中华民族是中国从古至今各大大小小民族长期互动融合后形成的，由高级层次（中华民族）和基础层次（56个民族）建构而成的一个统一的多民族国家。

（3）中华民族共同体

西方在古希腊时代就已经开始关注共同体，在他们看来寻找构建共同体的精神桥梁要从人类社会中的情感出发，由在情感基础上构建起来的共同体，要比脱离人与人之间的情感，只为个人利益去建立一种高尚的共同体更为坚实可靠。但西方各国学者持有不同的观点，并没有对共同体形成明确的定义，而我国的中华民族共同体正是在结合西方共同体的思想下与我国的实际相结合进一步的创新和发展。

中华民族共同体的内涵主要表现在三个方面：一是命运共同体。中华民族无论是在过去，还是现在以及未来，都在互相交往交流的过程中分担和经历着共同的命运。近代中国受到列强的欺辱，内有封建主义压迫、外有帝国主义侵略的亡国危机唤醒了沉睡已久的中国人民的民族意识，在大灾大难面前，个人、各个民族早已和中华民族的命运紧密相连、休戚与共。二是利益共同体。我们辽阔的疆域是各民族共同创造的，我们的文化是各民族共同书写的，在我们的经济发展中，各个民族相互交融，共同发展，都是实现中华民族伟大复兴中国梦的建设者和推动者。在实现中国梦的过程中，由于地理位置和历史原因，少数民族地处偏远，跟沿海内陆相比，经济发展很不平衡，但是少数民族的自然资源十分丰富，正好可以与发达地区优势互补，而我国各民族自古就进行了经济合作，他们打破了地缘和血缘的限制，互相经商开辟了古丝绸之路和茶马古道等重要的经济要道。现如今在“一带一路”倡议的影响下，各民族早已成为互惠互利的经济共同体。三是责任共同体。马克思主义唯物史观认为，历史的发展进步离不开人民群众，国家经济的发展，文化的传承同样离不开人民群众，在实现中华民族伟大复兴中国梦的道路上，无论哪个民族、哪个中华儿女都应该明白我们面临巨大的机遇和前所未有的挑战，需要我们共同发力，扛起时代赋予我们的责任，为实现中国梦而奋斗。

（4）中华民族共同体意识

马克思指出“观念的东西不外是移入人的头脑并在人的头脑中改造过的物质的东西而已”[8]。辩证唯物主义在界定意识过程中，不仅揭示了物质决定意识的一面，更阐明了意识对物质的反作用，即人的意识所特有的积极反映客观世界和改造客观世界的能力与活动。恩格斯将意识称为物质的最高精华，认为意识是地球上最美的花朵。中华民族共同体意识作为处理民族工作的最新理论成果，其实质就是突出意识的能动性作用，而非单一的强调物质对意识的决定性作用，凸显了我国在处理民族问题上的辩证性与整体性。中华民族共同体意识不是从来就有的，而是各族人民在交往的过程中通过外界环境的刺激与输入，由大脑细胞对“中华民族”这一客观实在进行识别、联想、比较、重组、创造等运行过程，最终输出中华民族共同体意识，在实践活动中形成的这一意识，最终要指导实践，循环往复，形成一个周而复始的循环系统。

综合来看，可以从两个方面来理解中华民族共同体意识。一方面，强调中华民族面对其他外族出现之后，中国各族人民通过在共同抗击外族入侵的过程中，逐渐认识到各族人民实际是一个有着共同利益、共同命运的整体，必须团结起来，守卫共同的家园，共同抗击敌人，这一方面侧重于强调对外族而言形成的中华民族共同体意识。另一方面，就56个民族共同组成的中华民族大家庭来说，侧重于强调中华各民族之间的统一性。56个民族共同组成了中华民族，缺少哪一个民族都不叫中华民族，中华民族不是56个民族简单的相加与整合，而是各民族之间经过交流与融合逐步形成了一个荣辱与共、相互依存、不可分割的中华民族共同体。为此，新时代条件下铸牢中华民族共同体意识不仅能加强56个民族之间的团结，凝聚起民族力量，共同推进社会主义建设，同时更能够提高各民族群众辨别是非的能力，抵御外来敌对势力的思想侵蚀，进而为构建人类命运共同体意识奠定基础。铸牢中华民族共同体意识就是要在政治、经济、文化、社会、生态、法制等各方面采取联动举措，让各族人民正确的认识和感知中华民族是一个一荣俱荣、一损俱损的命运共同体，以培育践行社会主义核心价值观为基础，以增强“五个认同”为关键，最终以铸牢中华民族共同体意识为目的和归宿。

2. 理论基础

（1）马克思主义民族理论

中华民族共同体意识是马克思主义民族理论在中国的具体应用，是中国共产党在洞察国内外形势变迁的总趋势，同时代相吻合，同中国具体实际相结合，围绕着建成社会主义现代化强国，实现“中国梦”的伟大目标，逐步形成的新时代马克思主义中国化的最新理论，在继承的基础上，实现了对马克思主义民族理论的丰富发展。

铸牢中华民族共同体意识是坚持以马克思主义民族理论为指导形成的崭新的思想理念。马克思主义民族理论是马克思主义经典作家在研究人类历史发展过程中，用辩证唯物主义与历史唯物主义的观点对民族解放与民族问题进行论述，涉及了民族社会形态、氏族与家庭史理论、私有制与国家、两种生产理论等等，揭示了民族问题的实质，提出了解决民族问题和实现民族解放的途径，是马克思主义的重要组成部分。毛泽东、周恩来、邓小平等老一辈无产阶级革命家根据马克思主义经典作家关于民族理论的论述，根据中国多民族的基本国情，在实行民族区域自治制度、建立新型民族关系、开展民族工作等方面对马克思主义民族理论进行了创新。党的十八大以来，新一代领导集体继续坚持马克思主义民族理论的旗帜方向不动摇，将马克思主义民族理论与我国民族发展过程中出现的新问题、面临的新挑战紧密结合在一起，抓住民族发展的主要矛盾，解决了我们当前所面临的突出民族问题。铸牢中华民族共同体意识成为马克思主义民族理论中国化的最新成果[9]。实现了对马克思主义民族理论的创新发展，赋予了马克思主义民族理论更加鲜明的时代特色、实践特色、理论特色以及民族特色，在新的时代条件下充分彰显了马克思主义民族理论强大的真理力量。

铸牢中华民族共同体意识创造性地回答了怎样维护国家统一、加强民族团结这一民族工作的首要问题，紧密结合当前我国民族工作表现出来的新特征、新问题，指明了在中国这样的多民族国家实现民族团结的首要途径就是要让各族人民都要有国家意识。铸牢中华民族共同体意识与马克思主义民族理论是一脉相承又与时俱进的，这里的“承”和“进”主要体现在铸牢中华民族共同体意识对新时期民族工作提出的基本方略、方式、方法上。

（2）新时代中国特色社会主义民族理论

铸牢中华民族共同体意识从全局的战略高度论述了中国共产党解决我国民族问题的重大理论、方针和政策，是新时代中国特色社会主义民族理论的最新理论成果。铸牢中华民族共同体意识为当前推进我国民族工作提供了正确指引，为建设社会主义现代化强国，实现“中国梦”凝聚起磅礴之力。中国置身全球化浪潮之中，经过四十多年的改革开放，我国在很多方面已经步入世界前列。当前我国社会主要矛盾已经发生改变，发展的不平衡不充分问题成为影响满足人们美好生活的主要因素。面对世界形势和国内发展的深刻变化，铸牢中华民族共同体意识应运而生，为推进新时代社会主义现代化强国建设提供了正确理论指导，将我国民族理论发展到一个崭新阶段。

3. 新时期铸牢中华民族共同体意识的核心内涵

系统阐释铸牢中华民族共同体意识的核心内涵，是建立中华民族共同体意识理论体系的需要，也是指导实践的前提。既有研究指出，“中华民族共同体意识的核心就是认同问题”[10]，“铸牢中华民族共同体意识，其实就是中华民族的认同问题”[11]。在当代中国的现实语境下，对中华民族共同体的认同又可以进一步细分为对伟大祖国的认同、对中华民族的认同、对中华文化的认同、对中国共产党的认同和对中国特色社会主义的认同。因此“五个认同”构成了当代中华民族共同体意识的内涵谱系。

（1）对伟大祖国的认同是铸牢中华民族共同体意识的爱国情怀

祖国是一个反映自己国家及各民族的历史、文化、地理范围的概念。在中华民族共同体意识中，把对伟大祖国的认同视为核心内容是确定无疑的，这一认同的实质是以爱国主义为核心。正如习近平总书记所言，对伟大祖国的认同首先表现在爱国。在中华民族共同体意识中，祖国认同的最高体现就是爱国主义，爱自己的祖国不是口号或空谈，需要通过每一个公民的实践和行动，判断的标准就是所做的一切是否有利于全国各族人民的利益和国家的最高利益。爱国主义作为社会中首要的基本道德和政治原则，是每个公民的思想、观念和行动准则。爱国还表现在心理情感方面，集中体现在对中华民族的自信心、自尊心和自豪感。爱国主义是引导各族人民树立正确理想、信念、人生观、价值观的共同基础，对于振奋民族精神，团结全国各族人民，为实现中国梦而奋斗，具有十分重要的现实意义和历史意义。

（2）对中华民族的认同是铸牢中华民族共同体意识的承载本体

中华民族是中国各民族组成的命运共同体。认可自己归属于中华民族共同体，产生情感上的依附，赞同中华民族的价值理念，进而乐意作为中华民族共同体中的一员，为中华民族的共同利益和共同发展而努力，这就是对中华民族的认同，这种认同首先建立在对中华民族这个本体的渊源和格局有清楚认知的基础上。认同中华民族首先要认同这个大家庭，大家庭的存在是家庭成员得以发展的前提，并且还包括了对家庭成员的认同和家庭成员之间互相认同，家庭成员的发展是大家庭得以进一步强大的动力。中华民族形成和发展的历史，也是对中华民族的认同产生和发展的历史，一体多元的中华民族格局造就了富含历史的积淀和多层意蕴的中华民族认同，这种认同是生成于中华文化基础上的民族意识，超越了政治制度的安排，成为凝聚中华民族的强大向心力和情感。

（3）对中华文化的认同是铸牢中华民族共同体意识的滋养根基

中华文明以中华文化的形式表现出来，中华文化则是中国各民族文化的集大成。正如习近平总书记所说，“支撑我们这个古老民族走到今天的，支撑5000多年中华文明延绵至今的，是植根于中华民族血脉深处的文化基因”。显然，中华文化基因不是消极被动的，而是能动地生生不息地进行着代际传承，滋养着中华民族成员的精神世界，是中华民族最宝贵的精神财富。中国共产党历来重视文化建设。文化建设是我国“五位一体”总体布局中的重要一元，党的十七大报告明确提出“建设中华民族共有精神家园”的重要命题，并将其作为我国文化建设的一项战略任务。党的十八大报告指出，文化是民族的血脉，是人民的精神家园。党的十九大报告也强调，要树立高度的文化自觉和文化自信，建设社会主义文化强国。从文化自觉到文化自信，体现了文化在中华民族站起来、富起来、强起来所具有的深厚而持久的影响力。文化以其特有的本质性与规范性决定了文化认同所具有的深层作用，加强中华民族大团结、培育中华民族共同体意识根本的长远的是增强文化认同。

（4）对中国共产党的认同是铸牢中华民族共同体意识的政治基石

人们在社会政治生活中产生的一种感情和意识上的归属感就是政治认同。当一个国家内部的社会成员建立起一种广泛的政治认同，就会凝聚起集体的意志变为国家的意志，而建构政治认同的力量不只是国家，还有领导和掌握国家政权的政党。“政党在国家政治生活中发挥着重要作用，是推动人类文明进步的重要力量”[12]。中华民族作为一个自觉自知的共同体必然应有自己的政治认同意识，这个政治认同的重要内容就是对中国共产党的认同。对中国共产党的认同不是凭空而来，而是经历了历史和现实的检验，由中国共产党的本质特点所决定的。从近代以来中华民族的实践发展来看，在诸多历史尝试和选择中，中国共产党承担起了中华民族追求独立统一、复兴发展的重要使命，并发挥着领导核心的作用，“党政军民学，东西南北中，党是领导一切的”。以中国人民和中华民族整体利益为代表的中国共产党，其认同具有广泛的历史根基和群众基础。对中国共产党的认同是中华民族共同体建设和中华民族共同体意识培育的领导核心和重要保障。

（5）对中国特色社会主义的认同是铸牢中华民族共同体意识的动力之源

中华人民共和国成立后，经过民主改革和社会主义改造，各民族先后走上了社会主义道路。历史证明，社会主义在中国的实践是成功的，中国特色社会主义是实现中华民族伟大复兴的必由之路。只有社会主义才能救中国，只有中国特色社会主义才能发展中国，这是历史的结论、人民的选择。对中国特色社会主义的认同，集中表现为对中国特色社会主义道路、理论体系和制度的自觉认可、情感归属和行为指引。同时，也为中华民族共同体建设及其意识的发展提供了根本动力、行动指南和根本保障，是中华民族屹立于世界民族之林的动力源泉。

综而述之，新时期铸牢中华民族共同体意识，是指中国各民族在不断交往交流交融的历史进程中，在共同开拓疆域、共同书写历史、共同创造文化、共同培育民族精神的实践中结成命运共同体，在命运抗争中升华为政治上团结统一、文化上兼容并蓄、经济上相互依存、情感上相互亲近的命运共同体意识。基于此，这个命运共同体就是你中有我、我中有你、谁也离不开谁的命运共同体，是一个共同创造历史和文化并不断建构历史文化认同的命运共同体，是一个不断建构国家统一、民族团结的命运共同体。在这过程中所形成的命运共同体意识，其核心内容与“五个认同”不谋而合，是对国家、民族、文化、执政党和制度的认同。其中，文化认同是最深层次的认同，是民族团结之根、民族和睦之魂，是中华民族共同体意识的滋养根基。民族认同是承载本体。国家认同、制度认同和政党认同均为政治认同，其中，国家认同是基于民族国家的主权属性，是最高层次的认同，体现了爱国情怀；政党认同和制度认同是中华民族的现实选择，代表了人民的共同意愿，是确保中华民族共同繁荣发展的政治基石和动力之源。

（四）铸牢中华民族共同体意识的影响因素

“铸牢中华民族共同体意识”理论是在我国是一个统一多民族国家的前提下，强化“中华民族共同体”意识和认知，是国家认同和民族认同的有机统一，是国家认同与“一体”追求的有机结合。从微观和中观层面来看，中华民族共同体意识的铸牢，关乎公民个体身份认同和各民族族际交往，而从宏观层面而言则是一个国家的建构过程与结果。从文献梳理的情况来看，影响铸牢中华民族共同体意识的因素主要包括内部因素和外部因素。

1. 内部因素

（1）心理因素

中华民族共同体意识是反映中华民族共同体存在的一种自觉自知性的社会文化意识（范君，詹小美，2018）[13]，中国各民族成员能够认识到中华民族这一共同体是客观存在的，而且是不以人的意志为转移的，进而能够在心理上自觉认同、自动归属于这一共同体（严庆，2017）[14]。杜倩萍（2017）以广西环江毛南族自治县的壮族、毛南族以及汉族为研究对象进行了社会调研，调查结果显示：首先，80%的受访者认定先中华民族（中国人）后本民族这个顺序，也即国家认同在先，民族认同随后，说明当地受访者的国家意识较为强烈；其次，当地受访者更注重地域认同而非民族认同，说明各民族经过错居杂处，相互交往，彼此之间的隔阂及差异性逐渐淡化，中华民族共同体意识日趋增强；最后，从总的趋势上说，各民族受访者对于全国民族关系总体向好的趋势都非常赞同，该认同度甚至高达91.4%[15]。冯大彪（2018）认为当代蒙古族的中华文化认同以“多元一体”的中华文化为内容，受到经济全球化、西方文化和社会转型的多重影响，并通过调查研究发现，当代蒙古族中华文化认同的平均水平处于中等偏上，具有不均衡性，且低于其草原文化认同[16]。马英杰（2021）提到融入中华民族共同体需要群体自觉，在其对回族的相关研究中认为从“回回民族”到“回族”的嬗变不仅体现回族自觉融入中华民族共同体的过程，揭示了中国“家底”中少数民族（多元）不断凝结成中华民族共同体（一体）的规律，更体现了回族对伟大祖国、对中华民族的认同的社会自觉[17]。在范雅宁和戚甫娟（2016）对南疆民汉交往的心理因素的研究中，认为民汉认知因素是横亘与产生民汉交往心理距离的重要诱因，在社会交往中在心理上都有较为强烈和明确的族属归属感和分界意识[18]。

（2）环境因素

影响各民族铸牢中华民族共同体意识的环境因素主要包括区位分布和资源条件。在区位分布方面，我国各民族的分布特征一直表现为“大散居、小聚居、各民族相互之间交错居住”。这种嵌入式社会结构和社区环境为各民族交往交流交融提供了有利空间，进而逐步融入中华民族共同体之中。在赵旭峰和钟瑞华（2019）对红河哈尼族彝族自治州南部山区民族的研究中，他们认为当地各民族甘苦与共、和睦相处的互嵌式社会结构，与其立体多样的自然环境有着密切的关联，生活于此山区与坝区的各民族在长期的劳动交往中，自发地形成族际间物资互补、生产互帮、生活互助、相互依存的基本模式，使族群主体的文化价值及族际共享共生的双重诉求都贯穿于族群交往的全部过程，体现了民族交往交流交融对多元一体民族格局的尊重与遵循[19]。对于位于边境的各族人民而言，他们在共同开发祖国边疆、抵御外来侵略的历史进程中，更加自发自觉地认同中华人民共和国。在罗惠翾（2020）对不同边境地区的调查发现，边疆各族人民整体上认同中国和中华文化，已经具有稳固的国家意识，对我国的国家认同作为最高层次的认同已经成为跨界民族的共识，如生活在帕米尔高原的塔吉克族一直被认为是“最爱国的少数民族”[20]。在资源条件方面，拥有更丰富资源的民族有更好的经济发展潜力，在相关政策和规划的加持下，更有助于各族群众形成中华民族共同体意识。例如，赫哲族的民族文化、地理区位、旅游资源、产业基础都具有较好条件，利用族源、地缘、资源优势打造民俗＋冰雪、民俗＋生态、民俗＋边境、民俗＋美食等边境民俗旅游精品项目，则进一步形成赫哲—那乃文化旅游廊道，这对于推动地区经济社会发展、促进多民族文化交流、实现睦邻友好意义重大（林艳，2018）[21]。

（3）历史因素

中华民族共同体意识有其产生的历史根源和现实基础，具体而言，体现为和谐共生的历史归属力、共御外辱的命运凝聚力、家国同构的文化吸引力和共建大美祖国的情感向心力（李少霞，魏莉，2021）[22]。丁宏和马越（2020）认为回族形成、发展的历史，就是一部中华民族交往交流交融和共荣共生的历史，而回族认同中的爱国情感及实践，正是国家观铸入其民族心理、并在中国历史上内忧外患的“催化”中得以充分体现[23]。李智环（2013）也认为历史原因造就了民族认同，其中傈僳族作为我国西南边疆地区较有代表性的历史悠久的少数民族，在形成过程中，经历了三次大规模的民族迁徙，这直接促进并强化了这一民族的民族认同意识[24]。同时，在傈僳族神话故事中，有傈僳族与汉、怒、独龙、景颇、拉祜、哈尼、纳西、藏等民族拥有共同“兄弟祖先”的传说或记忆，反映出傈僳族融入中国社会并铸牢中华民族共同体意识的历史过程。傈僳族参与抗英、抗日以及新中国成立以来，部分傈僳族人民守边、护边、固边、保家卫国的故事，反映出傈僳族在铸牢中华民族共同体意识过程中所做的贡献（沙丽娜，曹富兴，2021）[25]。

（4）文化因素

中华传统文化源远流长、博大精深，中华各民族在历史的发展长河中共同创造了丰富多彩的民族文化，凝练了独具特色的民族文化基因。各民族通过不同的文化记忆形式记载、传承和创新本民族文化，中华各民族文化记忆中所蕴含的国家认同意识是建构“中华民族共同体”的重要文化基因。例如，瑶族典籍《过山榜》中蕴含着“中华民族共同体”文化基因（雷文彪，2021）[26]。藏羌彝文化走廊的圈舞遗存在构建中华民族共同体意识的过程中发挥着重要作用。具体而言，首先，其舞蹈形式能够培育与增强参与者的民族共同体意识，有利于维护民族团结和社会健康稳定的发展；其次，圈舞活动有利于获取与调节各民族间的关系与集体力量，使个体与群体产生很强的连接性；最后，圈舞活动有利于传播民族优秀的传统文化，增强各族人民对共生文化的认同（李欣，唐琳佳，2019）[27]。黄建明（2021）认为各民族古文字形象地展示了各民族的深度交往和文化的高度融合。其一，各民族古文字以外在形式，体现了中华民族共同体的文化内涵；其二，各民族古文字的多文体合璧现象，体现了中华文化的同频共振；其三，汉字和少数民族文字互借作注音符号，是各民族文化交流互鉴的佐证[28]。宋忠敏（2021）认为苗侗族群聚众宴饮、歌酒一体的饮食风俗也蕴含着“和合”思想，体现为中原与“西南夷”，“礼”与“野”的双向互动。这种互动有利于推动少数民族传统文化的创造性转化和创新性发展，铸牢中华民族共同体意识[29]。

（5）价值观因素

一个民族的传统价值观不仅构建了该民族集体认同的民族文化符号，促进了族群的整合与发展，也为塑造本民族精神、融入中华民族精神家园、铸牢中华民族共同体意识起到了积极的规范及导向作用。例如，赫哲族的先民在长期与自然调适过程中逐渐形成了“人与自然和谐”“敬畏自然”“亲近自然”“善待生命”等生态伦理思想、生态审美智慧及生态保护理念。这一独特的、诠释了特定时空内人与生态环境和谐相处生存智慧的传统生态文化，经由传统向现代的转换、创新和发展，可为我国本土的生态文明建设理论输送智慧营养，也可为实现我国少数民族和民族地区的可持续发展提供借鉴（林艳，2018）[30]。钟秋思和刘听雷（2021）认为佤族的传统价值观中展现了以集体利益为重，互帮互助的价值取向，明确了佤族社会伦理道德的价值行为，倡导团结和睦、和谐友爱的族际关系，蕴含同仇敌忾的家国情怀与爱国热情，并包含着万物平等、敬畏自然的生态理想，这与我国的社会主义核心价值观是相契合的[31]。张思琦和马惠兰（2018）认为回族文化与汉文化具有很大共享性，例如回族文化中的“以和为贵”与中国传统文化之中的“君子和而不同”本质上是相同的。回族精神文化中也强调忠君、爱国的思想，在保卫祖国母亲的抗日战争中，不少回族人投身于革命事业，报效祖国[32]。

2. 外部因素

（1）各民族之间的交往交流交融

各民族之间的交流交融、互鉴共融、共存共享是中华民族共同体形成的文化纽带和思想根基。正是由于不同历史时期、各地区文化的交流互鉴与共融共享，才最终整合形成了以多元一体的中华文化为核心、具有很强凝聚力和生命力的“自觉”的中华民族共同体（胡芳，2021）[33]。多元民族之间的经济、政治与文化交往构成了族际互动的共生关系系统。更具体地说，经济交往是族群关系形成与族群和谐共生的物质支撑，为族群之间的政治交往与文化互鉴奠定基础；政治交往是族群互动的中介力量，为传统的族际交往构建政治空间和行为规则；文化交往则是族际互动过程中多元主体的价值导向，是交往行为的本真属性（邱开玉，董建辉，2021）[34]。邹丽娟（2016）认为云南各少数民族因受到民族迁徙、地理环境、政治适应、文化交往、贸易往来等因素的影响，逐渐形成了少数民族传统文化多元和谐一体、互动融合尊重的圆融性特点，为云南建设“民族团结进步边疆繁荣稳定示范区”提供了重要的文化心理基础，也为云南各少数民族培养“中华民族共同体意识”提供了重要的文化认同资源和方法论启示[35]。典型案例还有环江毛南族自治县思恩镇陈双村，20多年来，在党的民族政策和富民政策的引领下，昔日住在贫困偏远山区的毛南族、瑶族、苗族、汉族、布依族、水族等群众通过移民搬迁，与当地壮族群众组成大家庭，通过开展“六联六促”活动，实现了由“居住联结”“人员联系”“产业联营”到“血缘相亲”“文化融合”“人心融合”“经济融合”的历史性转变，夯实了铸牢中华民族共同体意识的思想、社会、经济、文化基础（梁晴，2020）[36]。

（2）政治力量的演变

中华民族共同体意识孕育于中国古代、形成于中国近代、发展在当代（刘吉昌，徐润，2021）[37]。中华民族共同体意识理论来源呈现出多元化特征，历史演变过程与我国统一多民族国家的历史发展有着内在的逻辑关系。严庆和平维彬（2018）认为，政治共同体是中华民族共同体意识的具体表现之一，而古代“大一统”思想具有政治性，包括思想、制度、实践等多方面，深刻影响了中国人文化心理结构，犹如一条脉络一般贯穿塑造了中国古代“家—国—天下”稳定的政治格局[38]。近代外国侵略中国，中华民族共同体意识被唤醒激发，抗日战争时期也成为中华民族共同体意识觉醒的关键点。在这场以无数生命为代价的残酷战争中，中华民族整体的精神力量实现了凝聚，各民族对国家的认同意识实现了升华，中华民族共同体意识更从自发走向了自觉（吕越，2018）[39]。中国共产党关于中华民族的内涵、独立、复兴的理论以及解决中国民族问题的理论政策是影响抗日战争时期中国各民族中华民族共同体意识觉醒的重要因素（赵刚，史诺，2018）[40]。新中国成立后，尤其是改革开放以来，随着社会主义市场经济的飞速发展，各民族之间的交流互动也呈现出不断增强的趋势，少数民族的中华民族认同总体上进一步巩固（彭瑞，2019）[41]。黄沙（2013）认为纳西族的国家认同不是与生俱来的，而是国家政治力量构建的结果。王朝国家时期，构建纳西族国家认同的主要力量是各个中央王朝。在纳西族的国家认同近代转型时期，纳西族的国家认同主要是在中国近代进步政治力量的引领下构建起来的。而到了现代民族国家建设时期，中国共产党全面执掌国家政权，中国共产党集构建执政党认同和国家认同的政治任务为一身，是塑造和构建纳西族现代民族国家认同的核心力量[42]。

（3）党和政府的引领

党和政府作为铸牢中华民族共同体意识的核心力量，在中华民族伟大复兴的道路上发挥着关键性作用，凝聚了中华民族共同体的国家共识，构建了保障中华民族各成员权益的制度框架，推进了中华民族国民整体化，为铸牢中华民族共同体意识提供了坚强的理论支撑、制度保障和实践引领（李资源，向驰，2021）[43]。杨宝康（2020）对佤族的民族认同与国家认同进行了跨境比较，发现作为分属于不同国家、不同政体的佤族，相应国家所推行的政治、经济、文化和社会等政策导致中缅佤族民族认同的差异性。其中，中国佤族的民族认同与国家认同总体表现为良性互动的共生关系，体现了中国共产党正确处理民族问题的经验，也凸显了中国特色解决民族问题正确道路的科学性；缅甸佤族的民族认同与国家认同总体则表现为存在矛盾、张力的冲突关系，这也和缅甸联邦政府一直未能妥善处理好少数民族与国家的关系问题息息相关[44]。党和政府为促进各民族发展、铸牢中华民族共同体意识提供了多种政策支持、教育保障和法制保障。例如，福建省宁德市赤溪畲族村，在扶贫政策的帮扶下历经了十年“输血”就地扶贫、十年“换血”搬迁扶贫、十年“造血”“旅游＋产业”扶贫的艰苦历程，走出了一条“旅游富村、农业强村、文化立村、生态美村”的路子，使得赤溪村朝着实现各族群众共同富裕的目标不断迈进，铸牢中华民族共同体意识深入人心[45]。党和政府也充分发挥学校民族团结进步教育在铸牢中华民族共同体意识过程中的主渠道和主阵地作用，全面推行国家通用语言文字、在学校教育中开设民族团结进步教育课程、加强中华优秀传统文化教育，传播正确的国家民族观念，强化各民族的共有身份，使之了解中华民族的悠久历史与优秀文化，学会并使用国家通用语言，树立正确的民族关系理念，让中华民族共同体意识深深扎根于各民族人民心中（刘灿，2020）[46]。同时，党和政府坚持依法治理民族事务，大力推进民族事务治理能力和治理体系现代化。其中，《民法典》全方面保障了各民族的合法权益，推动进一步铸牢中华民族共同体意识，不断增强各族群众获得感、幸福感、安全感，让社会和谐稳定的基石更加牢固。

二、铸牢中华民族共同体意识的意义与价值

铸牢中华民族共同体意识的提出是中华民族多元一体格局理论的进一步发展，它符合中华民族几千年历史演进的客观规律，揭示了新时代民族工作的新思想，彰显了我国团结凝聚各族人民、共同实现中华民族伟大复兴的信心、决心，具有划时代的重大意义与重要价值，具体可以从政治、经济、社会、文化、生态和法制六个方面加以理解。

（一）铸牢中华民族共同体意识的政治意义与价值

处于新的历史方位，铸牢中华民族共同体意识对于党和国家秉承使命自觉大力推进民族团结进步事业发展，努力实现中华民族伟大复兴华章和国家治理现代化目标，沉着应对世界百年未有之变局所带来的深刻影响具有重要时代价值与战略意义。

1. 铸牢中华民族共同体意识是维护国家统一、长治久安的思想基础

中华民族共同体意识是在各民族共同抵御外族入侵的历程中逐步形成的。在不懈的斗争与反抗中，中华各族儿女意识到我国各民族实际上是一个整体，有着共同的利益和共同的命运，为了民族振兴和国家富强，各族人民自强不息，浴血奋战，共同保卫了祖国的领土与统一。历史和现实都证明，在多民族国家里，只有国家统一，才有社会的稳定，才有人民的安居乐业。新时代，在中国共产党的领导下，中国以前所未有的发展速度赶上世界发展的步伐，

中国正从发展大国走向发展强国，中国正日益走进世界舞台的中央且拥有更多国际话语权。与此同时，一些国家和国际势力不断对中国的发展进行遏制，我国发展面临前所未有的机遇与挑战。为维护国家统一与社会稳定，我们必须凝聚全国人民的力量反对民族分裂与暴恐活动，这就需要全国各族人民牢固树立中华民族共同体意识。中华民族共同体意识在维护祖国统一和繁荣昌盛方面发挥了强大的向心力作用，唯有中华民族共同体意识雷打不动，国家统一、社会大局稳定的局面才能得以永固，这也是各族人民群众利益得到切实维护的根本保证。

2. 铸牢中华民族共同体意识是实现中华民族伟大复兴的必然要求

民族复兴的历史使命及责任担当具有内在的一致性，是中国共产党秉承使命，自觉大力提升中华民族整体素养，带领全国各族人民实现伟大梦想的精神基石与内在要求。首先，铸牢中华民族共同体意识能够弘扬中国精神，凝聚中国力量。加强铸牢中华民族共同体意识教育和培育，可以使每一个中国人自觉树立起中国观念、民族意识，能自觉主动地为中华民族的伟大复兴贡献自己的力量。“中国梦”的最终实现要紧紧依靠 14 亿中华儿女大团结的力量。中华民族共同体意识的培育与践行能够充分将各个地区的人民群众聚集在一起，让民族地区的各个阶层、各个领域的群众，都能从中华民族伟大复兴的美好前景中看到自身利益的实现，都能从国家富强和民族振兴中感受自身生活质量的实质性提升，从而更加有力地促使各地区的人们自觉树立起利益、命运共同体思想，为建设社会主义现代化强国与实现“中国梦”贡献力量。其次，铸牢中华民族共同体意识能够促进各民族共同发展，确保如期实现第一个百年奋斗目标。铸牢中华民族共同体意识立足全面建成小康社会的要求，以民族地区尤其是边疆贫困落后地区为主攻场，创造条件，发挥各地区优势资源，实现优势互补，加快少数民族地区发展的步伐，进一步缩小东西部地区、沿海与内陆之间的差距，使得各个民族与地区实现均衡发展，真正实现各民族共同发展与进步。最后，铸牢中华民族共同体意识的目标和归宿就是实现中华民族伟大复兴的中国梦。“中华民族共同体意识”与“中国梦”二者之间密不可分，只有铸牢中华民族共同体意识才能发挥五十六个民族大团结的力量，充分发挥各族人民的积极作用，促使每一位中华儿女将自己的聪明才智与“中国梦”紧紧相连，真正融入“中国梦”的实践中去。铸牢中华民族共同体意识要以“中国梦”为指引，这样才不会在实践过程中迷失方向。

3. 铸牢中华民族共同体意识是促进民族团结的重要条件

民族团结是各族人民的生命线，是做好一切工作的前提和保证。铸牢中华民族共同体意识对中华民族共同体成员具有凝聚和团结的作用，通过塑造相似或相同的情感、规范和目标，使共同体成员之间产生相互认同、亲和、吸引的心理状态，形成强大的黏合力，减少彼此的摩擦和矛盾，由内而外自发、自觉地形成强大的凝聚力。解决民族问题和处理民族关系的根本出发点和落脚点在于顺应民心、尊重民意、满足各族人民群众对于美好生活的向往，让各族群众过上好日子。在中华民族复兴伟业呈现光明前景的新时代，增进人民福祉的关键在于坚定不移地推动各民族共同繁荣发展。这不仅关系到中华民族的整体利益，同样也关系到各民族子单元实现自身具体利益。铸牢中华民族共同体意识强调的是各民族之间的平等和团结，实现的是各民族之间的和睦相处，建立的是各民族之间的和谐关系，消除的是各民族间的歧视和不平等，促使各民族像石榴籽一样紧紧抱在一起，共同团结奋斗，共同繁荣发展。

4. 铸牢中华民族共同体意识是夯实新时代民族工作的理论指南

在政治上，铸牢中华民族共同体意识能够促使各族人民正确把握我国统一多民族的基本国情，坚持中国共产党的领导，使各族广大干部群众能够真正享受和行使当家做主的权利，深化各族人民对“五个认同”的认识；在经济上，铸牢中华民族共同体意识开创了各族人民互帮互助、共同发展、共同进步、共同繁荣的崭新局面。党中央持续加大对民族地区的扶持力度，不断激发民族地区的发展活力，将民族地区作为攻坚脱贫的主战场，建立经济互惠机制，民族互惠共同体正在稳健形成；在文化上，铸牢中华民族共同体意识促使各族人民牢记中华民族几千年来始终坚持团结发展、荣辱与共的民族历史。中国特色社会主义进入了新时代，更要加强各民族文化交流交融，营造生动活泼、宽松和谐的文化氛围；在社会上，通过构筑相互嵌入式的社会结构和社会环境，加强双语教育，尤其是加强少数民族地区的普通话教育，提高民族地区的就业率，让各族人民感受到国家的关怀与帮助，不断满足各族人民对美好生活的向往；在生态上，铸牢中华民族共同体意识有助于我们深化人与自然关系的认识，自觉把生态保护放在重要位置，明确保护生态环境就是保护、发展生产力。

5. 铸牢中华民族共同体意识是构建人类命运共同体的必要条件

当今世界大国战略博弈全面加剧，国际局势和国际制度秩序深刻调整，不确定性因素急剧增加，我国正处于近代以来最好的发展时期，世界处于百年未有之大变局，两者同步交织、相互激荡。驻足在人类历史的凭栏高处去把握一个民族的前途命运，中华民族不仅仅停留于自身个体层面，同样也是世界民族生态之林的重要一分子，中华民族伟大复兴的前进过程不仅是中华民族自身实现腾飞的发展过程，也是不断以更加昂扬的姿态屹立于世界东方的过程。从一定意义上来说，构建人类命运共同体是中华民族共同体意识的外延与拓展，两者相互影响、相互制约、相互促进。铸牢中华民族共同体意识需要和平稳定的外部环境，而人类命运共同体的提出既能解决中国问题，又能为世界的发展贡献中国方案。铸牢中华民族共同体意识是构建人类命运共同体的必要条件。具体而言，铸牢中华民族共同体意识有利于中国对内治理的有效实现，形成中华民族内部的团结与繁荣发展，促进国家综合国力的稳步提升；有利于对外正确处理好国与国之间、民族历史与世界历史之间等方面的关系，保持国家沉着应对国内外复杂形势的战略定力，为中国以人类命运共同体理念参与全球治理提供正向的价值引领。

（二）铸牢中华民族共同体意识的经济意义与价值

铸牢中华民族共同体意识是新时代民族工作的主线。加快少数民族和民族地区的经济发展，努力缩小各民族之间的经济社会发展差距，实现共同发展、共同富裕，是铸牢中华民族共同体意识的必然要求。同时，加快民族地区经济发展，不仅要求经济发展有速度，更要有质量。铸牢中华民族共同体意识是促进经济高质量发展的现实需要、逻辑起点和重要保障。

1. 铸牢中华民族共同体意识是促进经济高质量发展的现实需要

习近平总书记指出，“落实民族区域自治制度，关键是帮助自治地方发展经济、改善民生”，如果地区发展差距拉大趋势长期得不到根本扭转，就会造成心理失衡，对民族关系产生重大影响。从人口聚居区域上看，我国少数民族地区主要集中在中西部地区，区域面积占国土面积的63.72％，人口约占全国总人口的8.89％①，但2019年民族自治地方地区生产总值总量仅占全国的8.48％，贫困人口则占到了36.26％②。以上数据说明，目前我国少数民族地区经济发展水平仍相对落后。少数民族地区是我国经济社会全面高质量发展

① 数据来源：第七次全国人口普查结果。

② 数据来源：2020年《中国统计年鉴》。

的重要组成部分，但受历史、自然地理、资源分布和产业布局等因素的影响，经济发展中区域不平衡不充分的矛盾依然存在。亟需以铸牢中华民族共同体意识为基点，通过推进产业结构调整、发展理念转变、人才引进等一系列举措，破解民族地区经济社会发展不均衡不充分的主要矛盾。

充分认识铸牢中华民族共同体意识与民族地区经济高质量发展的逻辑内涵是新时代贯彻落实民族政策、提高民族地区发展水平的关键。铸牢中华民族共同体意识和实现高质量发展都是在现行要求下对应解决我国社会主要矛盾的政策路径，也是实现人民对美好生活的向往、实现伟大中国梦的客观要求。努力探索“中华民族共同体”为导向的高质量发展是时代赋予民族地区的特殊使命，是各民族同胞共享发展成果和时代红利的出发点和落脚点。

2. 铸牢中华民族共同体意识是促进经济高质量发展的重要保障

改革开放以来，我国一直奉行和坚持对外开放的政策，积极发展社会主义市场经济，在经济成分、组织形式、就业方式、利益关系以及分配方式等方面呈现出多样化发展的趋势。在此背景下，党和政府需要一个可以让人民群众普遍接受的共识去引领经济发展。

铸牢中华民族共同体意识可以最大程度地削减民族之间的摩擦，推动各民族为实现共同发展而齐心同力。谚语有云，“众人拾柴火焰高”。中华民族共同体意识告诉我们应当认识到本民族的利益与集体利益、社会利益和国家利益息息相关，不能因为本民族的利益而伤害社会、集体和国家的利益。历史经验表明，正是在中华民族共同体意识的有效发挥中，我们党和国家团结带领各族人民实现了社会主义现代化的飞跃。中华民族共同体意识形成，使各民族生活在一起、学习在一起、成长在一起，形成了共同致富、互帮互助、共同追求美好生活的和谐局面。

中华民族的意识从“自在”到“自觉”的演变推动了各民族的凝聚力和向心力的形成，为高质量发展筑牢了安全保障。在中华民族共同体意识的指引下调动各民族的积极性，才能集中力量办大事，充分凝聚人心、汇集有效资源、整合进步力量，保持当前我国经济社会发展的活力，实现民族地区经济现代化建设目标。

3. 铸牢中华民族共同体意识是促进经济高质量发展的现实路径

铸牢中华民族共同体意识奠定了民族地区实现经济高质量发展的政治基础和制度根基。在这样的环境下，经济环境改善，基于多路径促进的经济高质量增长也得以实现。具体而言，通过铸牢中华民族共同体意识，族际间信任与合作加强，凝聚力提升，从而在一定程度上降低了交易成本，形成稳定预期，进而促进储蓄、投资与金融的发展；利于物质资本积累，从而利于人力资本积累；利于企业家精神形成，从而利于创新和全要素生产率提高（熊彼特动力）；利于风险承担，专业化与分工提升，继而扩大市场范围，促进经济增长（斯密动力）[47]。同时，可持续也是经济高质量发展的重要指标。民族地区作为资源禀赋较为丰富的地区，同时也是生态环境极端脆弱的地区和国家生态安全的重要屏障。新时代实现民族地区经济高质量发展，要以铸牢中华民族共同体意识为依托，从地区的资源禀赋和环境优势上破题，更加注重资源环境可持续，将实现经济绿色发展作为民族地区经济高质量发展的基本点。

（三）铸牢中华民族共同体意识的社会意义与价值

2014年中央民族工作会议上习近平强调，要推动基本公共服务均等化，促进社会公平，抓好民族地区双语教育，推动建立相互嵌入的社会结构和环境[48]。铸牢中华民族共同体意识有助于各族群众在共居、共学、共享、共乐的基础上和谐共处，形同一家。

1. 铸牢中华民族共同体意识有助于优化教育布局

铸牢中华民族共同体意识有助于我国全民素质教育纲领目标的实现，促进政府优化各地区的教育布局，实现各个民族之间教育资源的均衡发展，缩小各民族地区教育水平的差距。教育是一种以满足社会需要为出发点，有目的、有计划的着力培育社会发展所需要的人的社会活动，教育是每一个公民实现社会化，成长为社会主义现代化建设需要人才的重要途径。铸牢中华民族共同体意识有助于民族地区加强双语教育，引导少数民族地区群众学好普通话，提高各民族之间的交流水平和交流程度，充分体现56个民族睦邻友好、和谐一家亲的融洽关系。铸牢中华民族共同体意识有助于引导少数民族地区加强职业教育，加强学习生产劳动所需的职业技能、知识和职业道德等，从而提高民族地区的就业率，不断满足各族人民对美好生活的向往。

2. 铸牢中华民族共同体意识有助于优化资源配置

恩格斯指出，平等不应当仅是表面的，不仅在国家的领域中实行，它还应当是实际的，还应当在社会的经济的领域实行[49]。罗尔斯指出，由于出身和天赋的不平等是不应得的，这些不平等就多少应给予某种补偿。为了平等地对待所有人，提供真正同等的机会，社会必须更多地注意那些天赋较低和出生较不利的社会地位的人们[50]。一旦社会资源分配不均，就容易使弱势群体产生严重的剥夺感、引发社会矛盾。

铸牢中华民族共同体意识在民族工作中有助于优化资源配置，提升福利标准和公共服务。福利作为社会保障制度的一方面，与公共服务通常是衔接在一起的。而公共服务指的是为了满足公众的社会生活需求而开展的职能活动或经营活动[51]，主要是国家政府或社会组织服务社会大众的功能。民族地区不乏相对贫困的群体，基本的民生福利不仅是他们生活的依靠，也是他们保持国家认同的物质凭借，不断地提高福利标准，能够增加民族地区成员对国家的依赖感从而提升其国家认同意识，有助于巩固民族团结。铸牢中华民族共同体意识是政府在民族地区的工作中能够充足支配公共资源的首要基础。它有助于挖掘社会组织的服务潜能，不断优化民族地区的民生基础资源配置、深化地区政府的职能改革、鼓励多样社会服务组织的有序建立等，不断丰富和发展福利标准和公共服务上的补偿形式。

3. 铸牢中华民族共同体意识有助于建立嵌入式社会结构和社区环境

2014 年，第二次中央新疆工作座谈会及中央民族工作会议都强调要推动建立相互嵌入式社会结构和社区环境。相互嵌入式社会结构和社区环境，是指要加强各民族、不同群众之间的有效联系，使他们能打破原有的相互隔离的居住环境，尊重彼此的民族文化、不同的生产生活方式，进而使各族群众能和谐地生活在一起，让各民族取长补短、互相协作、互相帮助成为一种常态。铸牢中华民族共同体意识有助于以社区为切入点，建立相互嵌入的社会结构和社区环境，有助于打破原有的民族边界意识，在社区内开展各级各类的群体活动，教育引导各族群众尊重彼此的文化风俗以及生活方式，积极营造和谐友爱、互帮互助的愉悦氛围。村庄、城市、社区等地域性共同体是促进建设民族互嵌型社区的基础，在这些地域共同体内促进相互之间的交往交流，进而从一个地域辐射另一个地域，乃至弥散到整个国家。

4. 铸牢中华民族共同体意识有助于建立社会风险防范机制

铸牢中华民族共同体意识有助于将风险防范机制通过立法程序进行确立，能充分体现行政力的通畅和责任划分的明确，也充分体现法理依据对相关责任者进行追究，包括管理者和民族矛盾的制造者，使民族矛盾慑于社会治理体系的权威降低发生的可能。中华民族共同体意识下建立风险防范机制有利于将问题在源头上解决，建立应对重大风险问题的常态机制。

（四）铸牢中华民族共同体意识的文化意义与价值

中华民族共同体意识是以文化认同为核心的一种独特的民族意识，具有明显的文化特征。文化环境孕育并培育了中华民族共同体意识的主体及客体，在从文化中汲取营养的同时也为文化的发展提供丰富的养料。具体而言，铸牢中华民族共同体意识在弘扬中华文化、增强文化自信、筑造精神家园等方面发挥着重要作用。

1. 铸牢中华民族共同体意识是弘扬中华文化的有效途径

习近平总书记指出“文化是一个民族的魂魄，文化认同是民族团结的根脉”。中华优秀传统文化是历经几千年、千百代人共同努力创造出来的智慧结晶，是构成中华民族和谐统一的文化基因，是中华文化延续和发展的精神之源。加强中华民族大团结，长远和根本就在于增强文化认同，建设各民族共有精神家园，积极培育中华民族共同体意识。中华民族共同体意识从中华民族优秀传统文化中提取营养，并顺应时代变化，有选择地对其进行继承与创新，生动诠释了中华文明丰厚的文化底蕴。

一部中国史，就是一部各民族交融汇聚成多元一体的中华民族的历史，就是各民族共同缔造、发展、巩固统一的伟大祖国的历史。中华文化之所以精彩纷呈、博大精深，在于它兼收并蓄的包容性，同时中华民族精神蕴含在中华文化之中。铸牢中华民族共同体意识，内在要求中华儿女认同共享的中华文化，同时各民族要相互尊重和欣赏彼此的文化。树立高度的中华民族共同体意识，才能积极传播与践行中华民族“和而不同”的优秀文化，有助于各民族尊重彼此的历史文化传统，包容差异，促进各民族文化互鉴，呈现百花齐放的局面，实现各民族文化的繁荣发展。中华民族共同体意识不仅是促使民族保持向前发展的思想引导，也是在处理民族问题过程中不断彰显优秀民族精神的价值体现。

2. 铸牢中华民族共同体意识是增强文化自信的精神力量

“文化自信”的本质含义是各民族形成对本族文化和中华文化的高度认可心态和依赖感，从而增强中华民族的凝聚力和向心力，进而达到实现中华民族伟大复兴的远大目标。从深层次上来说，增强文化自信、铸牢中华民族共同体意识和中华民族伟大复兴的中国梦是相伴而生的。对文化的自信来源于对文化的认同，而对文化的认同则来源于中华文化对中华民族生存发展以及中华民族共同体意识的构建所起到的强大精神作用。强大的文化共同体是中华民族屹立于世界民族之林的基础。只有基于对中华文化的高度认同，形成中华民族共同体意识和共有精神家园，我们才不会丢了自己的思想文化这个魂。中华民族共同体意识是中华民族长久以来的价值追求与精神向往，在汇聚各民族力量的同时，唤醒各民族的文化自觉。更重要的是它强化了中华民族在国际社会中的整体性，不仅加强了中华儿女的文化自信，而且激发了强烈的民族意识。

3. 铸牢中华民族共同体意识是筑造精神家园的有力保障

文化对于当前正处于持续向前发展阶段的中国来说意义非凡。文化的真正价值主要体现在对于内在精神世界的表述以及对精神追求的引领，文化的目的是为了实现相互独立的个体之间以及个体与社会之间关系的重新建构。文化认同作为一种精神文化形式的存在，不断激发各民族之间的情感共鸣，为中华民族共同体意识成为一种普遍的社会共识提供了情感支持，在集聚全体社会成员情感依附的基础上，升华为全民族的价值诉求。文化是一个民族的灵魂寄托，中华优秀传统文化作为一种精神的支撑，扎根于中国人的思想最深处，并指导着他们的日常行为实践。中华民族在曲折的前进道路中孕育出宝贵的民族精神，唤醒各民族的共同历史文化记忆，构筑共同的精神文化家园。铸牢中华民族共同体意识，实际上是扎根中华文明的沃土，汲取民族文化的营养，创新性地构筑安宁真诚的共有精神家园，形成一个共同认同、栖息的精神世界。

（五）铸牢中华民族共同体意识的生态意义与价值

我国少数民族居住在重要的生态功能区，少数民族地区的自然生态影响着整个国家的自然生态系统。生态文明建设关系到中华民族永续发展的大计[52]，共同体意识把政治、经济、社会、文化、法制同生态文明建设统筹起来，有利于树立“人与自然是生命共同体”思想，认清保护生态环境就是保护生产力，促进生态补偿机制的落实以及民族地区资源开发的补偿政策，像对待自己的生命一样对待各民族的生态环境，有利于保护我们赖以生存的中华家园。

1. 铸牢中华民族共同体意识奠定和谐共处的思想基础

铸牢中华民族共同体意识有助于促进人类遵循自然法则，尊重自然、顺应自然、保护自然，树立人与自然和谐共处，防止出现生态赤字和人为造成的不可逆转的生态灾难，使各族人民生活在天蓝、地绿、水清的中华大地上。中华民族共同体意识促使人们认清自然是人的生命，是人的第二个无机的身体，是人类赖以生存和发展的基本条件。从整体上来看，我国大多数民族地区所处地带自然生态环境比较脆弱，随着少数民族地区人口逐渐增加，人类活动日益频繁，加之对自然资源的不合理开发利用，超出了环境的承载能力，造成自然生态系统结构和功能的失衡。铸牢中华民族共同体意识可以使全国各族人民清醒认识到人与自然和谐共处的重要性，懂得56个民族共同生存在同一个国土家园，进而为遵循自然法则奠定思想基础。

2. 铸牢中华民族共同体意识有助于认清保护生态环境就是保护生产力

铸牢中华民族共同体意识有助于民族地区处理好经济发展与生态环境保护的关系，合理利用自然资源，改善生态环境，更好地推进民族地区的发展。民族地区能否实现人口、资源、环境与经济可持续发展，不仅关系到民族地区未来自身发展前景，而且关系到西部开发战略的顺利推进和国家的稳定繁荣。随着人们物质生活水平与消费水平的不断提高，各族人民由盼“温饱”走向盼“环保”，由求“生存”走向求“生态”，对优良生态环境的向往越来越迫切。铸牢中华民族共同体意识有利于树立科学发展观，将生态优势变成经济优势、发展优势，让各族人民真正感受到生态保护带来的实实在在的经济效益。

3. 铸牢中华民族共同体意识有利于建立健全生态补偿规则

铸牢中华民族共同体意识有助于促进民族地区遵循生态环境演化规律，因地制宜，充分发挥民族地区资源优势和环境承载能力，并完善环境补偿问责机制。生态环境相对脆弱的民族地区，要树立中华民族共同体意识，以保护生态环境为主，加强扶持力度，提高资金投入的充足性和稳定性。建立风险共担、利益共享的生态补偿问责机制，是现阶段民族地区的重要工作，在进行资源开发的同时，充分考虑当地居民的切身利益，让生活在民族生态保护区的群众在保护生态环境的过程中受益。铸牢中华民族共同体意识有助于保护生态环境，促进建立完善的生态制度，并将其化为自身向导，加快实现青山常在、清水长流、空气常新，让各族人民在良好的生态环境中生产生活。

（六）铸牢中华民族共同体意识的法制意义与价值

铸牢中华民族共同体意识有助于加强法制认同，健全法制体系，维系社会公平统一、保障社会群体的基本权益、健全民主法治化建设。

1. 铸牢中华民族共同体意识有助于完善民族领域法治体系

全面依法治国是国家治理的一场深刻革命[53]。加强法治是国家治理体系和治理能力的重要依托[54]。铸牢中华民族共同体意识促进加强全面依法治理，具体体现在：第一，有利于健全法律制度。贯彻落实《中华人民共和国民族区域自治法》，积极探索嵌入式立法，全面依法治国，可以将保障各民族合法权益、维护民族团结的诉求融入法制体系之中。第二，有利于强化依法治理。中华民族共同体意识促进一视同仁、一断于法，依法妥善处理涉民族因素的事件，有利于保证各族公民平等享有权利、平等履行义务；有助于加强民族领域执法能力建设，促进探索建立民族事务综合监管和联合执法机制。第三，有利于保障合法权益。铸牢中华民族共同体意识有助于促进依法保障各族公民在语言文字、风俗习惯、传统节日、民族成份、宗教信仰等方面的权益，畅通各族公民合法表达利益诉求的渠道，解决合法诉求。

2. 铸牢中华民族共同体意识促进民族区域自治以推进国家统一为价值标准

铸牢中华民族共同体意识促进民族区域自治以推进国家统一为价值标准，在这个框架内，有利于把少数民族的自治体现在国家统一领导下的地方管理之中，明确民族共同管理地方内部事务[55]。铸牢中华民族共同体意识既有助于保障少数民族享有平等的政治权利，又协调了祖国各民族的团结统一，利于少数民族地区的人民积极参与到祖国的建设事业中来，充分发挥各方面的集中优势。铸牢中华民族共同体意识充分体现了民族平等和民族团结是民族区域自治建立和运行的根本原则，也体现了国家集中领导是民族区域自治实施的前提。铸牢中华民族共同体意识有利于体现民族区域自治制度在处理民族问题上的卓越智慧与英勇智谋，进一步促进民族团结，为实现民族地区走中国特色的道路提供了正确的指引。

三、铸牢中华民族共同体意识的现实困境

铸牢中华民族共同体意识是一项长远和复杂的挑战。在新时代发展境遇下，虽然各民族紧密团结的有利因素不断增多，但我国民族工作仍面临许多现实困境，影响着铸牢中华民族共同体意识的实际成效。

（一）民族事务的制度落实与治理能力有待提升

新中国成立以来，中国共产党鼓励和促进少数民族群众参与国家政治生活，不断巩固和发展民族区域自治制度，确保各族人民在各级人民代表大会中的代表比例，大力推动民族地区发展，培养少数民族干部，加强文化交流，促进法治社会建设。但在实际工作中，仍然存在部分地区少数民族干部比例偏低、少数民族地区基层选举不公正等问题。有的地区制度落实不够常态化，部门之间齐抓共管、共建共创的合力氛围还不够浓厚，没有形成自助循环的

中华民族共同体意识铸牢机制。同时，各地市、县民族工作部门普遍存在人员偏少、工作力量薄弱的问题，民族事务治理体系和治理能力现代化也成为许多民族工作部门面临的一大挑战。以上问题的存在一定程度上制约了少数民族群众参与政治生活的积极性，导致各民族参与政治生活不平衡现象的发生。

（二）各地区社会经济发展的不平衡不充分

各族人民最大公平地享有社会改革发展成果是关系到铸牢中华民族共同体意识的经济认同关键。随着改革开放以来我国社会生产力的发展和经济水平的不断提升，我国总体经济实力虽得到了极大提高，但是地区性发展不平衡不充分和贫富差距悬殊问题却是不得不面对的重要现实。尤其是西部地区包括少数民族居住区，受历史与自然双重因素影响，无论是在资源利用还是生产力发展方面，较之东部地区均存在巨大差距。虽然伴随着国家西部大开发、对口支援等政策的施行取得了一定进步，但与新时代经济发展目标和人民美好生活要求仍有差距。我国少数民族地区大多聚集于西部高原山地的经济欠发达地区，区域经济发展相对落后和相对贫困的社会现实容易使少数民族人民在现代文明进程和市场经济发展的大环境中产生心理落差和不平衡感，进而弱化中华民族共同体意识，使经济社会发展地域分化进一步深化，影响到民族地区内部、民族地区和其他地区、少数民族与汉族相互之间的认同与接纳，造成社会成员之间的隔阂，不利于整个社会形成团结互助、扶贫济困的氛围和环境，也不利于发展和谐的社会主义民族关系进而难以培育各族人民团结与共的中华民族共同体意识。

（三）铸牢中华民族共同体意识的宣传教育力度有待加强

中华民族共同体是各族人民团结在一起的集合体，各族群众谁也离不开谁。中华民族共同体意识的宣传教育对象应该是全体中国人，而不仅仅是少数民族地区的群众。铸牢中华民族共同体意识、构建中华民族共同体作为推进我国民族团结工作的重要目标向度，应当予以足够的教育、引导和宣传。当前宣传教育的主要方式是在各大新闻媒体网站报道相关理论成果、在各民族地区开展专题讲座和集中政治学习等，通过广播、电视、报纸等传统媒介宣传铸牢中华民族共同体意识还较少，普及面相对较窄。铸牢中华民族共同体意识的宣传教育工作没有得到足够的认识，宣传教育的方式方法比较单一，宣传范围不够广，群众知晓度较低。

（四）世界多元价值理念的冲击和民族文化差异的摩擦

总体来看，铸牢中华民族共同体意识的文化困境来源于国际和国内两个方面。一方面，伴随着互联网技术的高速度发展以及世界市场的不断扩大，国际上不乏歪曲中国和平崛起事实、抨击中国和平发展事业等现象。同时，世界多元价值文化理念进入我国意识形态领域，在一定程度上消解了我国人民的中华文化认同感。另一方面，各民族在价值信仰、语言文字、心理认同、行为习惯等方面存在差异，各民族群众对多元一体格局的认知存在差别，各民族群众的中华民族共同体意识也有一定差异。一些民族地区过于强调文化的特殊性，强化了不同文化在互相接触中产生的碰撞、冲突和矛盾，这对铸牢中华民族共同体意识造成一定的消极影响。

（五）民族地区对生态保护的重要性认识不够

民族地区大多处于自然环境恶劣、高热地区或偏远、极寒地带，且水土流失、沙漠化，自然灾害等现象频发，加剧了铸牢中华民族共同体意识生态建设的困境。随着经济社会的快速发展，人类的财富观念发生了很大的转变。在经济利益的驱动下，人们对资源采取掠夺式的开发利用，超过了生态环境承载能力，忽视了生态保护和自然资源的永续利用。现行的生态保护政策缺乏对保护生态环境进行长期投资的金融政策鼓励，生态建设和环境保护的法律法规尚不健全，一些生态环境保护区域还存在着立法空白，对一些不合理的开发利用行为还缺乏刚性的法律约束，在生态保护执法方面，还存在有法不依和执法不严的现象。

四、铸牢中华民族共同体意识的实践路径

中国特色社会主义进入新时代，世界局势日新月异。“铸牢中华民族共同体意识”不仅仅是当前我国民族工作的主线，也是大国之间博弈的现实需要；不仅仅是学术界热议的话题，同时也是国家政治生活的重要内容。基于此，本章主要从政治、经济、社会、文化、生态、法制等多个维度对铸牢中华民族共同体意识的实践路径进行探析。

（一）构建铸牢中华民族共同体意识的政治认同

1. 始终坚持党对民族工作的全面领导

习近平指出“只有中国共产党才能实现中华民族的大团结”。推动铸牢中华民族共同体意识，必须始终坚持党对民族工作的全面领导。第一，要把握党对民族工作的领导权，坚定党的民族工作的正确方向。新中国成立以来，在中国共产党带领各族人民的共同努力下，我国在各个领域都取得了巨大的发展。现阶段，我们依旧必须牢牢把握党对民族工作的领导权，继续在中国共产党的正确领导下，推进民族团结进步创建工作。第二，要加强各级党组织对铸牢中华民族共同体意识的领导，推动全体社会成员共同参与到铸牢中华民族共同体意识工作中来。一方面，要健全铸牢中华民族共同体意识的领导责任制度。各级领导要把民族团结进步创建工作当作一项重大的政治任务来完成。同时还要根据各民族地区的实际情况，做到具体问题具体分析。另一方面，要发挥地方基层党组织对铸牢中华民族共同体意识的重要推动作用。加强党的领导必须重视各地区基层党组织的建设，包括干部队伍建设、规章制度建设和宣传教育建设等等，特别是在一些偏远地区。

2. 坚持民族区域自治制度，完善民族理论政策

民族区域自治制度是中国共产党紧密结合中国的历史国情、充分考虑人民利益做出的符合中国实际的历史抉择，是中国特色解决民族问题的正确道路的重要内容和铸牢中华民族共同体意识的制度保障。民族平等和民族团结是民族区域自治制度建立和运行的根本原则，国家集中领导是中国民族区域自治制度实施的前提。习近平指出“民族区域自治是党的民族政策的源头和根本，许多民族政策都是由此而来，依此而存，这个源头变了，根基就动摇了，在民族理论、民族政策、民族关系等问题上就会产生多米诺效应”。民族区域自治制度的实行，体现了国家充分尊重和保障少数民族管理本民族内部事务的权利，体现了民族平等、团结、进步和共同繁荣的原则，能为铸牢中华民族共同体意识提供坚实制度保障。

在少数民族自治地区，应坚持以各级政府为主导，协调各方参与主体，以实际行动全面深入贯彻执行党和国家的民族制度、政策、法律等。要依据形势的发展变化，实现相关理论和政策的与时俱进。要创新民族工作制度，推进法治建设，制定和完善少数民族自治地区精英和民众参与制度，拓宽参与渠道，创造参与条件，提升参与技术等，切实保障少数民族共同参与基层

建设，发挥他们在当地民族事务治理中的积极作用。

3. 加强少数民族干部队伍建设

新时代加强少数民族干部队伍建设，事关民族地区的繁荣与发展，事关构建和谐社会的大局。民族干部的任用有助于更好地管理本民族内部事务，减少民族矛盾。选拔、培养一支作风优良、业务能力突出的少数民族干部队伍，在基层党建和民族政策实施过程中发挥模范带头作用，确保党的各项民族政策真正施行、落地生根，进而有效深化各族人民对于党的领导和国家政治制度的深切认同感，增强对于中华民族政治共同体意识的理论自觉。在更高层次与更高水平上实现各民族紧密团结，铸牢中华民族共同体意识。

（二）牢固铸牢中华民族共同体意识的经济保障

1. 加强地区扶持力度，激发民族经济发展活力

在党的领导下，不断加大对民族地区的扶持力度，把经济发展重点放到改善各民族群众的生活条件与群众所关心的突出问题上，如住房建设、基础设施建设、医疗保障体系建设以及就业等方面，通过真真切切的发展来减少民族地区群众的相对剥夺感，温暖人心，从而铸牢中华民族共同体意识。一是在劳动力转移、民营经济发展以及投资兴业、项目建设和民族乡村基础设施建设、民族教育文化卫生事业发展、人才队伍建设等方面，加大政策的扶持力度。二是加大对民族地区的资金扶持力度。近几年来，我国在“教育两免一补”、农村特困救助、新型农村合作医疗等方面都对民族地区的发展有配套的经费资助。三是加大民族地区实用性人才的培养力度。从培训乡村基层干部入手，经过实用课程培训，帮助他们成为脱贫致富的“带头人”和地区发展进步的“引路人”；加强对基层教师、乡村卫生员等专业技术人员的培训；制定优惠政策，吸引当代大学生到基层工作，培养留得住、用得上的实用性人才。

2. 转变经济发展方式，促进经济高质量发展

当前，大部分民族地区的经济社会发展主要依托对自然资源的开发和利用，在产业结构上较为单一，不利于推动民族地区经济社会的快速发展。第一，要加快推动产业结构转型升级。对于农牧业而言，要充分利用本地丰富的土地资源和农牧业资源，把优势资源集中利用起来，加快打造现代化、高质量的农牧产业体系；对于传统的重工业发展而言，要转变传统的高污染、高排放、高消耗的资源加工形式，向现代化绿色环保的资源精深加工和循环

利用的方向上发展；不断培育和发展新兴产业，推动传统产业与新兴产业的协同发展。第二，因地制宜地打造民族地区的特色优势产业，特别是在民族文化、民族旅游等领域。例如利用民族地区的自然资源、农业资源等发展特色农牧业、特色农产品加工业等，打造具有本民族特色的产业名片；利用独特的自然风光、名胜古迹、民族传统文化等发展文化旅游产业，这样既能将本民族的文化优势转化为经济优势，又能在开发利用的过程中更好地继承和保护本民族文化；利用边境区位优势充分发挥边境口岸的桥梁纽带作用，发展以边贸为核心的特色外向型经济，促进区域间深层次的合作发展等等。充分借助"一带一路"倡议平台，与各互助合作方积极开发具有本民族特色和文化价值的各类产品，形成适宜本民族物质文化遗产传承创新的现代化产业链，形成新时代民族特色发展模式，从而带动经济增长，夯实铸牢中华民族共同体意识的物质根基。

3. 建立经济互助机制，形成民族互惠共同体

建立经济互助机制指的是推动不同地区和民族间的共同协作，在互帮互助的过程中形成互助互惠的经济利益共同体。不论是少数民族还是各民族地区都有自己的特点和优势，又有自己的劣势和不足之处，各民族间取长补短是各自发展的需要，也是国家发展的需要。建立经济互助体制包括东西部互助、县际互帮、城乡互联、村组互包等等，例如在农村地区建立互助合作社，在乡镇和城市建立互助性社区；推动东部经济发达的县市与西部民族地区的贫困县市开展"一对一""结对子"对口帮扶支援；积极推动"乡村振兴"战略和"万企帮万村"行动的实施等等。同时，各地区要在资金、信息、技术、人才、自然资源等方面互帮互助，实现优势互补。

（三）完善铸牢中华民族共同体意识的社会体系

1. 推动建立相互嵌入的社会结构和社区环境

2014 年 9 月，习近平总书记在中央民族工作会议上提到要推动建立"相互嵌入式社会结构和社区环境"。具体应着重从两方面进行部署，其一，各社区村镇应当根据党和国家关于新时代民族工作的指导理念，立足当地民情特点和社区环境特点，出台具体的互嵌式社区工作指导意见和政策文件，完善社区公共服务和矛盾纠纷处理机制，合理构建各民族平等参与的互嵌社区和社会环境，确保各族人民群众和谐共处有所保障。其二，要在社区内积极开展各类群体活动，鼓励各族群众积极参与其中，于活动中加强彼此之间的交

往，积极营造一种和谐友爱、互帮互助的愉悦氛围。从日常生活、基层建设、文化交流、就业指导等方面协同发力，加强民族团结进步宣传教育力度，丰富社区人民的精神文化生活。

2. 把铸牢中华民族共同体意识教育融入国民教育体系

要把铸牢中华民族共同体意识纳入国民教育体系之中，使全社会牢固树立中华民族共同体的观念，使各族群众始终自觉维护中华民族大团结。具体而言，要将爱国主义教育课程、思想政治教育课程以及形势与政策等课程融入基础教育、高等教育、职业教育和成人教育之中。课堂教学是弘扬和培育中华民族共同体意识的主渠道，课堂教材是弘扬和培育中华民族共同体意识的重要载体。我们要充分发挥课堂教学主渠道作用，推动铸牢中华民族共同体意识教育进教材、进课堂、进头脑。

3. 加强民族团结宣传载体的拓展与创新

随着互联网的普及，我国网民数量日益庞大，大众媒体的快速发展使得人们更依赖于手机终端了解新闻知识。社交软件、网络视频等已经成为手机用户阅读新闻、获得信息的重要途径。在新闻媒体融合发展的背景下，应拓展传播渠道，发展多元载体，在各大新闻网站突出短视频、直播、微博互动等新型内容载体的作用，提高媒体传播的影响力。与此同时，应牢牢把握新闻媒体的主战场，利用丰富多彩的民族文化以生动的、贴近人民生活的鲜活例子讲好民族故事、中国故事，把铸牢中华民族共同体意识融入主流价值观教育，将民族认同、国家认同和各族群众一家亲的价值观传递给广大受众群体。

（四）夯实铸牢中华民族共同体意识的文化基础

1. 加强各民族文化平等交流和文明互鉴

各民族文化是中华文化的重要组成部分，其相互之间的平等交流有利于赋予中华民族共同体意识更多的文化内涵和多重意蕴。铸牢中华民族共同体意识的对象是全体中华儿女，应以尊重各民族的文化习俗为基本原则，充分发挥民族习俗对民族成员的教育、规范、调节、凝聚的作用，将对中华民族共同体的认同融入民族风俗中去。无论是中华文化还是少数民族文化，应当秉持选择性继承和发展的守正创新原则，充分发挥其驱动铸牢中华民族文化共同体意识的最大价值。

2. 加强“五个认同”教育

谈及铸牢中华民族共同体意识，就必然要将其与“五个认同”思想联系起来。应加强对“五个认同”内涵要旨的宣讲力度，通过多种形式开展“五个认同”教育和宣讲活动，引导各族群众明晰“五个认同”的价值理念，并切实转化为自身基本的政治信念，增强自身的“五个认同”意识。

3. 发挥社会主义核心价值观的价值整合与思想引领作用

社会主义核心价值观是我国文化软实力的核心内容，从三个不同层次凝练表达了对国家、社会以及个人的要求，体现了中华儿女的共同价值追求。一个国家和民族最深沉、最持久的力量就是契合国家文化认同和被社会大众广泛接受的社会核心价值观。中华民族精神家园是中华民族所共同认同、共同依托和共同传承弘扬的文化精神、价值观念和情感态度的总和，是中华民族繁荣富强、实现伟大复兴的共同思想基础。要以社会主义核心价值观为价值统领与理念指导，增强各族人民的核心凝聚力，积极对人们进行价值观层面的教育，建设共同的精神家园。

（五）加强铸牢中华民族共同体意识的生态建设

1. 树立人与自然是生命共同体观念

铸牢中华民族共同体意识，要致力于树立“人与自然是生命共同体”的观念。党的十九大报告指出“人与自然是生命共同体，人类必须尊重自然、顺应自然、保护自然”。构筑人与自然生命共同体是各族人民树立正确生态价值理念的有效路径，有利于人与自然生命共同体意识的有效提升，而这恰恰也是铸牢中华民族共同体意识的生态层域要求。形成全国各族人民共同参与、共同建设和共同享有生态环境的理念共识，更加牢固地凝聚成一个共同体，深化中华民族生态共同体意识，打牢铸牢中华民族共同体意识的生态思想基础。

2. 坚持绿色可持续发展路径

处理好经济发展与生态环境保护的关系是实现社会经济持续增长的重要条件。坚持生态优先和绿色低碳发展。强化生态文明建设的重要逻辑内核，是实现经济社会绿色低碳可持续发展的重要逻辑支柱。坚持生态优先，即坚持“绿水青山就是金山银山”，坚持绿色低碳发展，要严格落实生态保护、基本农田、城镇开发等空间管控，加大绿色生产资金扶持和基础支持力度；积极开展绿色生活创建活动，引导居民生活绿色化和生态化。

3. 建立健全生态文明制度体系

生态文明建设和美丽中国建设是全体中国人民的共同事业和共同责任，良好的生态环境是最普惠的民生福祉。实现生态文明和美丽中国的建设目标，使各族人民真正铸牢中华民族共同体意识，必须遵循生态环境演化规律，因地制宜，根据民族地区资源和环境承载能力，建立完善环境补偿问责机制，坚持“谁受益、谁补偿”“谁破坏、谁付费”等原则。健全包括源头预防、过程控制、损害赔偿、责任追究等全方位、各方面的生态环境保护制度体制和生态环境保护体系。逐步健全生态文明建设目标评价考核制度，加强节能减排、污染防控等执法力度。通过生态文明制度和生态法治举措的综合推进，有效提高生态文明层面的国家治理体系和治理能力现代化水平，让人民切实感受到更多生态安全感和生态幸福感，进而更好地投身中华民族生态共同体建设，为推进中华民族共同体的建设和美丽中国建设目标的达成奠定生态保障基础。

（六）提供铸牢中华民族共同体意识的法制保障

1. 坚持民族平等原则

在中国特色社会主义进入新时代和铸牢中华民族共同体意识的现实要求下，坚持“一视同仁”的基本原则，倡导各民族群众平等享有权利、平等履行义务。在法律层面，特别是在社会公共领域，突出各民族群体的公民身份，确保各族公民在法律面前人人平等。在执法过程中贯彻民族平等原则。不论是何民族都必须受宪法和法律的约束，只要是违法犯罪都要依法受到惩处。贯彻法律面前人人平等原则，促进各民族的中华民族共同体认同，是铸牢中华民族共同体意识的法治路径。

2. 建立完善的法制体系

《中华人民共和国民族区域自治法》奠定了民族法治的基本框架。贯彻落实民族区域自治法，健全民族工作法律法规体系，根据民族地区的实际情况，开展特色立法，服务于民族地区的经济社会发展大局。要依法妥善处理涉及民族因素的问题，“不能把涉及少数民族群众的民事和刑事问题都归结为民族问题，不能把发生在民族地区的一般矛盾纠纷简单归结为民族问题”。坚持严格执法，凡是属于违法犯罪的行为，不论什么民族，什么地区，都要依法处置。

3. 健全法治宣传教育体系

首先，加强以国家意识和公民意识培育为核心的宪法教育。宪法是国家的根本大法，宪法教育作为法治教育的基础，是培养国家意识、公民意识，树立中华民族认同的重要途径。坚持党的领导是有效实施宪法的根本保障，是保证我国宪法教育正确方向的必然要求；坚持保障公民基本权利，突出“中华人民共和国公民在法律面前一律平等”原则，树立起“法律面前人人平等”的法治思维。其次，提高法治教育的针对性。我国 56 个民族各具特点，其中华民族共同体意识和法治意识的强弱也都各不相同，要根据具体情况开展法治教育，强化民族事务方面法律法规以及国家安全法的教育。

参考文献：

［1］斯大林全集（第二卷）［M］. 北京：人民出版社，1956：225.

［2］吴仕民. 中国民族理论新编［M］. 北京：中央民族大学出版社，2006：16.

［3］韦伯. 韦伯作品集·经济行动与社会团体［M］. 康乐，简慧美译. 广西师范大学出版社，2004：312.

［4］许纪霖. 天下主义/夷夏之辨及其在近代的变异［J］. 华东师范大学学报（哲学社会科学版），2012，44（06）：66—75＋150.

［5］梁启超. 饮冰室合集（第五集）［M］北京：中华书局出版社，1989：71.

［6］谷苞. 论中华民族共同性［M］. 北京：中央民族学院出版社，1989：16.

［7］费孝通. 中华民族多元一体格局［M］. 北京：中央民族学院出版社，1989：01.

［8］马克思恩格斯选集（第 2 卷）［M］. 北京：人民出版社，1995：112.

［9］巴特尔. 铸牢中华民族共同体意识　奋力实现伟大复兴中国梦［J］. 民族论坛，2018（03）：2＋113.

［10］王文光，徐媛媛. 中华民族共同体意识形成与发展的历史过程研究论纲［J］. 思想战线，2018，44（02）：70—74.

［11］徐杰舜. 铸牢中华民族意识：中国民族研究战略方向的反思［J］. 湖北民族学院学报（哲学社会科学版），2018，36（03）：5—9＋2.

［12］习近平. 携手建设更加美好的世界——在中国共产党与世界政党高层对话会上的主旨讲话［J］. 当代世界，2017（12）：4—7.

［13］范君，詹小美. 铸牢中华民族共同体意识的文化方略［J］. 思想理论教育，2018（8）：49—55.

［14］严庆. 本体与意识视角的中华民族共同体建设［J］. 西南民族大学学报（人文社科版），2017，38（3）：46—50.

［15］杜倩萍. 新时期南方少数民族国家认同与民族认同实证探析——以广西环江毛南

族自治县为例［J］. 中南民族大学学报（人文社会科学版），2017，37（06）：46—50.

［16］冯大彪. 当代蒙古族中华文化认同的综合研究［J］. 前沿，2018（04）：82—94.

［17］马英杰. 融入中华民族共同体：对回族“五个认同”的考察［J］. 回族研究，2021，31（01）：76—81.

［18］范雅宁，戚甫娟. 南疆民汉交往的心理因素分析与思考［J］. 喀什大学学报，2016，37（04）：17—22.

［19］赵旭峰，钟瑞华. 红河南岸民族互嵌式社会结构研究［J］. 黑龙江民族丛刊，2019（05）：8—13＋19.

［20］罗惠翾. 边境地区铸牢中华民族共同体意识的几个关键问题［J］. 西北民族研究，2020（02）：29—34.

［21］林艳. 搭建学术研究平台，共同探讨人口较少民族发展之路——人口较少民族研究专业委员会成立大会暨第一届学术研讨会综述［J］. 黑龙江民族丛刊，2018（05）：191—193.

［22］李少霞，魏莉. 铸牢中华民族共同体意识的基础与路径研究——以新疆为例［J］. 西北民族大学学报（哲学社会科学版），2021（01）：21—31.

［23］丁宏，马越. 中华民族共同体视域下的回族历史文化研究［J］. 青海民族研究，2020，31（02）：41—45.

［24］李智环. 跨境民族的历史迁徙与民族认同：基于傈僳族形成过程的讨论［J］. 贵州民族研究，2013，34（03）：1—5.

［25］沙丽娜，曹富兴. 傈僳族守边护边保家卫国的故事［J］. 今日民族，2021（05）：40—43.

［26］雷文彪. 民族记忆与文化基因——瑶族民族记忆中“中华民族共同体”文化基因的表征及其价值阐释［J］. 广西民族研究，2021（01）：153—161.

［27］李欣，唐琳佳. 浅析藏羌彝文化走廊圈舞遗存对中华民族共同体意识建构的教育意义［J］. 教育现代化，2019，6（32）：230—232.

［28］黄建明. 各民族古文字及其文献：研究中华民族共同体意识的宝贵资料［N］. 中国民族报，2021—01—26（005）.

［29］宋忠敏. 少数民族传统文化与铸牢中华民族共同体意识——以贵州苗族侗族食俗文化为例［J］. 贵州民族研究，2021，42（01）：122—129.

［30］林艳. 搭建学术研究平台，共同探讨人口较少民族发展之路——人口较少民族研究专业委员会成立大会暨第一届学术研讨会综述［J］. 黑龙江民族丛刊，2018（05）：191—193.

［31］钟秋思，刘听雷. 中华民族共有精神家园与个体民族传统价值观研究——以佤族为例［J］. 河北民族师范学院学报，2021，41（01）：90—95.

［32］张思琦，马惠兰. 回族文化与筑牢中华民族共同体意识［J］. 中国穆斯林，2018

(06)：41—43.

［33］胡芳. 文化认同视域下青海三大民俗文化圈的交融与共享［J］. 青海社会科学，2021（02）：194—200.

［34］邱开玉，董建辉. 交往中生成：近代畲民的中华民族认同［J］. 广西民族大学学报（哲学社会科学版），2021，43（02）：28—34.

［35］邹丽娟. 云南少数民族传统文化的圆融性及其时代价值［J］. 贵州民族研究，2016，37（07）：53—59.

［36］梁晴. 中国少数民族特色村寨系列报道｜陈双村：铸牢中华民族共同体意识在这里持续践行［N］. 广西民族报，2020—12—30.

［37］刘吉昌，徐润. 中华民族共同体意识研究述评［J］. 贵州民族研究，2021，42（01）：28—37.

［38］严庆，平维彬. "大一统"与中华民族共同体意识的形成［J］. 西南民族大学学报（人文社科版），2018，39（05）：14—18.

［39］吕越. 中华民族抗战与回族国家认同构建［J］. 回族研究，2018，28（04）：81—85.

［40］赵刚，史诺. 抗战时期中共民族政策对朝鲜族中华民族共同体意识的影响［J］. 江苏大学学报（社会科学版），2018，20（02）：86—92.

［41］彭瑞. 法治中国视域下少数民族的中华民族共同体意识培育研究［D］. 景德镇陶瓷大学，2019.

［42］黄沙. 纳西族国家认同研究［D］. 云南大学，2013.

［43］李资源，向驰. 中国共产党对铸牢中华民族共同体意识的核心作用［J］. 中南民族大学学报（人文社会科学版），2021，41（01）：1—9.

［44］杨宝康. 佤族民族认同与国家认同跨境比较研究［J］. 黔南民族师范学院学报，2020，40（02）：27—33.

［45］本刊通讯员. 在实现共同富裕的道路上"铸牢中华民族共同体意识"福建省宁德市赤溪畲族村民族团结进步创建工作侧记［J］. 中国民族，2020（08）：96—97.

［46］刘灿. 新时代铸牢中华民族共同体意识的借鉴——《教育与族群认同：贵州石门坎苗族的个案研究》述评及启示［J］. 民族高等教育研究，2020，8（02）：39—42.

［47］郑长德. 西部大开发以来民族地区的经济发展：基于"铸牢中华民族共同体意识"的分析［J］. 民族学刊，2021，12（07）：9—22+103.

［48］中央民族工作会议暨国务院第六次全国民族团结进步表彰人会在北京举行［N］. 北京：人民日报，2014—09—30.

［49］马克思恩格斯选集：第3卷［M］. 北京：人民出版社，1995：448.

［50］［美］约翰·罗尔斯. 正义论［M］. 何怀宏译. 北京：中国社会科学出版社，1988：101.

［51］李昊．社会公共服务领域的民族平等保护［J］．法学，2016（03）：126．

［52］本刊编辑部．习近平出席全国生态环境保护大会并发表重要讲话［J］．绿色中国，2019（01）：12．

［53］中共中央宣传部．习近平新时代中国特色社会主义思想学习纲要［M］．学习出版社．人民出版社，2019：95．

［54］中共中央宣传部．习近平新时代中国特色社会主义思想三十讲［M］．学习出版社，2018.5：183．

［55］高永久．民族学原理［M］．天津：南开大学出版社，2011：360．

铸牢中华民族共同体意识的理论内涵与福建省实践路径研究①

福建师范大学马克思主义学院　赖海榕　林　林

铸牢中华民族共同体意识是新时代实现国家治理现代化的必然要求，也是当前民族团结进步的理论和实践指引。党的十八大以来，党和国家在民族事务治理方面做出了重大理论创新和发展，提出了“铸牢中华民族共同体意识”的原创性论断。2018 年十三届全国人大将“中华民族”写入宪法，党的十九大将“铸牢中华民族共同体意识”写入党章。由“中华民族多元一体格局”到“中华民族共同体意识”，党和国家关于中华民族建设的思想，不仅是字词的增添或者对“一体性”和“共同性”内容的简单强调，更是围绕“中华民族”的集体认同和象征符号，构建各民族团结一心、全体国民凝聚一体的政治社会秩序。“中华民族不仅是一个文化共同体或族类共同体，还是一个容纳了政治、经济、地域因素在内的综合共同体。”2021 年 8 月 27 日至 28 日中央民族工作会议在北京召开，习近平总书记出席会议并强调，“铸牢中华民族共同体意识是新时代党的民族工作的‘纲’，所有工作要向此聚焦”。明确了以铸牢中华民族共同体意识为主线推进新时代党的民族工作高质量发展的指导思想、战略目标、重点任务、政策举措，为做好新时代党的民族工作指明了前进方向，提供了根本遵循。

一、铸牢中华民族共同体意识的理论内涵

（一）中华民族共同体意识的内涵

中华民族共同体意识的内涵可以从文化认同和政治认同两个维度阐释。

---

① 本文系 2021 年度福建省铸牢中华民族共同体意识研究中心课题研究成果，项目编号 21SKZ46。

文化是指一个国家和民族特定时期流行的思想、观念和价值观，是人的行为的意义和动机的来源，直接影响人的态度、观念和行为。文化认同是人类对于文化内在精神构架的共识，它体现了人类对自身文化的归属意识。文化认同不仅影响到个人对自己身份的确定、对社会群体角色的认定；还会影响到民族以及民族文化的保持、国家意识形态的维持与强化、不同的文明与文化之间的相互理解。文化认同与铸牢中华民族共同体意识之间是相互依存、相互联系的。习近平总书记提出的“建设共有精神家园”从根本上说是要强化对中华文化的认同，对中华文化的认同是铸牢中华民族共同体意识的关键所在。

中华文化是中国56个民族共同的文化，中华文化认同是中华民族团结之本，是增强中华民族共同体、实现中华民族伟大复兴的中国梦的核心力量。各民族长期交往交流交融共同创造了伟大的中华文化，从精神层面有力地铸牢了中华民族共同体意识。中华文化与各民族文化是整体与部分的关系，各民族的文化都是中华民族文化发展的根基。铸牢中华民族共同体意识就是社会成员对中华民族共同体实现从思想认知到情感接受再内化为行动自觉。各个民族的成员通过语言、宗教、习俗等方面的经验积累和意义生成，形成了对中华民族的文化认知和价值认同，这是铸牢中华民族共同体意识的重要维度。文化认同不仅是构筑个人精神与心理安全的基础，也是民族国家自身合法性的依据。文化认同的价值体现在建立和维系中华民族共同体成员之间的文化联系、历史记忆和文化身份，寻求文化价值的最大公约数。

文化认同通过交往形成和深化，在民族交往交流交融的时代现实中，逐步消除文化隔膜，凝聚中华民族共同体意识，增进民族文化认同，促进民族团结。在习近平总书记的系列重要讲话当中，多次强调了文化创新、理论创新、文化自觉、文化自信的重要性，给我们提供了一套科学完整的理论体系。一个民族的复兴，必须以文化的复兴作为支撑，中华民族实现伟大复兴，必须伴随着中华文化的繁荣和昌盛。中华民族共同体意识聚焦的主体是全体公民，并以此为载体，承载起共同的民族身份，这是对共同体成员国家身份的确认和文化身份的集体认同，区别于其他共同体而存在也是共同体意识建构的价值内核。在政治、经济、文化等方面的实践中“共建中华民族的命运与共意识、共享中华文化的共有精神家园意识、‘你中有我，我中有你’的心理认同意识和共同发展的团结互助意识”[1]。

中华民族共同体意识另一层内涵是政治认同。中华民族是一个不断发展变化的政治文明概念，各个时代的中国涉及的对象并非全然一致，这从历代疆域范围的差异中可见一斑。但可以确定的是，天下中心意识和文明信念是中华民族内在的重要意涵。一方面，中国为中心之地，“居天下之中”。所谓“宅兹中国”“惠此中国”，正是先民把天子居住之都城视为天下中心的观念反映。从地理层面讲，早期中国也的确源起于以洛阳盆地为中心的中原农耕地区，农业生产为政权建设提供了稳定的基础。另一方面，中国为文明之地，“有礼仪之大”。在漫长的历史岁月中，中国人民催生了早期文明，积淀为文化高地，形成与周边相对应的中国信念。与此同时，对于中国的共誉理解，又契合了“天下定于一”的政治信念，并在秦汉之后进一步从一体的信念走向了一体的实在，以多民族帝国的样态呈现出来。此后，诸多政权皆自称中国，如魏、晋、宋、齐、梁、陈，再如隋、唐、宋、辽、明，即便是清朝政权，亦自称中国。因而，中华民族共同体意识是一个广泛性的政治认同。

民族意识是指“同一民族的人感觉到大家是属于一个人们共同体的自己人的这种心理”[2]，属于社会意识的范畴。共同体意识就是一种区别于“他们”的“我们感”，这种“我们感”超越族群、职业、党派、价值观等一切区别和分歧，蕴含着更高层次的一致性，可以凝聚最广泛的力量，达成最广泛的共识，从而塑造全体中华儿女的认同。因此，共同体意识属于认同范畴，关系着政治安全、国家安全和政权安全。“铸牢中华民族共同体意识，实质上就是培养各族人民对中华民族共同体的归属、认可和忠诚，属于政治认同培塑。[3]”中华民族就是“中国古今各民族的总称，是由许多民族在结合成统一国家的长期历史发展过程中逐渐形成的民族集合体”。[4]“中华民族共同体意识本质上是一种国族身份认同意识，即中华各民族在长期交往交流交融的过程中，对历史记忆、政治制度、利益关系、价值信仰、社会交往等层面所形成的综合性集体认同。”[5]

由于现代政治生活的丰富化、多样化，特别是全球化、现代化形成的人口大规模流动，带来了多元共同体现象，使得政治认同客体日益多样性。政治认同研究之父罗森鲍姆认为，政治认同客体是指个人感觉要强烈效忠、尽义务或责任的单位和团体，一般包括国家、民族、城镇、区域。事实上，国家政治生活中的政治单位都可能是政治认同的客体，如政党、国家、政府、民族、区域等。对于当前中国政治认同而言，政治认同客体主要包括中国共产党、中华人民共和国、中国政府等，他们之间相互关联又相互差异。随着改革开放以来中国经济社会的快速发展，社会分化不断加剧，社会矛盾产生变化，部分人和群体的共同体认同出现了一定程度的分裂。而中华民族共同体意识的提出，则把中华民族作为更大时空范围内的政治共同体，具有强大的超越性，有利于跨越分歧形成共识，塑造更高层次、更广泛的政治认同。中华民族共同体认同超越了以往的民族认同。

1949年以来，我国实行以民族平等、民族团结和各民族共同繁荣为基本原则，以各族人民为中心的民族政策，在很长一段时间内，该民族政策发挥了维护国家统一和促进民族团结的作用。随着中国特色社会主义建设不断推进，尤其是党的十八大以来，中国特色社会主义进入新时代，中华民族伟大复兴事业步入关键时期，亟须推动民族政策创新以适应新的发展形势、新的发展任务。与此同时，由于境外民族分裂思想的渗入，一些群众受其蛊惑，导致国家认同和政治认同都产生了偏移，并与当代中国致力于建构的中国共产党认同、中华人民共和国认同、中国政府认同、中国特色社会主义认同产生了明显的结构性张力，成为影响政治安全、国家安全的重要隐患。在此背景下，迫切需要确立一个各民族都认可的政治认同对象来化解内部分歧。中华民族共同体意识的提出，将中华民族共同体作为政治认同客体，不仅超越了民族认同，实现了民族（国族）—国家—政权的内在逻辑一致性，而且化解了民族认同与国家整体政治认同的张力。与中国共产党、中华人民共和国、中国政府等政治认同客体相比较，中华民族是一个具有更大时空范围的共同体，是历史上各民族交往交流交融过程中形成的多元一体的民族共同体，具有更广泛的心理、文化和历史基础，更容易被包括各民族在内的全体中国人所认同。

同时，中华民族共同体意识文化认同和政治认同两层内涵是相辅相成的。政治认同离不开文化认同，而是将文化认同作为重要支撑机理。由于文化对于人的行为具有指引性作用，很多政治学理论高度重视文化的作用，认为政治的运行离不开文化的支撑。文化具有相对稳定性，变化比较缓慢，这使得文化认同比政治认同更具有相对稳定性。习近平总书记在2014年中央民族工作会议上指出："文化认同是最深层次的认同，是民族团结之根、民族和睦之魂。文化认同问题解决好了，对伟大祖国、对中华民族、对中国特色社会主义道路的认同才能巩固。"[6]换言之，文化认同对于政治认同具有支撑性、根基性作用，缺乏文化认同的支撑，政治认同易损、易变、易流失。加之文化认同具有深厚的历史心理基础，一旦形成就不容易消失。中华民族共同体作为文化共同体和政治共同体的统一体，把文化认同因子源源不断地输入政治认同“肌体”，满足政治认同的需要，以文化认同支撑政治认同。作为文化共同体的中华民族认同支撑着作为政治共同体的中华民族认同，具体体现在两个方面：一是中华民族创造的辉煌灿烂的文化支撑中华民族共同体认同，二是中华文化中的政治认同文化有利于增强当代中国的政治认同。

中华民族作为一个文化共同体，在五千年的发展历程中创造了灿烂辉煌的中华文化。中华文化是中华民族的魂，是中华民族的精神家园，历经五千年发展绵延不绝，是唯一延续至今的古代人类文明。灿烂辉煌的中华文化为中华民族塑造了高度的文化自信，而文化自信则是文化认同的内核，为中华民族存续、为人类文明发展做出了重要贡献。习近平总书记在纪念孔子诞辰2565周年国际学术研讨会上的讲话中指出：“中国传统思想文化中的优秀成分，对中华文明形成并延续发展几千年而从未中断，对形成和维护中国团结统一的政治局面，对形成和巩固中国多民族和合一体的大家庭，对形成和丰富中华民族精神，对激励中华儿女维护民族独立、反抗外来侵略，对推动中国社会发展进步、促进中国社会利益和社会关系平衡，都发挥了十分重要的作用。中国优秀传统文化中蕴藏着解决当代人类面临的难题的重要启示。”[7]同时，文化是在历史中形成的，中华文化的连续性和稳定性有利于我们定位自身的位置，形成文化认同。因此，中华民族共同体是历史共同体、文化共同体和政治共同体的统一体，强化中华民族的文化认同则有利于促进人民对中华民族的政治认同。中华民族共同体意识可通过中华民族文化所承载的身份归属、人文情感、价值感召建构各民族共有的精神家园，提升民族成员对国家意识形态、政治体制、发展道路、社会治理模式、政治合法性的深层体认与认同，达到加强民族团结和维护国家统一的国家—政治认同的效果。总而言之，中华民族共同体蕴含着相辅相成的文化认同和政治认同。

（二）铸牢中华民族共同体意识理论的形成过程

中华民族共同体意识的生成是一个长期的、自在的历史过程，源于几千年的文明演变，体现为深厚的历史逻辑和实践逻辑的交互展开。中华民族作为一个自在的民族实体，其多元一体格局于几千年的历史过程中形成，止确认识中华民族的演进历程是透视中华民族共同体意识产生和发展的现实之眼。首先，从中华民族形成的历史过程来看，中华民族共同体意识是在其发展过程中自然形成并逐渐加强的。习近平同志指出：“我国是统一的多民族国家，一部中华民族史就是一部各民族团结凝聚、共同奋进的历史。”在中国古代极少有“民族”一词的记载，多释义为“社稷”和“民众”。中华民族作为一个地缘共同体和精神共同体，本身是不随人们意识而隐现的客观存在和事实共同体。中华民族起源于华夏族的产生，春秋战国时期“蛮夷戎狄”这些少数民族与华夏族错杂混居，不断交往融合，形成了“五方之民共构天下”局面。后秦一统天下，各民族在长期共同生活中彼此认同，情感共鸣，系牢了强大的精神纽带。清代，边疆少数民族入主中原，开疆扩土，建立政权，民族之间的交往与融合进一步加强。近代，帝国主义列强进犯我国疆土，各族人民并肩作战，共御外辱，在与侵略者的顽强斗争中，中华儿女心中的民族共同体意识逐渐觉醒。新中国成立以来，各族人民凝心聚力，将中华民族共同体意识融入社会主义建设中，体现在改革开放的实践中，涌入助推新时代的伟大中国梦中，中华民族共同体意识在中国特色社会主义伟大事业的奋进历程中得以铸牢。

“中华民族”由“中华”与“民族”二词构成，中华是“中国”与“华夏”的复合简称。民族是指在一定历史发展阶段，具有共同地域、共同语言、共同经济生活、共同文化的相对稳定的人群共同体。1901 年，梁启超先生最初在《中国史叙论》中提出中华民族的概念，指“历来生息于中国的诸族总称”。并提到，民族成立的唯一要素在于“民族意识”的发现与确立，而“民族意识”是指“对他而自觉为我”，即遇到其他民族国家的人立刻有“我是中国人”的观念浮现在脑海中。关于中华民族的形成，根据费孝通先生（1989）的论述，“距今三千年前，在黄河中游出现了一个若干民族集团汇集和逐步融合的核心，被称为华夏。它像滚雪球一般地越滚越大，把周围的异族吸收进了这个核心，经过民族自觉而成为中华民族。”他们的论述，表明了中华民族是由多族群融合而成，也深刻地揭示了民族意识的本质所在，即民族成员基于一种“自民族”与“他民族”的区分，而形成对本民族的认同感与归属感。

到近代时，社会各界为挽救民族危亡奔走呼号，民族意识觉醒，伴随着包括马克思主义民族理论在内的西方民族主义思潮的传播，“中华民族”的意识开始催生和强化。抗日战争时，民族统一战线建立，争取国家独立统一与民族解放的意识空前高涨，推动了中华民族从自在共同体逐步向自觉共同体转变。新中国成立后，民族区域自治制度保障了少数民族当家做主的权利，各民族的平等团结观念和主体意识在不断强化。

2014 年 5 月，在第二次中央新疆工作座谈会上，习近平总书记提出要“在各民族中牢固树立国家意识、公民意识、中华民族共同体意识”；同年 9

月，习近平总书记深刻指出："加强中华民族大团结，长远和根本的是增强文化认同，建设各民族共有精神家园，积极培养中华民族共同体意识。"中华民族共同体意识的提出，为民族团结进步事业打开了新思路、开启了新征程。到2015年，在中央第六次西藏工作座谈会上，习近平总书记进一步提出"五个认同"，即"对伟大祖国、中华民族、中华文化、中国共产党、中国特色社会主义的认同"；同年国庆前夕，在会见基层民族团结优秀代表时，习近平总书记指出我们是"你中有我、我中有你、谁也离不开谁的中华民族命运共同体"。2016年，这种"离不开"，又在全国城市民族工作中进一步明确为"相互嵌入的社会结构与社区环境"这一抓手。2017年，全国两会期间，在参加新疆代表团审议时，习近平总书记形象地指出要"筑牢各族人民共同"的"钢铁长城"，要"像爱护自己的眼睛""像珍视自己的生命"一样爱护珍惜"民族团结"，"像石榴籽那样紧紧抱在一起"。这些内容最终汇聚到同年党的十九大报告之中，即"全面贯彻党的民族政策，深化民族团结进步教育，铸牢中华民族共同体意识，加强各民族交往交流交融，促进各民族像石榴籽一样紧紧抱在一起，共同团结奋斗，共同繁荣发展"。

自此，在中华民族追求伟大复兴的战略全局背景下，在世界面临百年未有之大变局形势下，中华民族共同体意识的递进凝练态势显著性地彰显，从2014年的牢固树立和积极培养中华民族共同体意识，到2017年的铸牢中华民族共同体意识，到2018年将铸牢中华民族共同体意识归为国家治理层面的优势，再到2019年"中华民族"入宪，2020年倡导中华民族共同体意识教育。中华民族共同体意识显然已经成为当前及未来一段时间内，党和国家包括民族工作在内的各项工作开展的方针共识和方向所在。

（三）铸牢中华民族共同体意识的影响因素

中华民族共同体是以历史上积淀而成的中华民族为基础形成的具有共同价值追求和共同复兴关怀的实体。对于中华民族共同体意识内涵与意义的诸多学术探讨，包含了"政治、经济、文化、社会、民族、情感、利益、命运"等多元化的内容，涉及中国政治社会秩序的多方面内容。中华民族共同体是政治共同体、利益共同体、文化共同体，中华民族伟大复兴将个人、民族和国家融为一体，寻求最大公约数，要求个人利益、民族利益、国家利益三者的高度一致。我们每个人都是中华民族的一分子，个人的努力汇聚成强大的合力，形成共同的价值取向。个人前途命运与国家、民族的前途命运紧密相连。

1. 政治因素

维系一个共同体的文明状态，最为根本的是形成一套有效的秩序体系和内聚的政治形态。在2021年中央民族工作会议上，习近平总书记强调必须以铸牢中华民族共同体意识为新时代党的民族工作的主线，推动各民族坚定“五个认同”，这鲜明地指出了中华民族共同体意识的政治认同基础。铸牢中华民族共同体意识持续受到重视，并成为当前民族工作的纲。党和国家之所以高度重视铸牢中华民族共同体意识，根本原因在于其对于巩固中国共产党的执政基础，实现国家安全、政治安全、社会长治久安以及中华民族伟大复兴的中国梦具有根基性作用。同时，铸牢中华民族共同体意识与政治民主、安全是相互促进、相辅相成的。政治因素在铸牢中华民族共同体意识的过程中具有重要影响。民族事务治理的法治化水平、各族群众参与国家事务管理的渠道与保障、民族事务的依法治理、民族相关法律法规的实施都将影响民族事务治理体系和治理能力的现代化，影响各民族继承和发扬爱国主义传统，自觉维护祖国统一、国家安全、社会稳定，进而影响中华民族共同体意识的铸牢。

民族事务治理法治化水平是影响铸牢中华民族共同体意识的重要政治因素。法治具有程序性、普遍性、稳定性，彰显平等和权威；涵盖经济、政治、文化、社会、生态建设等各个领域，体现系统和协同；充分尊重民意，限制公权力，救济私权力，弘扬民主与公正。将国家治理体系建立在法治基础上，是实现政治清明、社会进步、国家发展、民族振兴的有力保障。建成法治中国，国家治理体系和治理能力现代化才能有制度上的保障。民族事务治理法治化，是各级民族事务部门在宪法和民族区域自治法的基础上，制定完备的民族法律法规，通过对民族事务治理工作的各项活动进行规范和调节，将依法办事的法治理念、行为方式、技术方法、程序和步骤制度化，并保证民族法律法规在实施过程中得到严格遵守和执行。民族工作的高质量发展，要在法治轨道上运行，依法治理民族事务，推进民族工作领域治理体系和治理能力现代化，依法促进民族平等团结。民族工作必须坚持全面推进科学立法、严格执法、公正司法、全民守法的新时代社会主义法治的建设方针，中华人民共和国各民族一律平等是宪法确立的基本原则。用法治保障民族团结，是党的民族工作百年实践检验后的宝贵经验。民族事务治理法治化水平的提高，有利于确保党中央政令畅通、依法实施民族区域自治、支持民族地区全面深化改革开放、提升民族地区自我发展能力、防范化解民族领域风险隐患。

同时，铸牢中华民族共同体意识，不仅要完善民族区域自治，还要不断坚持和完善“一国两制”。中华民族共同体意识超越了港澳台地区认同。港澳台同胞始终与内地民众共享伟大祖国的尊严与荣耀，共担中华民族伟大复兴的责任和使命。“一国两制”设计的目标是维护国家统一和港澳台地区长期稳定和繁荣发展，其核心价值在于让国家认同成为基本的遵循。港澳台同胞从心理、情感等方面认同自己的祖国，认同自己是中华人民共和国公民，并自觉维护国家主权与领土完整是铸牢中华民族共同体意识的必然。“一国两制”能否行稳致远关系港澳同胞对中华民族共同体的认同和祖国的统一。

2. 经济因素

经济因素在铸牢中华民族共同体意识过程中发挥着重要作用。中华民族发展史充分证明，经济发展加强了各族群众的中华民族共同体认同，使中华民族不断从多元走向一体。自古以来，我国的多民族国家的形成是不同族体之间先有经济往来，逐渐形成文化认同，最后建立统一的多民族国家。每个民族都有自己独特的利益诉求，民族关系的核心问题在于民族利益分配以及民族发展的根本利益。马克思历史唯物主义认为，各族群众的中华民族共同体认同，要注重物质财富的创造，用少数民族群众物质财富的丰富促进其铸牢中华民族共同体意识。正如习近平总书记强调的：“全面建成小康社会，少数民族一个都不能少，一个都不能掉队。”“要积极创造条件，千方百计加快少数民族和民族地区经济社会发展，让民族地区群众得到实实在在的实惠。”发展经济能够在更强大的经济基础之上形成更强大的精神力量。

由于历史、地理、自然等方面的原因，我国边境民族地区的自然条件比较恶劣，经济文化发展相对落后，交通、通信、能源、水利等基础设施比较薄弱，与内地特别是沿海发达地区有很大差距。随着中国市场化改革的深入和兴边富民、西部大开发、精准脱贫等重要举措的广泛实施，少数民族地区生产生活条件大幅改善，各族群众凝聚力和向心力显著增强。但西部与东部之间、不同民族之间的财富分配差距依然存在。经济全球化和我国社会主义市场经济改革的进一步推进，将会引起经济格局的改变和经济利益的重组，这就为经济发展与中华民族共同体建设之间的关系构建了框架，也为铸牢中华民族共同体意识明确了方向：必须大力发展各民族经济。如何加快民族地区经济发展、缩小东部和西部经济发展的差距、建设强大的经济基础，从而推动中华民族文化的繁荣，以此引领中华民族形成强大的凝聚力和向心力，是当前和未来铸牢中华民族共同体意识需要深入考量的问题。

3. 文化因素

2015年，习近平总书记在文艺工作座谈会上强调："一个民族的复兴需要强大的物质力量，也需要强大的精神力量。没有先进文化的积极引领，没有人民精神世界的极大丰富，没有民族精神力量的不断增强，一个国家、一个民族不可能屹立于世界民族之林。"习近平总书记始终高度重视培育各民族对中华文化的认同，指出"加强中华民族大团结，长远和根本的是增强文化认同，建设各民族共有精神家园，积极培养中华民族共同体意识"。意识是一种觉知、一种心理状态、一种高级心理功能，对个体的身心系统起统合、管理和调控的作用，本质上是对客观事物的认知、情感及意志信念的统一。中华民族共同体意识在认知上表现为充分了解各民族传统文化，理性对待民族文化差异，不断提高文化适应能力；情感上表现为各民族间密切交流与联系，不断缩短民族心理距离，形成"你中有我、我中有你"的和谐民族关系；意志信念上表现为各民族在实现中华民族伟大复兴的进程中坚定的意志及决心。因此，文化因素对中华民族共同体意识的铸牢具有独特的影响和作用。

回顾中华各族人民的交往历史可以发现，中华各民族文化在相互了解、碰撞、互补的过程中形成了文化认同。中华文化是起源上的多元性和发展归宿上的一体性的统一。各族人民共同培育、继承、发展起来的伟大民族精神，已深深融进中华儿女血液和灵魂，成为推动我国发展进步的强大精神动力。如何促进少数民族地区文化教育事业和文化产业发展；如何把牢正确方向，创新方式方法，使社会主义核心价值润物无声；如何将中华民族共同体意识教育纳入少数民族干部教育、青少年教育、社会教育，让各族人民打心眼里热爱中华文化、认同中华文化；如何积极培育中华民族共同体意识，增进各族群众对伟大祖国、中华民族、中华文化、中国共产党、中国特色社会主义的认同；如何增强各族人民的文化自豪感，都将对本民族文化的热爱融入对整个中华文化热爱之中，对铸牢中华民族共同体意识具有深刻影响。

二、福建省铸牢中华民族共同体意识的实践与经验

习近平总书记曾在福建工作17年半，始终心系民族工作，提出"努力把福建建设成为中华民族团结进步的窗口"的明确要求。福建是海上丝绸之路的重要起点，是连接台湾海峡东西岸的重要通道，也是海外侨胞和台港澳同

胞的主要祖籍地。作为少数民族散居省份，福建56个民族成份齐全，有19个民族乡、571个民族村。据全国第七次人口普查统计，福建省现有少数民族人口112.15万人，占全省总人口的2.7%，世居民族主要有畲族、回族、满族、蒙古族等。福建省少数民族流动人口约100万，主要来自贵州、湖南、重庆、云南等西南省份以及西北地区的新疆、甘肃、青海等地，以务工、经商为主，主要分布在福州、厦门、泉州等地。

（一）福建省各民族交往交流交融的历史

福建是一个多民族的省份，民族成份众多，分布较广，历史悠久。世居福建的有畲族、回族、满族和蒙古族等，各民族在福建省交往交流交融具有悠久的历史。

根据《福建省少数民族古籍丛书》畲族卷的记载，自唐代中期至清代末期，畲族先民历经近千年的游耕迁徙，从闽、粤、赣交界处广袤山区聚居的族群，逐渐演变为与汉族交错杂居的农耕民族。根据资料显示，福建人口数量最多的少数民族畲族的雷氏先民由于在闽担任地方官员，与家眷和随从迁入福建，分别在宁化和建瓯两地定居。雷氏在生活中与当地汉族不断交往交流，学习汉族语言和文化，到了元朝，建瓯雷氏已是科甲鼎盛的名门望族。后由于中举宦居、避开战乱等原因移居泉州、上杭等地。福建畲民与汉人长期杂居相处，受当地汉族习俗文化的影响较深。畲族通用汉文，有自己的语言，但大部分畲语是古畲语与当地汉语方言的结合，最典型的是畲语与客家方言相融合。除了语言，福建畲民还受到汉族谱牒文化的影响，以修编家谱记录家族支脉和重要事宜。到民国时期，闽东畲族乡村出现了闻名故里的畲族修谱先生，如雷一声、蓝宗山等。为了促进与汉族人民的交融，畲族修谱先生修纂的族谱淡化了部分有关畲民历史传说的内容，添加了强化汉族家族伦理思想的内容。另外，闽南地区畲民和汉族同姓联宗是福建畲族与汉族交往交流交融的重要表现。清代官员钟大焜是修纂钟氏联谱的倡议者和实行者，在家族修纂连环谱的过程中引发了民族团结的呼声。

根据《福建省少数民族古籍丛书》回族卷的记载，福建省的回族最早一部分源于在闽仕官而定居福建，另一部分是受福建海上贸易活动繁荣的吸引而在泉州购置产业，徙居泉州的回民。在福建省具有影响力的回民家族都是曾在泉州经商定居当地的，如晋江陈埭和惠安百崎回族乡。晋江陈埭是福建回族最大的聚居区之一，受到汉族人民的影响，陈埭丁氏保存有众多家族谱牒。惠安百崎郭氏回族元代肇居于泉州，明初迁移至百崎，派衍周边地市，远徙浙江、台湾以及海外，是福建省最有影响的回民家族之一。外来穆斯林在闽从事商业活动，在居住地修建了宗教活动场所，还在当地建立了公共墓地，后来这些都影响了当地居民。回族与汉族交往交流在福建省还有一个“特别的”现象，就是“汉而从回”。当地汉族改变生活习俗或信仰而成为回族的如泉州燕支苏氏。在元代，回族有种种优惠，于是苏唐舍“因避难而从回”，改名阿合抹，“学西域净教”，并累世与当地回民通婚，其子苏布伯还成为当地伊斯兰教主管。汉而从回最典型的当属泉州林氏。林氏祖籍河南，宋末明初移居泉州。林闾生二子，长子林驽，次子林端。子承父业，“亦为泉州巨商”。明洪武十七年（1384）长子林驽远航西洋诸国，因“教不一，为事不谐”，于是“遂从其教，受戒清净寺教门”，娶色目女人归家，“习其俗终身不革，今子孙蕃衍犹不去其异教”，随后林驽后裔多改姓李。福建回族总能在逆境中求生存，迅速寻找发展之路，以至成为世人瞩目的名门望族。在生活习俗和信仰上，为消除民间隔阂，他们主张“不泥于其教，亦不背于其教，变而通之，与时宜焉耳”。为了尽快融入主流社会，他们提倡“尊儒雅而师孔孟”“从儒存乎回之教”，鼓励子孙走科举之路，荣宗耀祖，借以提高家族的社会地位。明清以来福建回族人物之盛，“回而兼儒”者辈出，令世人刮目相看。典型如陈埭丁氏，从明代后期开始，该家族共出现 11 名进士、19 名举人。丁自申、丁日近、丁启濬祖孙三代进士，丁天禧、丁莲父子文武进士，丁炜以人才举荐官终湖广按察使，可谓簪缨罔替，朱紫满门。

福建有满族先民的历史可以追溯到元朝末年，一支女真贵族后裔从北方徙居泉州，经过发展繁衍，成为今天福建满族的组成部分。

近代以来，福建各族人民在抵御外敌、进行新民主主义建设、社会主义建设的过程中，不断交往交流交融。如习近平总书记指出的：“在革命战争年代，革命的火种之所以能在闽东大地传播，革命的力量之所以能在最艰难的岁月里得以保存和壮大，一个重要的原因，就是民族的团结。很多革命老前辈，都是畲族群众用鲜血和生命保护下来的，我们福建的革命老前辈叶飞、曾志、范式人等同志过去打游击的时候，经常是在畲族山村、畲族的老乡家里度过的。”[8]社会主义时期是各民族全面发展、共同繁荣的时期，各民族的民族自尊心和民族感情获得了相互承认，并具备了充分发展条件。各族人民都非常珍惜已经稳定的平等、团结、互助的社会主义民族关系。总之，中华人民共和国成立以来，在党的民族理论和方针政策指引下，在省委、省政府的高度重视下，全省民族工作系统立足福建的区域特点和民族特色，积极支持民族乡村经济社会加快发展，持续推进民族团结进步创建工作。[9]

（二）福建省铸牢中华民族共同体意识的政策措施

福建省56个民族成份齐全、侨力资源丰富，并与台湾有密切的亲缘、地缘、文缘关系。因此，福建省铸牢中华民族共同体意识的政策措施主要是促进各民族交往交流交融和凝聚台湾同胞和海外侨胞的力量。

1. 促进各民族交往交流交融的政策措施

各民族交往交流交融是影响铸牢中华民族共同体意识的直接因素。各民族平等相待、团结互助、彼此尊重、和谐共处，对民族的发展和铸牢中华民族共同体意识起积极促进作用。反之，民族间歧视隔阂、互不相容、保守排外、矛盾纷争不断，就会对民族的发展和铸牢中华民族共同体意识产生消极阻碍作用。民族关系既形成于民族互动之中，反过来又作用于民族互动。各民族交往交流交融是各民族之间的关系与互动对铸牢中华民族共同体意识的影响与作用，即从各民族的亲密互动中铸牢中华民族共同体意识。促进各民族交往交流交融的一个重要推动力量是来自法律、政策、制度等的支持。国家在宪法和民族区域自治法等法律制度上明确规定各民族之间的平等地位和享有的合法利益、严厉打击民族分裂活动，主导实施了西部大开发、脱贫攻坚、城镇化、乡村振兴、“一带一路”等重大国家发展战略或倡议、推动各民族优秀文化的传承保护和创新发展、全面推广国家通用语言文字、加强少数民族和民族地区的双语教育、持久开展民族团结进步创建活动、建设特色鲜明的民族团结进步示范单位等。为各民族的交往互动和彼此交融创造了良好的空间和大环境。[10]

在国家大方向的制度政策下，福建各级各部门因地制宜，采取了具体、有效的作为推进全省民族工作。中华人民共和国成立和社会主义制度的建立，为实现各民族真正平等和紧密团结创造了根本前提。1952年8月，福建省人民政府民政厅设立民族事务科，着手开展民族地区访贫问苦、调查研究、宣传党的民族政策等工作。1957年，省政府在原省民政厅民族科的基础上设立民族事务处，在少数民族聚居县设立民族事务科，全省的民族事务工作机构网络初步形成。1962年11月，首届福建少数民族代表会议在福州召开，来自全省畲族、回族、满族、蒙古族等民族的168名代表参加。会后出台了关于加强少数民族卫生、文化、教育等工作的一系列文件，大大提高了少数民族群众当家做主的光荣感和责任感。1999 年 10 月，《福建省少数民族权益保障条例》通过，从而开创了全省民族法治工作的新局面。2000 年，福建省民族与宗教事务厅作为省政府组成部门组建。[11]2015 年 6 月 11 日，中共福建省委、福建省人民政府印发《关于加强和改进新形势下民族工作的实施意见》。

福建少数民族人口的 70%居住在边远偏僻的山区和半山区，生产生活条件相对较差，与外界交流比较少。因此，帮助少数民族地区发展经济、摆脱贫困是实现各民族交往交流交融、平等团结的重要前提。对口支援是由经济比较发达的省市通过制定相关扶持政策来推动少数民族地区发展的一项具有中国特色的特殊政策。“挂钩帮扶”是福建省“对口支援”的主要表现形式。1998 年省委、省政府出台了《关于加快我省少数民族和民族地区经济、社会发展的若干政策措施》的文件，做出明确部署，确定省民族工作协调委员会成员单位分别挂钩扶持 17 个民族乡；确定沿海经济发达地区的县、市、区进行教育对口支援民族乡的工作。2006 年，福建省委办公厅、省政府办公厅联合发出《关于实施第三批挂钩帮扶民族乡工作的通知》。时至今日，对少数民族地区的挂钩帮扶已成为福建省历史最悠久、支援规模最大、支援时间最长的政策模式，并在实践中取得了巨大的成就，使福建省少数民族地区的面貌发生了天翻地覆的变化，少数民族的物质文化生活水平显著提高。

2013 年，全省民族工作致力抓发展，为民族乡村全面建成小康打基础，重点抓年人均纯收入在 3000 元及以下的民族村的整村发展工作和贫困群众的脱贫致富；提升挂钩帮扶工作水平，各挂钩帮扶单位主要领导亲自抓，落实帮扶责任，把挂钩帮扶工作延伸至民族村。2014 年 2 月，全省挂钩帮扶民族乡工作暨民族宗教局长会议强调进一步创新帮扶机制，明确帮扶重点，以“补短板”为主线，以“贫困村、困难户”为重点，提高帮扶的精准性和实效性扎实推进挂钩帮扶工作；着眼小康，继续引导民族乡村发展“一乡一特色产业”和“一村一优势产品”，全力推进民族地区加快发展。上述法律、法规、规章、政策文件和行政性协议构成了福建省挂钩帮扶法律制度的表现形式。2015 年，继续开展挂钩帮扶民族乡工作。全省挂钩帮扶单位共投入资金 8364 万元，拉动社会资金投入 4.07 亿元，有针对性地落实帮扶项目 101 个。继续实施民族乡村特色经济发展扶持增收工程，举办少数民族农村实用技术和职业技能培训。

2017 年，福建省出台了《福建省人民政府关于贯彻国务院“十三五”促进民族地区和人口较少民族发展规划的实施意见》，围绕“努力把福建建设成为中华民族团结进步的窗口”的总体目标，着力解决制约少数民族和民族乡村发展的突出短板与薄弱环节，着力促进少数民族事业全面发展，着力促进各民族交往交流交融。认真落实《关于做好挂钩帮扶民族乡村工作的通知》要求，加大扶持力度，落实帮扶资金。继续将挂钩帮扶政策覆盖到全省 19 个民族乡以外的 432 个民族村，逐步加大对民族村的转移支付力度。重点扶持民族乡村特色产业、基础设施、公共服务和生态环境建设，培育“造血”功能，增强自我发展能力。建立挂钩帮扶工作检查考核机制。2019 年，全省民族乡农民人均可支配收入 18810.46 元，与 2018 年同比增长 7.68%，其中，少数民族人均可支配收入 17280.97 元，与 2018 年同比增长 8.09%，实现持续增长。全省少数民族和民族乡村脱贫攻坚任务如期完成，为实施民族乡村振兴战略，实现民族乡村农业农村现代化奠定了基础[12]。

福建省大力发展少数民族经济、促进各民族交往交流交融的同时，还不断加强少数民族卫生、文化、教育建设。从 20 世纪 50 年代初开始，福建省民族工作，除经费安排上给予照顾外，一开始就注意从发展卫生医疗和兴办教育事业着手。1952 年、1953 年，各地普遍拨款为少数民族村创办民族小学，1958 年在福安创办了民族中学。改革开放以来，随着扶持力度的加大，民族中小学办学条件逐步改善，民族中学和民族班少数民族助学金制度的建立，惠及了上万名少数民族学生。民族乡村卫生院、敬老院、文化站建设不断加快，少数民族群众的生活质量明显提高。全省先后命名 10 个民族体育竞赛和表演项目基地，精心组织实施了宁德市畲族博物馆等 11 个少数民族文化精品项目，少数民族优秀传统文化得到保护传承和创新发展。[13]

进入 21 世纪以来，为了促进各民族文化交流，充分发挥法律保护、政策保障、经费支撑、宣传教育等主要作用，以确保全省少数民族文化保护传承和创新发展工作顺利开展，制定和完善了相关政策法规。2000 年始，福建省陆续实施了《福建省少数民族权益保障条例》和《福建省民族民间文化保护条例》。2015 年福建省出台《关于加强和改进新形势下民族工作的实施意见》，从新形势下福建省民族工作的总体要求、加快推进民族乡村小康建设进程、促进各民族交往交流交融、构筑各民族共有精神家园、坚持依法管理民族事务、加强民族工作组织领导等六个方面提出政策措施。同年 12 月，福建省政府印发《关于加快发展民族教育的实施意见》，从促进民族地区各类教育协调发展、继续加大对民族教育经费投入，建立完善教师队伍建设长效机制，加强民族团结教育、切实加强对民族教育的组织领导等方面制订了具体有效措施。2017年福建省政府出台《福建省人民政府关于贯彻国务院“十三五”促进民族地区和人口较少民族发展规划的实施意见》，要求“加快少数民族文化繁荣发展”。

除此之外，福建省还建立了少数民族非物质文化遗产名录、建设少数民族文化基础设施、出版了福建省少数民族古籍丛书、培育少数民族民间民俗文化活动品牌等。畲族传统体育项目《打枪担》《赛竹卜》《舞龙头》等多次在全省、全国民族运动会上获得金奖。2018年，福建省以“中华民族一家亲，同心共筑中国梦”为主题，成功举办了福建省第五届少数民族文艺表演，全省各地近400名各民族演职人员参加演出；成功举办了2018海峡两岸各民族欢度“三月三”节暨福建省第七届“三月三”畲族文化节、第十一届海峡两岸少数民族丰收节，来自海峡两岸的近600名嘉宾和5万多名各民族群众热情参与；成功举办了全省第九届少数民族传统体育运动会，全省21个民族的700多名运动员、教练员参加比赛。这些活动都有力促进了各民族之间的交往交流交融，成为相互了解、增进友谊的重要平台。[14]

2. 凝聚台湾同胞和海外侨胞力量的政策措施

福建与台湾隔海相望，一衣带水，两地自古以来就联系密切。闽台之间地缘相近、血缘相亲、文缘相承、商缘相连。闽台关系的自然基础，包括闽台两地的地理位置、毗邻关系和相似的自然环境，以及两地长时期的关联和交流。两地相邻的地理位置，给予两地人民交往的便利性，两地相似的地理环境，使得福建向台湾的移民在生产生活上有着天然的适应。在地质时期，两地曾经有着自然地理上的相通和物种的交流，这也是两地现代自然环境形成的基础。因地之相近、民之往来，产生地理认知和情感上的互相认同，这些都是闽台两地关系的重要表现和组成部分。台湾汉人社会是一个典型的移民社会。明清以来，以闽粤移民，特别是福建移民为主的大陆沿海各地移民出于各种缘由、以各种方式大量渡海入台聚居、屯垦、捕捞和贸易。地方神信仰是他们迁徙渡海的强大精神支柱，作为航海保护神的妈祖尤其如此。进入台湾后，不同籍贯移民以多种方式聚居并组建地方社会，形成台湾各地复杂的社会人群构成形态，各地的妈祖信仰在移民地方社会构建和整合过程中发挥重要作用。[15]

台湾自古以来就是中华民族不可分割的一部分，少数民族高山族最早在台湾定居，17世纪汉族人民移垦台湾，最终形成了以汉族为主体的社会。近代以来西方列强入侵中国，中华民族陷入内忧外患，甲午中日战争后，日本逼迫清政府签订《马关条约》，割让台湾省。为战胜外来侵略，实现民族解放、国家统一，包括台湾人民在内的中华儿女进行了可歌可泣的斗争，终于在1945年与世界人民一道取得了反法西斯战争的胜利，台湾随之重回祖国怀抱。1949年，新中国成立后，解决台湾问题，实现国家完全统一成为中华民族的重大历史任务。我国历代党和国家领导人根据不同的时代背景和两岸关系发展情况适时而进地推进经济文化交流，取得了丰硕成果。20世纪80年代末，两岸隔绝的局面被打破后，探亲潮兴起，两岸学术、文体交流日渐频繁。

与台湾隔水相望的福建省，在国家相关政策的支持下，采取了诸多措施促进闽台贸易往来和民间交流。改革开放初期，台商主要是以港资或侨资的名义到福建进行间接隐蔽的试探性投资。1989年5月，国务院正式批准厦门杏林地区、海沧地区及福州马尾经济技术开发区未开发部分为台商投资区。20世纪90年代初，时任福州市委书记习近平创造性地提出了“以侨引侨、以侨引台”等招商引资思路，福建迅速成为台商投资的热点和中心，国务院批准的6个台商投资区全部在福建。并实施外商投资“负面清单”管理模式，率先给予台企台胞同等待遇。2018年福建新批台资项目同比增长22.5%，实际使用台资约占大陆19%，新批台资项目和实际使用台资分别居各省市的第1位和第2位，台湾百大企业中已有60多家在闽投资设厂。[16]

2009年，福建新大陆集团成为第一家赴台投资的大陆企业。截至2017年底，全省入岛投资企业共达90家。福建率先设立海峡两岸农业合作试验区和台湾农民创业园，最早出台促进两岸农业合作的地方性法规，连续多年举办海峡两岸农博会、林博会、茶博会、渔博会等重大农业经贸展会活动，是引进台湾品种技术最多、农业利用台资规模最大的省份。截至2018年底，全省累计批办台资农业项目2681个，合同利用台资39.5亿美元，农业利用台资的数量和规模稳居大陆各省市区首位。制造业方面，已形成以电子信息、石化产业和机械装备三大产业为主导；以食品、纺织等传统制造业为基石；以太阳光电、生物科技等战略性新兴产业为亮点的全产业合作体系。2008年以来，福建先后开通了对台集装箱定期班轮航线12条、散杂货不定期航线31条，实现闽台所有港口海上直接通航的全覆盖，对台直航港口货物吞吐量突破亿吨，闽台海上航线在两岸海上直航集装箱运输量中占比达到30%以上。[17]

在闽台民间交流方面，1979年的《告台湾同胞书》在海峡两岸产生强烈的反响，台胞辗转来闽参加文化交流活动。2008年“三通”后，福建以“福建文化宝岛行”项目入岛交流，展开了全方位、多层次、宽领域的双向闽台文化交流合作，已先后组织了20多批“福建文化宝岛行”赴岛交流项目、30多个院团（组）入岛交流，开创大陆赴台交流组团规模新高和交流区域先河。厦门、福州等5个城市相继成为赴台个人游试点城市，率先实施台胞往来大陆免签注政策，大陆首张电子台胞证在福州签发。同时，着力打造海峡论坛、海峡两岸民间艺术节、海峡两岸文化产业博览交易会、莆田湄洲妈祖文化旅游节等涉台交流平台，建立了12个海峡两岸交流基地、8个“海峡两岸青年创业基地”，数量居大陆首位。加强台商投资区、台湾青年创业园、两岸农业合作试验区等台湾职工集中地区工会组织建设。福建与台湾的高等教育交流合作一直走在大陆各省市前列，尤其是2008年福建省《关于实施闽台教育交流与合作工程的意见》颁布实施及2009年闽台高校联合培养人才项目开展以来，闽台高等教育交流合作在原有基础上不断向纵深发展，取得了喜人成效。推动两岸职工机遇共享，出台《福建省总工会关于促进闽台职工交流合作的若干措施》，并将台湾职工纳入劳模、五一劳动奖章等荣誉称号的评选表彰范围，目前已有18名台湾职工获得省、市劳模和五一劳动奖章等荣誉。

中华民族共同体意识是凝聚海内外中华儿女的集体力量应对挑战的价值理念。中华民族体现着血脉相承和文化同源的基因属性，是着重强调亲缘、地缘的纽带关系的概念。福建省是我国主要侨区之一，华侨数量仅次于广东省，居全国第二位。福建官民出国历史悠久，最早可溯源到汉代，汉代福州与今越南已有交通往来，三国时已有从会稽东冶出海的人民。唐朝福建出国华侨渐多，五代时华侨远航番国经商者更众。不仅闽南已开辟了“泉州港”，福州也已开港。因此，闽籍华侨华人众多，分布在全球176个国家和地区。尽管华人华侨在地理环境上或政治理念上与我们不尽相同，但是他们仍都是中华儿女，同气连枝，血脉相连，依旧展现着中华民族的风采。在国际社会，中华民族共同体是囊括了中国国籍以及海外华侨华人在内的全体中华儿女的大集合。而中华民族共同体意识则是海内外中华儿女将国家集体利益内化于心，外化于行的思想凝聚力，是以身为中华民族一分子的归属感而时刻听从国家召唤的精神特质。侨力资源是福建省的重要优势，为福建改革开放和经济社会发展做出了突出贡献。在铸牢中华民族共同体意识的进程中，作为主要侨乡之一，福建省必须要凝聚海外侨胞的力量。

为凝聚侨胞力量，福建省制定了一系列保护侨商投资的法规，推动了侨商在闽持续投资，且投资热潮经久不衰。改革开放之初，福建省根据中央给予的特殊政策、灵活措施，紧紧抓住侨乡这一独特优势，把做好侨务工作作为重要任务。20世纪90年代以来，福建省在贯彻中央有关归侨侨眷权益保护法及其实施办法、鼓励华侨和港澳台同胞投资规定的基础上，结合实际情况，先后制定颁布了一系列对旅外乡亲在闽投资，回闽交流具有重大影响的法律法规，包括1990年的《福建省华侨捐赠兴办公益事业管理条例》、1992年的《福建省实施（中华人民共和国归侨侨眷权益保护法）办法》、1995年通过并实施的《福建省鼓励归侨侨眷兴办企业的若干规定》、1997年的《福建省保护华侨房屋租赁权益的若干规定》、1998年的《福建省保护华侨投资权益若干规定》等。这些法律法规保护了归侨侨眷的合法权益，极大地稳定了侨心，成为沟通旅外乡亲的纽带。尤其是对侨房租赁权益的规定，采用立法的形式解决历史遗留问题，切实维护了华侨、归侨、侨眷的合法权益，巩固了华侨华人及其子孙后代在祖籍地的主要根基和心系祖国的纽带。[18]

2006年，福建省印发了《华侨回国定居和短期出国人员恢复常住户口办理程序暂行规定》的通知。2009年福建省出台《关于进一步规范海外归国中国公民在我省办理定居手续的通知》，明确了华侨申请来闽定居的条件和流程。2012年7月，为进一步方便和规范华侨来闽定居受理审批工作，《福建省公安厅办理华侨来闽定居暂行规定》出台。2014年，福建省出台了《关于国外中国公民回闽落户办理工作的通知》《关于华侨回国定居办理工作中有关问题的参考口径的通知》等配套政策，有力增强了华侨来闽定居工作的指导性和可操作性。同年，福建新侨人才联谊会在福州成立，这是福建探索创新招贤引智、以侨为桥，助推创新型省份建设的一项重要举措。联谊会进一步聚合和服务新侨人才特别是海归高层次人才在推进实施科教兴国战略、人才强国战略中发挥独特作用，进一步凝聚侨务资源，为福建科学发展、跨越发展提供强有力的智力支撑。为适应侨情的变化和新时期侨务工作发展的需要，推进为侨公共服务体系建设，2016年福建省出台了《福建省华侨权益保护条例》。

（三）福建省铸牢中华民族共同体意识的经验

习近平总书记在庆祝中国共产党成立一百周年大会上强调，必须坚持大团结大联合，坚持一致性和多样性统一，加强思想政治引领，广泛凝聚共识，广聚天下英才，努力寻求最大公约数、画出最大同心圆，形成海内外全体中华儿女心往一处想、劲往一处使的生动局面，汇聚起实现民族复兴的磅礴力量。在2021年召开的中央民族工作会议上，习近平总书记提出，必须以铸牢中华民族共同体意识为新时代党的民族工作的主线，推动各民族坚定对伟大祖国、中华民族、中华文化、中国共产党、中国特色社会主义的高度认同，不断推进中华民族共同体建设。在港澳台同胞与海外侨胞中铸牢中华民族共同体意识，对于维护国家统一和民族团结，推动“一国两制”行稳致远，凝聚海内外中华儿女的力量实现中华民族伟大复兴具有重要意义，必须抓紧抓好。铸牢中华民族共同体意识是党和国家的一项战略性、基础性、长远性工作。70多年来，福建省在促进各民族交往交流交融和凝聚台湾同胞、海外侨胞力量方面取得了丰硕成果，积累了丰富的经验。

长期以来，福建省全面贯彻落实党和国家关于少数民族、台胞、侨胞工作的政策方针，全面加强党对民族工作的领导，自觉履行守护民族团结、国家统一的政治责任、领导责任、主体责任，在大局中高站位谋划、高标准要求、高质量引领全省民族团结进步事业不断向前推进，也不断凝聚台湾同胞和海外侨胞的力量。党的十八大以来，福建省委、省政府认真学习贯彻习近平总书记关于铸牢中华民族共同体意识的重要思想，秉承习近平总书记在闽工作期间的重要理念和重大实践，加强党对民族工作、侨务、台务工作的集中统一领导，发挥大统战工作格局作用，不断铸牢中华民族共同体意识，扎实推进中华民族团结进步窗口建设，全省各族人民凝聚力、向心力持续增强，铸牢中华民族共同体意识工作迈上新台阶。

民族团结进步局面不断巩固。首先，民族乡村脱贫攻坚取得决定性成效。福建省各级政府20多年持续开展挂钩帮扶工作，全省少数民族建档立卡贫困村和建档立卡少数民族贫困户均脱贫摘帽。全省少数民族和民族乡村脱贫攻坚任务如期完成。并且围绕乡村振兴战略，不断加快推进少数民族特色村寨建设，加强民族乡村基础设施建设，加大教育、卫生、文化、科技、金融、人才等方面扶持力度，推进新型城镇化，培育和壮大优势特色产业，建设生态宜居美丽乡村，促进各族群众持续增收，确保少数民族和民族乡村同全省一道实现全面小康和现代化。这为实现民族乡村农业农村现代化、促进各民族交往交流交融奠定经济物质基础。其次，民族团结进步事业迈上新台阶。从20世纪50年代组织代表参加全国畲族国庆观礼团，到1983年首次召开福建省民族团结进步表彰大会，再到近年来创新推进中华民族团结进步窗口建设，福建民族团结进步创建活动的范围越来越广泛，内容越来越丰富。更加重视少数民族非遗的保护传承，确定了一批国家级和省级少数民族非遗项目和代表性传承人，同时积极开展民族文化进校园活动，推动民族文化的保护传承。少数民族各类节庆活动的举办和文化传承保护，有力增强了各民族的“五个认同”。最后，习近平总书记在福建工作期间，高度重视关心少数民族地区的发展，开创了独具特色的“闽宁模式”，并提出把福建建设成为中华民族团结进步的窗口。福建省紧紧围绕习近平总书记提出的目标要求，全面落实新时代民族工作各项部署，努力把总书记对福建民族工作擘画的蓝图绘到底、变成美好现实。各项政策措施和活动都有力促进了各民族之间的交往交流交融，成为相互了解、增进友谊的重要平台。

闽台经济文化交流不断扩展。福建省充分发挥对台前沿和窗口作用、深化两岸交流合作综合配套改革试验先行先试，认真履行中央赋予福建对台工作的使命和责任。充分发挥对台合作平台的独特优势，积极探索两岸交流合作的新模式、新机制，为全省乃至全国提供经验。先后实施一系列相关法律法规，给予台资企业与大陆企业同等待遇、逐步为台湾同胞在大陆学习、创业、就业、生活提供与大陆同胞同等的待遇。不断加强台商投资区、台湾青年创业园、两岸农业合作试验区等台湾职工集中地区工会组织建设。不断增加台企台胞可享受的优惠政策，制定对台经济和社会发展规划、政策措施等文件时，秉持‘两岸一家亲’理念，主动考虑对台工作需要，为率先同台湾同胞分享大陆发展机遇创造条件。[19]同时，不断发挥闽台“五缘”优势，突出闽台文化交流特色。福建省高度重视闽台文化创意产业的合作与交流，推动闽台文化创意产业合作。以闽南文化、客家文化和妈祖文化为主题，以台湾重大文化项目为龙头，进一步拓展文化产业链，着力加强与台湾在文化旅游、展览业和动漫游戏产业等方面的联系。闽台合作已逐步扩大到表演艺术、新闻出版、印刷发行、网络动画、文化旅游、会展和知识产权等领域，呈现出多样性和多层次的特点。主动拓展与台湾在动漫、网络游戏策划与制作等新兴领域的合作渠道，促进闽台在各个领域的文化交流。在科技领域，着眼于两岸相关产业的互补性，建立科技合作示范基地，共同组织科技论坛和研发机构，并为两岸科技人员举办培训班。在教育领域，进一步实施闽台教育交流与合作项目，建立两岸职业教育交流与合作中心，促进学者互访，教育机构互利合作，共享教育资源等。[20]

持续凝聚海外侨胞力量。福建省以法律的形式保护了归侨侨眷的合法权益，对侨资侨商实行鼓励引导和保护的政策，极大地凝聚了侨心。在相关政策导向下，福建华侨在投资行业方面涉猎广泛，工业、手工业、农林业、畜牧业、水产养殖业、海洋捕捞业、交通运输业、贸易业、旅游业、建筑业等均有涉及，这不仅有利于福建省八大基地建设和人民生活水平的提高，而且广泛吸收和利用了华侨资金。福建省华侨政策的落实，大大激发了海外华侨的爱国爱乡热情，到闽访问、讲学、回乡探亲旅游的外宾、华侨和中国血统外籍人不断涌现。这为促进福建省的工农业生产和文教卫生事业的发展，做出了积极的贡献。

三、新时代福建省铸牢中华民族共同体意识的路径探讨

（一）以马克思主义理论指导实践

习近平总书记指出："我们党的历史，就是一部不断推进马克思主义中国化的历史，就是一部不断推进理论创新、进行理论创造的历史。"马克思主义认为，实践是理论的基础，理论源于实践，在实践中接受检验。理论对实践具有反作用，科学的理论能够指导人们预见事物发展趋势、提高认识能力、改造世界。为此，相关领导干部必须加强理论学习、做好调研、转变思路。

1. 以辩证唯物主义指导实践

辩证唯物主义是马克思主义总的世界观和方法论，涉及科学的认识论、矛盾论和实践论。只有掌握马克思主义辩证唯物主义的丰富内涵和严密逻辑，在工作中贯彻唯物论和辩证法，才能深刻理解铸牢中华民族共同体意识需要以扎实的物质条件为基础，并且辩证、全面地看待各项工作和不同群体的差异性和共同性。既要看到少数民族历史和文化的独特性，也要看到少数民族群众与汉族群众共同生活生产、共同奋斗的历史和文化；既要看到当前台湾体制与大陆体制的不同，也要看到闽台地缘相近、血缘相亲、文缘相承、商缘相连的密切关系以及台湾与福建闽南地区语言、信仰的共同性；既要看到海外侨胞长期在异国他乡生活，存在不同价值观念和生活习惯的事实，也要看到他们与我们同根同源，对家乡故土的热爱与依恋。在此基础上，领导干部要切实明确铸牢中华民族共同体意识必须以经济条件和共同性为基础。进行大调研，为精准施策提供依据；不断拓展脱贫攻坚成果、推进民族地区现代化；完善和推进各项政策措施为台湾同胞和海外侨胞进入祖国内地学习、就业、创业、居住、生活提供保障。同时，在民族工作、对台工作和侨务工作中，要求同存异，以历史文化的共同性为基础展开宣传教育工作，不能过

分强调少数民族、台湾同胞和海外侨胞的独特性，更不能为了发展特色民族产业，创造少数民族与汉族的差异。

2. 从百年党史经验汲取智慧

中华民族共同体意识在漫长的历史演进中逐渐形成，在中国共产党团结带领各族人民百年奋斗历程中发展加强。要切实提高政治站位，在党史学习教育中深化对党的民族工作方针政策和理论实践的认识，从中汲取营养、蓄积能量，牢牢把握铸牢中华民族共同体意识这条主线，推动新时代民族工作不断开创新局面，促进中华民族走向包容性更强、凝聚力更大的命运共同体。一百年来，中国共产党人坚持将马克思主义基本原理同中国实际相结合，不断推进中国革命、建设和改革取得伟大成果。福建省铸牢中华民族共同体意识的实践，必须从百年党史经验中汲取智慧和经验。首先，要了解抗战时期，福建少数民族群众、闽籍爱国侨胞、台湾人民在抗战中所做的贡献和英勇行为，将这些中华儿女进行的可歌可泣斗争的故事作为凝聚海内外同胞力量的佳话代代相传。其次，学习1949年以来党的民族工作、对台工作、对侨工作的相关政策及其变化，了解不同时期党的相关政策的针对性及其原因，并从中吸取经验，推进实践创新。最后，要学习和熟知不同历史时期，福建省相关政策的发展和变化，这有利于解读和处理相关工作的历史遗留问题，也有利于相关政策的宣传和实施。

3. 以习近平新时代中国特色社会主义思想指导实践

习近平新时代中国特色社会主义思想是21世纪马克思主义。党的十八大以来，以习近平同志为核心的党中央深刻把握党和国家事业发展的新任务新要求，立足实现中华民族伟大复兴的战略高度，创造性地提出“铸牢中华民族共同体意识”这一重大论断。新时代福建省铸牢中华民族共同体意识，一方面，以习近平新时代中国特色社会主义思想为指导，深入学习贯彻习近平总书记关于民族工作、对台工作和侨务工作的重要讲话精神，深刻理解和全面把握铸牢中华民族共同体意识的新时代意蕴。另一方面，要认真学习和贯彻习近平总书记在闽工作期间开创的独具特色的“闽宁模式”和提出“努力把福建建设成为中华民族团结进步窗口”的目标要求。这些重要实践和理念是福建铸牢中华民族共同体意识工作的宝贵财富和独特优势。福建省必须要全面落实新时代铸牢中华民族共同体意识相关工作各项部署，努力把总书记擘画的把福建建设成为中华民族团结进步窗口的蓝图变成美好现实，使福建省成为各民族交往交流交融和海内外同胞相互了解、增进友谊的重要平台。

（二）以深化分工促进经济共同发展

人既是自然的又是社会的，人为了生存，必须生产生活资料，生产存在着社会联系，有社会联系就会产生分工，有了社会分工就会有特殊利益与共同利益。“分工是迄今为止历史的主要力量之一，”[21]分工过程中形成的共同利益，推动民族形成与发展，对民族的交往与融合具有重要作用。分工带来的频繁的经济往来和相互交织的利益网络将人们发展为同利益、共命运的紧密共同体。铸牢中华民族共同体意识，必须深化分工，分工带来的密切的、不可分割的经济联系，必然成为民族团结、闽台交流、侨心凝聚的内在驱动力。

1. 发展民族特色产业，促进各民族经济共荣

70多年来，福建省促进民族地区经济发展的措施大多数是政府主导的经济支援和对口帮扶，这在一定程度上造成了民族地区发展经济的被动性和“路径依赖”。未来，在巩固拓展脱贫攻坚成果、推进民族地区同步现代化，坚持基础设施、公共服务、产业发展、生态保护等差别化区域支持政策，着力补短板、强弱项，促进民族地区发展的同时，要依据与民族相关的产业间的分工与结构，挖掘少数民族地区的优势资源与条件、在合理分工与协作的基础上，实现共同收益及自身福利的最大化，促进各民族经济融合发展。例如，一些民族地区食用菌、中药材资源丰富，在重视生态环境的保护和可持续发展前提下，可以与其他产业部门进行合作，实现资源的跨区域整合，扩展食用菌、中药材产业链和产业圈，发展规模经济，形成规模效益。利用食用菌、中药材产业链还可以带动和吸引关联的中小企业，不断实现产品、信息、资金、人才的交流和扩散，进而实现区域经济、社会联系深度和广度的扩展，使整个区域的环境和条件融为一体。从而更有效、更稳定、更持久地促进民族地区与其他地区的合作共赢，进一步实现共同发展，巩固民族团结。

2. 实现闽台经济一体化，推动两岸关系发展

两岸经济同属中华民族经济，两岸市场同属中华民族市场，但台湾政策的多变对两岸统一市场的发展造成了影响，从而影响了两岸经济广度和深度的扩展。为实现两岸经济一体化，福建省要厚植共同利益，深化闽台经济分工水平，推进闽台经济合作机制化。加强与台湾经济领域的对话和协调，提高经济合作制度化水平，签署服务贸易协议，加快拓展产业合作，促进生产要素的自由流动，实现资源合理配置，扩大双向投资，探索新的合作途径，壮大中华民族经济。[22]从合作、关联的经济领域，寻找更深层次分工合作的突

破口，两岸生产力的共同发展必然带来共同利益的扩展，由此推进两岸政治交流与政治互信。

3. 打造福建侨商品牌，凝聚海外侨胞力量

侨力资源是福建省的重要优势，为福建改革开放和经济社会发展做出了突出贡献。为了更好地凝聚海外华侨的力量和发挥闽籍侨商在福建建设中的独特作用，福建省要改变传统引资模式，以福建海外侨商投资与贸易为品牌，大力组织海外侨商参与各类富有特色的经贸活动，通过与海外侨商合作，引进稀缺的海外资源项目。在推动特色经贸活动和稀缺海外资源项目的过程中，形成独具特色的分工链。以此分工链为基础，建立福建与华侨合作的科技创新合作区和深度合作区，推动福建省与海外经济运行的规则衔接、机制对接，加快人员、货物等各类要素高效便捷流动，提升市场一体化水平。同时，为海外侨胞的发展提供便利，落实完善对侨鼓励政策，加快产业对接步伐。对福建省产业政策鼓励类的产业对接项目，给予享受减免所得税等优惠政策，鼓励侨商投资高校、科研院所，在闽设立研发机构的，可享受政府扶持企业技术创新的相关优惠政策。

（三）以省域特色文化促进文化认同

1. 打造畲族文化品牌，促进民族团结进步

福建省是我国最主要的畲族聚居区，是我国畲族文化的典型性、代表性区域。畲族文化以畲民家族文化为内核，包括畲语畲歌、畲医畲药、畲族服饰、畲族节俗等。在全省各级政府全方位支持下，畲族文化的对外交流、文艺创作、产品创意、乡村旅游、理论研究、基础设施建设等已有可喜的局面。未来，福建省仍然要不断推动畲文化创新性发展和创造性转化，让民族文化在民族团结进步中大放异彩。通过创新举办各类畲族特色活动，办好“二月二”“三月三”等民族节庆活动，推动各民族文化的传承保护和创新交融。创造和推广畲族文化品牌，深刻挖掘畲族文化精神层面的价值，创造出流芳百世的作品。创新畲乡推介渠道，充分利用媒体融合的发展趋势，建立起互联网＋畲族文化现代传承平台，扩大公众尤其是青少年对畲族文化的认知，做到畲族文化内容的多媒体呈现、多渠道发布、多维度宣传。将畲族文化、文旅景点、农特产品等转化为线上资源，打造一个具有“线上展厅＋线下实景＋电商带货”等多元功能的文化平台和经济平台。在宣传过程中融入民族团结进步元素，促进各民族交往交流交融。

2. 借助共同的民间信仰，促进台胞文化认同

闽台地缘相近，历史上福建特别是闽南地区民众成为台湾最早的移民。在迁居的过程中，他们不仅把福建的生产技术、生活习惯等带到台湾，也把妈祖、保生大帝、关帝、陈靖姑、定光佛等祖籍地民间信仰带到台湾。台湾的民间信仰非常发达，各种宫庙随处可见，所信仰的神祇也非常庞杂，大多数的神祇由福建传入。这种同根同源的民间信仰是两岸民众最重要的信仰依归和民俗活动，具有强大的感召力、凝聚力和向心力，体现了根深蒂固、血浓于水的同胞之情，是保持民族文化认同感的重要精神纽带。福建省政府对闽台民间信仰交流进行统筹规划，制订长、中、近期的交流计划。对闽南地区民间信仰资源进行统一整合，进一步出台政策措施，加强对民间信仰的规范化管理。发挥福建各大民间信仰宫庙的优势和特色，统筹大型系列活动，科学编制文化场所保护性建设专项规划，建立闽台民间信仰文化综合交流基地，为将福建打造成两岸交流的窗口起到积极促进作用。

3. 推广福建海丝文化，增强文化自信

从某种意义上说，福建文化在海丝文化中曾留下鲜明的印记。在“一带一路”倡议引领下，福建特色文化被赋予时代精神，继往开来地凭借着与海上丝绸之路沿线国家的地缘、文缘、亲缘与商缘优势，在推动福建特色文化“走出去”进程中，讲好“福建故事”，塑造“福建形象”，提升福建特色文化在海丝沿线国家的影响力。福建省要将海丝文化作为福建的文化符号，将其包含的历史、民俗、宗教、艺术等综合形象元素，通过世界博览会、文化周、艺术节、展览会等各类综合平台，依托双边、多边、区域、国际等人文合作机制，开展与海外中国文化中心、海外文化艺术团体、文博单位、华人华侨等交流与合作。同时，重点发掘海丝商贸人文历史资源，扶持以海丝文化为题材的文化产品创作生产，打造形成海丝文化旅游品牌集群，深化海丝文化教育合作。在推广海丝文化过程，发出“福建声音”，展示“福建愿景”，增强文化自信，凝聚海内外侨胞力量，铸牢中华民族共同体意识。

参考文献：

[1] 范君，詹小美. 铸牢中华民族共同体意识的文化方略 [J]. 思想理论教育，2018 (8).

[2] 费孝通. 关于我国民族的识别问题 [J]. 中国社会科学，1980 (1).

[3] 严庆. 政治认同视角中铸牢中华民族共同体意识的思考 [J]. 北方民族大学学报，2020 (1).

［4］陈连开. 中华民族研究初探［M］. 北京：知识出版社，1994：1.

［5］苏泽宇. 认同视阈下中华民族共同体意识的建构［J］. 学术研究，2020（9）.

［6］《中央民族工作会议精神学习辅导读本》，北京：民族出版社，2015：252.

［7］习近平. 在纪念孔子诞辰2565周年国际学术研讨会暨国际儒学联合会第五届会员大会开幕会上的讲话［N］. 人民日报，2014—09—25（002）.

［8］习近平. 摆脱贫困［M］. 福州：福建人民出版社，2014：116.

［9］黄进发. 福建：努力建设中华民族团结进步窗口［N］. 中国民族报，2019年6月4日，第002版.

［10］乔姗姗，党垒，张继焦. 铸牢中华民族共同体意识研究的三个维度［J］. 民族学刊，2021（6）.

［11］黄进发. 福建：努力建设中华民族团结进步窗口［N］. 中国民族报，2019年6月4日，第002版.

［12］福建省民族与宗教事务厅. 努力把福建建设成为中华民族团结进步的窗口［J］. 中国民族，2020（1）.

［13］黄进发. 福建：努力建设中华民族团结进步窗口，中国民族报［N］. 2019年6月4日，第002版。

［14］黄进发. 福建：努力建设中华民族团结进步窗口，中国民族报［N］. 2019年6月4日，第002版。

［15］郑衡泌，林国平. 海峡两岸：闽台地缘［M］. 北京：社会科学文献出版社，2015：1，3.

［16］黄端. 砥砺奋进的70年［M］. 厦门：厦门大学出版社，2019：32.

［17］黄端. 砥砺奋进的70年［M］. 厦门：厦门大学出版社，2019：33—34.

［18］林勇等. 华侨华人与福建改革开放40年［M］. 北京：世界图书出版公司，2018：17—18.

［19］曾志兰. 2018年福建省两岸文化交流合作措施评述［J］. 学术评论，2018（6）.

［20］姚月清. 闽台文化创意产业融合发展对策研究［J］. 海峡科技与产业，2020（10）.

［21］马克思恩格斯文集（第1卷）［M］. 北京：人民出版社，2009：551.

［22］习近平谈治国理政（第1卷）［M］. 北京：外文出版社，2018：231.

福建省各民族交往交流交融历史及其经验研究[①]

福州大学社会学系　甘满堂

福建位于中国东南沿海，山海交错，境内各民族经过长期交往交流交融，形成汉族占人口绝对多数的民族结构，福建少数民族中既有本地土著民族，也有来自中国北方与海外的非土著民族，但人口总量较少。据第七次全国人口普查，福建省少数民族常住人口112万，约占全省总人口的2.7%，其中畲族、回族人口各在10万以上。由于少数民族人口数量较少，且长期与汉族交错杂处，相互往来密切，深受汉族文化影响，到了晚清时期，福建少数民族和汉族之间的文化差异已经比较少，其主要表现就是少数民族集中居住的村落社区也形成了跟汉族村落社区一样的祠堂和村庙文化（以下简称祠庙文化）。

中华传统文化构成要素包括汉语言和儒家文化，儒家文化在民间社会的载体是祠庙文化，祠庙文化是民间社会文化的核心。福建汉民族传统祠庙文化发达，具有强大文化魅力，吸引少数民族主动效仿，从而实现民族融合发展。福建畲族、回族等少数民族与汉族人民长期共同生活在一起，在明清时期少数民族乡村逐步形成以祠庙文化为主体的信仰格局，实现与中华传统文化的深度融合。民间祠庙文化承担着民族融合的文化媒介功能，祠庙文化传统应当得到弘扬。

一、研究背景与文献回顾

党的十八大以来，我国民族工作进入新时代，民族工作面临新的形势和

① 本文系2021年度福建省铸牢中华民族共同体意识研究中心课题研究成果，项目编号21SKZ43。

任务。党中央十分重视民族工作和民族交往交流交融，在民族工作领域提出了一系列新理念、新思想、新论断和新要求，进行了一系列的重大工作部署和理论创新，指出当前民族工作的重要任务就是加强民族交往交流交融，铸牢中华民族共同体意识。重视历史、研究历史、借鉴历史是中华民族5000多年文明史的一个优良传统。中央民族工作会议号召，要加强中华民族交往交流交融的历史经验研究，为铸牢中华民族共同体意识提供借鉴。

加强民族交往交流交融，铸牢中华民族共同体意识，首要是增进文化认同。2014年中央民族工作会议指出："加强各民族交往交流交融，尊重差异，包容多样，让各民族在中华民族大家庭中手足相亲、守望相助。"以及"加强中华民族大团结，长远和根本的是增强文化认同。"2017年10月，中国共产党第十九次代表大会，正式提出了"深化民族团结进步教育，铸牢中华民族共同体意识，加强各民族交往交流交融，促进各民族像石榴籽一样紧紧抱在一起，共同团结奋斗、共同繁荣发展"的重要论述。推进民族交往交流交融是指多民族国家通过政治、经济、文化、社会等综合措施，协调各民族之间的关系、各民族与国家的关系，旨在促进各民族和睦相处、和衷共济、和谐发展，消解民族认同与国家认同之间的张力，从而达到各民族交往交流交融的和谐状态。交往是形式，交流是内容，交融是本质。中华民族共同体意识是全国各族人民在长期历史发展中形成的政治上团结统一，文化上兼容并蓄，经济上相互依存，情感上相互亲近，你中有我、我中有你、谁也离不开谁的民族共同体，是建立在共同历史条件、共同价值追求、共同物质基础、共同身份认同、共有精神家园基础上的命运共同体。

中华民族共同体具有多元一体的格局，多元是指民族多元，拥有56个民族；一体是指中华民族为一体，在政治上是统一国家，在文化上则是共同拥有中华民族文化。2019年9月27日，习近平总书记在全国民族团结进步表彰大会上的讲话指出："文化是一个民族的魂魄，文化认同是民族团结的根脉。各民族在文化上要相互尊重、相互欣赏，相互学习、相互借鉴。在各族群众中加强社会主义核心价值观教育，牢固树立正确的祖国观、民族观、文化观、历史观，对构筑各民族共有精神家园、铸牢中华民族共同体意识至关重要。要以此为引领，推动各民族文化的传承保护和创新交融，树立和突出各民族共享的中华文化符号和中华民族形象，增强各族群众对中华文化的认同。"

中华民族多元一体格局是铸牢中华民族共同体意识的客观基础与结构前提，在文化认同方面，有两个认同层次，一是对中华民族的认同，二是对本民族归属的认同。民族是指经长期历史发展而形成的稳定共同体，一群基于历史、文化、语言与其他人群有所区别的群体。民族的构成要素首要标准在于文化差异，其次在于历史记忆。在传统中国，中华民族多元一体格局，则是民族多元，文化一体。文化一体格局在秦汉时期得到初步确立。[1]

中华民族形成与发展，是中原各族同周边诸族连续不断交往交流交融的历史过程，形成汉字、儒家文化为核心的中华文明。先秦时期的华夏族，经过长期与周围族群的多元融合，特别是经过春秋战国500余年大动荡的交汇与融合，到了秦汉之际，进一步与周围族群融合为一体，形成了中原人口居多的汉族，并从此成为中国历史过程的主体民族。秦汉时期，中华文明的核心文化元素得到确立，奠定了中华文明绵绵不绝的文化基础框架，首先是秦朝确立“书同文”制度，其次是汉武帝确立的“罢黜百家，独尊儒术”制度。秦统一六国，建立统一秦王朝国家，确立官僚制与郡县制度相结合的国家管理制度体系，同时还确立“书同文”的语言文化管理制度，“百代都行秦政法”，影响深远。“书同文”就是统一文字语言，保证各族人民交流方便，也便于文化传承。汉武帝采取罢黜百家，独尊儒术，确立儒家作为国家治理的指导思想，从此，儒家思想逐渐成为中国传统文化的主流思想，儒学逐渐成为中华民族的独特精神。儒家的“天下观”“华夷一体”，对于“大一统”的追求，为中国多民族国家的统一、为中华民族共同体、中华文化共同体的形成，提供了重要的价值支撑。[2]这种儒家文化精神是维护统一、阻止分裂的强大思想武器。[3]魏晋南北朝割据时期，发生了各民族尤其是北方少数民族向中原大迁徙的大融合，各少数民族在黄河以北建立政权，其国家政治制度、语言文字、治国指导思想都是采取秦汉中华文明制度，这是北方民族大融合的基础。宋末蒙古族以及明末满族入主中原所建立的元朝、清朝也都实行秦汉中华文明制度，这也保障了民族交往交流交融，实现了中华文明的传承。13世纪元朝建立，规模空前的政治统一局面推动了规模空前的民族迁徙，形成了元朝境内广泛的民族杂居局面。中华各民族在长期发展中，最终形成你中有我、我中有你、多元融合以及各民族大杂居、小聚居的分布特点。

中华文明具有强大的整合力，除整合中国北方少数民族之外，对具有排他性宗教信仰的少数民族也具有强大的文化融合能力，这方面最为典型的案例是宋朝时来中国开封定居的犹太人族群融入中华民族大家庭。开封犹太人在清朝中期时已完全实现汉化，本民族的犹太教信仰也被忘却。到目前为止，学者们关于同化原因的论述可以笼统地概括为“通婚说”“隔离说”“科举制度说”“宽容说”“可能性的反犹说”“中犹文化相似说”等等。开封犹太人汉化的最根本原因来自犹太社团内部对犹太教信仰的淡化，以及对儒家文化的深层次认同，导致这种转变的社会环境因素无疑是科举制度。[4]在中国传统社会中，科举考试是平民子弟实现阶层跨越的终南捷径。科举制度初创于隋、完备于唐宋、废弃于晚清，在中国存在了大约1300多年，其最主要的内容是儒家经典“四书”“五经”，凡能考取功名的人从小就要学习孔孟之道，熟谙中国传统文化。

明代时西方天主教传到中国，引发中西文化正面冲突。清朝初年，天主教在华引发“礼仪之争”。礼仪之争是指17—18世纪天主教就中国传统礼仪中有关祭祖、祭孔仪式是否违背天主教教义的争论。祭祖是中国传统祠堂文化的主要仪式，祭孔则是儒家文化的最主要仪式。清朝政府在与罗马教会的争论中，坚持中国人信天主教，仍然必须要参加祭祖与祭孔仪式。罗马教会拒绝接受中国政府要求，清朝则禁止天主教在中国传播。“礼仪之争”也说明儒家文化与宗祠文化是中华文化之根本，不可动摇。[5]晚清西方基督教来华传播时，则认为中国信徒可以祭祖、祭孔。

社会学和文化人类学在研究两种文化相遇时，提出文化适应理论来解释其结果。所谓文化适应就是不同文化群体的人们进行持续不断的直接接触时，一方或双方的原文化类型所产生的变化。约翰·贝利（1990）提出一个文化适应模型，将文化适应分为四个类型：同化（Assimilation）、分离（Separation）、融合（Integration）、边缘化（Marginalization）。“同化”就是个体不愿意保持他们原来的文化认同，却与其他文化群体有频繁的交往；“融合”就是文化适应中的个体既重视保持传统文化，也注重与其他群体进行日常的交往；“分离”就是个体重视自己原有文化，希望避免与其他群体进行交流；“边缘化”（最难以接受）就是个体既不能保持原来文化，又不被其他群体文化所接受。[6]依据Berry（1990）的文化适应模型，两个民族“相遇”，即在地理上发生相邻，在社会层面相互接触，共同生活，“同化”就是“单一主体民族化”，指外来移民认同主体民族的价值观念与行为方式，彻底放弃自己的祖先的文化。“融合”是主体民族群体与其他民族群体实现生物学的合并，文化混合成为一种全新本土文化模式。这种理想类型被称为“融炉”，如美国作为移民国家，形成了一种“美国化”社会，它就是“融炉”。[7]“分离”与“边缘化”是指新移民群体的社区生活和文化的重要部分能够得以保存，同时这些移民群体能够在政治上和经济上整合进社会，形成“多元文化”并存的局面，这种理想类型称之“文化多元主义”。从当代西方国家民族政策实践来看，过分强调文化多元主义，反而不利于民族交往交流交融，不利于社会稳定发展。

福建少数民族长期与汉族往来密切，到了明清时期以及近代，相互之间的文化差异已经相当少。少数民族都说所在地区的闽方言，都是聚族而居，村落中既有宗族祠堂，也有村庙，大都将自己视为和汉族没有什么差别的群体或个体，甚至于完全就是汉民族的一分子。福建地区的多民族交往交流交融的结果，是少数民族不断融入中华民族大家庭的过程。[8]这个过程并没有对少数民族文化进行强制改造，政府对于少数民族的宗教信仰持宽容态度，汉民族也不排斥外来宗教。福建汉民族传统祠庙的强大文化魅力，吸引少数民族主动效仿。因此，福建少数民族融入中华民族大家庭具有一些与西南、西北、北方各地少数民族所不同的历史文化特征。

二、福建民族交往交流交融的核心指标

萨缪尔·亨廷顿在《文明的冲突与世界秩序的重建》中认为，构成文明最核心的要素是语言与宗教，中华文明的宗教就是儒家文化（儒教）。[9]借鉴亨廷顿说法，笔者认为中华传统社会文化由两大要素构成，分别是汉语言和儒家文化，儒家文化在福建民间社会的表现形式是祠庙文化。汉语言、儒家文化是中华文明的核心文化，祠庙文化则是具有福建地方特色的社会文化。

1. 汉语言。汉语言包括汉字与汉语，“书同文”在秦朝就已实现，但各地都有方言，不同方言区还存在沟通障碍。明清时期“官话”通行全国官方系统，解决了不同地方的口语交流问题。即使闽方言非常繁杂，但“官话”确保了闽地文字与语言的统一。清初政府在闽方言区的福建和粤方言区的广东两省府县都设有正音书院，即“官话”（以北京语音为准）训练班，由当地驻防的旗人任教，这是清代统一官方语言的一项措施。清政府规定二省乡试举子须用官话词语，不许用方言词语。学政面试考生，听不懂、不会说官话的童子不能考秀才。虽然正音书院到清代中叶逐渐停办，但“官话”却有力推动了不同地域民众之间的交往交流交融。

2. 儒家文化。本文所说的儒家文化是作为国家治理理论的儒家思想与相关制度，在制度层次主要有祭祀制度、科举制度等。中国古代国家祭祀制度的基本信仰是“敬天法祖”“君权神授”等，它没有独立的教团，其宗教组织

即是国家政权系统和宗族组织系统，天子主祭天，族长家长主祭祖，祭政合一，祭族合一，既具有国家性质，又带有全民性，故可称之为传统的国家民族宗教。[10]皇权国家通过科举制度选拔人才，考试内容是考儒家经典著作。明清时期全国各地建有孔庙以及学堂。平民子弟也可以通过科举考试成为国家统治阶层中的成员，实现获得阶层地位向上提升流动，吸引各民族子弟修读儒家经典，参加科举考试。科举制度客观上促进儒家文化思想普及。

3. 祠庙文化。祠庙文化包括祠堂文化和村庙文化。祠堂文化即宗族制度，源自商周时期的宗法制度，后经朱熹改良与倡导，明清时期祠堂已遍及天下，福建乡村祠堂更为普及。宗祠文化是儒家文化在民间的体现形式，标榜“敬宗收族”“入孝出悌”。在聚族而居的乡村社会，宗祠文化所构建的宗族社会，可以为族人提供基本的福利保障。从组织结构来看，家族组织是一种民间非正式组织，是村落社会的核心组织，故中国乡村社会亦称“家族社会”。家族社会在地理上表现为聚族而居，在文化上表现为拥有族谱、族规、祠堂等强化家族记忆的文本与建筑符号，在社会上表现为祭祖联亲、互助等仪式与活动，在经济上表现为拥有族田、族产等物质基础，在政治上表现为拥有族长、族规等领导与规范族人行为的管理者与管理制度等。[11]村庙即社庙，商周以来官方推动的祭祀制度，“神道设教”，汉代以后逐渐演变为社庙制度，每村皆有社。村庙主祭社区神，实质是乡贤崇拜。明清时期福建乡村“村村皆有庙，无庙不成村”。村庙文化为村庄不同姓氏团结提供纽带，除为民众提供精神信仰之外，还有提供娱乐休闲等功能，这也是儒家文化在民间的体现形式。明清时期福建乡村是典型的乡族社会，各宗族之间既有张力，也有紧密的联系，依靠村庙社区祭祀实现团结。[12]

信仰是文化的最高层次，有很多学者认为汉族中没有产生全民族必须信仰的宗教，这种观点是值得商榷的。汉族有自己的传统宗教信仰，只不过这种宗教信仰不能用西方宗教概念来解释。儒家文化、祠庙文化都涉及信仰层次，关乎中国之根本。祠堂文化与村庙文化属于民间社会文化系统，是儒家文化在民间社会得到落实的载体空间，三者在本质都是相通的，都涉及儒家信仰。儒家信仰天道，宗祠文化是祖先崇拜，村庙文化体现的是乡贤崇拜，而天道是统合人鬼神的。

在福建传统社会中，祠堂与村庙是必备的两个公共文化空间，祠庙文化从血缘与地缘两个方面实现乡村社会的高度整合，为社区团结提供纽带。很多学者非常强调宗族制度在民间社会的影响力，认为明清时期福建民间社会是一种家族社会或宗族社会，但笔者认为在研究明清福建民间社会中，应当考虑村庙横向整合的重要性。多数村庄在姓氏结构还是以主姓村为多，其次是杂姓村，再次才是单姓村。对于主姓村与多姓村，如何实现不同姓氏家族之间的联合？传统的社庙制度就提供了解决办法，一村有一社（庙），依托共同的社区神崇拜将不同姓氏团结起来。另外，宗族之间也需要通婚，村民需要市场交易物资，联合起来共同兴修水利、防治匪盗等，这些社会经济生活客观要求不同宗族、不同村庄之间要加强经常性沟通联合，而这种联合机制通常是社庙制度。如果说儒家文化是上层制度文化，与民间社会生活联系不密切，那么祠庙制度文化就是下层社会文化，或乡土文化，它们与民间社会联系密切，形成了中国乡村社会基本结构。

三、明清以来福建民族交往交流交融过程

明清时福建民间社会就是乡族社会，聚族而居，宗族势力强大。不同宗族之间也通过神明祭祀与通婚等方式进行联合，形成乡族势力，以加强对区域社会经济资源的竞争与掌控。福建宗族社会强盛，也有一些社会环境因素的影响。中国传统社会是农业社会，重土安迁，聚族而居是历史传统，北方移民南下时将这种传统引入福建。在地理环境上，福建多山，交通不便，地形闭塞，社会动乱少，传统文化容易得到保留。儒学大师朱熹长期生活在福建，积极倡导家族制度文化建设，对家族社会普及具有重要影响。唐宋以来，福建作为移民开发社会，家族为争夺对地方经济社会与政治的控制权，需要抱团求发展，这也促进家族社会的盛行。[13]明清时期，福建境内少数民族为了适应乡族社会环境，出现快速汉化现象，不仅仅学习汉字与汉语，祭拜孔子，参加科举考试；在民间文化层次上，也学习汉族的祠堂与村庙文化，通过祠堂文化加强自身内部团结，通过村庙文化加强与异姓村庄外部交往，实现民族交融。

世居福建的少数民族有畲族、回族、满族、蒙古族等。宋元时期来福建的阿拉伯人、波斯人等在明清时代融合为福建回族。明清时期，畲族、蒙古族、满族在福建也改信福建本土信仰，融入福建地方社会。福建是我国畲族、回族融入中华民族共同体的模范区。本文只列举人口较多的畲族、回族融入中华民族共同体的过程。

（一）畲汉交往交流交融过程

畲族是我国东南地区一个古老的少数民族，散居在我国东南部福建、浙江、江西、广东、安徽省境内，其中90%以上居住在福建、浙江广大山区。畲族是福建省的主体少数民族，据第七次全国人口普查，共有37.5万人，占全国畲族人口的50.2%，占全省少数民族人口的33.41%，其中约41.4%分布在宁德市。宁德市是畲族的主要聚居地。

关于畲族来源主要有三种说法，一是“武陵蛮说”，畲瑶同源于汉晋时代长沙的“武陵蛮”（五溪蛮）；二是土著说，畲族源于周代的“闽”人。“闽”是福建的土著，福建最早的主人，其遗裔就是今天的畲族；三是“越族后裔说”。唐代，居住在福建、广东、江西三省交界地区的包括畲族先民在内的少数民族被泛称为“蛮”“蛮僚”“峒蛮”或“峒僚”。南宋末年，史书上开始出现“畲民”和“拳民”的族称。“畲”意为刀耕火种，新中国成立后，改称为“畲族”。[14]1956年由国务院正式公布确认，畲族是一个具有自己特点的单一的少数民族，从此，“畲族”成为法定的族称。

畲族自唐代形成以来一直主要聚居在闽粤赣交界的深山密林中，过着“刀耕火种，采实猎毛，食尽一山而他徙”的游耕狩猎生活。随着汉人的南迁以及对东南地区开发的不断深入，畲族从唐代开始由闽粤赣交界的凤凰山地区向周边扩散，在此过程中，深受汉文化的影响。明代时，赣闽粤边的畲客联合发起反政府压迫的武装起义，负责平乱的明朝官员王守仁注重剿抚并用，重在教化，促进畲民融入客家。[15]明清时期，畲族先民向闽东、浙南大迁徙。由于平坝地区已被汉族居住，畲民只得在半山腰地带开山劈岭，拓荒造田，新建家园；也有租佃汉族地主的土地，或给地主富农当长工，在长期的交往过程中，促进了两族融合。畲族有自己的语言，属汉藏语系，没有本民族文字，通用汉文。在信仰方面，畲族村庄拥有祠堂与村庙，其祭祖与祭神仪式与周边汉民基本相同。

畲族村庄既有祠堂也有村庙，其村庙供的神明与周边汉族基本类同，体现汉民族文化影响的深入。畲族村庙信奉的神明由三大类组成。一是畲族传说的历史人物，包括宗族远祖和族内英雄能人，主要有钟景琪、雷尤兴（春）、钟志公、李仙娘以及盘自能、蓝光辉、雷巨佑、钟志深等。二是民间俗神，与当地汉族村民共同信奉神明，有大王、元帅、将军、娘娘、夫人等，比较有名的地方神则是奶娘陈靖姑（临水夫人）、妈祖等。三是佛道教中的神明，如观音、关公、三清等。闽东畲族普遍信仰陈靖姑，这种信仰因与畲族巫师相结合，更为密切。妈祖是海上保护神，畲族信奉妈祖仅仅局限于某些村庄，这些村庄有村民出海经商，对外联系较多，如宁德市霞浦县溪南镇白露坑畲族村、厦门湖里区钟宅畲族社区、泉州市安溪县官桥镇善坛畲族村等。[16]

畲族巫师，俗称“师公”，是畲族巫术文化的演绎者、操作者及发言人。闽东地区畲族巫师属于道教闾山派夫人教，尊陈、林、李三夫人为教主，陈夫人就是临水夫人陈靖姑，这是闽东、浙南地区汉族普遍信仰的地方名神。信奉“夫人教”为代表性的畲族师公，其法服最突出的特征是头系法巾（红布，可披于项背），扎神额（皮制或称神额），上身穿绿袄（或便衣），下身着长裙或短裙（紫裙，红色或蓝色），跣足，或扎草鞋、布鞋，是一种女巫装束。[17]明清时期是闽东方言区陈靖姑信仰文化建构与成型的时期，也是畲族大量迁入和定居在闽东的时期。在畲汉民众的社会交往中，畲族乡村的巫术文化选择、吸纳了原本属于当地汉人的陈靖姑信仰，并使之成为畲族巫术文化的重要构件。

为具体分析畲族与汉族的交往交流交融，本文分别以闽南漳浦、泉港，闽东霞浦三个县区的代表性畲族乡村祠庙文化为例以资说明。

1. 漳浦赤岭乡畲族社会文化融合

明清时期畲族向闽南沿海地区城镇迁徙，通过军功从政、科举入仕与经商等途径，快速实现融合，他们当中以闽南漳浦蓝氏家族为典型。漳浦蓝氏家族现集中居住于漳浦县赤岭畲族乡，该乡是漳州市少数民族人口最聚集的山区少数民族乡，全乡总面积101.04平方公里，下辖9个村和6个场，总人口1.35万人，其中畲族人口1.24万人，蓝姓人口的占比为92%。

漳浦蓝氏于元朝末年由闽西山区移居闽南漳浦平原。漳浦蓝氏后裔在明清时代先后共涌现出五品至一品文武官一百〇五名，其中最杰出的代表，就是康乾年间的蓝理、蓝廷珍和蓝鼎元三位文官武将，人称“蓝氏三杰”，他们为清朝统一台湾，治理和开发台湾做出了卓越贡献。蓝理是蓝廷珍的族叔，而蓝廷珍又是蓝鼎元的族兄。蓝理作为平台先锋，在战场上曾两救主帅施琅，被康熙皇帝誉为“平台首功”，并两赐“勇壮简易，所向无前”牌匾；蓝廷珍署理台湾期间，积极维护地方稳定，大力发展台湾民生，多次上书力阻清廷弃台，被雍正皇帝誉为“治台名将”；蓝鼎元首次全面系统提出治理、经营台湾的理论体系，被当时和此后的治台者所借鉴、采用，被乾隆皇帝誉为“筹台宗匠”。

漳浦蓝氏祖祠为蓝氏家庙，堂号为“种玉堂”，位于漳浦县赤岭乡（原苌坑）石椅村，始建于明嘉靖二年，清康熙三十八年（1699）由平台名将福建水师提督蓝理、金门总兵蓝瑗回祖地主持重建；乾隆三十三年（1768）和道光二十一年（1841）由漳台各地蓝氏后裔捐资重修，是漳州地区畲族蓝氏的肇基大宗祠，占地有800多平方米。种玉堂《蓝氏族谱》记载，蓝姓以中原汝南为郡望，反映出赤岭蓝氏畲族对于中原文化的认同。

赤岭蓝姓有民族特色的祭祖习俗，但也有周边村社相同的社庙道教和佛教信仰。正月半、三月三与九月九，外出的族人都回到祠堂拜祭祖先，不烧纸钱，这是与周边汉族相区别的地方。赤岭乡有三大庙，为全乡蓝姓所共同信奉。一是雨霁顶三界公，奉祀三官大帝天官、地官、水官，属于社庙道教。三官大帝有一个合祭日，每三年一次在农历的正月二十五日至二十七日之间选择一天作为共同祭拜日，这是赤岭畲乡最大型的庙会游神活动。二是石椅村西来庵，奉祀三宝佛祖，为佛教寺庙，不过没有请和尚常居，属于民俗佛教活动场所。三是土塔村印石岩佛祖庙，供奉的是观世音佛祖，也属于民俗佛教活动场所。

2. 泉州钟厝村畲族的融合历程

泉港区山腰镇钟厝村与鸢峰村两村人口有近8000人，其中钟厝村有6500人，鸢峰村1500人，鸢峰村是从钟厝村分出，两村90%人口为畲族，本文在此统一用钟厝村来指代钟厝与鸢峰。钟厝村先人之所以能在明代中期从安溪山区迁到沿海，客观上得助于当时的社会动荡。那时由日本浪人和东南沿海海盗组成的武装集团四处烧杀抢掠，给沿海人民带来深重灾难，史称“倭患”。沿海人民为避倭患，不得不逃离家园。当时倭患严重的沿海地带，人口减少，土地荒芜。这时，钟厝村先人不顾危险，从山区移民到平原，到现在的钟厝地方安家落户。为了在当地社会立足，钟厝村先人基本上接受了当地的社会习俗，从语言、生活习惯、宗教信仰等都与当地人融为一体。新中国成立后民族身份确认登记时，钟氏群众不敢承认自己是畲族，直到改革开放后才打消顾虑，登记为畲族。

钟厝村钟姓定居泉州山腰镇近500年，新修钟厝《钟氏族谱》又载钟厝先祖为钟离，钟离为项羽部下大将军，被尊为“亚父”，食采钟离，因而得名“钟离”，后嗣独留钟字为姓，祖居豫州颍川，故钟氏郡望为“颍川”。这种族姓源流，又将钟姓与中原故土相联系，掩盖了泉州钟厝钟姓来源于畲族的真相。这种现象在明清时期的福建家族社会中很普遍，很多福建家族在追溯本姓氏源流时，都会攀附中原世家望族。

钟厝村庙，即钟厝境主庙、社公庙，名称“德音社”，村民称“社公宫”。社公庙的建筑形式与周边村庙的神庙一样，以木石为主要建筑材料，构造呈方形，有飞檐、翘角。村庙坐北朝南，内分中、东、西三殿，中殿供奉钟景期，神像前列有大妈、二妈（钟景棋的大夫人、二夫人），两旁是文安公和武尊王，作为文武陪神。东殿奉协天大帝关云长，西殿奉钟大人。庙正门两石柱上刻有对联：“德庇鸾山家有余庆，音传潮水海不扬波。”鸾山指的是钟厝，从此联可看出该神的职能是保境。每年农历六月初六，是社公的生辰日，村民家户代表都到庙内祭神，在家里设筵招待亲朋，宫庙则要请戏班来演戏，场面十分热闹。此外，钟厝还有社公“游境”的习俗。据钟厝《钟氏族谱》记载，自清朝至新中国成立前夕，每年正月初十，钟厝男性信徒，由族内辈分最高又当了曾祖父的老人引路，当年成婚的男子，扛抬着社公、钟大人、观音的神轿，吹吹打打穿境游行，祈求诸神赐福。在惠安，每个村落的社公一般都以该村最早的开发者或村中大姓中历史上的著名人物充当。而把畲族历史上的传奇人物钟景棋作为本地社区神，这是钟厝社公信仰最与众不同之处，显现了钟厝村社公信仰具有鲜明的民族特征。[18]

1956 年国务院正式公布确认畲族是一个具有自己特点的民族后，地方政府曾派员到钟厝村宣传党的民族政策，进行民族成份确认登记，但钟氏群众仍有顾忌，不敢承认自己是畲族。改革开放后，少数民族政策得到进一步落实。与钟厝村联系密切的安溪官桥镇善坛村钟姓村民已经恢复畲族身份，钟厝村村民开始要求恢复畲族身份。1985 年，惠安县政府又组织了调查组，两村干部群众大力协助下乡的工作人员搜集了大量的史料，终于证实两村的钟姓群众确系畲族，县政府于同年 9 月 24 日发文，批准恢复他们的畲族身份。

3. 霞浦白露坑畲族的妈祖信仰

白露坑是霞浦县畲族主要聚居村，半月里是白露坑 5 个自然村之一。白露坑畲村由白露坑、半月里、牛胶岭、岔头、东瓜坪 5 个自然村组成，有 345 户，人口 1420 人，其中畲族 335 户，人口 1378 人，畲族人口占 98%，以钟、雷、蓝三姓为主。白露坑的畲民是明万历初年（1580）至康熙二十二年（1683）之间，分别从外地迁徙而入的，其中，蓝姓畲族从上杭县迁入牛胶岭村，雷姓畲族从霞浦盐田长岗山迁居半月里村，钟姓畲族从福安迁入白露坑村。

半月里是闽东地区现存畲族古迹最多的村庄。村庄现有举人府第雷世儒大厝、龙溪宫及雷氏祠堂等三组清代古建筑，2014 年获评为“中国历史文化名村”。半月里村在清代就实现融合，雷氏族人农耕之余，还崇尚学文习武，好学之风代代相沿。清末，白露坑有私塾三所，在闽东畲村首屈一指。仅半月里一个自然村在道光三年（1823）至光绪十一年（1885）的 62 年间，就出了 5 个文武秀才。在信仰文化方面，半月里村庙龙溪宫供有妈祖，这在闽东畲族地区比较少见，也足见半月里村对外联系频繁。龙溪宫建于清雍正八年，是半月里村最壮观的古建筑，占地面积 500 多平方米。宫中供奉有畲民信仰的神祇薛元帅（唐代大将薛仁贵）、陈元帅（唐五代武将陈九郎亦称九仙）、平水明王（杨从仪，宋朝大将、治水功臣）和雷万春元帅（唐代畲族英雄），还有海神妈祖。据村民介绍，清道光年间，半月里村不少畲民将茶叶贩卖往上海、福州、台湾台北等地，因为出海经商有风险，村民便把海上女神妈祖请到村里来供奉，以求保佑。霞浦县位于闽东沿海，闽东沿海各乡镇的妈祖信仰具有广泛的民众基础，新船首航、春节社戏、渔民赴外作业、商人赴外经商，都要先到庙里向妈祖神灵祈福，寻求保佑。就畲族信仰传统而言，半月里畲族村庙祭祀妈祖在闽东畲族中显得与众不同。半月里雷姓村民将妈祖信仰融入村庙信仰中，反映出畲民对外交流增多，信仰认同的扩大化。[19]

综上，畲族文化与当地汉族文化已很难区分，两者深度融合，这主要表现在语言习惯、祠堂文化、村庙文化以及道教文化等方面，汉文化要素已经自然而然地融入了畲族文化，成为畲族文化的有机组成部分，且无法剥离。这种融合是畲族与汉族的长期交往与文化互动形成的。畲族在民俗信仰方面与汉族诸多相同的方面，反映了两个民族在精神领域上的“大同”。身处沿海地区的畲族在解放初期的民族识别中，他们普遍不承认自己是畲族，这也是深度融合的表现。

（二）回汉交往交流交融过程

回族，中国少数民族之一，族名来自唐朝回鹘，古代又称“畏兀儿”，世居于西北地带与黄河流域，东南地区也有分布。内蒙古至山西、陕西、甘肃，以至于中亚新疆一带的回族，其先祖主要为突厥人，但混有蒙古人、中亚波斯人、大月氏、塞种、粟特人、阿拉伯人，以至于羌族与汉族等不同血统。在唐代时，信仰穆斯林的阿拉伯人与波斯人，分别由北方丝路与南方海路进入中国经商并居住。当时生活在中国南方福建、广东一带的穆斯林居民被称为“蛮裔蕃客”“三世蕃客”“五世蕃客”，尚未被称为回族。蒙古帝国时，以突厥人为主的中亚、西亚色目人，皆被统称为“畏兀儿”，居住在黄河西北地带的突厥部落也包括在内。受中亚与西亚伊斯兰教传播的影响，许多回族成为穆斯林，伊斯兰教被称为回教。在元代之后，由新疆至中国南方，所有穆斯林群体，不分血统，都被称为回族。其中，长期居住于中国内地的族群，除了伊斯兰教信仰外，血统、语言大部分已与汉族无异，使用汉语，从外貌上与汉族难以区分。中华民国成立时，将回族认定为中国五大民族之一，但区分出维吾尔族，因普遍信仰伊斯兰教，也有西方学者称其为汉语穆斯林（Chinese—speaking Muslims）、中国穆斯林（Chinese Muslim）、华夏穆斯林（Sino—Muslim）。

福建回族是世居于福建的少数民族，其民族属性是在定居福建后形成的。目前，福建回族居住相对集中在泉州两个地方：晋江陈埭、惠安百崎，这里的回族大多是通过海上丝绸之路而来的古阿拉伯、波斯人的后裔，人称“海回”，以区别陆上来的回族。泉州是全国回族发祥地之一。明清时期，豪强大族控制着地方社会经济。晋江陈埭、惠安百崎两地回族作为当时的少数族群，为了在地方上立足，他们的祖先们必须与这些豪强大族建立关系网以适应新的社会环境，这种联系也促进了回族与汉族的融合进程。福建回族在明清时期也修建与汉族同样的家族祠堂，有族谱、祭祀崇拜祖先；另外还有村庙，供奉地方神明，如妈祖，有盛大的庙会活动；与周边汉族通婚；鼓励族人参加科举考试从政当官。据第七次全国人口普查，福建省现有回族 12.86 万人，占全省少数民族人口的 11.5%，有一个回族乡（即泉州百崎回族乡）。

1. 泉州回族形成历程

宋朝时期，泉州是中国第一大港，也是海上丝路的起点，其地位已经取代了唐朝时期的广州。北宋元祐二年（1087），泉州设置市舶司，随后设立来远驿、蕃坊、蕃学，并允许创建清净寺和建立外国人墓葬区。于是，阿拉伯、波斯穆斯林客商纷至沓来，最多时达十几万人，他们在泉州建清真寺、设蕃坊。据泉州《重立清净寺碑》载，元代泉州城内的清真寺“增至六七”座。早在南宋就寓居广州的阿拉伯人蒲开宗，于南宋嘉泰初年从广州举家迁徙泉州。蒲开宗因贸易有功，被南宋朝廷授予“承节郎”官衔，并于嘉泰四年（1204）任安溪县主簿。蒲氏长子蒲寿晟，于“咸淳七年（1271）知梅州”；次子蒲寿庚，于景炎元年（1276）“授福建、广东招抚使总海舶”。蒲寿庚在宋元战争中，主动投附元朝，官至闽广大都督、兵马招讨使、中书左丞，权倾一时。宋元时期，蒲氏家族及其他“蕃客”的势力左右了泉州的政局及贸易，对促进泉州回族的发展和伊斯兰教的传播有着巨大影响。然而到了元末明初，泉州的情势起了很大的变化。元至正十七年到至正二十六年（1357—1366），元朝宫廷政局动荡，泉州港的波斯人万户赛甫丁、阿迷里丁和市舶使阿巫那等借机割据泉州，史称“亦思巴奚战乱”。后来元将陈友定数平战乱，大部分的阿拉伯和波斯商人纷纷离去，泉州伊斯兰教受到严重打击。

明朝接管泉州后，废除了泉州的“市舶司”，又宣告“禁海”，停止对外贸易，泉州港繁华局面从此一去不复返。明太祖禁止胡语、胡姓、胡服，禁止蒙古、色目人内部通婚。《大明律》列明：“凡蒙古色目人，听与中国人为婚姻，务要两相情愿，不许本类自相嫁娶，违者杖八十，男女入官为奴。”只有在中国人不愿与回族、钦察结婚时，才允许自相嫁娶。此禁令在成祖时期有所松弛，在土木堡之变后又得到加强。明朝廷宣布“禁蒲姓者不得读书入仕”，回民和伊斯兰教受到严重影响。至明永乐五年（1407）颁布保护伊斯兰教敕谕，泉州伊斯兰教才得到保护，至今敕谕碑仍砌于清净寺墙上。到嘉靖年间，泉州的回族多已不通阿拉伯文、波斯文。[20]

元末明初，定居泉州的阿拉伯人与波斯人后裔主要有丁姓、郭姓两大家族，还有蒲姓（蒲寿庚家族）、金姓（元将金吉的后裔）、夏姓等，但是都很分散。阿拉伯裔的商人丁谨（1251—1298年）于元朝末年由杭州迁移至泉州，后来因为海上丝路已断，他的曾孙丁善（1343—1420年）只得弃商务农，迁居晋江的陈埭，其后裔就是今日泉州的回族，而陈埭也有“万人丁”的别名。陈埭丁姓家族，由于和中国其他地区回族隔离，历代皆与汉人通婚，因此到明朝初年，便已受汉族影响渐深。泉州回族郭氏的始祖是郭德广，其先人是来华经商的阿拉伯穆斯林，先定居于杭州富阳郭家村，元末迁入泉州，主要定居于惠安百崎乡与泉州府城东街，现在人口也有近2万人，其受汉文化影响的程度超过陈埭丁姓。

明代，泉州回族出现了不少儒士化知识分子，他们在儒释道三家经典里，找到了儒道释回四者最根本的共同点，即敬天、奉天、法天，对己要其心诚敬、其行明洁。清代，泉州回族的伊斯兰教有两次重兴的时光，这都是由到泉州任职的穆斯林官员捐资协助形成的。如康熙四十八年（1709），泉州都督陈有功、提标陈美等目睹泉州伊斯兰教式微，“即延师谏督我教门诸子，学经解篆”，重兴通淮街清净寺，重修灵山圣墓。同治十年（1871），提督江长贵来官泉州，资助经费聘请阿訇，倡导伊斯兰教务。但随着这些穆斯林官员离任，这些重振伊斯兰教的活动就中止了。

新中国成立后，以泉州清净寺为中心，泉州回族人开展一系列活动，如1951年创办清真民校，组织清真文工队宣传土地改革、抗美援朝、婚姻法等，之后又自编歌剧、相声，到前线慰问海防战士。1955年泉州市伊斯兰教协会成立。1978年后，随着民族政策和宗教政策的贯彻与落实，不少回族恢复了民族成份，人口逐渐增多。1983年，泉州第二届穆斯林代表会议召开，黄秋润连任伊协主任。同年，清净寺得到政府拨款全面修缮。1988年以来，泉州伊斯兰教协会从宁夏、安徽等地聘请阿訇主持清净寺教务，举办阿拉伯语学习班，翻译宋元时代留下来的阿拉伯文碑刻等。最近30多年来，清净寺接待多批中东和近东地区国家的大使、参赞来寺参观。陈埭与百崎两个回族乡村还开辟回族史馆，修建回族祠堂，展示回族的历史和文化。[21]

2. 晋江陈埭丁姓的社会文化生活

晋江陈埭回族主要姓丁，有“万人丁”的别名，主要分布陈埭镇七个行政村：花厅口、四境、溪边、岸兜、江头、西坂、鹏头，现总人口有2万多。陈埭镇下辖25个行政村，常住人口18万。

在陈埭丁姓四世祖丁善（1343—1420）随父迁徙陈埭时，丁姓是以人口较少的外来户身份落户于此。而此时陈埭及其周边地区早已生活着以陈、倪、谢、张、庄等姓为主的汉族。丁姓以一家外族置身于汉族文化包围之中，必然会受到汉文化的不断熏染。同时，由于条件的限制，丁姓男子也只能与当地汉族妇女通婚。至迟在明嘉靖万历年间（1522—1620），丁姓修建了祠堂、家谱、祖坟等，标志宗族组织的正式形成；与此同时，丁姓族人积极学习儒家经典，参加科举考试，屡获成功，内部开始形成了士绅集团，伊斯兰教信仰在这一期间迅速废弛。丁姓回族在科举方面非常投入，他们历代科举入仕的人也较多，甚至泉州一带的汉人家族也难与伦比。丁姓族人在明清两代共出有进士16人、举人21人、岁贡15人。而在16名进士当中，有明一代者为9名。这种成就必然是建立在家族重视科举教育的基础之上的。[22]

陈埭丁姓族人重视教育的传统大大地促进了群体文化素质提高，也成为当代地方经济快速崛起的直接动力。改革开放后，晋江民营经济快速发展，最近20年来，晋江经济总量稳居福建省经济十强县首位，中国经济百强县前十名。陈埭镇经济总量则稳居晋江各乡镇之首，其中7个回族行政村民营经济发展突出，以全镇三分之一的人口数创造了全镇三分之二的经济总量，为地方经济科学发展创新发展做出了突出贡献。[23]由丁姓族人发起成立的大企业有安踏、361°、乔丹、特步等鞋服企业，它们都是上市公司，年产值都在亿元以上。

儒家的祖先崇拜与孝道思想在陈埭回族社区中也占有重要的地位，其重要标志就是重视祠堂文化建设。陈埭丁姓回族有一座始建于明永乐年间祖祠，内供丁姓先祖的神主牌位，每年的元宵及冬至两个节日，陈埭丁姓回族都要在祠堂举行全族隆重的祀祖仪式，俗称“春冬两祀”。在7个回族行政村里还有6个支祠，均建于明清时期，它们分别是花厅口的毅庵公小宗支祠，中斋公小宗支祠，坪头的毅斋公小宗支祠，岸兜的敦朴公小宗支祠，江头的古素公小宗支祠、道振公小宗支祠。此外，还有众多的“公妈厅”“祖厝”遍布各个村落，内置高、曾、祖、父辈先人的牌位。许多回族家庭在清明节、冬至、春节及先祖的生纪、死纪都要举行祭祀仪式，缅怀先祖，也祷求先祖保佑。祖祠祭祖时才有请阿訇来，有伊斯兰教的仪式，但支祠祭祖则不请阿訇。

陈埭丁姓的每个自然村都有一个“境主庙”，境主庙供奉着不同的“境主”。境主的职责是保护该境的平安。目前，陈埭丁姓社区的境主庙有13个，它们分别是：江头庙（武安尊王）、渡头庙（红地公）、岸兜庙（武安尊王）、坪头庙（太子爷）、西坂庙（妈祖）、花厅口村4个境主庙（花厅口包括4个自然村，旧时分为4个境，境主分别是文相公爷、王公、武相公爷、广平尊王）、四境村4个境主庙（四境村旧时也分为4个境，境主分别是王公、保生大帝、圣侯爷、田公元帅）、溪边庙（王公）。平时人们需要祈求神灵保佑时便会到当地境主庙来烧香敬拜。每逢境主生日，本境各户人家都要奉上丰盛食物，集中到庙中敬拜，并举行“绕境”活动，组织彩旗乐队，抬“境主公”绕本境周边巡游，祈保全境平安。此外各户还要捐款请民间剧团到境主庙前表演，祀祭活动持续2—3天。[24]

从陈埭丁姓境主庙所供奉的境主神来看，妈祖与保生大帝都是地方名神。西坂村境主庙娘妈宫也是当地著名的天后宫。这座天后宫里面所崇祀的神灵，除了主祀神妈祖和三夫人妈，还有众多的佛教和道教神灵。三夫人妈即是陈、林、李三夫人。当地西坂村的居民百分九十多均姓丁，姓陈的有三四户，姓黄的一户，姓曾的三户。每年三月，他们在妈祖生日前去湄洲进香。进香活动由村庙管委会负责组织。

许多丁姓回族与当地汉族人家一样在家里中堂内设有神龛，供奉境庙社区神之外，还有观音、土地公等佛道神明。土地公的神龛在户外也随处可见，他们认为土地公能够主宰人们的生活，每月初二、十六都要祭拜土地公，人们操办丧喜事都要先敬拜土地，但祭拜土地公的供品较简单。

在陈埭 7 个回族行政村里现有佛教寺庙三座，分别是江头的南宫古地、岸兜海光堂、忠莲寺。寺庙有聘请和尚长居，香火旺盛。每逢农历初一、十五，陈埭周边地区的回汉善男信女都要前往这两座佛寺烧香敬拜，祈福消灾。平时，人们凡婚、嫁、乔迁新居，都要到佛寺抽签，选定吉日；遇到什么难以拿定主意的事，也喜欢到宫里抽签卜卦；每逢佛教节日，敬拜的人就特别多。许多寻常百姓的家里还供奉观音塑像，常年在家烧香敬拜。

3. 惠安百崎郭姓的社会文化生活

泉州回族除陈埭丁姓之外，还有人口规模比较大的惠安百崎“九乡郭”。据《百崎郭氏族谱序》载，泉州回族郭氏的始祖是郭德广。其先人是来华经商的阿拉伯穆斯林，先定居于杭州富阳郭家村。后裔伊本·库斯·德广贡因躲避元朝“反色目”的排外风波，称自己先人为汾阳郭氏望族郭子仪之后，遂改名郭德广。郭德广于“元季宣差微禄，奉命督糈来泉供应，于是时干戈扰攘，弗克还朝，即纳室于泉卜居行春门外，后改迁法石，依例占籍”。明朝洪武九年（1376），郭德广的次孙郭仲远（1348— 1422）携妻儿由法石迁徙惠安，“择于惠邑海滨百崎山下筑室居焉”，成为百崎郭氏开基祖。百崎郭氏现有 15000 多人，分布于现百崎乡五个行政村的百崎、里春、田吟、斗门头、后塘、后海、加坑、山兜、埭上、大山、沗厝、下埭、克圃等 13 个自然村，素称“九乡郭”。泉州府城东街现在也有 3500 人。泉州回族郭姓明代迁往南安蓬岛、山城的，也繁衍至 8000 多人。明万历及以后由蓬岛外迁浙江、海外等地的，也发展至数万人。

康熙四十八年，百崎郭姓第十世宏隆公率本支郭姓百余人搬入泉州通淮街（今涂门街）礼拜寺居住。适逢来自云南的穆斯林陈有功都督致力复兴泉州伊斯兰教，一部分百崎郭氏的伊斯兰教徒信仰又由废转兴。随着宗教人士和回族官员的离去，在此后二百多年发展过程中，百崎郭氏受汉文化影响日益加深。民国 25 年，张玉光阿訇来泉州清净寺主持教务，这期间百崎还保留一座清真寺，两年后张阿訇病逝。至 1949 年，泉州穆斯林仅有 128 人。20 世纪 50 年代，百崎的清真寺被拆建为民房。

惠安百崎乡郭姓回族，聚族而居，在信仰生活方面，村落中既有祠堂，也有村庙、寺庙。郭氏宗祠位于百崎乡埭上村，为百崎郭氏回族始祖仲达公于明洪武初年所建，为百崎回族最早之宗祠。与此同时，郭氏家族开始修撰本家族的族谱，并且在明代前期的正统年间颁发于族内各房，其木本水源、明昭穆序尊卑的修谱理念，基本仿照汉人族谱；对于本族来源，他们自称是唐朝中兴名将郭子仪的后裔，大门上面匾额题字“汾阳衍派”，“汾阳”是汉族郭姓的堂号，源于郭姓唐代历史名人郭子仪曾经被封为“汾阳王”。百崎郭氏源自“汾阳”，当然为附会之说，由此可见，其受到汉民族儒家文化的影响是十分明显的。对于附会的原因，郭氏家谱说是元朝时发生“反色目”的排外风波，郭氏回族为求得生存与发展的空间，只好寄托在汾阳郭氏望族的名分下。宗祠里的楹柱上还题有这样一副楹联：“祖汾阳派富阳族螺阳三阳开泰，原晋水分法水聚奇水万水朝宗。”这副楹联很形象概括出百崎郭氏的族源认同。[25]

百崎郭姓五个房派还有祖厝祠堂。大房祖厝在百崎村，二房祖厝在里春村（后海村属于二房后裔），三房祖厝在山兜村，四房祖厝在莲埭村（大山村、下埭村、岙厝村、克埔村郭氏为四房后裔），五房祖厝在里春村。各个房系的分支还有各自的祖屋。百崎乡古时候有春冬两次祭祖（清明节和冬至），因为清明节回乡人数多，冬至少，现在只有清明节的春祭，没有开展冬祭。以前祭祖首先会请清真寺的阿訇来念古兰经，然后再用汉族仪式祭祖、宣读祭文。近年来，只用汉族传统仪式祭祖。

百崎乡五村有十三个自然村，每个自然村都有一座境主庙，境主神生日时会组织唱戏，春节期间还有游神庙会。境主神都是社区神，属于地方乡贤，这些社区神在泉州其他乡村也得到供奉。百崎乡除 13 个境主庙之外，另外还有难以计算的角落庙；许多家庭中堂也有神龛，以供奉本境社区神为主，另外也有观音、土地公之类的佛道神明。百崎乡的神明信仰文化，充分体现闽南村庙文化也深深扎根于百崎乡村社会。

百崎村也是一个自然村，境主庙奇山宫供奉田都元帅和关公。

里春村有 4 个自然村，里春自然村境主庙慈济古宫，主神保生大帝；田吟自然村境主庙林王爷宫，主神帝爷公；斗门头自然村境主庙将军公庙，主神保生大帝，还有帝爷公、仙姑等；后塘自然村境主庙灵安王庙，主神青山王。

莲埭村有 4 个自然村，埭上自然村境主庙天后宫，主神妈祖；大山自然村境主庙忠义庙，主神帝爷公，另外还有田都元帅、吴府大帝等；山兜自然村境主庙妈祖宫，主神妈祖；岙厝自然村境主庙，主神泗洲文佛。

下埭村有 2 个自然村，下埭自然村境主庙鳌山宫，主神妈祖；克圃自然村境主庙龙山宫，主神福佑帝君，系海神。

后海村有2个自然村，加坑自然村境主庙高坑宫，主神田都元帅，还有妈祖、八仙等；后海自然村境主庙慈济宫，主神保生大帝。从百崎乡各村所供奉的神明来看，基本将泉州、莆田与福州地方名神都纳入境社供奉神明系统中。清水祖师、广泽尊王、保生大帝都是发源于泉州的地方名神，妈祖发源于莆田，是享誉于闽台的著名女神；陈林李三夫人则是福州、宁德、莆田沿海广为信奉的女神。以下埭村天后宫为例，该庙坐落在埭上自然村，当地俗称“埭上天后宫”。据说这座埭上天后宫初建于明代初期的永乐与宣德年间，清康熙年间才扩建成现在规模，后又数度重修。宫里奉祀三尊妈祖，大妈是湄洲妈，二妈是从仙游分来的，三妈是从惠安张坂镇下洋分来的。相传本村信奉妈祖与郑和下西洋有密切关系。郑和系回族，既信仰伊斯兰教，亦信仰佛、道两教，尤其虔诚信仰妈祖。每次下西洋，所经之地若有妈祖庙，必亲自到庙祈求平安。第五次下西洋，船队停泊于刺桐港候风，获悉百崎乃其同族，即亲临视察，看到百崎乏地耕种，遂举官兵围海筑堤造田。时值台风大潮之际，堤岸屡遭冲击，几濒崩塌。郑和手举妈祖神旗，亲临指挥，遏止狂涛。堤成后吾村先辈见妈祖如此灵验，请其留下神旗，筑小庙祀之。埭上天后宫成为全村民间信仰中心，每年农历九月初九做佛生日，去湄洲进香，回来演戏，办宴桌，类同周边村庙信仰模式。[26]

百崎乡五村有寺庙三座，其中百崎村有和源寺和法恩禅寺，由本地居士打理；下埭村有一座清严寺，为宗教部门登记的佛教活动场所。

通过对泉州回族形成的历史回顾，以及对陈埭丁姓与百崎郭姓的社会文化生活历史的分析，可以发现丁、郭两姓作为外族置身于汉族文化包围之中，必然会受到汉文化的不断熏染，快速促进民族交往交流交融。这里促进民族融合发展的因素，主要有政府的科举制度、汉民族祠庙文化以及族群之间通婚，如陈埭丁姓科举成就非常突出；丁姓与郭氏都建有本宗族祠堂，修家谱，举行祭祖仪式，在村庄还修有村庙，供奉社区神，并通过社区神信仰与周边村庄进行联谊；与周边姓氏通婚等，从而实现社会文化生活方面的全面融合发展。

三、福建省各民族交往交流交融历史的经验启示

明清时期，中华优秀传统文化对于福建境内的少数民族具有强大的社会吸引力，也是民族融合的重要力量。福建回族、畲族、蒙古族、满族等族群

成功融入中华民族共同体，可谓各民族交往交流交融的典范。新中国实施土地改革与各民族一律平等政策，实现少数民族地区社会经济发展，促进各民族交往交流交融深入，其中经验与传统应当得到借鉴与传承。

（一）尊重中华民族大融合的历史趋势

就福建民族交往交流交融历史来看，由于自唐宋以来从中原南下的汉族文化始终处于强势主导的地位，这种文化优势必对这一区域内的少数民族文化产生深远的影响。作为少数民族，立足于福建地方社会，必然要与周边社会进行密切的经济、文化与社会往来。在潜移默化的历史变迁中，汉族文化包括佛教、道教文化以及祠庙文化等，自然而然地渗透到他们的文化意识和日常行为之中，从而成为他们的社会生活方式中一个不可或缺的组成部分。明清时期福建的乡族社会结构也被复制于少数民族社会中。正因为如此，福建少数民族的文化意识和日常行为出现了许多与他们原来形态不相吻合甚至是不可思议的变化。[27]明清以来，福建少数民族与汉族的差异性逐渐淡化，从中华民族发展的历史趋向看，是十分正常的。应该发扬中国传统中的民族大融合趋向，强调共性，而不是刻意强调差异性。

（二）发挥中华传统祠庙文化的感召力

在民间社会中，汉族拥有以儒家文化为核心的民间传统文化，即祠堂与村庙文化，这也是汉族的传统信仰文化。汉族居民通常聚族而居，强调宗族血缘关系，同时通过制度化的祠堂文化空间，将儒家传统文化融入社会日常生活中，形成家国情怀。村社制度，则通过社区神信仰，形成地缘共同体，加强区域内各宗族之间交流，强化区域社会认同。汉族祠庙文化拥有强大的文化感召力，使得少数民族自觉模仿学习汉族文化，当前应当特别保持或加强这种祠庙文化的感召力。

汉族传统的祠庙文化是社会团结的重要纽带。文化有三个层次，第一是器物层次，第二是制度层次，第三是信仰层次。[28]祠庙文化属于器物层次中的场所建筑，是一种可视的场所空间文化，其对组织、制度、仪式等具有规制作用。如果没有祠庙场所空间，宗族组织、神明祭祀组织就很难组建；同时场所空间本身也具有文化感召力，促进信仰文化由理念层次向仪式层次转化，从而加深信仰文化的影响力。近代以来，受西方宗教文化冲击的影响，很多中国人将祠庙文化视为“封建宗法”“封建迷信”，否定其积极作用，这是值得商榷的观点。对祠庙文化传统要扬弃，而不是一味否定。因此，传统祠庙文化应当给予充分保护，发挥其在乡村社会中的凝聚作用，丰富民众生活。

（三）提高民族地区社会经济发展水平

习近平总书记曾任福建省少数民族人口数量最多的宁德地区党委书记，当时宁德地区是国家级贫困片区，总书记的《摆脱贫困》一书就是围绕其在宁德地区脱贫工作实践而作的。习近平在书中《巩固民族大团结的基础——关于促进少数民族共同繁荣富裕问题的思考》一文中认为，闽东脱贫工作也是民族工作，要充分认识搞好民族工作、促进民族大团结的历史意义和现实意义。[29]

（四）发挥国家教育制度在促进民族交往交流交融的积极作用

明清时期科举制度对于促进少数民族儒家文化认同无疑具有重要促进作用。科举制度是一种以官员选拔为目标的文官考试制度，考试内容以四书五经为主，与这项制度相配套的是全国形成统一的以教授儒家经典为主要学习内容的教育体系。这种教育体系有助于促进各民族汉语言水平提升与儒家经典的学习，促进各民族交往交流交融。对于当代中国而言，在国家政策层面，推行九年制义务教育时应当强化汉语言教育。在民族中小学校，注重用普通话与汉字教学，提高少数民族青少年普通话与汉语言水平。通过教育投入，提高和改善人民文化素质，为民族交往交流交融进一步创造条件。

（五）传承和弘扬民族传统文化要强调共性

当前政府在倡导大力发展民族文化事业，传承和弘扬民族传统文化之时，应当强调共性，而不是特殊性。福建回族是在宋元以后，由外来的波斯人、阿拉伯人与本地居民通婚产生的新兴民族，在民族交往交流交融后不再信仰伊斯兰教是正常现象。祠庙文化是福建回族与汉族共有的信仰文化，这种文化传统要给予尊重与弘扬。

参考文献：

[1] 费孝通. 中华民族多元一体格局 [M]. 北京：中央民族大学出版社，1999 年.

[2] 严庆，平维彬. “大一统”与中华民族共同体意识的形成 [J]. 西南民族大学学报（人文社科版），2018（5）.

[3] 郭瑞. 从儒家“天下”观到习近平人类命运共同体构想 [J]. 广西社会科学，2018

（7）.

［4］张倩红.从犹太教到儒教：开封犹太人同化的内在因素之研究［J］.世界宗教研究，2007（1）.

［5］王定安.中国礼仪之争中的儒家宗教性问题［J］.学术月刊，2016（7）.

［6］陈国明，余彤.跨文化适应理论构建［J］.学术研究，2012（1）.

［7］韩家炳.多元文化、文化多元主义、多元文化主义辨析——以美国为例［J］.史林，2006（5）.

［8］陈支平.回归学术主体性：东南民族研究的三个省思［J］.思想战线，2012（1）.

［9］萨缪尔·亨廷顿.文明的冲突与世界秩序的重建［M］.周琪，刘绯，张立平，王圆译.新华出版社，2010.

［10］牟钟鉴.关于中国宗教史的若干思考，中国宗教与文化［M］.（台）唐山出版社，1995：139—140.

［11］陈支平.近500年来福建的家族社会与文化［M］.北京：中国人民大学出版社，2011.

［12］甘满堂.传统社庙文化遗产与当代村庙道教，宗教社会学（2020年专集）［M］.北京：中国社会科学文献出版社，2021.

［13］陈支平.近500年来福建的家族社会与文化［M］.北京：中国人民大学出版社，2011.

［14］施联朱.关于畲族来源与迁徙［J］.中央民族学院学报，1983（2）.

［15］谢重光.明代湘赣闽粤边的社会动乱与畲民汉化［J］.福建师范大学学报（哲学社会科学版），2009（1）.

［16］麻健敏.福建畲族妈祖信仰调查［J］.宁德师范学院学报（哲学社会科学版），2013（2）.

［17］李健民.畲族民俗信仰的道教色彩［J］.中南民族学院学报（哲学社会科学版），1996（5）.

［18］麻健敏.从惠安钟厝社公信仰看畲族的民族意识［J］.福建论坛（文史哲版），1992（5）.

［19］麻健敏.福建畲族妈祖信仰调查［J］.宁德师范学院学报（哲学社会科学版），2013（2）.

［20］廖大珂.宋元时期泉州的阿拉伯人［J］.回族研究，2011（2）.

［21］范可.国家政治与泉州回民的穆斯林认同［J］.江苏行政学院学报，2009（1）.

［22］时亮.明代陈埭丁姓回族进士家族成因与贡献述论［J］.回族研究，2020（3）；范可.传统主义与认同政治——来自闽南一个宗族社区的个案研究［J］.原生态民族文化学刊，2018（4）.

［23］蓝炯熹.城市化进程中的福建回族社区——以晋江市陈埭镇回族七村为例［J］.

回族研究，2003（4）.

[24] 丁玲玲. 宗教信仰的多元化与泉州回汉文化融合 [J]. 经济与社会发展，2007（5）.

[25] 王平，周晶. 生存、适应与发展：泉州百崎回族文化的变迁与反思 [J]. 回族研究，2016（4）.

[26] 陈支平. 闽台地区回族、畲族的妈祖信仰 [J]. 莆田学院学报，2014（6）.

[27] 陈支平. 回归学术主体性：东南民族研究的三个省思 [J]. 思想战线，2012（1）.

[28] 李亦园. 人类的视野 [M]. 上海：上海文艺出版社，1996：102.

[29] 习近平. 巩固民族大团结的基础——关于促进少数民族共同繁荣富裕问题的思考，《摆脱贫困》，福州：福建人民出版社，1992.

努力把福建建设成为中华民族团结进步的窗口①

福州大学图书馆　刘敏榕

为进一步加强和改进党的民族工作，加强民族团结，促进民族经济发展，构建和谐社会，本课题组通过实地调研、听取汇报、座谈交流、走访与归纳问题、提炼亮点与征求意见相结合等方式，对福建省民族团结进步创建工作情况进行了调研，现将调研情况报告如下。

努力把福建建设成为中华民族团结进步的窗口，是习近平总书记在福建工作期间对民族工作提出的明确要求。福建省委、省政府秉承习近平总书记在闽工作期间的重要理念和重大实践，加强党对民族工作的集中统一领导，发挥大统战工作格局作用，不断铸牢中华民族共同体意识，扎实推进中华民族团结进步窗口建设，全省各族人民凝聚力、向心力持续增强，民族工作迈上新台阶。

一、福建省民族人口基本情况

根据第七次全国人口普查结果，福建常住人口中，汉族人口为4041.86万人，占97.30％；少数民族人口为112.15万人，占2.70％，与2010年相比，汉族人口增长11.97％，少数民族人口增长40.74％。民族人口稳步增长，充分体现了在中国共产党领导下，福建各民族全面发展进步的面貌。福建还是少数民族散居省份，56个民族成份齐全，全省有19个民族乡、1个省级民族经济开发区和571个民族村。世居的少数民族有畲族、蒙古族、回族、满族等，少数民族人口的分布呈大分散、小聚居格局。

---

① 本文系2021年度福建省铸牢中华民族共同体意识研究中心课题研究成果，项目编号21SKZ40。

福建省19个少数民族乡分别为：福鼎市硖门乡、佳阳乡，福安市坂中乡、穆云乡、康厝乡，霞浦县盐田乡、水门乡、崇儒乡，蕉城区金涵乡，龙海市隆教乡，漳浦县湖西乡、赤岭乡，连江县小沧乡，罗源县霍口乡，惠安县百崎乡，宁化县治平乡，永安市青水乡，上杭县庐丰乡、官庄乡。19个少数民族乡中，有18个是畲族乡，主要分布在宁德、福州、龙岩、漳州等地，他们完整地保留了畲族文化习俗。据第七次全国人口普查结果，福建省有畲族人口近38万人，占全国畲族总人口的50.2%。回族人口约12.9万人，主要聚居在泉州市晋江、惠安一带，部分回族是通过海上丝绸之路迁徙而来的古阿拉伯、波斯人的后裔。满族人口约1.4万人，约82.5%居住在厦门、泉州和福州。蒙古族人口9154人，主要居住在泉州、厦门和福州。高山族人口417人，占大陆高山族人口的11.99%，主要分布在漳州，其他少数民族大多散居在全省各地。

二、民族团结进步创建工作的历史

中华人民共和国的成立和社会主义制度的建立，为实现各民族真正平等和紧密团结创造了根本前提。

1952年8月，福建省人民政府民政厅设立民族事务科，着手开展民族地区访贫问苦、调查研究、宣传党的民族政策等工作。当时，调查研究的一项重点任务是确定民族成份。抽调干部成立全国少数民族社会历史调查组福建组，从罗源县八井村、漳平县山羊隔村逐步展开调查，最终完成约70万字的调查报告，为确定畲族族称奠定了重要基础。1957年，省政府在原省民政厅民族事务科的基础上设立民族事务处，在少数民族聚居县设立民族事务科，全省的民族事务工作机构网络初步形成。1962年11月，首届福建少数民族代表会议在福州召开，来自全省畲族、回族、满族、蒙古族等民族的168名代表参加。会后出台了关于加强少数民族卫生、文化、教育等工作的一系列文件，大大提高了少数民族群众当家做主的光荣感和责任感。

党的十一届三中全会以后，福建省委、省政府坚决贯彻中央对民族工作的一系列方针政策，实现了民族工作的拨乱反正。1983年，省民族事务委员会成立，有关地（市）县也相继成立民委。1984年，在政社分开、建乡选举中，福建省第一个民族乡政府——连江县小沧畲族乡政府成立。民族工作的重点已转移到帮助少数民族发展经济上来，因地制宜推行各种形式的联产承包责任制。与此同时，全省多所学校从1988年开始开办少数民族预科班，为少数民族文教事业的发展培养了大量人才。1994年，省委、省政府在福州召开全省民族工作会议，探讨了在社会主义市场经济条件下开展民族工作的新途径。1996年，省政府设立福建省民族工作协调委员会，委员会由19个厅局领导组成。1999年10月，《福建省少数民族权益保障条例》通过，从而开创了全省民族法治工作的新局面。2000年，福建省民族与宗教事务厅作为省政府组成部门组建，不再保留原来的省民族事务委员会、省宗教事务局。此后，省级民族宗教工作机构的设置一直延续下来。

进入新世纪以来，福建各级各部门以更加扎实有效的作为推进全省民族工作。特别是2015年5月，全省民族工作会议暨福建省第八次民族团结进步表彰大会在福州召开。会后，省委、省政府出台了《关于加强和改进新形势下民族工作的实施意见》，制定了一系列支持发展、改善民生、促进团结的政策措施。围绕打赢少数民族脱贫攻坚战，每年省财政和19个省直单位、沿海19个县（市、区）共同出资400万元，分别挂钩帮扶19个民族乡，全省每年共投入至少7600万元帮扶资金；各设区市建立健全由民族村所在的市、县（区）部门和发达乡镇（街道）共同挂钩帮扶民族村工作机制，实现了全省567个民族村挂钩帮扶全覆盖。按照习近平总书记关于民族工作的重要论述和在闽工作期间提出的努力建设中华民族团结进步窗口的总体要求，全省把民族团结进步创建工作摆到更加突出的位置，在祖国东南、海峡西岸唱响了一曲又一曲共同团结进步之歌，打开了一扇又一扇共同繁荣发展之窗。[1]

三、民族团结进步创建工作的现状

近年来，福建省的民族团结进步创建工作呈现出了健康有序，蓬勃发展的良好势头。主要表现在：

一是平等团结互助的民族关系全面形成。各地各级领导都十分重视党的民族理论和民族政策的宣传教育，并将其作为在政治上促进各民族间相互平等、共同发展、共同繁荣的有效载体常抓不懈。以每年开展的民族团结进步宣传教育月活动为契机，面向广大干部群众，广泛而深入地进行了党的民族政策的宣传教育，大力宣扬和倡导“三个离不开”思想，使各民族群众“平等、团结、互助”的意识大为增强，地方民族主义、大民族主义意识和狭隘民族观念日渐淡化，平等、团结、互助、和谐的社会主义民族关系普遍形成，巩固和发展了政治安定、经济发展、民族团结、社会稳定的大好局面。

二是引导助推民间族际团结互助和谐机制。建立“政府搭台，百姓唱戏，情感联系，社会受益”模式，引导和助推民间沟通交流与结对帮扶，有针对性地开展“民族团结一家亲，同心共筑中国梦”主题活动，活动内容丰富多彩，每年举办“三月三”畲族文化节、民族团结进步宣传月，少数民族丰收节等活动；推动民族团结“好活动”，奏好民族交融“交响曲”活动；推进民族团结进步创建进机关、进学校、进企业、进村（社区）、进镇（街道）、进宗教活动场所；大力宣传党的民族政策，精心组织实施少数民族文化精品项目，“海歌山魂凤凰情”等具有福建特色的畲族歌舞节目屡在国际、全国艺术比赛中获奖；组织结对“亲戚”现场观摩种养殖示范、手把手传授民间传统手工艺以及民族歌舞培训，建立了“生产互帮、生活互助、经济互通、文化互融、和谐共处”的新型民族团结关系。

三是促进各民族相互交融，社会各项事业不断进步。多年来，全省上下坚持不懈地开展讲文明、树新风、立诚信、促和谐系列活动，使各族群众的思想观念发生了深刻的改变，民族团结意识、发展意识、共荣意识不断强化，对文化教育、科技知识、生态建设、婚育新风、劳动技能培养等的重视程度日渐加深，改善生产生活条件的愿望强烈，要求迫切，这些都有力地促进了社会各项事业的发展与进步。

四是重视少数民族干部的选拔培养工作，为民族团结进步事业提供人才保证。各级领导把培养和造就一支德才兼备的少数民族干部队伍，作为一项长期而又重要的工作任务纳入工作的重要议事日程，大力培养和选拔使用少数民族干部。1999 年 10 月 22 日福建省第九届人民代表大会常务委员会第十四次会议通过的《福建省少数民族权益保障条例》第六条明确，少数民族人口五万人以上的设区的市（含宁德地区）、少数民族人口万人以上的县（市、区）的人民代表大会常务委员会（人大工委）和人民政府（行政公署），其组成人员中应有少数民族成员。少数民族人口千人以上的乡（镇）人民政府的组成人员中，应当注意选配少数民族成员。第七条规定，民族乡的乡长，由建立民族乡的少数民族公民担任。民族乡人民政府配备少数民族工作人员的数量应当与其人口占全乡总人口的比例相适应。

四、民族团结进步创建工作的主要做法

（一）切实加强组织领导，确保民族团结进步宣传教育活动落到实处

各级各部门进一步增强了政治意识、大局意识、责任意识，把民族团结进步宣传教育活动与稳投资、调结构、抓创新、增活力、惠民生等工作统筹起来，抓紧、抓实。加强协调形成合力，不断完善民族团结宣传教育活动的长效机制，制定具体实施方案，明确工作重点和保障措施，做到组织到位、落实到位，确保了宣传教育活动扎实有效开展，把民族团结进步宣传教育活动成果转化为全省各族人民团结友爱、同心同德、携手奋进的良好氛围，转化为推动科学发展、促进社会和谐的实际行动，转化为实现经济社会跨越崛起发展的强大动力。

（二）牢牢把握“两个共同”主题，在全社会唱响各民族大团结大发展大繁荣的主旋律

各民族共同团结奋斗、共同繁荣发展，是中国特色社会主义民族关系的本质要求，是新时期我国民族关系的鲜明主题。在开展民族团结宣传教育活动过程中，应牢牢把握这一主题，高举维护祖国统一、维护社会稳定、维护社会主义法制、维护人民群众根本利益的旗帜，高举各民族大团结的旗帜，大力弘扬社会主义核心价值体系，大力弘扬以爱国主义为核心的民族精神，唱响各民族大团结大发展大繁荣的主旋律，引导全社会牢固树立“三个离不开”的思想观念，巩固发展平等团结互助和谐的社会主义民族关系，激励各族人民高举发展、团结、奋斗的旗帜，坚定自觉地维护国家统一和民族团结，坚定自觉地促进全省改革发展和社会和谐。

（三）紧密联系实际、创新方式方法，切实增强民族团结进步宣传教育活动的针对性和吸引力

在开展民族团结进步宣传教育活动中，坚持从实际出发，区分层次、区别对象，努力增强宣传教育活动的针对性、时效性。紧密联系各乡镇的实际，找准宣传教育活动与人民群众切身利益的结合点；紧密联系各种干部群众的

思想实际，找准宣传教育活动与人们心理的契合点；紧密联系各民族的历史文化传统，找准宣传教育活动与民族感情的共鸣点，大力宣传优秀的少数民族干部群众和长期从事民族工作的汉族干部，使宣传教育活动更好地贴近实际、贴近生活、贴近群众。

同时，搭建各民族群众乐于参与的平台，多开辟各民族群众便于接受的传播渠道，努力增强宣传教育活动的吸引力和感染力。一是综合利用报刊、广播、电视、网络等媒体，广泛普及民族知识，大力营造有利于民族团结的浓厚氛围，使民族团结进步成为舆论强音、成为社会共识。二是坚持开展面对面的宣讲活动，组织领导干部深入基层进行宣讲，用成就说话、用事实说话，把大道理与小道理贯通起来，让各族群众从今昔对比中、从社会变迁中、从身边变化中，感受到了民族团结进步给各族人民带来的福祉，进一步增强了对党的民族理论和民族政策的思想认同、感情认同。三是坚持以教化人，深入挖掘各种教育资源，利用重要纪念日、民族传统节日开展丰富多彩、生动活泼的文体活动，让人们在潜移默化中感染熏陶。四是把民族团结进步宣传教育活动融入各项群众性活动中，广泛开展创建民族团结示范社区、民族团结示范村等活动，使民族团结更好地渗透到了人们的生产生活、工作学习中。五是进一步完善促进民族团结进步的激励机制，大力宣传促进民族团结进步的模范人物，用先进典型的感人事迹和崇高精神激励各族干部群众为民族团结进步事业贡献力量。

（四）抓住重点，扩大覆盖范围，使民族团结进步宣传教育活动深入各族人民、走进千家万户

民族团结进步宣传教育活动是面向各个民族、面向全体人民开展的宣传教育。采取有效措施，拓宽教育渠道、扩大覆盖范围，围绕贯彻落实党的民族政策开展民族团结进步三级联创活动，推进民族团结进步进机关、进社区、进学校、进企业、进部队。把宣传教育活动覆盖到广大农村、企业、社区、学校、机关和部队等，覆盖到各行各业和各族群众，形成了全民受教育、人人促团结的生动局面。

（五）大力改善民生，为民族团结工作夯实群众基础

帮助民族村（社区）经济文化事业发展，打造“少数民族特色村寨”，积极助推乡村振兴；建立一批各具特色的少数民族文化馆、博物馆，宣传报道

少数民族脱贫、民族交往交流交融、少数民族流动人口服务管理的典型事迹，讲好民族团结“好故事”。罗源县创新“民族+”模式，将民族团结进步创建工作融入全县经济社会发展各领域，实施“6+4”项目计划，打造“民族文化云平台”“1+3+N”精品示范创建工程等，走出一条具有罗源特色的创新创建之路。宁德赤溪畲族村为代表的一批少数民族村，已经成为少数民族脱贫致富奔小康的窗口。福州、厦门、泉州等地着力做好少数民族流动人口务工求学就业等工作，正在积极打造少数民族流动人口服务管理的窗口。一批少数民族文化精品项目和节庆活动的举办，成为促进各民族文化交往交流交融的窗口。福建省还利用海峡两岸少数民族交流与合作基地、海峡两岸民族乡镇发展交流会、海峡两岸少数民族茶产业交流会等平台，加强与台湾少数民族同胞的文化交流，更好服务祖国统一和民族团结大业；围绕海上丝绸之路核心区建设，支持泉州加强少数民族文化对外交流，为“一带一路”民心相通做出积极贡献。

（六）精细化开展少数民族学生民族团结教育工作

2021年习近平总书记在福建考察时强调，要全面贯彻党的教育方针，落实立德树人根本任务，坚持教育公益性原则，深化教育改革，办好人民满意的教育。福建省教育以汉族为主体，同时兼顾少数民族学生，在传承少数民族优秀传统文化，构建和谐团结校园建设中有着独特的做法。

1.传承中华优秀传统文化，打造学生喜闻乐见的和谐校园

一是学校开展学习传统节日文化、传习传统节日习俗的活动，以活动的形式激发学生传习中华民族文化的热情、体验不同民族文化的差异、感受民族文化的魅力、增强中华民族认同感和自信心。清明节和革命烈士纪念日祭拜先烈，了解先烈们的英勇事迹，深刻体会“忠勇”精神。开展“三月三”民俗活动，让畲族传统文化走入校园，让学生了解畲族文化，营造民族大团结的良好氛围。端午节包菅粽，让学生通过参与活动，领悟优秀中华传统文化的精髓，也传习了民族传统技艺。寒冷的冬至，畲汉师生共品汤圆，感受民族大家庭浓浓暖意。二是开设特色课程，培养学生身心健康。举办畲语传习、畲歌传唱、畲拳学习等社团活动，使民族文化传承活动在校园内如火如荼地开展；同时，加强学生体育锻炼，鼓励学生积极参加毽球大赛、板鞋竞速、高脚竞速、打枪担等民族体育活动；组织学生参与官埔油扇历史与现状调研、福安后垅古厝历史和现状调研，开展具有地方特色、民族特色的研究

性学习，让学生积极融入家乡、热爱家乡，为家乡建设贡献自己的一分力量。

2. 闽新藏一家亲，像石榴籽那样紧紧抱在一起

首先，有举办内地西藏班、内地新疆班的学校对学生加强民族团结教育，开展马克思主义民族观和党的民族政策教育，开展“结对交朋友”活动，为各族学生生活在一起、学习在一起、成长在一起，搭建平台，创造条件，让学生们在交往交流过程中增进彼此的情感友谊，播下民族团结的种子。加强法制教育，增强学生的法律意识，明确行为底线，清楚什么能做，什么不能做，要做尊法、懂法、守法的好学生。加强遵章守纪教育，指导学生了解校纪校规，遵守制度规定，服从学校管理。加强好习惯养成教育。帮助学生养成良好生活行为习惯，遵守公共秩序，注意个人卫生，尊重师长，团结同学，举止文明，乐于助人，树立新疆、西藏籍学生的良好形象。其次，积极帮助学生解决实际困难。新疆、西藏的学生到内地就读，远离亲人，远离家乡，在学习、生活等各方面难免会遇到这样那样的困难，尤其是内高班的学生，年龄小，生活自理能力不够强。为了让他们尽快适应新的学生生活环境，学校老师们既从大处着眼，又从小处着手，在吃饭、穿衣、作息、卫生等方面给予悉心指导，及时帮助学生适应集体生活，提高独立生活能力。根据学生掌握普通话程度的不同，老师们帮助学生制定、提高普通话水平的可行性办法，鼓励学生克服羞怯、害怕心理，积极主动地与内地师生多沟通交流。积极与内地其他学校联系沟通，搭建学习交流平台，拓展学习交流渠道，在活学活用中快速提高普通话水平。针对学生入校后易产生的思亲焦虑、孤独无助等心理状况，老师们把学生当亲人，通过谈心谈话、侧面掌握等方式，密切关注学生的思想和行为动态，强化心理疏导，用真情、真爱，温暖学生、感化学生，让孩子们全身心地投入到学习当中去。针对部分学生入校成绩与内地学生有较大差距这一现实问题，学校通过培优补差、开办补习班等方式，帮助他们在短期内不断地缩小差距，跟进提高。同时，还建立学习小组，发挥班级同学的帮带作用，让他们跟内地孩子们共同成长提高。

五、民族团结进步创建工作宝贵的经验

从中华人民共和国成立之初的探索实践，到改革开放之初的拨乱反正，再到新世纪以来的创新推进，福建民族团结进步创建工作积累了许多宝贵的经验。

一是传承一项最宝贵的财富。最为弥足珍贵的财富，就是习近平同志在闽工作期间关于民族工作的探索和实践。在宁德工作期间，畲族乡村的脱贫成为习近平同志思考的重要篇章。他在《摆脱贫困》一书中提到，畲族地区要真正实现脱贫致富，就必须首先考虑如何增强经济自主的能力和经济发展的内在活力，走出一条适应于自身发展的路子。担任福建省委副书记、省长期间，习近平同志曾经接受专访，提出福建民族工作要做到“两手抓”，开好“两个窗口”。“两手抓”，即一手抓农村的民族工作，一手抓城市民族工作。“两个窗口”，即宁德的畲族窗口和泉州的回族窗口。这些既符合省情又具有前瞻意义的战略性思维，至今仍然指导着我们在民族工作领域的具体实践，成为福建民族工作系统最为宝贵的思想和精神财富，必须长期传承和弘扬。

二是围绕一条最鲜明的主线。中华民族是一个命运共同体，汉族离不开少数民族，少数民族离不开汉族，各少数民族之间也相互离不开。福建省各族人民已经像石榴籽一样紧紧抱在一起，涌现出了一批批创建民族团结进步的先进典范。

三是建设一个最明亮的窗口。努力把福建建设成为中华民族团结进步的窗口，是习近平总书记在福建工作期间对民族工作提出的明确要求。福建特殊的地理位置决定了窗口建设对内可以起到促进各民族交往交流交融、实现各民族共同繁荣发展的示范效应，对外可以起到凝聚海内外同胞力量、实现中华民族伟大复兴的团结作用。近年来，全省民族工作系统以“团结干事、严谨办事、用脑做事、大胆管事、干净成事”的工作理念，稳步推进全省民族工作再上新台阶。[2]

六、民族团结进步创建工作取得的成效

截至2022年，全省共有6个单位被命名为全国民族团结进步教育基地，30个地区、单位被命名为全国民族团结进步示范区示范单位。民族团结进步事业开创新局面，各行各业涌现出一批认真贯彻党的民族理论政策，为民族团结进步事业做出重大贡献的先进集体和个人。2019年，在全国民族团结进步表彰大会上，全省共有12个模范集体和12名模范个人受到表彰。

一是党和国家的民族政策进一步深入人心。通过开展一系列宣传活动，编印发放《民族团结进步宣传手册》等宣传资料，广大干部群众对党和国家的民族政策有了进一步了解和拥护。

二是干部群众的民族团结意识有了进一步增强。紧紧围绕"两个共同"的民族工作主题，开展民族团结进步宣传教育进机关、进学校、进社区、进乡村、进军营、进企业活动，干部群众对"三个离不开"的思想有了更深刻的认识，民族团结的意识得到了进一步增强。

三是民族团结进步创建工作社会化进程得到了有效推进。深入开展民族团结进步宣传月活动，并得到了全社会各界积极参与和关注，有效推进了民族团结进步创建工作的社会化进程。

四是进一步密切了党群干群关系。自民族团结进步创建工作开展以来，各乡镇、各部门将其与推进各自工作结合起来，在为群众解决实际问题上狠下功夫，使广大群众深受其益，深得其惠，进一步密切了党群干群关系。

五是涌现出了一批先进典型。随着民族团结进步事业的深入发展，各行各业涌现出了一批先进典型，而学先进、赶先进、争先进的优良风气成为催生新先进的加速器，先进典型的示范带动效应日益扩大。涌现出福州大学刘敏榕工作室、晋江福建省宇踏体育用品有限公司等一批民族团结进步的先进典型。

七、民族团结进步创建工作存在的问题

一是"三多一少"。实践多、活动多，理论研究少。全省上下都有形式多样、丰富多彩的民族团结进步宣传教育活动，但真正从源头上研究的论文、报告偏少。如"闽籍回族"家书、家训、族谱等与铸牢中华民族共同体意识的研究，目前尚属空白。

二是教师资源贫乏。师资队伍中对少数民族应知应会的基础知识积累较少，本地老师多数时间没有机会深入了解有关民族政策。相关知识来源于网络、公众号、内派管理老师、少数民族专职辅导员等，但内派管理老师、少数民族专职辅导员还存在少数民族政策、法律法规理解不透彻的现象。

三是校本课程与教材不规范。由于缺乏对当地民族历史与民族文化的深度挖掘，学校凝练出的校本课程与教材各式各样，有些教材无法与校园文化建设相匹配，无法形成具有民族文化特色的校本课程。

四是缺乏1+N管理工作平台。目前福建省有专门专职从事民族工作的职能部门，也有社会团体。2022年7月8日，"福建省民族团结进步协会"成立，这将是贯彻落实习近平总书记关于加强和改进民族工作的重要思想，加

快把福建建设成为中华民族团结进步的窗口，把铸牢中华民族共同体意识在深化各民族交往交流交融、促进两岸民族融合发展等方面发挥积极作用的重要平台。但还存在主平台要靠子平台支撑的工作管理机制，应该进一步完善工作管理机制，建立起多方位、多角度、多途径、多行业、多领域的支撑平台。

八、加强民族团结进步创建工作的建议

一是深化民族团结宣传教育，促进各民族共同团结奋斗，共同繁荣发展。要在各民族党员、干部之间开展互交朋友活动，以各民族党员、干部的真诚团结带动各族群众团结，为推进民族团结、推进社会稳定做出示范。突出抓好青少年的民族团结教育，建立和完善从幼儿园、小学、中学的民族团结教育体系，使民族团结教育进课堂、进教材、入脑入心。要求村和社区把民族团结宣传教育做实做细，进家入户。进一步加强爱国主义教育基地、未成年人思想道德教育基地建设，进一步拓展民族团结教育的渠道。在各级党组织和广大党员、各族干部中开展维护民族团结、维护社会稳定集中学习教育活动。通过开展形式多样的民族团结进步宣传教育活动，把“三个离不开”思想转化为各族人民的自觉意识和行动，从而实现民族团结进步，共同繁荣发展。

二是加快民族地区经济发展，促进经济社会全面进步。民族地区经济发展是做好民族团结工作首要任务，要做好民族地区扶持长远规划，每年计划帮扶几个村子，集中资金切实帮助解决一些实质问题，克服“见子打子”工作局面，使工作取得一些实质进展。

三是加强对贫困少数民族的科普工作。开展科技下乡活动，引导科技人员深入民族村寨开展服务，推广先进适用技术，举办有关农业技术培训班，加强各类实用技术培训。鼓励贫困少数民族新生劳动力接受实用技术的培训，积极推进民族村寨“一村一品”培育工程，重点加强对农民专业合作社有关人员的培训。努力在民族村寨培养一支善经营、会管理、懂技术的农民专业合作社骨干队伍，力争每个民族村寨主要特色产业有1—2名示范带动能力强的能人。

四是加大培养选拔少数民族干部力度。培养、选拔少数民族干部要常态化、制度化、创新化，要拓宽少数民族干部来源渠道，降低少数民族干部录

用门槛。如从大专院校的优秀少数民族毕业生中选拔进入干部队伍；各乡镇公务员招考时增加少数民族单列指标；落实优秀少数民族干部双向挂职锻炼措施，快速提升少数民族干部素质；开办各种层次、各种形式的学习班、培训班，不断提高少数民族干部的素质和能力。

五是充分认识开展民族团结进步教育活动的重要意义。民族团结高于天，社会稳定百姓安。要坚持把民族团结进步教育作为加快经济发展、维护社会稳定的基础性工作来抓，建成一批民族团结模范县市和单位，塑造一批先进典型和模范人物。各族人民在各项建设事业中，同呼吸、共命运、心连心，亲如兄弟，情同手足。也正是因为有了各级党委政府、各族群众多年来在实践中形成的牢不可破的民族团结基础和各族人民共同团结奋斗、维护社会稳定的光荣传统，我们才经受住了各种严峻考验。要充分认识开展民族团结进步教育活动的重要意义，做到心往一处想，劲往一处使，为全省的民族团结、社会进步做出积极的贡献。

参考文献：

[1] [2] 黄进发．福建：努力建设中华民族团结进步窗口 [N]. 中国民族报，2019 年 6 月 4 日，第 002 版.

福建省各民族交往交流交融历史及其经验研究①

福建社会科学院历史研究所　麻健敏

在开启全面建设社会主义现代化国家新征程的历史起点，铸牢中华民族共同体意识是实现中华民族伟大复兴宏伟目标的重要思想保障。习近平总书记在2021年的中央民族工作会议上指出，铸牢中华民族共同体意识是新时代党的民族工作的“纲”，所有工作要向此聚焦。他强调：要准确把握和全面贯彻我们党关于加强和改进民族工作的重要思想，以铸牢中华民族共同体意识为主线，坚定不移走中国特色解决民族问题的正确道路，构筑中华民族共有精神家园，促进各民族交往交流交融，推动民族地区加快现代化建设步伐，提升民族事务治理法治化水平，防范化解民族领域风险隐患，推动新时代党的民族工作高质量发展，动员全党全国各族人民为实现全面建成社会主义现代化强国的第二个百年奋斗目标而团结奋斗。

2019年9月27日，习近平总书记在“全国民族团结进步表彰大会”上发表重要讲话强调：中国幅员辽阔，文明悠久。一部中国史，就是一部各民族交融汇聚成多元一体中华民族的历史，就是各民族共同缔造、发展、巩固统一的伟大祖国的历史。习近平总书记从中华民族史观角度提出“四个共同”（共同开拓疆域、共同书写历史、共同创造文化、共同培育精神）重要论断，将各民族发展历史与国家发展历史、中华民族发展历史有机统一起来，全面系统地阐述了中华民族共同体形成发展的动力、机制、结构和内在特征，为各民族对中华民族的心理归属和心灵契合提供了历史依据，解决了各民族与中华民族“多元”与“一体”的逻辑关系和建构层次问题。1988年，费孝通先生在香港中文大学参加学术会议期间，发表了其在国际人类学、民族学、

① 本文系2021年度福建省铸牢中华民族共同体意识研究中心课题研究成果，项目编号21SKZ47。

社会学界引起巨大反响的著名论文《中华民族的多元一体格局》。费孝通指出“中华民族”的提法一方面肯定了中华民族是当代中国56个民族的总称，另一方面又认为中华民族是一个自觉的民族实体。民族属于历史范畴，是人们共同体长期历史发展的产物，它和其他社会现象一样，有其发生、形成、发展、变化和消亡的过程。我们要坚持马列主义民族观，要认识到中国自古以来就是一个统一多民族的国家，各民族共同生活在中国传统疆域内，各民族交错杂处，往来频繁，在政治、经济、文化各方面建立了千丝万缕的联系，关系十分密切。在长期历史发展过程中，历经融合、流徙，变化多端，你中有我，我中有你，成为一个不可分割的整体，形成了中华各民族多元一体的格局。

深化民族团结进步，引导全体人民树立正确的历史观、民族观、国家观、文化观，铸牢中华民族共同体意识，历史文化研究是基础。福建是我国散居少数民族和城市民族工作的重点区域。福建是畲族的主要聚居区域，也是回族最早的起源地之一，还有满族、蒙古族等世居少数民族。福建少数民族总人口有79.69万人，占全省总人口的2.16%，有19个民族乡、567个民族村。相对而言，福建少数民族研究的起步比较晚。以畲族研究为例，直至1956年畲族才被确认是一个独立的民族，此后才有了较为全面深入的研究。在老一代的民族史学专家（如施联朱、陈国强、蒋炳钊、陈元煦等先生）的努力之下，畲族研究取得了较为丰硕的成果，1980年施联朱先生主编的《畲族简史》、1988年蒋炳钊先生的《畲族史稿》，都是扛鼎之作。后继者如厦门大学的郭志超、福建师大的谢重光、省民族研究所的蓝炯熹，有了更进一步的研究成果。然而，全面研究福建各民族历史文化、经济社会尤其是民族关系的成果仍然滞后。福建民族研究的难点在于史料的缺乏，地方文献史料的记载不但很少，而且不准确，所以只有使用大量的民间文献资料（如族谱、碑刻）和口传资料（如民间歌谣、民间故事、神话传说）。福建世居单一民族的研究一直比较薄弱，有的单一民族研究被视作其他研究的附属，例如对回族的研究，一直被放置于海外交通史研究之中。1996年，《福建省志·民族志》的出版以及少数民族古籍整理工作的推进，为福建全方位的民族研究打下坚实的基础。

一、璀璨的福建历史是各民族共同书写的

福建历史文化的形成与闽越文化的遗风、中原文化的传入、海外文化的

冲击、邻域文化的渗透，包括少数民族文化的融入等诸因素都有着极为密切的关系。在漫长的历史过程中，由于相对封闭的地理环境和历史文化传承上的多元性，福建文化是一个包含多层次、多方面内容的动态系统，与此相应，这种文化生态处于一个多层次的社会文化体系相交织叠压和互动的状态中。它们彼此之间呈相对独立且平行并存的状态，尽管在相互交融上有逐渐加强的现象，但彼此的地域文化距离仍是十分明显的，并且都无法占据绝对的主导地位。

1. 古代民族

闽族。由于高山大海的阻隔，福建远古人类历史文化相对独立发展。蛮荒时期，福建这块山海之地的主人是古闽人，属百越之一。福建有人类活动的历史，可以追溯至距今18万年的旧石器时代。新石器时期，人类聚落遗址集中在闽江两岸和东部沿海地区。商代，人类活动足迹遍及福建各地，昙石山文化是距今四五千年前福建最具代表性的地方文化。黄土仑文化是商代晚期福建文明的典型代表，也是福建上古文明的终点。黄土仑文化可以证明，早在新石器时代晚期至中原商周时期，闽族先民们已在此渔猎、采集，或从事原始农耕，使用磨制石锛、石斧、石刀等石器，已掌握纺织、制陶等生产技术和相应的装饰艺术。西周时期，福建首见于中原文献记载，《山海经》《周礼》就有关于“闽”“七闽”的记载。“闽”表示福建土著居民原始蛇崇拜。关于“闽在海中”的记载，有证据证明福建先民曾经跨越台湾海峡进入台湾岛，并对南太平洋诸岛产生文化影响。福建沿海近年来挖掘发现了多处与南岛语族有密切关系的古文化遗址，基因谱系也证明与台湾某些山地族群极为相近。此外，连江外岛发现的“亮岛文化”（目前由马祖管辖），与台湾“大汾坑文化”是一个文化体系，均属于“南岛语族”文化圈。由此可证明福建沿海是南岛语族重要的发祥地。

闽越国文化。闽越国文化是战国秦汉时期闽越王国所创造的一种古族群文化。闽越，既是族名，也是国名。关于这一名称，目前还存在着争论和不同看法。主要有两种观点，一种观点认为：闽是一个民族，即福建的土著民族。战国以前福建只有闽族，后来越国为楚所败，部分越人退入福建，之后才产生了闽越这一混合族群的称呼。另一种观点认为：闽越，是自古居住在福建、浙南及台湾的土著民族，是我国东南地区百越民族的一支。主流的观点基本认同闽越是一个土著族名，同时也融合了战国秦汉时期部分越国（于越族）遗民，这两支越人融合成为战国秦汉时期的闽越族，而闽越国就是当时由他们建立的地方政权。

世世代代栖息在福建当地的土著居民，是构成闽越国的主体。由此，闽越国文化的主源应为福建上古文化。目前福建已发现的3000多处古文化遗址，与闽越国文化有着密切的传承关系。在商末至西周时期，闽越族已初步形成并进入了青铜时代，到东周时代发展成熟。这一时代的闽越族文化即为后来闽越国文化的前身。西汉高度发展的闽越国物质文化，正是在此基础上发展形成的。考古发现（武夷山汉城遗址、福州冶城），闽越国文化已经达到相当高的发展水平，既保留鲜明的闽越文化特色，也吸收了中原文化。闽越国有宏大的城郭、壮丽的宫殿、坚利的兵器，实用的农具，还有完善的政治、军事、社会组织。

秦统一六国，在闽地设“闽中郡”。秦末，无诸起兵反秦，后又佐刘邦灭楚霸王项羽，汉高祖刘邦在公元前202年封无诸为“闽越王”。闽越王无诸在今福州冶山一带的冶城建都，又称东冶，这是福州建城之始。公元前112年，东越王余善起兵反汉，公元前110年，汉武帝举兵灭闽越国，部分闽越人被强制迁徙到江淮一带，闽越族的势力就此衰弱。

2. 中原移民带来的经济文化结构深刻变化

汉代以后，中国古代典籍里形容的“身材矮小、短面、须发少、鼻形广、眼睛圆而大”的闽越人已难觅踪迹；越人的干栏式房屋被中原房屋样式所取代；悬棺葬被土葬代替；断发、文身、凿齿不再流行。唐至五代，福建人口构成发生巨大变化，福建文化在外力的作用下开始转型，以闽越文化为主体的本土文化逐渐退出社会历史舞台，中原文化占据主流地位。

西晋八姓入闽。西晋王朝经历了八王之乱后，元气大伤，北方少数民族上层趁机起兵，不断南下攻略，永嘉五年，匈奴军攻破晋都洛阳，史称永嘉之乱。中州士族迫于战乱，纷纷南下，形成大规模的移民浪潮，其中一部分人进入福建。西晋末年中原士民为避战乱向南迁徙，传说入闽的有八个姓氏，皆贵族世胄，故习惯上有此称。这些中原士族入闽后，分散到闽北、闽东、闽中、闽南各地，大都选择易于开展农业生产的河谷地带和沿海平原定居下来，尤其是闽江上下游和泉州地区，成为他们定居开发的首选之地。八姓入闽的说法，虽不尽符合历史真相，但它却标志着历史上第一次汉族人民大规模迁徙、开发福建的浪潮，在福建历史上具有里程碑的意义。汉族人民的大规模到来，带来了中原地区先进的文化和农业生产技术，促进了福建地区的经济发展和社会进步；同时，也促进了汉族与当地土著居民的融合，加强了福建地区与中央政权的联系，从此福建开发进入新的阶段。

陈政、陈元光父子经略漳州。初唐的漳州，生产落后，野兽出没，尚未开化，历多年战乱后更是百业凋零，民不聊生。陈政、陈元光率中原“府兵”赴漳州平定“蛮獠啸乱”后，带领将士，与流民一起在这里开垦土地，实行“寓兵于农”的政策，大大推动了这块“处女地”的开发。陈元光将中原先进的农耕技术带到闽南，让当地百姓掌握了铁器牛耕，走出刀耕火种的落后状态。开漳将士中多能工巧匠，善纺织、烧陶、冶铁，填补了闽地手工业的空白。经过近40年的开发建设，漳州从不毛之地变身民风淳厚、百业兴旺的乐土。此处提到的“蛮獠啸乱”，其中就有畲族先民的身影，说明最迟到唐代，畲族先民就已经生活在闽、粤、赣交界地区。唐朝在这一地区“劝农桑，定租税”，要求畲民“纳贡赋”。南宋刘克庄撰《漳州谕畲》，收录在《后村先生大全集》卷九十三，记述漳州地区畲民情况颇详，为最早称漳州一带少数民族为“畲民”的文献。

中唐以后，北方人口开始有组织入闽，福建设立福、建、泉、漳、汀五州；唐开元二十一年（733），设福建经略使，“福建”首见史籍。之后，福建一直以独立的行政体系而存在。随着唐代福建的开发与建置的完善，四个地理分区顺其自然衍生成四个文化分区：闽北的建州、闽东的福州、闽南的泉州和漳州、闽西的汀州，这四个区域也是福建多元文化的源头。

王审知治闽。五代时期，天下大乱，885年，河南光州固始人王潮、王审知兄弟率军进入闽西、闽南，实行“保境安民”政策。王审知胸有韬略，从善如流，大力开拓和经营福建，治闽30年，使福建的经济文化比之前有了长足的发展，社会相对稳定。王审知治闽期间，业绩斐然，政声卓著，深得民心，为两宋时期福建经济文化的继续发展和繁荣做出了开拓性的贡献。后人为纪念他的治闽业绩，尊他为“开闽王”，立庙祀之。畲族族谱中多有记载其先民随闽王渡海到福州的传说。

3.“番客”与宋元时期泉州海外贸易的繁荣

北宋雍熙二年（985），设福建路，辖福、建、泉、漳、汀、南剑六州和邵武、兴化二军，福建有了“八闽”的称谓。两宋福建文化昌盛，进士数量超过7千人，约占全国总数的五分之一，出现思想家杨时、朱熹、真德秀，史学家袁枢、郑樵，文学家柳永、张元幹、刘克庄，书法家蔡襄，天文学家苏颂，法医学家宋慈等，入阁拜相者达四五十人。

宋元两代，福建海外贸易达到历史高峰，泉州港成为世界上最大的贸易港口。北宋初期，泉州港的海外贸易已有一定的规模，从泉州开往高丽等国的海舶很多。北宋中期，由于广州港一度不景气，一些海外蕃商开始将注意力转移到其他靠近南海诸国的贸易港口。泉州港借此迅速发展，逐渐成为一个繁荣港口。南宋定都临安（今杭州），泉州港距南宋政治中心近了，更有利其对外贸易的发展。南宋统治者重视海外贸易，采取多种措施鼓励外商来泉州做生意。淳熙元年（1174），南宋政府规定，到泉州港的外国商船，只要经过市舶司征税之后，允许他们在福建各地进行贸易，这样外商舶货的销售范围得以扩大。开禧三年（1207），南宋政府再一次放宽贸易限制，蕃舶入港后，舶货除按规定“抽解和买入官”以后，其余货物允许商人“从便货卖”，这使得蕃货的销售范围更为扩大，销售渠道更为畅通，有利于吸引更多的外商和蕃舶前来贸易。南宋，因经商而在泉州定居的海外商客比北宋时更多，其中以阿拉伯人为众，当地人称之“蕃客”。南宋末年，政府任用了阿拉伯人后裔蒲寿庚提举泉州市舶司，通过蒲寿庚在海外商人中的影响，招来外商前来贸易，泉州港海外贸易又有新的发展。

元代统治者十分重视泉州的海外贸易。至元十四年（1277），元军占领泉州之后，元世祖即令在泉州设立市舶司，任用蒲寿庚为行省中书左丞，主持泉州的海外贸易。次年唆都、蒲寿庚招徕海外各国贸易，泉州的海外贸易发展迅速，其繁荣程度甚至超过了广州。元代与泉州有海外贸易关系的国家和地区，除澎湖、琉球、台湾外，有 97 个，比宋代增加了 30 多个。元帝国还利用政治军事力量保护海上商道。元代，泉州港发展到鼎盛，以“东方第一大港”而著称于世，“番客”文化成为中古时期独特的文化景观。

蒲寿庚（1205—1290），宋末元初人，阿拉伯商人后裔，宋元时期“蕃客”的代表人物，著名穆斯林海商、政治家、军事家。南宋咸淳十年（1274），海寇袭泉州，官兵无能为力。蒲寿庚与其兄蒲寿晟为保护家族的利益，凭借强大的海上力量，助官兵击退之，因功授福建安抚使兼沿海都置制使。景炎元年（1276）“蒲寿庚提举泉州舶司，擅番舶利者三十年”。元军派使者赴泉州招抚蒲寿庚、蒲寿晟兄弟，遭到拒绝。宋军自福州乘船南下，张世杰欲借船渡海前往潮州，也被蒲氏拒绝，遂“掠蒲氏海船二千艘，没其货物”。原本心已动摇的蒲寿庚以此为由关闭泉州城门，公开拒宋，献城降元。元末农民起义大规模爆发，泉州海外贸易发生逆转。为了对付起义军，泉州番商组成“义兵”，并发生叛乱，导致长达 10 年之久的战乱，给泉州地区的社会经济造成严重的破坏，致使海外贸易从此衰落下去。

4. 战争中的屯守移民

宋末元初，战乱频仍，畲族迁徙范围扩大，移民的路线错综复杂。这个时期的移民相当部分是军事性质的移民，最有代表性的是陈吊眼、许夫人，钟明亮等多支抗元畲军于漳州、潮州、泉州、汀州、赣州等处的转战屯守移民。

南宋末年，畲族人民组成“畲军”，参加文天祥、张世杰等领导的闽浙沿海地区的抗元武装斗争，宋亡后被迫流徙各地。最典型的当属元代陈吊眼、许夫人、钟明亮等以畲族为主体的反元义军，以万为计的造反大军转战于闽粤赣三省的漳、潮、泉、汀、赣诸州，义军被镇压后，这些畲族勇士或留居当地，或散迁他处。

陈吊眼于至元十三年（1276），自漳浦举义后，率领数以万计的畲族人民，到处攻城掠地。义军到达泉州，配合文天祥、张世杰共讨蒲寿庚。陈吊眼的行军路线是漳浦—漳州—安溪—泉州。与此同时，潮州畲民许夫人率领诸峒畲户配合陈吊眼，共讨蒲寿庚于泉州。许夫人的行军路线是潮州—云霄—诏安—漳浦，在漳浦与陈吊眼会师后到达泉州。后遭元军镇压而退回漳浦千壁岭驻扎。此时，与闽南义军遥相呼应的建宁政和人黄华在闽北揭举义旗，许夫人又率畲军转战闽北，汇入黄华义军的队伍。许氏行军路线取道沿途义军力量较为活跃的闽西到达闽北。她的行军路线是先西向而后折北潜行，具体为漳浦—漳州—汀州—南平—邵武。

钟明亮于至元二十三年（1286）在广东的循州举义，他们转战于福建的漳州、汀州以及江西的赣州等地。得到泉州、龙溪、汀州、南平、赣州、吉安等地畲民的热烈响应，出现了“拥众十万”的钟明亮义军，“声摇数郡”。这支义军的移动路线是广东的循州—福建的漳浦—漳州—汀州—江西的赣州。

畲族随着抗元义军转战各地，这些移动纯属军事行动的性质。由于抗元义军最终为元朝所镇压，元朝对其所采取的善后政策是：诏令福建黄华畲军中有恒产者为民，无恒产与妻子者编为守城军。设立屯田，招陈吊眼等余党入屯，与军人一道耕种。因此，在某种意义上说军事性质的移动是与畲族迁移同时进行的。

5. 明清福建民族结构的成型

女真后裔迁居泉州。随着元王朝的分崩离析，元朝的王亲贵胄或回归漠北，或隐姓埋名流落各地。惠安县小坝就有“出”姓，据传是蒙古贵族的后裔。元朝官员粘博温察儿（粘氏八世祖）在元末至正初年，“因世乱流寓江南，遂浮海抵泉"，居泉州晋江的永宁（今属石狮市）。迁徙至泉州时，粘博温察儿年事已高，不久就弃世，死后葬于住地永宁杨丹。粘博温察儿长子子寿、次子子禄由永宁迁移到浔美（晋江市龙湖镇衙口村）居住。后裔又分居晋江粘厝铺、深沪、山柄、南安梧坑、泉州。泉州粘氏构成福建满族的一个组成部分。泉州粘姓于清康熙、乾隆年间渡海去台湾谋生，台湾的粘姓主要集中在彰化县的鹿港镇和福兴乡，在台中、台北、高雄、屏东、花莲、台东、南投、嘉义、台南、基隆等地也有粘姓人居住。此外，在美国、日本、菲律宾、新加坡、马来西亚、泰国以及香港、澳门也有粘姓人定居。在福建的粘姓，在户籍上均填写为满族（以前由于历史原因曾报为汉族），在台湾的粘姓则自称是女真后裔。全世界各地的粘姓人，均称是金国皇族宗翰的后裔，总计大约 15000 人左右。

在中国，粘氏的分布大致可作南北区分，河北省的武邑、邢台，山西省临汾、洪洞有较为集中的分布，黑龙江、吉林一些地方也有粘氏族人散居，据说是从山东迁去的，这些可称北方粘氏。福建、台湾之粘氏，可称南方粘氏。明代，洪武元年（1368）下诏：胡服、胡语、胡姓，一切禁止。于是，处在北方的少数民族皆改为单姓，元末避居泉州的女真后裔粘氏，从入闽起已采用"粘"这个单姓，并避讳他们的族属问题。闽台粘姓由来目前存在两种说法：其一，由女真的"粘割氏"而来；其二是粘氏自己的看法，认为缘起于粘罕。源自"粘割氏"的观点认为，女真人的姓氏有白号之姓与黑号之姓的区别。据《金史·百官志》，粘割氏属于黑号之姓。粘合氏即粘割氏，又作粘葛氏、粘哥氏。在《金史》中，有粘哥荆山、粘葛奴申、粘割韩奴、粘割贞、粘割斡特剌等十余人，说明粘割氏是女真人中的重要姓氏。不过，由于粘氏家族谱中都一致地把远祖追溯到金代宗室粘罕（完颜宗翰），把粘罕列为粘氏的一世祖，又感到问题比较复杂，因为粘割氏属于黑号之姓，完颜氏属于白号之姓，是两个完全不同的姓氏。他们只能存疑粘姓人把"粘割氏"误作"粘氏"。赞同源于粘罕说的学者也提出他们的见解：女真部族入侵中原后，逐渐汉化，纷纷改姓，"完颜粘"这一支系，却以名为姓，此为粘姓的由来。这就解释了粘合氏不是粘割氏或粘葛氏、粘哥氏，不属女真黑号之姓。至于粘氏出现于何时，在粘罕卒后，其子真珠、割韩奴以父亲粘没喝之名冠粘为姓氏，以防止产生祸端，危及族人。但是在当时，粘氏并未直接使用"粘"这一单姓，而是使用"粘合"，直至明代避居福建后，粘博温察儿的后人才正式以"粘"为姓氏。可以这样说，在金朝粘罕以后，今天的粘氏已问世，只是经历了一段时期的复姓之后，在明代始采用单姓“粘”。

清朝福州八旗驻防。清顺治三年（1646），清军长驱直入福建，推翻了南明建立的隆武政权。康熙十九年（1680），清朝在福州固定设置八旗驻防，以旗营为中心的满族聚居区域逐渐形成。旗人独特的文化背景和特殊的政治地位，使福建满族在清代形成一个相对独立的社会群体，他们的后裔构成了福建满族的主体部分。

作为清代福州海江防卫的要冲，福州驻防在长乐设立三江口水师旗营，担负“控马江带乌龙，拱卫省城，抵御外侮”的重任。驻扎在琴江的兵丁是福州驻防中四旗汉军的余丁，俗称“老四旗”，这支水师归福州将军统辖。乾隆时期，福州驻防办理汉军出旗为民事宜。按清廷计划，三江口水师旗营的汉军应裁去一半，再由京城派遣满八旗填补。然而，因京师旗人畏惧路途遥远和海上风大浪急，生活艰苦，终未能换防成功。于是，这部分汉军旗人便留下为清廷御疆。在长期的八旗组织生活中，他们与满八旗无论在政治、经济，还是在语言、习俗等方面趋于一致，完全融入满族之中。

漳浦蓝氏三杰。清朝上半叶，不平静的台海风云之中，接连涌现三个平台、治台、筹台重要历史人物，蓝理、蓝廷珍、蓝鼎元，他们都来自漳浦蓝氏畲族。蓝理是蓝廷珍的族叔，而蓝廷珍又是蓝鼎元的族兄，这三位同出一门的台海人物，被后人并称为“蓝氏三杰”。

康熙二十年（1681），清朝廷任命福建晋江人施琅为福建水师提督。1683年6月14日，施琅亲率二万水军，300艘战船，从铜山出发征战台湾。漳浦畲族蓝理担任先锋，率先攻破澎湖，腹部受伤仍然英勇奋战，被称为“破腹将军”。蓝理一生征战，功勋卓著，施琅称他是一员虎将，康熙皇帝御书“勇壮简易”和“所向无前”赠他。台湾与大陆复归统一后，1684年清政府批准在台湾设立台湾府，下辖台湾、凤山、诸罗三县。从此，台湾正式纳入清朝版图，成为福建省的一个府，福建省的行政区划扩大到海峡对岸。

康熙六十年，蓝廷珍上书自荐，出师台湾征战朱一贵事变。平台后，蓝廷珍奉命继续留台，署理提督职务，前后三年之久。在这段时间里，蓝廷珍对台湾的治理和开拓，提出了一系列很有远见的建议和措施，对台湾的历史发展产生了深远的影响。蓝廷珍还亲自组织开垦荒地，发展生产。他率领官兵开垦了“蓝兴堡”（今台中县太平乡、大雅乡、乌日乡和台中市区一带），成为台湾开发史上最早最大规模的官垦之一。

蓝鼎元应族兄、南澳总兵蓝廷珍之聘为幕府，随军入台平乱。他深入调查民情，运筹策划，条陈治台十九策，写下《平台纪略》《东征集》等书，对治理台湾、开发台湾提出了切实可行的建议，后人称蓝鼎元为“筹台宗匠”。

明清畲民社会的巨大变迁。畲族迁徙的主要出发源头是粤东、闽西、赣南地区。明清时期是畲族大量迁往汉族地区和形成目前的“大分散，小聚居”分布格局的重要历史时段，史书和地方志中关于畲民的记载也大都出现在这一时期。这个时期畲族地区的社会经济生活相对比较安定，畲族的迁移基本上不带军事性质，而主要是基于畲族山地游耕的传统。畲族的徙居并不是有组织进行，而是在自然状态下发生的，分散式的迁徙犹如滴水成河而形成大规模的迁徙。这种迁徙的速度缓慢，迁徙的方式以家庭或家族中若干成员为单位徐徐而行，迁徙的取向是相对地旷人稀的汉族地区。福建畲族多迁至广东、浙江，江西畲族多迁至福建，安徽畲族多迁至浙江、湖南，贵州畲族多迁至江西。

明清时期畲族迁移的路线比较复杂。大体上是从闽粤赣交界的漳州、潮州地区迁出，沿海岸线经泉州、福州（闽侯），然后或从连江、罗源进入宁德、福安、霞浦、福鼎，或从闽侯进入古田、屏南和宁德一带。进入闽东后，一部分畲民继续北迁，散居浙南温处两州（今温州、丽水两市）各县，其中有部分又回迁闽东。闽东是畲族迁徙活动的重要地区，一方面这里是许多畲族的最后定居地，另一方面，它又是浙南畲族迁徙的中转站，最终形成了闽东浙南交界区域畲族的主要生活区域。

根据闽东现有畲族谱牒统计，从唐至清，畲族蓝、雷、钟三大主姓共有74支迁入闽东，其中唐代2支，明代30支，清代42支。畲民大批迁入闽东是在明清时期，尤其以明万历年间至乾隆中期这200年最为集中。从大量的畲族族谱记录，我们可以看出当时畲民迁入闽东的状况。明洪武二十八年（1395），有雷姓畲民由罗源北岭迁福鼎十四都白琳大旗坑牛埕下，这是有明确时间记载的进入闽东的第一支雷姓畲民。此外，比较重要的还有福安后门坪雷姓，明成化二年（1466）从福州方向转迁而来；宁德猴墩雷姓，明万历元年（1573）从罗源迁入；霞浦水门茶岗雷姓，清乾隆元年（1736）从浙南迁入。闽东最主要的一支钟姓畲族是“大林钟”，该支派于明正德十一年（1516）迁福安大林，后来大林钟氏宗祠就成为闽东钟姓畲民共祀的祖祠。明中期以后蓝姓畲民也开始大批进入闽东。较早的有宁德飞鸾葡萄坑蓝姓，于明嘉靖十九年（1540）自罗源八角井迁入。此外，比较重要的还有福安穆云溪塔蓝姓，万历年间（1573—1620）自寿宁迁入；霞浦青皎牛岭蓝姓，天启元年（1621）自罗源迁入；霞浦崇儒上水蓝姓，崇祯九年（1636）自浙江泰顺迁入。乾隆后期（18世纪后期）以后畲族入迁闽东的历史基本结束。有学者推算，乾隆后期在今天的闽东范围内当有畲民4万多人，其中福安县就有约14000人。光绪十年（1884）编修的《福安县志》记载“各都畲民村居”共有209个。进入闽东后，畲民仍然继续频繁流徙，有的在县内，也有的在县际；还有一部分继续北上浙江，或不久后又回迁闽东。畲民在漫长的流徙过程中，每经过一个地方并没有全数迁走，迁走的只是一部分，其余仍在原处安居下来，故迁移沿线都有畲民居住。这样一来，畲族的分布越来越分散，后来的许多畲村大多是由一人一户发族。畲族就这样形成了今天的“大分散小聚居”的分布格局。

闽东畲村大多分布在近海濒海的山区或半山区。这个地带不论是畲村数量还是畲民人数都堪称中国第一。清初的“复界”政策吸引了部分畲民由现居地再次向濒海迁移。清顺治十八年（1661）清政府实行海禁，强迫居民迁界30里，造成大面积耕地抛荒，直到康熙二十二年（1683）清军平定台湾，郑克塽归顺。复界之初，清政府鼓励开垦田土，免三年租税，优惠的政策和大片的荒地吸引了一部分先期已经迁居闽东、浙南近海山区的畲民，使他们也加入到复界垦荒的行列。复界垦荒一直延续到乾隆时期。今福安的甘棠、下白石、湾坞、溪尾，福鼎的桐城、前岐，霞浦的牙城、水门，以及宁德的七都、飞鸾等沿海乡镇的许多畲村正是在这一时期形成的。闽东优越的自然条件和温良的民风对畲族新移民有很大的吸引力。闽东自古就是一个富庶而又充满温情的地方。在农耕时代，这样的生存环境很能够养人，这样的民风民俗也格外能够吸纳外来人。长期围海造田缓解了土地矛盾，使闽东山区尚存较大的开发空间。经过闽东世代百姓的努力，围垦面积不断扩大，形成今天闽东最大的平原，拥有良田万亩，被称为“闽东第一洋”。围海造田大大缓解了人口增长与土地的矛盾，为大批畲族新移民提供了一个尚未充分开发的广袤的山区空间。畲族进入闽东后，与当地汉族的交往日益频繁。他们从汉族农民身上学到了许多农耕技术。畲族没有铁匠，他们就从附近汉族社区引进锄头、犁耙、砍刀等铁制农具。这样，生产效率和效益都大大提高。他们还亲眼看到并且开始亲身体会到男耕女织、自给自足的农耕生活比较安定，收益也相对可靠，于是不再留恋昔日的“游耕”，从而开始了择地定居、以农为业的尝试。一部分畲民依靠自己开垦的少量土地得以生存，更多无地、少地的畲民只好租种汉族地主的田地和官山，成为佃农。严酷的封建剥削和阶级压迫使得广大畲族农民过着十分贫困的生活。

明末清初，畲族定居落籍之后，官府对畲民一直采取“无为”态度，并禁止基层官吏骚扰他们。乾隆初年，闽东各县地方官府对畲民先后实行编甲。畲民被编图册、隶户籍，编户纳粮，标志着他们正式告别了原始游耕时代，开始了定居农业的历史进程。定居闽东、浙南山区或半山区的畲民，垦荒种山是他们最基本的谋生手段。他们主要种植禾稻、蓝靛、苎麻、甘薯、茶叶等。畲民以自己勤劳的双手和超人的吃苦耐劳精神，为闽东和浙南的山区开发做出了巨大贡献，打造出具有畲族特色的经济标识，其中既有如云山畲田般的畲乡奇景，又有福安大白茶、景宁惠明茶这样的畲乡特产。清中后期，福州地区海洋贸易进入发展高峰，带动闽东北地区商品经济发展，畲族地区出现了土特产专业市场、茶叶市场，闽东畲区的茶叶大量出口。清咸丰、同治年间，宁德八都猴墩畲村是闽东茶叶出口的门户之一，该村著名茶庄有雷氏“振昌号”、雷氏“泰盛号”等。清道光年间，霞浦溪南镇半月里雷世儒父子带领村民经商，生意通达福建、广东、台湾等地。他们将当地的茶叶等特产通过海运销往福州，在福州购得丝织品、布料等销往台湾，再将台湾的大米、糖等运回霞浦销售，从而使雷世儒积累了雄厚的资金，曾经拥有田产480亩。

二、绚烂的八闽文化是各民族共同创造的

历史文化遗产承载着福建各族人民的民族精神与灵魂，不仅生动诉说着过去，也深刻影响当下和未来。福建文化是中华民族生生不息、长盛不衰文化基因的重要构成。福建文化的形成与闽越文化的遗风、中原文化的传入、海外文化的冲击、邻域文化的渗透，包括少数民族文化的融入等诸因素都有着极为密切的关系。

1. 古闽族文化遗存

古闽族习惯于水上生活，善于驾舟在江河、海洋中捕捞水产，一支与古闽人生活习俗相近的人群还存在于今天的社会，那就是福建沿海的疍民。疍民以舟为家，逐水而居。关于疍民来源的学术争论始终不断，其中一种观点就是疍民来源于古越人。从图腾崇拜上看，疍民与古越人都以蛇为图腾，皆祭蛇神。从生活习俗上看，疍民和闽越人都喜欢依水而居，善于用舟，有“文身断发”的习惯。闽人崇蛇的习俗保存至今，最具代表性的是闽江流域南

平樟湖板的崇蛇习俗。樟湖板地区民众不食蛇，每年农历六月下旬，村民便到野外四处捕蛇，农历七月七日组成浩浩荡荡的迎蛇队伍，每人手里都拿着蛇，或挂在脖子上，或抓在手里，或挂在肩上，最后将蛇送到蛇王庙前的闽江放生。至清代，福州一些沿江农妇仍以蛇形物为装饰品。清代施鸿保《闽杂记》载：福州农妇多戴着银簪，长五寸许，作蛇昂之状，插于发髻中，俗名“蛇簪”。

福州地区的方言极为独特，如果仅仅解释为是中原古语的遗存尚不足以服众。有语言学者分析，福州方言是多来源的，其底层应当是古闽越族的语言，例如“胶着语”，即一字多音，与汉语一字一音的孤立语有显著区别。此外，魏、晋之前的早期移民带来古吴语和古楚语，上古汉语和中古汉语也明显地留存于福州话中。

对闽越王的崇拜依然存在于福州民间，福州各地有许多与闽越王有关的祠庙。明代《八闽通志》记载，在福州鳝溪有祀闽越王郢第三子的庙宇，俗称白马三郎庙；福州府城南有武烈英护闽王庙；福州府城南的闽越王祖庙，祀闽越王无诸；福州府治之西的明德赞福王庙，因闽越王郢而立。“白马三郎”的故事在福州地区广为流传：传说当时鼓山鳝溪有一条恶鳝，长三丈，残害百姓，三郎将它射杀，但三郎人马也被鳝尾缠住拖入水中同归于尽。后人建鳝溪广应白马王庙奉祀纪念，尊为鳝溪冲济广应灵显孚佑王。目前福州地区仍有许多与闽越王有关的庙宇，据不完全统计，仅在福州郊区，主祀闽越王及其三子白马三郎的庙宇就有 23 座。此外，在福州郊县的闽侯、闽清也有许多供奉闽越王的庙宇，如闽清县坂东镇朱厝村的“汉闽越王庙”，唐边村的“凤凰境”都是为供奉闽越王而建，修祠记事碑上记：“这里为汉闽越王无诸属地”。凡供奉闽越王的宫庙，在每年正月初八的晚上要进行独特的“闹宫”活动，奉迎闽越王的活动已成为福州一些地区的重要民俗。

闽越人“敬鬼神、信巫祝”之风对福建思想文化产生了深远的影响。福建长期鬼神崇拜之风盛行，巫祝大行其道，许多历史典籍均有记载。如《宋史·地理志》称福建：“信鬼神祠，重浮屠之风。”《图经》称福州人“病者好巫”。《闽书》称古田、闽清等县“笃于事鬼”。福州地方素敬瘟神，官府禁而不止，《福州府志》称：“俗称疽鬼曰大帝，设像五，皆狰狞可畏。……或疫气流染，则社民争出金钱，延巫祈祷。”康熙三十九年，福州知府将城内祀鬼的庙宇尽毁，并通告百姓“再祀者罪之”。不料没过多久，这些庙又重新矗立在原地，且增至十余处。官府感叹：“闽中多淫祀，此其尤甚者。”

2. 福建是畲族文化形成的核心区域

广东潮州凤凰山是畲族文字记述的起始点，也是共同认可的起源地。无论是畲族的历史歌谣还是文书和谱牒，所有的历史证据都不约而同地指向凤凰山，认为此处是各地畲族的祖地。

进入闽、粤、赣交界地区的“武陵蛮”只是形成当时畲族先民的一部分，并非畲族先民全部。原湖南“武陵蛮”的一支从湘北逐渐南移后，从湘东进入赣南。在赣南停留了较长时间后才进入粤东、闽西一带，我们在畲语的语言留痕里可以发现，江西大余、赣县等地客家话中都保留下一些畲、汉语言交融的痕迹。这支“武陵蛮”进入闽、粤、赣交界地区后，跟原来已生活在那里的古越人后裔融合，成为隋唐时期的“蛮獠”“洞蛮”。最早出现“畲民”称呼的，是南宋刘克庄写的《漳州谕畲》一文，其中说到“畲民不悦（役），畲田不税，其来久矣。”另外，南宋名臣文天祥《知潮州寺丞东岩先生洪公行状》也有“潮与漳、汀接壤，盐寇、輋民群聚。”这里提到的“畲民”和“輋民”，指的是同一个民族，前者是福建畲族，后者是广东畲族。

“畲”字反映出畲族的山居特点。古代史上畲族大多依山而居，以火田畲耕和狩猎为生是这个古老民族富有特色的生产和生活方式。以“畲”字作为畲族的族称，既有历史记载的来源，又有较为贴切的内在含义。“畲”字在汉文史书里很早就出现了，《诗经》把它解释为“刚开垦出来两三年的新田地”，《周易》理解为“用火烧田”，也就是指将田里的杂草烧去。唐宋以及后来的史家，都沿用“用火烧田”来解释“畲”字。唐代的两位大诗人刘禹锡和李商隐都曾经用“畲”字赋过诗。刘禹锡《竹枝词》写道“山上层层桃李花，云间烟火是人家。银钏金钗来负水，长刀短笛去烧畲”，生动地描绘了山中畲耕妇女的服饰和生产劳动的特征。李商隐的《赠田叟》一诗也有“烧畲晓映远山色，伐树暝传深谷声”之句，畲耕的情景从诗中跃然而出。

畲族文化丰富多彩。罗源、连江一带畲族妇女的装扮，被称为“凤凰装”：红头绳扎的长辫高盘于头顶，象征着凤头；衣裳、围裙（合手巾）上用大红、桃红、杏黄及金银丝线镶绣出五彩缤纷的花边图案，象征着凤凰的颈项、腰身和羽毛；扎在腰后飘荡不定的金色腰带头，象征着凤尾；佩于全身的叮当作响的银饰，象征着凤鸣。“凤凰装”源自于畲族对本民族祖先的崇拜。畲族妇女的服装大多是用自织的苎麻布制作，有黑、蓝两色，黑色居多。

令人敬畏的畲族拳是南少林武功中的一个流派，套路有数十种之多，具有南拳步稳势烈，发出短猛，擅用手法，防守门户严谨，进攻多用指法、掌法的特点。在拳术之乡罗源县八井村，上自古稀老人，下至学龄儿童，不论男女都有练拳习武的爱好。八井村畲民在清末、民国初期都开过武馆。清末八井村畲民雷朝阳精于拳棍，一人能敌十余人。民国初年，罗源县警察在县城压价强买畲民挑进城的薪炭，畲民不服，舞起扁担，吓跑一群警察。连江县七里畲村的棍术也名声在外。畲族拳是流传在畲族中的拳种，很少与外界交流，故仍保留着其古老的传统风貌。此拳种重在防身，不先动手，讲究礼让，后发而先制人。在畲族拳师中流传着这样一句话："练拳习武亦修德，一练筋骨，二练技，三打不平，四养性。"由此可见畲族拳师十分重视武德。

畲族在本民族内部交往中都使用畲语，与当地汉族交往时使用地方方言，与外来各民族交往使用普通话。畲族没有文字，通用汉文，还有"歌字"，这是借用汉语语音在编写畲歌时使用，不论在何地，会唱畲歌的人都认得。畲歌内容丰富，种类繁多，大致分为：历史故事、风俗礼仪、生产、生活、情歌等。福州地区畲歌的"连罗调"和"双条落"是畲歌中的瑰宝。畲族不仅在男婚女嫁和逢年过节等喜庆日子里唱畲歌，表示祝贺、庆典；老人作古时也以畲歌表示哀悼；来客、会亲等迎来送往都以歌相迎，以歌相待；在日常生活中畲族人民表达自己的喜、怒、哀、乐时同样用畲歌。畲族人以歌为乐、以歌对话、以歌叙事、以歌抒情，已成为习惯，不论在畲乡的高山峻岭，还是竹林深处，时常可听到悦耳的畲歌响起。

畲医、畲药在中国传统医药领域拥有一席之地。畲族居住的山区有得天独厚的中草药资源，畲民广取青草药治疗常见病，积累了丰富的防治经验。罗源的八井村，连江的七里村、上东山等都有畲族名医，名传方圆百里。畲医、畲药主治跌打损伤、蛇伤、疟疾、肝炎、痢疾、白喉、妇女败血、小孩疳积等十多种常见病，多为祖传秘方，代代相传。

闽东北地区畲族民俗风情多姿多彩，畲族村寨美不胜收。畲族节俗有会亲节、乌饭节、牛歇节、封龙节等；婚嫁礼俗有新婚过门"男拜女不拜"、做"亲家伯""亲家舅"、敬"宝塔茶"等；饮食方面，有"乌饭""菅粽""鸡笼"等。畲族山区的景色秀丽，畲山湖、七里畲村古寨、东坪黄巢寨、岱江自然风光、大坝头仙女裙石等，都是难得一见的美景。

三、在共御外敌、争取民族独立和解放的长期斗争中，福建各民族建立了休戚与共的亲密关系

丁拱辰（1800—1874），晋江陈埭回族。随海舶出国经商，认真观察学习

西方各式火炮与船舶的构造原理与操作方法。回国后，正值鸦片战争，将所学绘制成铸炮、制弹、演炮等图说，进呈两广总督邓廷桢，得到肯定和褒奖，被聘请在广东监造火炮，配制弹药，传授火炮发射方法。道光二十二年（1842）自费出版《演炮图说》。清宣宗赏给六品军功顶戴。后复修订为《演炮图说辑要》6 卷，共 4 卷 50 篇，为中国近代第一部介绍西方军械技术的专著。

1840 年 7 月，英国舰队先后两次闯入厦门港，均被我守军击退。次年，英舰再犯厦门，由于清政府决策失误、仓促应战，加上装备落后，导致厦门失守。道光二十一年（1841）七月，在厦门军民第三次抗击英军侵略的斗争中，护理延平协副将凌志、陆路提标左营游击那丹珠（均为满族）与海坛镇总兵张然，分别督率兵勇防守厦门各炮台。英舰 34 艘向厦门和鼓浪屿的炮台同时发起猛攻，清军开炮还击，先后打沉 6 艘英船。英军海军陆战队开始登陆，激战中，凌志、那丹珠奋力冲杀，先后被炮弹击中牺牲。

近代史上的中法战争始于福州马江海战。光绪十年（1884）闰五月二十一日，法国远征舰队在海军中将孤拔的率领下，侵入福建水师基地马尾军港。七月初三，法舰在马江向停泊在军港内的福建水师舰船发动偷袭，很短的时间内，福建水师全军覆没，11 艘军舰、19 艘运输船全部被击沉、击毁，数百官兵伤亡。在这次战争中，以福州将军穆图善为统领的八旗旗营及八旗水师官兵，同样表现出了不畏强敌、誓死御疆的英雄气概。穆图善，字岩春，姓那拉搭氏，世居黑龙江齐齐哈尔，隶满洲镶黄旗。初以骁骑校迁参领，随军在直、鲁、晋、豫、皖进攻太平军和捻军，擢为西安右翼副都统。后任荆州将军、署理陕甘总督、正白旗汉军都统、察哈尔都统。光绪五年（1879）出任福州将军。当法国侵略军舰队入侵福州马尾港之时，穆图善协助帮办军务，日夜训练旗兵。因长门地处入省门户要隘，他亲率八旗洋枪队三营，与陆营统领王得胜一道在此驻守。在营中，穆图善穿草鞋、扎绑腿、戴草笠、着号衣，与士卒同甘苦。马江海战后，法舰在闽江南北两岸大肆逞凶，他们唯恐长门守军断其归路，便派兵两面夹击，将清军的金牌炮台炸毁。穆图善及其所统领旗兵在腹背受敌的情况下，誓师御敌。他们设下埋伏，四面抵御，坚持四昼夜，击沉法舰一艘。法军眼见出口打不通，将舰船一字排开，进行猛烈的炮轰，炸毁清军炮台两座。清军各路守军见法舰炮火凶猛，纷纷溃逃，惟穆图善率所部官兵屹立不动。法军以为守军已溃散，便弃船登岸。穆图善预先设伏的旗兵突然攻击，击溃登岸法军，夺取法军 3 艘登陆船，焚烧 2 艘，击沉1艘，余下法军望风逃窜。此后，穆图善退守连江。战后，清廷朝野上下对穆图善的不畏牺牲、英勇抗击法国侵略军的爱国精神大加赞叹："官吏中有识有勇者，惟将军而已。"

福州三江口水师旗营位于马尾军港对岸的长乐琴江。八旗水师虽也挂着"水师"之名，其实拥有的船只仅是手划的木船，上置小型火炮，根本无法与近代炮舰相抗衡。福建水师被突袭后，夜间，水师旗营出动小木船，不计牺牲，对法国军舰进行了英勇的攻击，并点燃运输舰冲向法国舰队。福州水师旗营分左、右两翼，其右翼被穆图善调往闽江口长门附近的下塘寨以加强八旗捷字营的力量。右翼领兵官是统带黄恩禄。身为右翼协领的黄恩禄颇有作战滔略，深受穆将军赏识，被授权可自行指挥。当时朝廷钦差大臣张佩纶奉密旨不准先行宣战，但黄恩禄以"将在外，君命有所不受"为由，命令部下一见法军舰船即全力攻击。捷字营官兵不畏牺牲，奋勇抗敌：哨官李全寿身先士卒，亲自点燃巨炮轰击敌舰，不幸被法舰所发炮弹的弹片击中头部而牺牲；水师旗营骁骑校许国昌、张朝铭等人，表现也颇英勇，战后以军功而赏戴蓝翎。水师旗营的左翼除留下一部分人驻守营盘外，大多数官兵被调往闽安听候调遣。他们渡江所乘坐的八桨战船，在登陆前遭法舰袭击，旗勇们只好弃舟泅水登山。在高安山附近的闽江最狭窄处，用小炮轰击敌舰。八旗官兵在此役中付出了很大的牺牲。在三江口水师旗营的所在地琴江，百年来流传着一首民谣："法国打闽安，旗勇跑满山，战死李连安，吓死张十三，家家眼泪淌不干。"马江一战，水师旗营兵丁阵亡者70余人。为了祭奠在马江之战中牺牲的官兵，琴江满族在靠闽江边的西岳庙设立了阵亡者牌位，每年七月初三定期拜祭。后建起马江之战纪念馆，以纪念为国捐躯的先烈，并昭示后人要爱国、爱乡。

清同治五年（1866），左宗棠在福州马尾成立福州船政局并附设船政学堂。福州船政学堂是当时国内最早的海军学校。三江口水师旗营子弟30余人进入马尾船政学堂、马尾海军军官学校、南京水师学堂学习海军知识，其中有3人留学英国德国，1人留学美国。这部分由正规海军学校毕业的旗营子弟后来分别担任海军学堂教官、翻译、舰长、高级工程师、无线电专家，成为新式海军的骨干。萨镇冰（1859—1952），字鼎铭，祖籍山西代县，生于福建福州，中国近代著名的海军将领，先后担任清朝海军统制（总司令）、民国海军总长、代理国务总理、福建省省长等重要职务。早年在福建船政学堂学习驾驶。

1938年10月24日，“中山舰”在武汉长江巡防，被日寇飞机击沉，舰长萨师俊（萨镇冰侄子、福州蒙古族）等25名官兵殉国，“中山舰”最后的幸存者也是琴江满族。曾留学英、德两国的满族青年黄廷枢是民国海军中首批掌握潜艇技术的高级人才之一。抗日战争爆发后，他申请归国抗战，被分配到（水上）布雷游击队。他所在的布雷总队第三大队布雷区域正好在新四军的防区内。民国29年春，第三布雷大队拨归新四军指挥，直接受陈毅司令员的领导。当时黄廷枢是第六中队的中队长，他主动向海军部请缨，被委派为全权代表，只身前往江苏溧水县水西村新四军驻地，向陈毅司令员报到。在新四军的配合下，布雷大队成功进行了侦察、运送水雷、部署兵力、寻觅船只的任务。此外，毕业于南京海军雷电营校第一届无线电班的琴江人张端弧（黄廷枢同门），曾在“长治号”当过无线电官，抗战期间也参加了长江布雷战斗，任第五中队无线电官。

琴江村满族青年曹维廉携三弟妹（曹维新、曹维礼、曹维真）投笔从戎，参加新四军。民国27年（1938）春，毕业于福州英华书院的满族青年曹维廉毅然辞去欧亚航空公司高薪职位，率弟曹维新、大妹曹维礼、二妹曹维真一起参加新四军。同年，曹维廉由张爱萍介绍加入中国共产党。他历任新四军电讯大队教育主任、机务主任等职。在艰苦的战地环境中，他发挥自己熟悉的无线电专业技术专长，负责创建新四军最早的电台，培训了一批批电讯、机务人员，保证了前方的需要。当时正在皖南的美国记者史沫特莱闻知特地采访了他们，并为在场的维廉、维礼、维新拍了合影。皖南新四军军部训练班结束后，兄妹四人又各分西东：维廉留在军部，夜以继日地为新四军的通讯工作呕心沥血；维礼随第三师北上，为前线将士救死扶伤；维真随军赴皖北；维新留在军部担任军邮员。1941年初，皖南事变爆发，曹维新所在部队突围未成，他不幸被俘关押在上饶集中营。在赤石暴动发生后的民国三十一年6月19日，他被杀害在虎山庙旁，牺牲时年仅19岁。

在红色割据时期，处于中央苏区的闽西地区，有许多畲族子弟加入红军。畲族是最早参加革命斗争的中国少数民族之一。闽东畲族人民对党有着深厚的感情，抗日战争和解放战争时期，畲族人民坚持革命斗争，组织游击队，建立革命根据地。闽东畲族地区有70%以上是老区、苏区，很多革命老前辈，如叶飞、曾志、范式人等过去打游击的时候，经常是在畲族山村、畲族老乡家里度过的。

四、各民族间相互支持，携手共筑美好的生活，形成了互相离不开的政治认同

中国共产党自创立之始，作为中国人民和中华民族的先锋队组织，始终把为中国人民谋幸福、为中华民族谋复兴作为初心和使命，积极探索统一的多民族国家的民族关系问题，创造性地把马克思主义民族理论同中国民族问题具体实际相结合，把民族平等作为立国的根本原则之一，开辟了发展各民族平等团结互助和谐关系的新纪元。在党的民族政策光辉照耀和指引下，福建少数民族地区各项事业取得巨大成就，经济实现跨越式发展，社会成功向现代化转型，民族文化呈现勃勃生机。福建民族团结进步事业取得的成就、少数民族经济社会发展的经验，堪为典范。

1. 畲族族称的认定

畲族在历史上一直没有统一的族称，汉族史籍有关的记载也十分混乱，一般称为“南蛮”“百越”“峒僚”或“畲瑶”等等。历史上各个时期，民间对他们的称呼也极不一致。在元代，使用“畲军”“畲兵”和“畲丁”等称谓；明清以后，闽、浙各地有以“畲民”“畲人”和“畲客”称呼的；广东、江西有以“畬户”“畬蛮”和“山畬”称呼的；在民国时期，还有称其为“苗族”“瑶族”“瑶僮”和“苗民”等，不胜枚举。畲族不但一直没有正式的、能被接受的族称，甚至还被认为不是一个单一的少数民族，有认为是瑶族、苗族，更有早期的民族学者认为畲族是汉族的一种。中国共产党和政府对少数民族工作十分重视。1953 年，由国家民委派出畲族民族识别调查小组，分赴浙江景宁县，福建罗源县、漳平县进行畲民族识别调查，在确认身份后，以尊重本民族意愿和遵循“名从主人”的原则，1956 年由国务院正式公布确认，“畲族”成为法定的族称，从根本上结束了历史上族称混乱的局面。

2. 福建民族工作纳入法制化轨道

1982 年全国第三次人口普查时，根据国务院第三次人口普查领导小组、公安部、国家民委《关于恢复或改正民族成份的处理原则通知》的文件精神，在闽南、闽西等地恢复了数万人的畲族、回族、满族、蒙古族的民族成份。在人口普查中未能及时登记处理的，移交到各级人民政府民族工作部门进行。这项工作持续至 1987 年，其中属于解决历史遗留问题而恢复民族成份的有 160895 人。

1983年10月，根据国务院《关于建立民族乡问题的通知》文件精神，省政府在福鼎县进行建立民族乡政府的试点，在福鼎建立了7个畲族乡。1984年开始进行全省范围的公社改乡，1984年6月16日，福建省第一个民族乡乡政府——连江县小沧畲族乡乡政府成立。1984年10月1日，《中华人民共和国民族区域自治法》颁布实施。至今，福建省在民族散居地区先后建立了19个民族乡。

1999年10月，福建省九届人大常委会第14次会议通过《福建省少数民族权益保障条例》，2000年1月1日起正式颁布实施。《条例》的基本原则是保障少数民族的合法权益，维护和发展平等、团结、互助的社会主义民族关系，促进各民族共同繁荣；保障少数民族公民合法权益受法律保护，任何组织和个人不得侵犯；各级人民政府应当将本地区少数民族的经济、社会事业列入国民经济和社会发展计划及财政预算，并充分考虑少数民族的特点和需要，加大资金投入；鼓励社会各界帮助支持少数民族和民族地区发展经济和社会事业。

2001年9月，国家民委将福建高山族列入22个人口较少民族予以扶持。2002年5月，福建省政府召开专题会议，研究扶持高山族发展问题，并就贯彻落实国务院办公厅《关于扶持人口较少民族发展问题的复函》（国办函〔2001〕44号）文件精神提出意见。“十二五”期间，福建争取到中央扶持资金7980万元，用于高山族生产、就业、教育、住房、就医、困难补助等。同时，拉动社会投资，扶持9个高山族聚居行政村道路、饮水、水利、文教卫生、生态环境等46个基础设施项目建设。

3. 坚持不懈实施民族地区脱贫攻坚战略

实现各民族共同繁荣是党的民族政策的根本立场，也是社会主义社会的本质要求。加快民族地区发展，促进各民族共同繁荣发展，事关整个中华民族的发展，具有重大的国家战略意义。

对民族发展问题的高度认识，是福建民族各项事业取得成功的根本保证。20世纪90年代，全国扶贫工作的主战场开始转移到少数民族地区，福建举全省之力加快民族地区经济社会发展。1993年8月，省委省政府在福州召开全省民族工作会议，探讨在社会主义市场经济条件下开展民族工作的新途径。1994年4月，省委、省政府下发《关于加强民族工作的若干意见》，重点改善少数民族和民族地区的基础设施建设；实行异地移民的“造福工程”，改造闽东地区少数民族茅草房。1994年，省委、省政府确定福建省扶贫攻坚计划，将少数民族乡作为重点，确定省直单位定点挂钩民族乡扶贫。1994年8月，全省对口支援协作会在福州召开，决定在全省范围内实施发达县、市对口支援17个民族乡发展教育事业。1995年，省委、省政府做出《关于加强省直单位定点扶贫工作的决定》，确定省侨办等14个省直单位定点挂钩扶持17个民族乡。

党的十八届五中全会提出到2020年全面建成小康社会的国家发展战略，福建省“十三五”规划建议提出“现行标准下贫困人口全部脱贫”的主要目标，并提出支持原中央苏区、革命老区、少数民族聚居区、水库库区、海岛等欠发达地区加快发展。福建省持续实施民族乡村特色经济发展扶持增收工程，加强少数民族特色村寨保护与发展，全省民族乡村脱贫致富奔小康步伐明显加快。全省民族乡村实施特色经济扶持增收工程，因地制宜，打造“一乡一品”“一村一业”特色龙头产业。每年集中1000万元，扶持100个民族乡村实施特色经济增收工程，有针对性地开展资金帮扶、项目帮扶和结对挂钩帮扶，以产业带经济，以精准铸精品，着力提升民族乡造血功能。

4. 福建民族乡村经济社会发展取得的巨大成就

民族经济实现质的飞跃。在改革开放大潮中，福建个别地区的少数民族经济起步较早，发展较快，成为市场经济的“弄潮儿”。泉州陈埭镇的7个回族村在改革开放后，回族民众发扬其经商创业传统，纷纷开办企业，通过艰苦卓绝的拼搏奋斗，走上了富裕之路。1984年11月29日，陈埭镇提前完成年度计划任务，实现工农业总产值1.0292亿元。同年12月6日，福建省委、省政府电贺陈埭镇成为全省首个亿元镇。陈埭这片不到40平方公里的土地，容纳了3000多家鞋企和配套企业，被誉为“中国鞋都”。陈埭镇经济实力一直位列全国百强乡镇，高居福建第1位。回族七村有上百家企业在全国大中城市开设近千个专柜或批零点，近千人长期驻外从事营销活动。他们的足迹遍布全国，还踏进东南亚、俄罗斯、东欧、美国、日本等国家与地区。与此同时，市场化拉动工业化，推进城市化。对交通、电信、金融、广告、信息咨询等一系列生产服务业的需求迅速增加，拉动第三产业的发展，增加城镇第三产业吸纳劳动力的能力，从而促进城市化进程。庞大的第三产业市场为城市化提供了物质基础和人口基础。

畲族地区传统经济的转型。闽东是畲族的主要聚居地，也是畲族文化的核心区域。闽东地区的7个畲族乡，190个畲族行政村，2014个畲族自然村，大都处于偏远地区。位于大山深处的畲族村寨交通不便，土地贫瘠，山耕十分费力。中华人民共和国成立后的很长一段时期，大多数闽东畲乡的商品经济依然不发达，有的还处于自然经济、半自然经济状态，加上交通不便，信息不灵，缺技术，缺人才，致使畲乡得天独厚的自然条件得不到很好的开发与利用。历经40多年的发展，宁德畲族乡村的传统经济结构产生重大的变革。福安坂中畲族乡工业区拥有电机电器、医疗器械、建筑建材等企业100多家；霞浦盐田畲族乡工业区形成以合成革生产为主导的产业核心；福鼎硖门畲族乡工业区打造出以轧钢精深加工、机械制造、食品加工为龙头的特色园区。以上三个园区工业产值分别占所在民族乡工业总产值的80%、80%和60%。福建宁德蕉城区八都镇猴盾畲族村充分发挥当地山地资源丰富的优势，种植茶叶和美国脐橙、水蜜桃等高优水果品种。该村不仅开发了平湖山集体茶园578亩，还以平湖茶场为中心，带动全村群众开发茶园1300多亩，配套办起了2个茶叶初制厂、茶珠厂。他们发展精制茶、提升农产品附加值，建成高标准茶叶示范场，生产的有机茶叶标准达A+级（欧盟标准），出产的茶叶成功打入欧盟市场。福建漳州市赤岭畲族乡，通过合理调整农业结构，形成粮食、水果、蔬菜、食用菌、畜牧等五大主导产业，创建“赤岭优质水果苗木基地”和“高优水果示范·赤岭乡水田基地”，建立大棚反季节蔬菜试验示范基地，食用菌种植面积达8万平方米。此外，建设淡水养殖体系，养殖鳗、鲢鱼、罗非鱼和南美洲白对虾等。

少数民族企业家群体形成。福建回族企业家群体出现较早，陈埭七村丁氏的家族企业，形成安踏、361°、特步等品牌为代表的集团优势，占据中国体育用品行业的霸主地位。在闽东地区，畲族企业家开始聚焦市场，初露锋芒。他们主要从事养殖业、种植业、运输业、建筑业以及服务行业的乡村个体户。如今，他们中崛起了一批企业家团队，逐渐成为闽东经济舞台上的新角色。他们中大多是白手起家的畲族村民，他们求知若渴，对市场有着特殊的敏感与判断力。在市场博弈中，摆脱昔日个体户家庭作坊式的经营方式，滚动发展，不断扩大企业规模，逐步建立现代化经营模式。畲族企业家群体的出现，为畲族经济发展增添了新活力和新动能。2015年福建省畲家企业商会成立，目前有会员企业300多家，企业资产上千亿元，经营领域涵盖房地产、金融、医药、建筑建材、贸易、农业科技、教育、机电、旅游等30多种行业。福建省畲家企业商会积极搭建会员、政企交流互动合作平台，着力将分散于八闽各地的畲族同胞、畲族企业家联络起来，促进资源共享、优势互补、合作共赢；组织引导畲族企业家把企业的发展与畲族乡村的经济社会发展结合起来，为促进全省畲族同胞加快实现全面小康贡献智慧和力量。

民族乡村社会结构变化显著、人口素质普遍增强。随着产业经济发展、城市布局等的影响，福建民族乡村人口分布明显地呈现出从欠发达地区向相对发达地区迁移、流动的趋势。根据2010年全国第六次人口普查数据，福建畲族总人口数为365514人，其中城市人口为246449人，乡村人口119065人，城乡人口比率为1∶0.48。畲族的城市人口数量已经占据总数的一半以上，城镇化比例提高了31.25%。畲族乡已经转型为外向型的经济，城乡畲族的经济生活有了质的提高。随着爱国卫生运动和除害灭病工作的深入开展，地方病和传染病基本上得到控制。近年来，畲族乡村预防保健网逐渐健全，儿童计划免疫进一步普及，群众免疫力提高。加上全面推进城乡居民医疗保险体系的建设，畲族人民看病难的问题基本得到解决。畲族地区不断推进各项体育健身活动的开展，畲族青少年体质增强，体育人才增多，体育竞技水平得到提高。此外，一些传统体育，如棍术、拳术、投掷等项目，得到挖掘和整理，在一些畲族山村十分普及。这些对畲族人口的生存质量都起到重要的保障作用。2010年“六普”数据显示，畲族人口的平均预期寿命继续在提高，达到历史上最高的74.05岁。最近几年的主要社会数据指标，可以反映出福建民族乡村社会生活综合质量显著提高。2015年福建19个少数民族乡拥有学校总数85所、在校生总数31801人、教师总数2719人、民族初中生入学率99%、民族初中生升学率85%；乡镇卫生院数18所、病床数425个、卫生人员429个、村办医疗站346个、参加合作医疗人数总计667252人、566个民族村用上安全饮用水；图书馆、文化站24个、体育场馆3个；福利院98个、560个民族村通有线电视；567个民族村通电、451个民族村通公路、565个民族村以燃气为主要燃料。

“既要金山银山，更要绿水青山”，畲乡人把保护好自己的绿色家园看得和生命一样重要。碧树蓝天、清新空气和民族文化，吸引着无数山外人的目光。闽东畲乡有着丰富而极具民族特色的旅游资源：除了世界地质公园太姥山、白云山外，还有福安市溪潭镇瓜溪畲村的白云山瓜溪刺桫椤自然保护区、位于福安市坂中畲族乡仙岫山的“仙岩畲族风情园”、位于福安市穆云畲族乡凤翔山侧峰的清泉，清澈甘甜，常年不竭。畲族文化是福建地方文化的重要组成部分。位于福安市坂中畲族乡大林畲族村的大林钟氏宗祠，具有很高的历史价值和较高的艺术价值；位于宁德市蕉城区金涵畲族乡亭坪畲族村的中华畲族宫自1995年建立以来，多次接待了包括李鹏、田纪云、布赫在内的中央领导和重要贵宾。传统文化的展示是畲村旅游的魅力。宁德市猴盾畲村的“三月三畲歌会”吸引了四邻八方的游客，为弘扬畲族文化，猴盾村在小学开设了自编的畲族乡土文化课程，自编自导反映畲族同胞勇敢精神的“上刀山”“下火海”“奶娘悬缸”等优秀畲族风情节目。2014 年，国家民委评出首批 340 个“中国少数民族特色村寨”命名挂牌名录。入选的少数民族特色村寨，大都是民居特色突出、产业支撑有力、民族文化浓郁、人居环境优美、民族关系和谐的少数民族特色村寨。福建省入选的 10 个村寨分别是：长乐市航城街道琴江满族村、连江县东湖镇天竹村、延平区水南街道岭炳洋村、永安市青水畲族乡沧海村、漳浦县湖西畲族乡顶坛村、华安县新圩镇官畲村、蕉城区金涵畲族乡上金贝村、蕉城区八都镇猴盾村、福安市穆云畲族乡溪塔村、霞浦县溪南镇白露坑村。2017 年 4 月，国家民委印发《关于命名第二批中国少数民族特色村寨的通知》，福州市连江县丹阳镇后冠村、福州市罗源县起步镇庭洋坂村等 32 个村寨被命名为“中国少数民族特色村寨”。

5. 全面实现小康，少数民族一个都不能少，一个都不能掉队

党的十八大以来，以习近平总书记为核心的党中央高度重视民族工作，如期实现民族地区脱贫奔小康的庄严承诺，在开启建设社会主义现代化国家新的历史起点，团结带领全国各族人民铸牢中华民族共同体意识这一国家统一之基、民族团结之本、精神力量之魂，朝着实现中华民族伟大复兴的宏伟目标奋勇前进。

从 1985 年 6 月调任厦门，到 2002 年 10 月调任浙江，在福建工作的 17 年半里，习近平始终心系少数民族群众的冷暖，牵挂少数民族地区的发展。“我和畲族是有缘分的……在闽东，我耳闻目睹了畲族人民的艰苦奋斗和畲族地区的繁荣进步……今天，我虽然离开了闽东，但时常还会回忆起畲乡的山山水水，我的心系着畲族人民。”1999 年，在《一切为了畲族的发展——〈畲族社区研究〉序言》中，时任福建省委副书记习近平这样写道。

从 1988 年 6 月调任宁德地委书记起，习近平就和闽东畲族群众结下了深深的情缘，倾力推动包括畲族群众在内的闽东人民脱贫致富。习近平同志就任宁德地委书记后第一次下村调研，就选在了畲族村。他在关于中国少数民族问题的重要论述——《巩固民族大团结的基础——关于促进少数民族共同繁荣富裕问题的思考》（1989 年 6 月）的文章开篇中写道：“我们的事业方方面面，千万不能漠视少数民族事业这一重要方面。这是一个原则，基于这个原则，我们有必要深刻地思考关于促进少数民族共同繁荣、富裕的几个问题，

我们的出发点和归宿是要巩固民族大团结的基础。”习近平同志要求“各级领导要经常过问民族工作，要把民族工作摆到重要的议事日程，要切实帮助少数民族解决迫切需要解决的问题。”离开宁德后，1996年8月，时任中共福建省委副书记的习近平同志率省直8个厅局领导赴宁德6个县市32个乡村调研，他始终关注少数民族脱贫致富奔小康问题，依然深深牵挂着少数民族群众。

2015年年初，习近平对国家民委《民族工作简报》2015年第6期《“中国扶贫第一村”福建宁德市赤溪畲族村各族群众全面迈入小康生活》做出重要批示：“30年来，在党的扶贫政策支持下，宁德赤溪畲族村干部群众艰苦奋斗、顽强拼搏、滴水穿石、久久为功，把一个远近闻名的贫困村建成了小康村。全面实现小康，少数民族一个都不能少，一个都不能掉队。要以时不我待的担当精神，创新工作思路，加大扶持力度，因地制宜、精准发力，确保如期啃下少数民族脱贫这块硬骨头，确保各族群众如期实现全面小康。”赤溪村是福鼎市磻溪镇东南部的一个畲族村，是国务院扶贫办命名的“中国扶贫第一村”。40多年来，赤溪村实现了从穷山村到小康村的华丽转身，成为福建民族乡村艰苦奋斗、摆脱贫困、建设全面小康的一个生动缩影，从中折射出的“滴水穿石”精神、“弱鸟先飞”意识，发人深思、催人奋进。赤溪畲族村走过了一条持续不断、循序渐进、“输血”和“造血”并重、“扶智”和“扶志”并举的扶贫开发之路，走出了一条“生态立村、农林强村、旅游富村”的摆脱贫困、致富奔小康之路。

五、铸牢中华民族共同体意识，巩固中华民族伟大复兴的思想基础

2014年9月28日，习近平总书记在中央民族工作会议上发表重要讲话：“加强中华民族大团结，长远和根本的是增强文化认同，建设各民族共有精神家园，积极培养中华民族共同体意识。”文化认同是最深层次的认同，是民族团结之根、民族和睦之魂。文化认同问题解决了，对伟大祖国、对中华民族、对中国特色社会主义道路的认同才能巩固。

1. 树立正确的民族观：中华民族是多元一体的大家庭

马克思主义认为，人们的民族观是世界观在民族和民族问题方面的集中反映，属于上层建筑的思想意识范畴。中国共产党确立的民族观，是马克思主义基本原理与中国实际相结合的产物，是尊重历史、符合国情、顺应人心、

具有中国特色的民族观，是立足于统一的多民族国家和中华民族多元一体国情基础上的民族观。中华民族是一个多元一体的大家庭，中华民族是中国跻身于世界民族之林的唯一代表。这是我们树立正确的民族观首先要解决的认识问题。

2019年9月，习近平总书记在全国民族团结进步表彰大会上指出："我们伟大的祖国，幅员辽阔，文明悠久，中华民族多元一体是先人们留给我们的丰厚遗产，也是我国发展的巨大优势。""中华民族精神是各族人民共同培育、继承、发展起来的，已深深融进了各族人民的血液和灵魂，成为推动中国发展进步的强大精神动力。""我们辽阔的疆域是各民族共同开拓的……各族先民胼手胝足、披荆斩棘，共同开发了祖国的锦绣河山……今天，960多万平方公里的国土富饶辽阔，这是各族先民留给我们的神圣故土，也是中华民族赖以生存发展的美丽家园。""我们悠久的历史是各民族共同书写的……秦国'书同文，车同轨，量同衡，行同伦'，开启了中国统一的多民族国家发展的历程……秦汉雄风、大唐气象、康乾盛世，都是各民族共同铸就的历史。""我们灿烂的文化是各民族共同创造的……中华文化是各民族文化的集大成，各族文化交相辉映，中华文化历久弥新，这是今天我们强大文化自信的根源。""我们伟大的精神是各民族共同培育的……近代以后，面对亡国灭种的空前危机，各族人民共御外侮、同赴国难，抛头颅、洒热血，共同书写了中华民族艰苦卓绝、气壮山河的伟大史诗……在百年抗争中，各族人民血流到了一起、心聚在了一起，共同体意识空前增强，中华民族实现了从自在到自觉的伟大转变。"

2. 构筑各民族共有精神家园，促进各民族像石榴籽一样紧紧抱在一起

习近平总书记强调："加强民族团结，基础在于搞好民族团结进步教育，建设各民族共有精神家园。要深入践行守望相助理念，深化民族团结进步教育，铸牢中华民族共同体意识，促进各民族像石榴籽一样紧紧抱在一起。"

加强中华民族大团结，长远和根本的是建设各民族共有精神家园，铸牢中华民族共同体意识。习近平总书记指出：第一，坚持党的领导，团结带领各族人民坚定走中国特色社会主义道路。实践证明，只有中国共产党才能实现中华民族的大团结，只有中国特色社会主义才能凝聚各民族、发展各民族、繁荣各民族。我们要坚持走中国特色解决民族问题的正确道路，坚持和完善民族区域自治制度，加强党的民族理论和民族政策学习以及民族团结教育，把各族干部群众的思想和行动统一到党中央决策部署上来。第二，把各族人

民对美好生活的向往作为奋斗目标，确保少数民族和民族地区同全国一道实现全面小康和现代化。没有民族地区的全面小康和现代化，就没有全国的全面小康和现代化。第三，以社会主义核心价值观为引领，构建各民族共有精神家园。文化是一个民族的魂魄，文化认同是民族团结的根脉。各民族在文化上要相互尊重、相互欣赏，相互学习、相互借鉴。要以构筑各民族共有精神家园、铸牢中华民族共同体意识为引领，推动各民族文化的传承保护和创新交融，树立和突出各民族共享的中华文化符号和中华民族形象，增强各族群众对中华文化的认同。要搞好民族地区各级各类教育，全面加强国家通用语言文字教育，不断提高各族群众科学文化素质。要把加强青少年的爱国主义教育摆在更加突出的位置，把爱我中华的种子埋入每个孩子的心灵深处。要牢牢把握舆论主动权和主导权，让互联网成为构筑各民族共有精神家园、铸牢中华民族共同体意识的最大增量。第四，高举中华民族大团结的旗帜，促进各民族交往交流交融。中华人民共和国成立以来，特别是改革开放以来，各民族在社会生活中紧密联系的广度和深度前所未有，我国大散居、小聚居、交错杂居的民族人口分布格局不断深化，呈现出大流动、大融居的新特点。我们要顺应这种形势，出台有利于构建互嵌式社会结构的政策举措和体制机制，完善少数民族流动人口服务管理体系，促进各民族共建美好家园、共创美好未来。第五，依法治理民族事务，确保各族公民在法律面前人人平等。要全面贯彻落实民族区域自治法，健全民族工作法律法规体系，依法保障各民族合法权益。要坚持一视同仁、一断于法，依法妥善处理涉民族因素的案事件，确保民族事务治理在法治轨道上运行。对各种渗透颠覆破坏活动、暴力恐怖活动、民族分裂活动、宗教极端活动，要严密防范、坚决打击。

3. 中华民族共同体意识是国家统一之基、民族团结之本、精神力量之魂

实现中华民族伟大复兴的中国梦，要以铸牢中华民族共同体意识为主线，把民族团结进步事业作为基础性事业抓紧抓好。当今中国正经历广泛而深刻的社会变革，正进行坚持和发展中国特色社会主义的伟大实践创新，中国各族人民迎来开创民族文明新境界，全方位推进民族高质量发展超越的契机。“中国特色社会主义进入新时代，中华民族迎来了历史上最好的发展时期。同时，面对复杂的国内外形势，我们更要团结一致、凝聚力量，确保中国发展的巨轮胜利前进”。

实现中华民族伟大复兴的中国梦，要各个成员凝心聚力、同心同德、团结一心，为实现这个目标共同团结奋斗。要认识到，多元一体大家庭是一个

命运共同体，家庭成员之间是手足相亲、守望相助，一损俱损、一荣俱荣的血肉关系。习近平总书记强调："在新的征程上，我们要高举团结的旗帜，紧密团结在党中央周围，巩固全国各族人民的大团结，加强海内外中华儿女的大团结，增强各党派、各团体、各民族、各阶层以及各方面的大团结，保持党同人民群众的血肉联系，大力弘扬爱国主义精神，凝聚成一往无前的力量，推动中华民族伟大复兴的航船乘风破浪、扬帆远航。"

实现中华民族伟大复兴的中国梦，要树立正确的政治观、历史观、民族观、国家观和文化观。要使各族人民充分认识到中华民族是一个命运共同体，各民族只有把自己的命运同中华民族的命运紧紧连接在一起，才能拥有更加光明的前途，走向更加美好的明天。要顺应新时代民族关系发展的新趋势，开展各种形式的民族团结进步教育活动，弘扬社会主义核心价值观和中华优秀传统文化，引导各民族成员自然而然地接近，促进民族交往交流交融，强化中华民族共同体意识建构。要切实增强各族群众对伟大祖国、中华民族、中华文化、中国共产党和中国特色社会主义的认同，巩固和发展民族团结的思想基础。

在开启全面建设社会主义现代化国家新征程的历史起点，铸牢中华民族共同体意识是实现中华民族伟大复兴宏伟目标的根本思想保障。我们要更加紧密地团结在以习近平总书记为核心的党中央周围，高举新时代中国特色社会主义思想伟大旗帜，不断增强各族群众对"四个共同""五个认同"重要论断的认识；不断秉持新发展理念，形成具有强大向心力和引领力的中华民族同心文化新发展格局；不断提高中国特色解决民族问题的道路自信、理论自信、制度自信、文化自信，为解决世界民族问题提供中国方案、贡献中国智慧。

参考文献：

[1] 党的十八大以来习近平总书记关于民族问题的重要讲话：2014 年 9 月 28 日在中央民族工作会议上的讲话；2018 年 3 月 5 日参加十三届全国人大一次会议内蒙古代表团审议时的讲话；2019 年 7 月 15 日至 16 日在内蒙古考察并指导开展"不忘初心、牢记使命"主题教育时的讲话；2019 年 9 月 27 日在"全国民族团结进步表彰大会"上的讲话；2019 年 9 月 30 日在"庆祝中华人民共和国成立 70 周年招待会"上的讲话等。2019 年 4 月 16 日在解决"两不愁三保障"突出问题座谈会上的讲话；2020 年 1 月 19 日至 21 日在云南考察调研时的讲话；2020 年 5 月 20 日对毛南族实现整族脱贫做出重要指示；2021 年 2 月 3 日至 5 日赴贵州看望慰问各族干部群众时的讲话；2021 年 8 月 27 日至 28 日在第五次中央民族工

作会议上的讲话。

［2］费孝通. 中华民族多元一体格局［M］. 北京：中央民族大学版社，1999.

［3］郝时远. 类族辨物——民族与族群概念之中西对话［M］. 北京：中国社会科学出版社，2013.

［4］福建省地方志编撰委员会. 福建省志·民族志［M］. 厦门：鹭江出版社，2013.

［5］福建省民族与宗教事务厅. 辉煌30年1978—2008福建民族工作改革开放三十年，福建省新闻出版局，准印证号：（闽）新出（2009）内书第13号.

［6］福建省政协文史和学习委员会. 福建畲族百年［M］. 福州：福建人民出版社，2013.

［7］福建省统计局，福建省民族与宗教事务厅. 2015年福建省少数民族乡村经济社会统计资料，内部资料。

［8］习近平. 摆脱贫困［M］. 福州：福建人民出版社，1992.

［9］麻健敏. 中国少数民族人口丛书——畲族［M］. 北京：中国人口出版社，2013.

［10］卢美松. 中国地域文化通览·福建卷［M］. 北京：中华书局，2013.

［11］卢美松. 八闽文化综览［M］. 福州：福建人民出版社，2013.

［12］麻健敏. 闽台粘氏满族谱牒研究［M］. 福州：海峡书局，2008.

［13］徐晓望. 福建通史［M］. 福州：福建人民出版社，2006.

［14］焦天龙，范雪春. 福建与南岛语族［M］. 北京：科学出版社，2020.

福建省少数民族流动人口服务与管理研究[①]

福州大学人文社会科学学院　陈凤兰　陈鸿娟

随着福建省城市化进程的不断加快和社会主义市场经济的不断发展，越来越多的省内外少数民族群众开始向我省经济发达地区流动，逐渐改变了我省历史上形成的民族分布重心和民族工作格局。习近平总书记明确提出，对少数民族进城，要持欢迎的心态，做好散居和城市民族工作特别是少数民族流动人口工作。2019年全国民族团结进步表彰大会上，习近平总书记再次强调，完善少数民族流动人口服务管理体系。这些重要论断立足改革开放以来我国民族工作发展的阶段性特征，深刻指出了做好城市民族工作特别是少数民族流动人口服务管理工作的极端重要性，具有很强的思想性、指导性和现实针对性。

在少数民族人口空间分布变化的背景下，福建省应回顾过去少数民族流动人口服务管理中积累的经验与存在的不足，进行相应的改进与完善，提升少数民族流动人口服务管理水平，促进少数民族流动人口与本地民众在交往交流交融中增进情感认同，铸牢中华民族共同体意识，共享中华民族新的光荣和梦想。

一、福建省少数民族流动人口概况及相关研究回顾

据第七次全国人口普查统计，我省现有少数民族人口112.15万人，占全省总人口的2.70%，民族成份主要为畲族、回族、满族、蒙古族等。福建省登记的少数民族流动人口70.2万，主要来自贵州、湖南、重庆、云南等西南

① 本文系2021年度福建省铸牢中华民族共同体意识研究中心课题研究成果，项目编号21SKZ41。

省份以及西北地区的新疆、甘肃、青海等地，以务工、经商为主，主要分布在福州、厦门、泉州等地[1]。本课题研究主题是城市少数民族流动人口的社会融合现状及服务管理对策研究。因此，将对学术界关于少数民族流动人口研究以及社会融合理论进行简要理论回顾。

1. 城市少数民族流动人口研究

关于少数民族流动人口的服务与管理研究，国内学术界已有较多的学术积累。已有研究从不同学科、不同视角、不同层面对少数民族流动人口进行研究，大致可以分为两类。第一类，从少数民族流动人口群体的视角出发，对不同区域的少数民族流动人口进行研究，如对西宁市城东区少数民族流动人口的调查，认为构建各民族相互嵌入的社会结构和社区环境，是促进民族交往交流交融的重要途径（杜娟，2020）；以湖北省为例，探讨多民族互嵌视域下少数民族流动人口社会融入研究（袁波澜，2020）；以义乌为例，分析回族流动人口的社会迁移、融入与整合情况（史诗悦、倪佳瑜，2020）；对珠三角地区少数民族流动人口特征分析（李晓婉，2020），等等。已有研究结合各地少数民族流动人口的特征及区域特征，从不同角度提出促进少数民族流动人口融入城市的建议。第二类，从社会治理的视角探讨少数民族人口流动问题，如从整体性治理视角研究少数民族流动人口跨区域服务管理协作机制（方堃、杨欣，2017）；对城市少数民族流动人口服务管理绩效评估指标体系构建进行研究（马冬梅、李吉和，2019）；在大数据时代背景下，城市政府部门应当在少数民族流动人口相关数据的决策价值、人才培养、共享规范、安全保障、核心理念等方面进行提升，通过精准的数据收集和科学的数据分析，促进少数民族流动人口服务质量提升，推进城市民族事务治理现代化的进程（马伟华、兰金奕，2020），等等。已有研究既有宏观层面的建议，也有微观层面的具体措施，为本课题研究提供重要借鉴。

2. 社会融合研究

该理论源于欧美移民的社会排斥问题。2003 年欧盟《社会融合联合报告》将社会融合定义为：确保具有风险和受到社会排斥的群体能够获得必要的机会和资源，使其全面参与经济、社会和文化生活，享受正常的生活和在他们居住的社会享受正常的社会福利，减少不同群体间的隔阂，不同身份背景能享受到平等、正常的权利和福利。社会融合主要用于解释移民在流入地社会面临的社会孤立与排斥的归因问题，围绕这个主题形成了人力资本归因论、社会资本归因论和制度归因论三种理论，其中，制度归因理论倾向于强调制度和政策对移民社会融入的限制作用。我国学者尤其强调制度视角的分析，认为社会融合是指社会中某一特定人群，与社会主流群体公平公正地、同等地获取和享有经济、政治、公共服务等公共资源和社会福利的动态过程或状态，强调影响流动人口社会融合的诸要素都与制度有直接或间接的关联（肖子华等，2019）。

国内学者在借鉴国外相关研究的基础上，也尝试提出了多元化的流动人口社会融合指标体系。高向东、李芬（2018）提出从经济适应、社会接纳、文化认可、心理归属四个维度建构大城市少数民族流动人口城市融入指标体系；悦中山、李树茁（2016）构建了均等化指数和落户指数，对中国流动人口融合政策进行评估；杨菊华（2015）构建了包括经济整合、文化接纳、行为适应和身份认同四个方面的社会融合指标体系；任远、乔楠（2010）认为社会融合指标体系包括身份认同、对城市的态度、与本地人的互动、感知的社会态度四个方面。其他相关研究成果，在此不一一列举。

本研究主要根据党中央、国务院及相关部委出台的促进流动人口社会融合的相关文件，结合国内外最新研究成果，构建了包括政治融合、经济融合、文化融合和公共服务融入四个维度的评估标准，分析福建省少数民族流动人口的融合状况及存在问题，在此基础上提出相应的服务与管理对策。

二、福建省少数民族流动人口服务与管理的现状

在新的时代背景下，为提升少数民族流动人口服务管理水平，应对少数民族流动人口进行深入调研，了解该群体的需求，以便精准开展相应的服务与管理工作。要完善少数民族流动人口的服务管理，应该围绕以下几个问题展开：少数民族流动人口有哪些方面需要服务？相关部门能提供什么服务？如何服务？

少数民族人口之所以流动，其最大动力就是对美好生活的向往。因此，针对少数民族流动人口的服务与管理，应该围绕“满足少数民族流动人口对美好生活的向往”这一中心开展，注重提升该群体的就业能力与就业质量，完善社会保障服务，促进他们在流入地的社会融入，进而实现“各族人民共创美好未来、共享中华民族新的光荣和梦想”。

（一）福建省少数民族流动人口服务与管理的组织与职能

福建省少数民族流动人口的服务管理工作涉及范围较广，主要包括少数

民族流动人员子女教育、卫生服务、就业、社会保障、社区管理、户籍与治安等，对其进行服务管理的行为主体主要包括民族宗教、公安、教育、民政、司法、人社、卫健、市场监管等部门以及乡镇（街道）、社区（居委会）、企事业单位、社会组织。各行为主体根据职责分工，共同做好少数民族流动人口的服务管理。

在少数民族流动人口的服务管理中，民族宗教部门主要负责管理民族工作，贯彻执行民族政策；公安部门主要负责户籍管理相关工作和少数民族流动人口合法权益的保障；教育部门负责保障少数民族流动人员子女接受教育的权利；民政部门主要负责推动社区对少数民族流动人口的管理以及保障少数民族流动人口的最低生活；司法部门主要负责为少数民族流动人口提供法律援助和进行纠纷的调解工作等；人力资源和社会保障部门主要负责为少数民族流动人口提供就业信息、指导及培训，保障少数民族流动人口在就业方面的合法权益；卫健部门主要负责为少数民族流动人口提供医疗、卫生服务；市场监管部门主要负责监督少数民族流动人口的市场行为，规范和维护市场经营秩序。政府各部门之间职能分工合理、权责明确、相互协调配合，同时，也需要各个乡镇（街道）、社区（居委会）、企事业单位、社会组织的协助，共同保障少数民族流动人口服务与管理工作顺利开展。

（二）福建省少数民族流动人口服务与管理的措施

为了给少数民族流动人口提供良好的服务管理，福建省各级党委、政府及各职能部门高度重视抓好少数民族流动人口服务管理体制建设工作。

1. 加强少数民族流动人口服务管理体制建设

一是建立了民族工作联席会议机制。我省各级政府定期召开民族工作联席会议，及时研究解决涉及民族宗教领域的重难点问题。二是建立了上下联动机制。如福州市建立了市、县（市）区、街道、社区四级工作网络，准确掌握动态，及时解决问题。三是建立了信息联络员制度。如厦门市将街（镇）统战干部、社区专职人员和企业人力资源主管作为核心成员，成立了少数民族流动人口信息员队伍，与少数民族流动人口进行联络。四是建立了输入地与输出地的协作机制。福州、厦门等少数民族主要流入地与新疆、甘肃、青海等少数民族主要流出地政府签订了对口联系协议，并与新疆驻福建工作组取得联系，建立定期交流信息，相互支持帮助的工作机制。五是探索形成了一定的少数民族流动人口服务管理模式。如厦门市形成了社区少数民族流动人口服务管理“六有”模式，按照“有一个管理机构、有一名管理联络员、有一本管理台账、有一本服务手册、有一个服务窗口、有一张便民联系卡”标准建设少数民族流动人口服务站，使城市民族工作不断向基层延伸，不断健全对少数民族流动人口服务管理的相关机制。[2]六是打造了信息管理平台。各职能部门不断加强信息管理平台和社区公共服务综合信息平台建设，建立了少数民族流动人口基础信息数据库和管理台账，了解掌握少数民族流动人口基本情况。七是设立了少数民族流动人口联系点。我省自 2017 年至 2019 年共确定了 32 个少数民族流动人口联系点，在各个联系点开展民族团结进步宣传教育和创建活动，努力帮助解决少数民族流动人口生产生活的实际困难、帮助融入城市生活，协助政府对少数民族流动人口进行服务管理。八是建立了群众监督机制。通过开通微信公众号、12345 电话，接受广大人民群众对民族工作的监督。

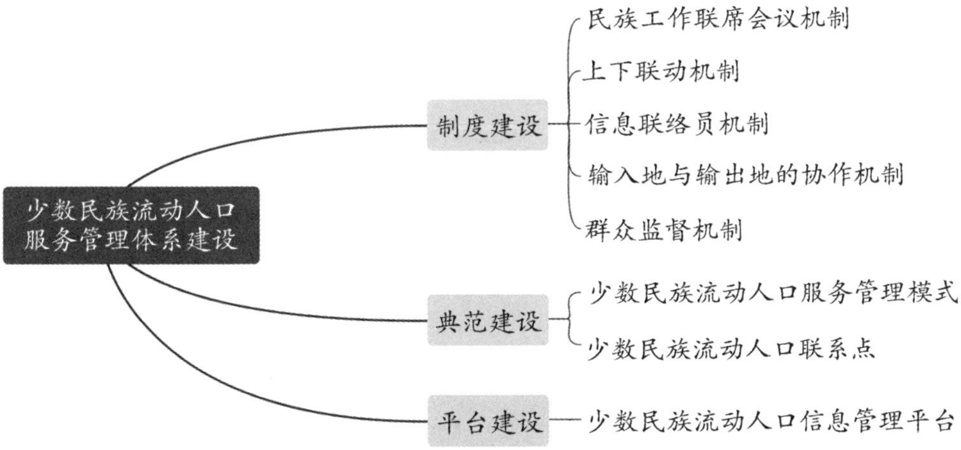

图 1　福建省少数民族流动人口服务管理体系建设

2. 制定少数民族流动人口服务与管理制度规范

制度政策是少数民族流动人口服务与管理的依据，福建省根据宪法和民族工作条例，结合本地实际情况，制定了一系列有关少数民族流动人口服务与管理的政策法规。

如图 2 所示，2016 年 12 月省政府正式实施的《福建省实施〈居住证暂行条例〉办法》，在一定程度上推动了流动人口服务的均等化，增强了少数民族流动人口的归属感。为不断提升我省少数民族流动人口服务管理整体水平，我省于 2017 年发布了《关于建立少数民族流动人口服务管理工作联系点制度的通知》，选取六个少数民族流动人口聚集地设立了服务管理工作联系点，为

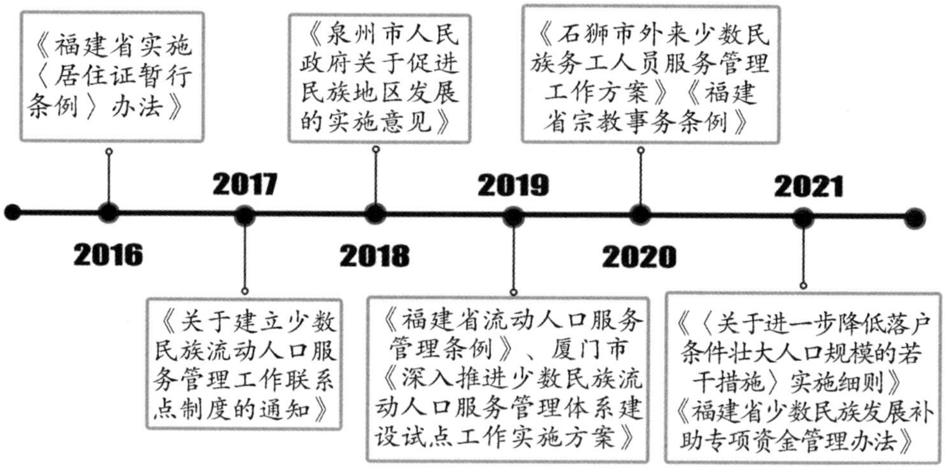

图 2　福建省关于少数民族流动人口服务与管理的制度政策

少数民族流动人口提供更全面的服务管理。2019 年 9 月出台的《福建省流动人口服务管理条例》，对流动人口的信息采集、居住登记与居住证、公共服务与权益保障和法律责任进行了明确的规定，有利于保障少数民族流动人口的合法权益。2020 年通过的《福建省宗教事务条例》，保障了少数民族流动人口的宗教信仰自由。2021 年 1 月福州市正式施行的《〈关于进一步降低落户条件壮大人口规模的若干措施〉实施细则》，提出了"零门槛"落户政策，随后泉州和漳州也放宽了落户门槛，这进一步解决了少数民族流动人口的落户问题，推动了少数民族流动人口的市民化。2021 年 11 月福建省根据中央及我省有关政策规定，结合我省少数民族实际，对 2017 年制定的《福建省少数民族补助资金管理办法》进行修订完善，出台了《福建省少数民族发展补助专项资金管理办法》，《办法》将少数民族流动人口服务管理纳入省级少数民族补助款使用范围。除此之外，各地也根据自身的实际情况提出了少数民族流动人口服务管理的对策。泉州市政府制定了《泉州市人民政府关于促进民族地区发展的实施意见》，提出了加强民族团结进步教育宣传，保障少数民族群众合法权益，积极开展少数民族传统文化传承保护和交流，加强少数民族人才队伍建设等十二项工作任务，并明确了具体落实的责任单位。厦门市印发了《深入推进少数民族流动人口服务管理体系建设试点工作实施方案》，着重从构建民族工作网络、构建信息管理平台、完善应急处置体系建设、加强公共服务平台建设、加强多元共建、加强宣传教育等六方面推进少数民族流动人口服务管理体系建设。石狮市制定下发了《石狮市外来少数民族务工人员服务管理工作方案》，建立了精准的数据管理机制，形成了“统战（民宗）协调、部门联合、街企联动”的工作机制。

3. 推动社区少数民族流动人口融入社区建设

社区是城市的重要组成部分，在城市少数民族流动人口服务工作中发挥着至关重要的作用。作为基层组织，社区与少数民族流动人口的接触是最为密切的，许多社区建立了少数民族流动人口基本情况信息台账，实行信息化、动态化管理。福建省部分城市积极推动相互嵌入式的社区建设，开展形式多样的公共服务管理工作。如泉州市丰泽区丰泽街道源淮社区开创了“一家、四园、五基地”的模式，其中“一家”即“新市民之家”，要求坚持需求服务与普遍服务相结合，规范完善“新市民之家”建设；“四园”指整合社区丰富的公共服务资源，建成新市民的“温馨家园”“开放学园”“创业佳园”和“生活乐园”，力争帮助流动人口解决生活、生产、生育方面的难题；“五基地”即设立“儿童早期发展基地”“青春健康教育基地”“女性生殖保健基地”“老年人关爱基地”“爱心帮扶救助基地”，致力于满足不同阶段不同人群的具体需求。[3]晋江市双龙湾花苑小区创建了“民族团结之家”，内设小区文体活动中心、少数民族服务站、双龙湾花苑小区兼合党支部活动室，并配置台球桌、乒乓球桌、健身器材、儿童活动设施等室内文体活动设施，宣传民族政策并展示双沟社区民族团结进步工作风采，为辖区群众提供一个民族文化交流及休闲娱乐空间，是各族群众团结融合共同的“家”。[4]厦门市设立了社区少数民族流动人口联络服务站（点），开设了少数民族服务通道，开通了服务热线，设置了便民服务卡，编印了服务手册，为他们提供具体、贴心的服务。福州市制定了“七个一”的社区民族工作创建标准，即设置一个宣传栏、开设一个服务窗口、制作一个办事指南、编制一份少数民族人口登记册、开展一场民族团结进步活动、举办一次与外来少数民族人口座谈会、添置一个民族工作资料柜。[5]莆田市分别在城厢区兴安社区和荔城区长寿社区举办了“同结石榴籽，共圆小康梦”民族理论政策宣传暨创城知识有奖竞答活动。三明市民族宗教局联合省级少数民族流动人口服务管理工作联系点——三明市梅列区列东街道高岩社区，在三明医学科技职业学院组织开展了少数民族学生“圆梦工程”助学活动，为5位来自西藏、广西、漳州的少数民族贫困大学生每人送上3000元的助学金。[6]这些措施为解决少数民族流动人口的实际问题，帮助他们主动融入城市，帮助城市主动接纳他们搭建了桥梁。

4. 推进福建省民族团结进步创建

福建省注重推进民族团结进步事业，铸牢中华民族共同体意识。民族团结进步事业的推进离不开各服务管理人员的努力，福建省各市各区每年都会对管理队伍进行不定期培训，如全省民族宗教系统“增强意识形态领域能力建设暨学习中央民族工作会议精神”专题培训班、泉州市民族宗教民间信仰工作培训班、福州市鼓楼区基层宗教工作干部培训会、鲤城区民族宗教工作人员和宗教教职人员培训班，等等。通过一系列的培训，实现对相关人员的思想引领，提高管理团队的素质和能力，更好地服务于少数民族流动人口。福建省以街道、社区、学校为主要宣传阵地，通过举办各类相关活动，普及关于少数民族流动人口管理与服务的基本知识。2017 年省民族宗教厅制定印发了《福建省民族宗教系统法治宣传第七个五年规划》，在每年 9 月份开展“民族团结进步宣传月”活动，通过民族政策法规讲座、民族知识竞赛、民族文艺巡演，发放民族宣传资料，播放民族团结专题宣传片等活动，进行党的民族政策及法律法规宣传教育，增强少数民族群众及流动人员的民族团结意识和政策法律观念。2020 年开展的第十三个民族团结进步宣传月活动，创新开展线上活动，通过“三微一端”平台，结合线上直播带货、网络知识问答、民族文化展示等方式，推动民族团结进步宣传，并在海博 TV、“直播福建”等设置了直播间，邀请全国民族团结进步模范集体和模范个人现身分享民族团结进步好故事，为福建省少数民族流动人口提供学习典范，共同促进福建省各民族的团结进步。2020 年在宁德开展的“砥砺初心，爱我中华——坚持宗教中国化方向系列活动”和在福州举办的宗教中国化协同创新论坛，邀请了来自全省各地各宗教团体和民间信仰活动场所的代表人士及宗教领域的专家学者，共同对宗教中国化进行探讨交流，这有利于福建省对各少数民族流动人口的思想引导。厦门市集美区联合厦门理工学院开展了民族团结进步杯足球赛、民族团结进步知识竞赛等活动，海沧区在东孚、新阳街道开展了宣传月亲子活动，同安一中中秋期间组织新疆班学生体验闽南文化——中秋博饼活动。厦门市联合厦门日报社开设了“铸牢中华民族共同体意识”专栏，分设五个专题对厦门市少数民族流动人口服务管理体系建设工作、民族团结进步示范单位先进事迹、民族团结进步宣传教育活动进行系列报道，取得较好的社会效应。2018 年我省成功举办了以“中华民族一家亲，同心共筑中国梦”为主题的福建省第五届少数民族文艺调演、2018 海峡两岸各民族欢度“三月三”节暨福建省第七届“三月三”畲族文化节、第十一届海峡两岸少数民族丰收节以及全省第九届少数民族传统体育运动会，这些活动都有力促进了各民族之间的交往交流交融，成为相互了解、增进友谊的重要平台。福建省这些民族活动的广泛开展，给少数民族流动人口与各族人民搭建了交流的平台，推进了福建省民族团结进步创建。

5. 保障少数民族流动人口基本权益

福建省将少数民族流动人口工作纳入城市民族工作整体规划当中，除了颁布前文提到的一系列政策法规，各级政府、各职能部门均采取了一系列的措施，以保障少数民族流动人口的相关权益。福建省政府充分利用现代信息技术，推出流动人口信息采集、申报居住登记、申领居住证等社会化便民渠道，为少数民族流动人口解决户籍和住房问题提供便利。福建省还推出了医保电子凭证，为少数民族流动人口及随迁人员的医疗费用报销提供便利。福州市专门编印了汉维双语的《福州市城市管理有关规定汇编》《少数民族流动人口服务指南》，帮助解决外来少数民族语言沟通问题。漳州市积极主动协调解决维吾尔族、藏族同胞在市区设置流动摊点、来漳务工、子女就学等问题。连续十几年接收西藏藏族学生到漳州一中、漳州三中就学。漳州市官园社区还聘请了新疆维吾尔族青年泰维斯亚作为治安义务宣传员，向身边的新疆人宣传民族政策和法律法规，引导教育来漳的新疆维吾尔族群众遵纪守法。厦门市利用对口支援、东西部扶贫协作和结对帮扶等多种渠道，建立了与甘肃、宁夏等民族地区劳务输出合作机制，开展扶贫劳务输转。加大用工企业发放惠企补贴力度，完善针对临夏回族自治州的劳务协作政策措施。鼓励和引导少数民族群众开展个体经营、经商办企业，支持经营特色产品，引导流动摊贩摊位入店经营，加强政策指导，提供便捷服务。在新冠肺炎疫情期间，泉州市总工会为保障复工人员的安全，开通平台，接送职工返泉，不仅对乘坐包车、包列车、包机的职工补助50%费用，还按省外200元、省内100元的标准对自行返泉的职工给予专项补助。[7]厦门市总工会更是开通了贵阳、兰州、成都、重庆、昆明5条航线16架包机包座航班，开通南昌—抚州—厦门复工专列。同时推出企业自行包车接运职工返厦的，市、区两级工会给予70%的租车补助，外地务工人员自行返厦可享受交通补助等。

三、福建省少数民族流动人口服务管理存在的问题

福建省有关部门在少数民族流动人口的服务与管理方面做了许多工作，

在促进民族融合与发展方面取得了巨大的成效。但也应看到，在一些地区“三个不适应”的问题依然存在，即进入城市的少数民族群众不能很好适应城市的生活和管理方式；城市居民对少数民族群众感到陌生神秘，不能很好理解他们的某些生活和行为方式；有关部门的工作方式和管理机制等也有不适应的地方。对此，应进一步增强责任感、使命感，坚持以人民为中心的发展思想，以铸牢中华民族共同体意识为主线，进一步完善少数民族流动人口服务管理体系，促进各民族共建美好家园、共创美好未来。未来我省有关部门在少数民族流动人口工作方面还应该提供更高质量的服务，以满足少数民族流动人口对美好生活的向往，提升他们的获得感、幸福感。

（一）现有的服务管理未能完全适应新要求

1. 相关机制有待完善

少数民族流动人口的服务与管理是一项综合性事务，我省目前建立了各种机制以开展相关工作，但相关机制还有待完善。一是各部门的协调机制。目前福建省各政府职能部门以及社会组织间缺乏有效的协调机制，导致少数民族流动人口管理主体繁多，缺乏有效的沟通与协调，联动能力较弱；政出多门，难以形成统一的管理标准，影响管理的质量和效率；多头共同管理，容易造成管理上的盲区与漏洞。二是流入地与流出地的协作机制。少数民族流动人口还涉及流入地与流出地两地政府间的协作，目前我省仅有部分城市与几个流出地政府签订了对口联系协议，并未形成良好的协作机制。三是民族工作联席会议机制。我省各市的民族工作联席会议缺乏相关的制度约束，使联席会议的开展缺乏规律和依据，无法较好地服务于少数民族流动人口。四是矛盾纠纷排查处置机制。少数民族流动人口因其身份的特殊性以及文化的差异性，容易与其他各族产生矛盾，必须有中间人出面帮助协调。五是联动走访机制。建立定期的走访机制才能及时了解掌握少数民族流动人口的思想状况和诉求，实现信息共享互通，形成工作合力。

2. 职能机构有待增加

由于少数民族流动人口兼具流动人口和少数民族双重身份，涉及的机构众多，既包括公安、教育、工商、人社、卫生计生等政府职能部门，也包括乡镇（街道）、社区（居委会）、企事业单位、社会组织。在福建省少数民族流动人口服务管理实际工作中，存在一些相关部门主要以自身利益为重的情况，仅根据职责做好各自业务范围内的工作，而没有承担起相应的管理责任，在遇到困难和问题时，各部门会出现相互推诿的现象。我省各市缺乏专门管理少数民族流动人口的职能部门，无法针对性地为少数民族流动人口提供专门的服务。只有建立了专门的机构或者工作小组，专职负责这一块的事务，才能更加有计划、有目的地不断完善少数民族流动人口服务管理体系。

3. 服务队伍质量有待提升

少数民族流动人口服务管理工作的开展，离不开高质量的服务管理队伍。从政府的民族工作系统看，一些部门人员对民族政策的了解不足，专门的民族工作人员编制少，也较少吸纳少数民族人员从事相关工作。我省各级政府对民族工作者开展培训不足，使一些工作者对政策认识不清、缺乏管理服务的专业知识和技能，无法为少数民族流动人口提供良好的服务。

（二）有关管理政策、法规不够完善

福建省少数民族流动人口管理服务工作所依赖的管理政策、法规不够完善，主要表现在以下几个方面。

1. 相关法规比较滞后

《福建省少数民族权益保障条例》是目前唯一一部关于少数民族权益保障的地方性立法，自2000年颁布实施以来已有二十多年，虽然民宗部门正在对《福建省少数民族权益保障条例》进行修订，但从2017年提交一审的情况看，仍未满足少数民族流动人口公共服务管理的需要。目前仍使用二十多年前的条例，无法适应新形势的要求。

2. 相关法规覆盖面有限

目前福建省现行的流动人口管理政策和法规，如《福建省流动人口服务管理条例》中，并未考虑少数民族流动人口的特殊性，未提出一些相应的政策条例，没有具体规定少数民族流动人口所能享受到的服务。而《福建省少数民族权益保障条例》主要的受众群体为本地少数民族人口，专门针对少数民族流动人口服务管理的条款也比较少。

3. 相关法规缺乏系统性

福建省缺乏统一的专门针对少数民族流动人口服务管理的政策法规，涉及少数民族流动人口服务管理的规定零散分布在其他地方法规条款中，缺乏整体性的政策文件。福建省各市也较少根据自身情况提出针对少数民族流动人口服务管理的政策，根据收集的网络资料来看，仅有厦门市和石狮市两地有提出专门的政策，其他城市并未有明确的成文政策规定。

（三）公共服务均等化程度不够

在福建省当前的公共服务提供方面，针对少数民族流动人口的居住、就业、医疗、养老等方面的服务还比较缺乏。

1. 廉租房覆盖面较窄

居住问题是少数民族流动人口流入福建省后首要考虑的问题。大部分少数民族流动人口都选择租房子住，但我省的生活成本较高，而部分少数民族流动人口的经济能力相对有限，所以只能选择地点较偏僻、环境卫生较差、居住条件简陋的出租屋。我省各市都将住房保障纳入到了住房体系之中，使流动人口能享受政策性住房，但是部分城市少数民族流动人口申请廉租房较为困难，无法享受到政策性住房的待遇。如厦门市和南平市要求外来务工人员必须与单位签订劳动合同才能享受政策性住房待遇，这使部分来闽打零工和经商的少数民族流动人口无法享受到这一政策。还有部分城市要求外来务工人员到当地必须满足一定年限，才能申请廉租房。如漳州市东山县要求外来务工人员必须在县城区规划区有稳定就业单位、签订固定劳动合同且连续缴交社会保险五年以上；宁德市要求外来务工人员必须具有五年以上当地城市户口。来闽有困难的少数民族流动人口无法及时享受到优惠性住房政策，只能自己解决住房问题，不利于少数民族流动人口形成对当地的归属感。能够满足条件的少数民族流动人口在申请公租房时，常因政府提供的名额不够，而迟迟无法享受公租房的待遇。或者是有些人虽然能享受公租房待遇，但被分配到的住房距离就业单位太远，无法解决少数民族流动人口的实际问题。

2. 就业培训及保障缺乏

少数民族流动人口普遍具有受教育程度不高、缺乏劳动技能、市场信息获取不足等特点。针对他们的这一特点，福建省的部分城市、企业也提出了为他们提供就业培训的措施，但是根据调查显示，政府及部分企业提供的就业培训远无法满足少数民族流动人口的培训需求。各机构仅仅是不定期地提供一些基础的就业培训，没有形成完整的有针对性的培训体系。这使大部分少数民族流动人口在城市只能从事收入水平较低的生产、运输设备操作等体力劳动行业和服务行业。这些行业的部分单位存在着社保缴纳基数低和缴纳不齐全等问题，对于流动人口来说，企业缴纳的社会保险往往流于形式，难以起到有效保障的作用。部分少数民族流动人口从事一些没人愿意从事的特殊岗位，如涉及危险品、油漆、粉尘等的岗位，若防护措施不到位，容易危及到生命和健康，一旦发生意外情况需要申请赔偿，必然要经过一个漫长的法律过程，这使本就不太富裕的务工人员要先期垫付高额的医疗费用和诉讼费用，让他们的生活更加艰苦。尽管有部分少数民族流动人口是来闽自主创业，独立开展经营活动的，也经常因为法律意识淡薄，对当地政策了解不足等原因，陷入劳资、债务、经营等各种经济纠纷。部分城市的政府虽然有开展一些就业创业、民族政策法规解读的培训活动，但通常仅在特定时间开展，故大部分人无法得到培训。

3. 医疗保障跨省结算难

医疗保障是公民生活的基本权益，但“看病难、看病贵”一直是困扰着少数民族流动人口的问题。少数民族流动人口大部分是在流出地参保，流入我省后难以使用医保，针对这一情况省医保局也提出了一些相关举措，如2021年省医保局提出在当年6月底前，确保跨省直接结算信息系统升级改造到位并平稳运行，所有统筹区作为参保地和就医地双向开通，同步实现异地就医备案线上服务。9月底前，每个县至少要有1家定点医疗机构提供门诊费用跨省直接结算服务，实现普通门诊费用和高血压、糖尿病、恶性肿瘤门诊放化疗、尿毒症透析、器官移植术后抗排异治疗等5个门诊特殊病种的相关治疗费用跨省直接结算。但是能够实现跨省直接结算的病种不多，提供跨省直接结算的医疗机构也相对较少，还是无法完全满足少数民族流动人口的医疗需求。

4. 较少行使民主政治权利

福建省少数民族流动人口合法参与和行使政治权利水平较低。虽然《选举法》规定没有户籍的居民可以根据在当地的居住时间和自身意愿登记成为本选区的选民，但是存在着部分社区很少组织少数民族流动人口参与选举活动。同时也存在一些少数民族流动人口自身参与政治活动积极性不高的情况，较少行使自身的政治权利，表达自身的诉求。

5. 随迁老人保障不够

少数民族流动人员流入我省时部分家庭也会带上老人共同迁移，随迁老人的数量正在不断增多，随迁老人的养老问题也逐渐浮现出来。随迁老人普遍存在着思想观念较保守、文化素质较低、普通话较差、适应能力较弱等特点，进入一个新的环境后，难免出现许多问题，需要政府及各机构提供相关的服务。但目前，我省并未注意到少数民族流动人口随迁老人养老方面的问题，存在随迁老人社区养老的相关法律政策不够完善、社区用于随迁老人养老的基础设施缺乏、为随迁老人提供养老服务的内容单一、对养老形式转变的宣传引导不到位、缺乏社会力量参与随迁老人社区养老、缺乏对随迁老人心理问题的关注等问题。

（四）对社会多元力量的利用不足

实践证明，推动少数民族流动人口服务管理工作顺利进行政府所扮演的角色应为主导者，仅凭借政府的力量是不够的，还需要社会各方力量共同努力、共同参与。然而当前福建省尚未建立畅通有效的参与渠道，阻碍了社会多元力量共同参与到这项工作中，并且相关工作仍以政府为主体力量，少数民族流动人口服务管理的多元主体参与不足，社会化程度较低。具体表现如下：

1．没有吸纳社会工作机构参与服务管理

从福建省已有的少数民族流动人口服务管理经验来看，当前政府部门对社会组织的资源动员不够，没有吸纳社会工作组织参与服务管理。相关的社会组织数量不足，无法满足少数民族流动人口服务管理工作需要。社会工作机构可以在微观层面上对少数民族流动人口的就业维权、随迁儿童、随迁老人提供延伸服务。

2．社区志愿者服务质量不高

社区的志愿者和社工机构的工作人员普遍存在对少数民族流动人口相关政策法规不了解、对少数民族流动人口服务管理工作方式不熟悉等问题，无法完全根据少数民族流动人口的实际需求提供高质量的服务。

3．部分企业缺乏社会责任感

部分企业不能有效承担相应的社会责任，如没有为少数民族流动人口提供一定数量的公益性岗位、提供少数民族特色的饮食、按时发放工资福利、依照相关规定为其缴纳“五险一金”等。

四、国内其他省市的少数民族流动人口服务管理经验

少数民族流动人口服务管理是一项长期性、基础性的工作，只有建立完善的工作机制，才能实现常态化、属地化、一体化管理。在具体服务管理方面，可以借鉴其他省份的相关措施，结合福建省实际情况进行服务体系的完善与创新。

（一）属地管理与联动管理相结合

在领导治理机制方面，广东省广州市、区两级政府均建立了民族宗教工作的协调领导机制，将防范和处置涉民族因素突发事件纳入基层综治维稳机制，实行属地管理。云南省临沧市建立了“一网多元、三级治理”的城市网格化治理体系，对主城区实行“三级网格”划分，建成五个子系统（区级指挥中心、街道信息中心、社区业务中心、管理小程序和城市用户小程序）组成的城市社区智慧党建（治理）平台，重点从开展政策宣传、解决群众诉求、为民办实事等方面开展好各族群众的管理服务工作，实现对各级网格内人、事、房、地、物、组织等全面负责。[8]在联动走访机制方面，湖北省宜昌市下辖的宜都市制定了《宜都市少数民族流动人口服务管理工作实施办法》《宜都市疫情期间外来流动少数民族人员服务管理工作方案》，由市民族宗教部门会同国保、市场监管、城管等有关部门、相关乡镇及社区定期走访，建立《流动人员登记台账》，及时了解掌握少数民族流动人口的思想状况和诉求，实现信息共享互通，形成工作合力。[9]陕西省延安市对少数民族群众坚持做到“五必看”，即：民族宗教特殊日必看、传统节日必看、生病住院必看、考上大学必看、朝觐出发前必看。在部门间的协作机制方面，湖北省随州市委统战部（市民宗委）积极与省委统战部、省民宗委、省新疆工作组及市人社局、用工企业及所在地政府以及中介公司沟通对接，统筹协调做好相关工作，形成齐抓共管、协同推进的合力。[10]在跨地域协作机制方面，湖北省武汉市先后与新疆喀什、和田、阿克苏，青海西宁、海东，甘肃天水、兰州，宁夏吴忠、固原，四川阿坝、甘孜等11个地区签订了《共同做好到武汉经商务工少数民族人员服务和管理工作的合作协议》，建立了“信息互通、定期互访、干部互派，共同开展宣传教育活动、共同推动经贸合作、共同维护社会稳定”的“三互三共同”合作共管平台，实践中取得良好效果。2014年武汉市设立“新疆少数民族人员服务管理湖北（武汉）工作站”，新疆派出维吾尔族干部挂职武汉市民族宗教事务委员会，帮助服务新疆籍少数民族群众。[11]在干部培训方面，内蒙古自治区鄂尔多斯市组建了“双语”人才队伍，为少数民族流动人口提供语言上的便利，并在工作单位招聘时留出15%定向招录蒙语授课毕业生。上海市专门编印了《上海民族工作知识读本》《上海民族工作实务手册》等工具书用于加强干部队伍教育培训，确保全市各个机关、部门都能正确贯彻落实党的民族政策，掌握处置涉及民族因素事件的工作方法和程序，增强联系和服务各族群众的能力与水平；通过制作《民族团结进步宣传册》《民族工作知识宣传册》《上海市民族团结进步教育基地简介》等宣传资料向各区、街镇、社区，以及机场、码头、车站等窗口单位派发，在全社会营造各民族共同团结进步、共同繁荣发展的良好氛围。[12]云南省临沧市坚持把民族理论政策、民族团结进步教育作为各级党委（党组）理论学习中心组学习重要内容，纳入各乡（镇、街道）、区直各部门干部和公务员教育培训体系，列入中小学教育培训计划和区委党校干部培训计划。充分发挥利用新闻网站和微信公众号、抖音等新媒体，面向全社会打造网上文化交流共享和铸牢中华民族共同体意识等新平台，教育引导各族干部群众增强“五个认同”，凝聚思想共识。[13]

（二）制定新的少数民族流动人口服务管理方案

政策法规具有明示、矫正、预防作用，能够有效维护社会秩序，保障城市少数民族流动人员的基本权益。对于少数民族流动人口服务管理具体工作而言，完善的政策法规能够为各职能部门及其工作人员提供一种正确的行为模式规范。湖北省宜昌市在2020年印发了《少数民族流动人口服务管理示范社区创建工作方案》，其下辖的宜都市也颁布了《宜都市少数民族流动人口服务管理实施方案》，用于指导少数民族流动人口服务管理的工作。武汉市将少数民族流动人口的服务管理纳入地方法规，武汉市颁布的《武汉市少数民族权益保障条例》中把少数民族权益保护范围从户籍人口扩大到流动人口，保障少数民族流动人口的合法权益。四川省攀枝花市委、市政府两办印发《关于加强和改进少数民族流动人口服务管理工作的实施方案》，明确责任分工，层层压实工作责任。建立了《少数民族流动人口服务管理联席会议制度》，定期研究协调少数民族流动人口服务管理工作重大问题。[14]积极建立完善少数民族流动人口服务管理体系，妥善解决少数民族流动人口生产生活和社会交往中面临的困难和问题。上海市民宗局与市公安局联合下发了《关于加强和改进来沪少数民族流动人口服务管理工作的意见》，指导各区切实加强和改进来沪少数民族流动人口服务管理工作，不断提高为少数民族流动人口服务管理的效率和水平，更好地促进少数民族流动人口融入城市中。

（三）公共服务方面实行均等化原则

实现少数民族流动人口服务均等化是推动少数民族流动人口市民化的必

要条件。国内一些城市在推动少数民族流动人口服务均等化上做出了许多努力。在医疗服务方面，青海省西宁市的医疗卫生部门推行“五进社区六上门”服务。“五进社区”即慢性病防控进社区、健康教育进社区、中医中药进社区、残疾康复进社区、卫生监管进社区；“六上门”服务指上门访视、家庭出诊、家庭护理、家庭康复、家庭健康指导、家庭病床，对少数民族流动人员提供免费上门诊疗、送医送药，并在少数民族流动人口较集中的广场、工地举办“相约健康工地行”义诊活动，受到了各族群众的欢迎和一致好评。[15]在权益维护方面，广东省广州市专门设置“法援民族情”的项目，当少数民族流动人口的合法权益受到侵害时，为其提供法律咨询服务及援助。而且在多地设立少数民族法律援助工作站、联络点，并设针对少数民族的法律咨询援助项目，还聘请有少数民族法律援助联络员，提供法律援助宣传和申请指引。[16]在就业方面，陕西省西安市高度重视来陕少数民族流动人口培训工作，每年计划中都有培训工作的内容，并依托绿洲职业技能培训学校设立了“西安市少数民族流动人口职业技能培训基地”，针对来西安市务工经商的少数民族群众需要，多措并举开展培训。[17]四川省攀枝花市组织开展职业培训，提高技能水平，多渠道帮助少数民族就业。加强营商服务，为少数民族经商办企业实行“审核合一”“一审一核”登记审查制度，线上指导少数民族申请人通过网上全程电子化提出申请，线下为少数民族经商办企业开通“绿色通道”，指定专人为其提供全流程指导、跟踪服务，压缩了办结时间。[18]江苏省启动了“红石榴就业行动”，打通西部地区各族群众异地就业创业渠道，协调解决少数民族群众创业就业岗位优选、职业技能培训、权益保障等难题，17 家江苏企业面向民族地区提供就业岗位近万个。[19]在教育方面，内蒙古鄂尔多斯市积极推动少数民族流动人员随行子女教育的普遍性，开创性推行了 15 年免费民族教育，提高少数民族流动人员随行子女初高中时期生活费财政补助标准，为在校大学生给予资金补助。在饮食方面，武汉市政府采取了一系列措施，如规定各级人民政府应把清真食品供应网点的设置纳入规划，合理布局，在主要车站、客运码头、民用机场、宾馆、风景区应设置清真食品供应网点。同时，要求有清真饮食习惯的少数民族群众较多的单位，设立清真食堂（灶）或提供清真伙食，医疗机构也应为有清真饮食习惯的住院病人提供清真伙食。[20]

（四）引进社会工作参与少数民族流动人口服务

在政府与社团间共治方面，广东省广州市以政府购买的方式，委托广州市少数民族社团开展宣传活动，聘用少数民族代表人士辅导相关群体法律常识，帮助他们更好地适应城市生活。广州市沙园街道培养了一支“专工＋社工＋志愿者”服务团队，深入民族社区，开展义工服务，做到少数民族流动人口“困有所助、需有所应”。[21]在政府与社区共治方面，陕西省西安市八狮社区建立了“温暖的家”，社区便民服务专门设立了少数民族服务窗口，为他们办理业务和提供各种帮助，设立了爱心中转站，还设有手工艺室，每周都有手工艺能人代表为大家传授技艺，辖区内少数民族妇女一有空闲时间就来这里学习传统手工艺，互相交流学习。除此之外，社区还推出了从出生到死亡，覆盖居民“全生命周期”的八项关怀服务。[22]浙江省台州市打造“连心驿站”，在社区定期组织开展“民族团结宣传月”“邻里文化节”“民族文化沙龙”“民族知识竞赛”“民族服装秀”等活动。通过举办“互过民族节”系列活动，利用元宵、中秋、端午等传统节日开展一家亲联谊活动，举办“筝心乐坊”古筝公益课，毛笔、国画文化沙龙活动交流等，为少数民族同胞提供才艺展示平台，拉近各族同胞的距离，促进文化交融。[23]上海市则在浦东新区推行社会工作服务城市少数民族流动人口的“社区共融”项目，上海市民族宗教委员会通过政府购买服务的形式，与上海乐群社会工作服务机构合作。浦东新区民宗委负责项目设计与监督，上海乐群社工服务社则负责项目运行与实施，并公开接受专业评估组织的考评，不断增进城市民族工作的社会化与科学化。[24]在政府与市场共治方面，湖北省枝江市政府为民贸民品企业提供优惠政策，指导枝江市步步升布艺有限公司探索实施了“公司＋基地＋合作社＋市场”的“步步升模式”，带动少数民族群众增收致富。以少数民族特色村寨保护与发展项目为牵引，撬动社会资本加大投入，城乡环境持续改善，全面建成小康步伐不断加快。[25]在政府吸纳其他主体共治方面，四川省成都市吸纳了少数民族人大代表、政协委员、离退休干部等代表人士参与民族团结进步创建活动，积极配合党委政府做好联系和服务民族地区及少数民族群众的相关工作。例如，成阿工业园区在推进区域合作等重点工作中注重发挥民族干部的积极作用，在园区建设、招商、投资等重要岗位均安排有民族干部任职；双流广都社区遴选有威望、工作经验丰富的少数民族离退休干部和知名人士，建立民族工作亲情服务团。积极整合社会资源，建立少数民族志愿者队伍，协助开展民族工作。[26]

五、完善福建省少数民族流动人口服务管理的建议

少数民族流动人口服务管理涉及面广，是具备较强综合性的活动，要求政府部门集中决策，各机构紧密配合，因此必须不断完善相关机制，才能更好地为少数民族流动人口提供服务。

（一）注重对少数民族流动人口的思想引领

铸牢中华民族共同体意识必须重视对少数民族流动人口的思想引领。目前，我省对少数民族流动人口提供的服务管理主要集中于解决就业、生活等问题，缺乏对少数民族流动人口社会融入过程中的心理和思想动态的关注。少数民族流动人口来自不同地域，其信仰、人生观、价值选择、生活方式亦有所不同。在促进少数民族流动人口融入当地社会过程中，应建立各族共同的精神纽带，促进民族交流融合，打造命运共同体。

1. 培育中华民族共同体意识

政府应当加强对少数民族流动人口的民族认同和爱国主义教育，让各族人民了解本民族的文化传统，熟悉各族人民风雨同舟、艰苦奋斗的历史，形成中华民族共同体的集体意识。

2. 要加大社会主义核心价值观的宣传力度

少数民族流动人口服务管理部门应利用微信、微博、抖音等媒体，加强社会主义核心价值观教育，增进少数民族流动人口在城市的归属感和幸福感。

3. 加强社区层面的民族团结进步宣传

通过在社区设立“民族文化之家”，定期开展“民族团结宣传月”“邻里文化节”“互过民族节”等活动，促进各族人民的文化交融，并在活动过程中宣讲促进民族团结进步的典型案例，普及党的民族政策，引导少数民族流动人口坚定中华民族共同体意识和信念。

（二）健全少数民族流动人口服务管理体制

1. 完善相关机制

在部门协调机制方面，针对当前政府各部门之间缺乏统一协调、各自为政的弊端，应当理顺工作机制，建立统一高效的少数民族流动人口服务管理领导机构，整合不同部门的服务管理职能，纳入新的服务管理体系，逐步完

善少数民族流动人口服务管理体制框架，确保少数民族流动人口服务管理工作的有效落实。应坚持党委领导、政府负责的原则。各级党委应充分认识到部门协调、信息共享的重要性，加强领导。同时，应设立考核督促机制，坚持奖优罚劣，激励工作积极性。在跨地域协作机制方面，少数民族流动人口流出地与流入地政府应加快签订合作互助协议，明确双方的职责。尽快建立专门的信息互通平台，做到定期联系、信息共享，实现少数民族流动人口跨地区服务管理的无缝对接。也可从流出地选调优秀干部到流入地挂职，协助做好相关工作。同时，还可以组织主要流入地的政府管理部门干部赴流出地接受业务培训，或者邀请流出地有关专家来闽开展讲座培训等，加强对接协作。在民族工作联席会议机制方面，各级政府应尽快出台明文规定，明确会议时间、内容、职责等，约束各级政府定期开展民族工作联席会议。在联动走访机制方面，我省可以借鉴延安市的做法，对少数民族群众坚持做到“民族宗教特殊日必看、传统节日必看、生病住院必看、考上大学必看、朝觐出发前必看”，让少数民族流动人口真正感受到政府对他们的关心。在矛盾纠纷排查处置机制方面，我省应重视建立矛盾纠纷排查处置机制，建立少数民族流动人口服务队，为少数民族流动人口解决各种矛盾纠纷。

2. 增设相关职能机构

对于少数民族流动人口的服务管理，增设相关的职能机构十分重要。我省目前缺乏专门管理少数民族流动人口事项的职能部门，应尽快设立有针对性的部门，如少数民族流动人口事务部，确定部门职责。或者成立专门的少数民族流动人口工作小组，工作组由与少数民族流动人口服务管理密切相关的各职能部门中选取的单位联络人组成，由此方便各部门之间的沟通交流，实现信息共享。同时，要在便民服务中心设置少数民族流动人口“一站式”工作平台，秉承“集中办公，一体受理，服务多元，方便办事”的原则，为少数民族流动人口提供全程、全方位、高效的服务。在少数民族流动人口聚集地的街道可以适当设立少数民族流动人口服务站，在社区设立少数民族流动人口服务窗口，开通少数民族流动人口服务热线，进而构成上下互动、各司其职、综合治理、齐抓共管的格局。

3. 加强服务队伍建设

提高相关工作人员的服务水平才能使少数民族流动人口获得更加优质的服务，增强他们对福建省的归属感。少数民族流动人口在刚流入福建省时，普遍存在着对民族政策不了解的情况，还有部分少数民族流动人口存在汉语水平较低等问题。这导致大部分少数民族流动人口无法表达自己的诉求，维护自身的合法权益。因此需要有专业的工作人员对他们进行指导，福建省应增加民族部门工作人员的编制，在招录工作人员时，适当增加能够熟练使用双语工作的工作人员岗位，扩大少数民族工作人员招录比例。同时，要定期对相关的工作人员进行培训，加强民族政策规范、少数民族文化、风俗习惯等知识的学习。除此之外，可以借鉴上海的做法，印发《福建省民族工作知识读本》《福建省民族工作实务手册》之类的工具书用于加强干部队伍教育培训，确保各个机关、部门都能正确贯彻落实党的民族政策，掌握处置涉及民族因素事件的工作方法和程序，增强联系和服务各族群众的能力与水平；通过制作《民族团结进步宣传册》《民族工作知识宣传册》等宣传资料向各区、街镇、社区，以及机场、码头、车站等窗口单位派发，在全社会营造各民族共同团结进步、共同繁荣发展的良好氛围。

（三）加快完善政策法规体系

在依法治国的背景下，用法律保障少数民族流动人口的合法权益，是做好少数民族流动人口服务管理工作的关键环节。

1. 修订《福建省少数民族权益保障条例》

加快修订《福建省少数民族权益保障条例》，为做好少数民族流动人口服务管理提供法制保障。省政府也应当根据国家修订出台的《城市民族工作条例》结合自身实际修订相关的政策条例，出台管理少数民族流动人口系统性的政策，如“福建省少数民族流动人口服务管理实施办法”作为各市进行服务管理的依据。省政府还应当对《福建省流动人口服务管理条例》的内容进行细化，考虑到少数民族流动人口的特殊性，制定相应的管理条例。各职能部门提供少数民族流动人口相关服务的政策需要进一步完善，对服务内容进行细化，提高服务的针对性。

2. 广泛倾听各方意见

福建省政府应促进少数民族流动人口有机会、平等地参与到制定关乎自身权益的政策法规的工作中来，为公众参与政策法规制定提供渠道，通过电视、网络、广播、书籍、报纸等媒介广泛收集意见和建议，听取不同的声音，使得政策法规能够最大限度地保障少数民族流动人口的权益。

（四）进一步提高公共服务保障水平

城市公共服务和福利的核心主要是住房、教育、医疗、养老。公共服务和福利的获得，有个人努力的部分，但更多取决于政府的制度保障和政策安排。少数民族流动人口赴闽就业，政府应尽力帮助他们“安居”，以便他们实现“乐业”的目标。

1. 放宽廉租房申请条件

根据调查，目前我国大部分少数民族流动人口的住房条件差，居住环境差，又缺乏资金和能力来改善居住条件。保障少数民族流动人口的基本住房需求不仅关系到社会民生问题，而且关系到城市功能的正常运行。少数民族流动人口在移入地的居住问题，除了个人努力，还需要国家在政治上有战略部署，不能完全交给市场。首先，要发挥政府的主导作用，出台优惠政策，吸引多方投资来进行保障性住房建设，从而建立多层次、多形式、多渠道的住房保障体系，如公租房、廉价房、保障房等。同时，要引导各城市放宽申请条件，切实保障少数民族流动人口的利益。其次，对于有资格能申请保障性住房的少数民族流动人口，应该考虑该群体的特殊性，增加一定的名额，在住房地址上根据其实际需求进行分配。再次，通过政策引导用工单位提供标准化的集体宿舍，改善少数民族流动人口的居住条件，把用工单位提供社会保障服务高低作为税收优惠政策的标准之一。最后，加快少数民族流动人口聚集地的棚户村、城中村改造，保障基本的水、电、公共卫生、公共安全服务，为低收入的他们提供安身的住所。

2. 完善就业服务

少数民族人口流动的主要原因在于经济，少数民族流动人口流入我省后的就业直接关系到他们的生存问题，我省政府或其他机构应当重视来闽少数民族流动人口的培训工作，必须采取相关措施解决少数民族流动人口的就业问题。一是建立完善的职业培训体系，为少数民族流动人口提供必要的职业技能和知识培训，可以依托省内的职业技能培训学校设立“少数民族流动人口职业技能培训基地”，针对来闽务工经商的少数民族群众的具体需要展开培训，提高少数民族流动人口的工作能力。二是实行平等就业政策，向少数民族流动人口开放公共职介机构，多种渠道为少数民族流动人口免费提供职业介绍等就业服务，保障少数民族流动人口合法劳动就业权益。三是建立企业、少数民族流动人口交流平台，为双方搭建沟通机制，拓宽少数民族流动人口就业信息的获得渠道。四是提供劳动合同范本，强制要求少数民族流动人口与企业签订劳动合同，避免双方发生争议时，少数民族流动人口无法根据劳动合同的约定获得法律保障。五是规范企业工资支付制度，推广工资按月使用银行卡支付制度，防范欠薪情况的发生。同时，加大劳动行政监察力度，对损害少数民族流动人口利益的企业，依法依规进行处罚，促使所有企业都能够遵纪守法。六是为来闽自主经商的少数民族流动人口提供政策优惠和相关服务。如为少数民族经商办企业实行“审核合一”“一审一核”登记审查制度，线上指导少数民族申请人通过网上全程电子化操作，线下为少数民族经商办企业开通“绿色通道”，指定专人为其提供全流程指导、跟踪服务，压缩办结时间。为少数民族流动人口中的经商人员开展相关讲座，提升他们的经营水平，也为他们搭建起交流的平台。（如图 3）

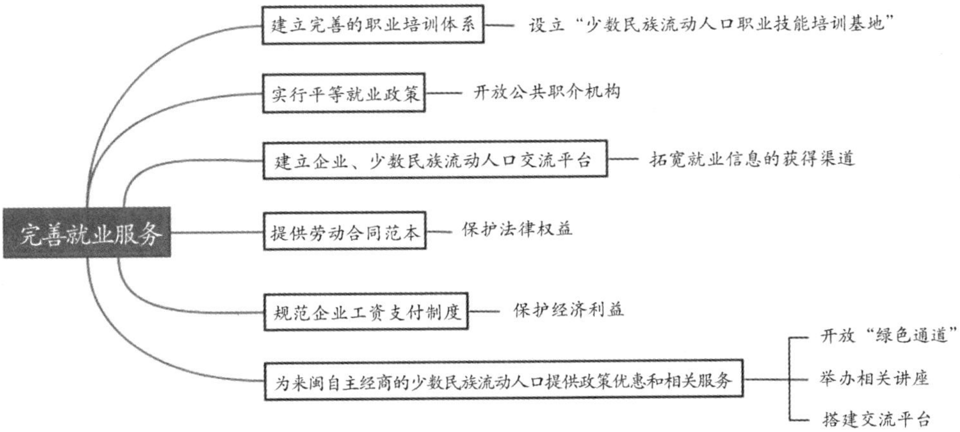

图 3　完善就业服务政策的相关措施

3. 提升医疗服务

我省目前虽然已经采取了一些措施，将少数民族流动人口的部分医疗服务纳入城市医疗保障体系，但纳入的特殊病种范围较小，须不断扩大保障的范围，不断促进少数民族流动人口医疗服务均等化；其次，建立更为广泛的医疗异地结算制度，探索将少数民族流动人口的医疗卫生保障工作，纳入社区卫生服务机构的考核项目中，内容应该包括流动人口的卫生保健、计划免疫、慢性病管理等，并定期进行考核评估；再次，有序推进医疗关爱工作落地，组织医护工作者深入少数民族流动人口聚集的公寓和工地，开展医疗体检和咨询，为少数民族流动人口提供必要的健康保障，同时还要做好随访跟踪服务；最后，应当在医院设置专门的少数民族流动人口医疗服务咨询台，并对咨询台的工作人员开展语言培训，使他们能更好地为少数民族流动人口提供专门化服务。此外，少数民族流动群体社保的跨省流转及其所包含的未来养老金问题，应给予更多的关注和支持力度。

4．推动政治参与

少数民族流动人口流入到新的城市后常常没有行使自身民主政治权利，这主要分为两种情况。一种是少数民族流动人口没有从心理上融入流入地社会，而不行使自身的民主政治权利；另一种是有行使权利的想法，但找不到渠道。这就需要我们政府通过构建互嵌式社区，拉近社区少数民族流动人口与当地居民的距离，加强与少数民族流动人口的沟通交流，了解该群体进入城市后的心理状态，有针对性地解决问题，促进少数民族流动人口从心理上融入当地社会，主动行使自身的民主政治权利。另一方面，要借助社区不定期地对少数民族流动人口展开政务咨询和意见征求，了解他们在流入地的现实需求。通过公共事务参与可以促进他们在当地社会重建社交网络，增强融入能力。长此以往，不单培养了少数民族流动人口主动参与社区生活的能力，同时也维护了他们自身的合法权益与利益的表达，增进了他们对当地社会生活的感情，促进当地生活稳步发展。

5．关注随迁老人养老问题

少数民族流动人口中的随迁老人作为该群体中更加特殊的部分，实际上需要更多的关注，应该为他们提供更有针对性的服务，保障这些随迁老人的幸福生活。首先，我省应当实行普惠型老年福利政策。使随迁老人和本地老人一样，享受迁入地社区的养老福利，在社区体检、过节福利方面“一视同仁”。其次，我省可以建立少数民族流动人口随迁老人信息台账，使随迁老人可以通过备案、选定医疗机构、持卡就医、联网结算等流程，进行异地报销。可以组织少数民族流动人口中的随迁老人就自己常犯病或者某些慢性病与流入地医院签订医疗报销协议。再次，我省可以采取多种宣传形式，加深随迁老人对城市社区养老服务的认识，宣传社区养老的服务内容和运行机制，让随迁老人深入了解社区养老。一方面，政府可以在社区内给随迁老人提供一些力所能及的工作，适当地给予报酬，让老年人感受到自己的价值，并且让他们创造价值。同时要鼓励随迁老人接受再教育，为随迁老人提供老年学习班，对他们进行语言培训，帮助他们更好地融入社区，参与社区的活动。同时，也与时俱进地给他们传授新知识新文化，渐渐改变随迁老人的保守观念。最后，社区应该建设具有多功能、综合性的社区养老服务中心，满足不同民族老人的需求，包括图书阅览室、娱乐活动室、兴趣活动室、学习培训室等。有重点地配置随迁老人需求的设施，使随迁老人不出社区就能享受到健康理疗、查询、体检等服务。

（五）推动形成多中心协同治理格局

少数民族流动人口服务管理是一项跨地域、跨功能、跨部门的综合性、复杂性的公共事务，仅靠政府部门进行管理显然已不能满足少数民族流动人口服务的多样化诉求，必须动员社会各方力量积极参与其中，形成以政府为主导、市场和社会互动合作的多中心协同治理格局。

1. 网格化管理

政府方面必须对少数民族流动人口采取网格化管理，依托各类信息管理平台，加强少数民族流动人口信息采集和共享，通过“网格化定位、多元化服务、信息化管理、全范围覆盖”，明确各级职责，形成上下联动、密切配合的工作合力，使少数民族流动人口的服务管理工作正规化。政府也要利用好少数民族流动人员联络站，以社会组织、企业、社工组织为平台和纽带，通过柔性的管理方式加深各民族之间的相互了解，促进民族关系融洽。联络站尽量多招聘相应的少数民族专干，能更了解少数民族流动人口的现实需求，从而有针对性地解决其问题。

2. 与企业合作

政府可以运用市场化方式吸纳相关企业与政府合作，为流入地企业提供一些政策优惠，鼓励和吸引企业参与少数民族流动人口服务管理，将就业、养老、医疗、住房等政府公共服务的成本分摊到市场化运作的过程中。在条件允许的情况下，可以鼓励实力较强的企业为少数民族流动人口创业者进行一些指导，传授经验，帮助其事业的发展。

3. 购买社工服务

十八届三中全会在政府职能转变中要求，要推广政府购买服务，凡属事务性管理服务，原则上都要引入竞争机制，通过合同、委托等方式向社会购买。政府购买服务是政府职能转变的必然趋势，更是有效提升公共服务质量与效率的必然选择。“助人自助”是社会工作的基本价值，是社会工作有别于其他专业的重要标志，其实质是为案主增能。对于城市少数民族流动人口而言，其生存与文化适应能力的提升是其融入并适应异域与异族文化，消减“双重弱势”身份的基本保证。[27]社会工作机构相对于政府来说更加贴近群众，更能精准地定位他们的实际需求，而且能够发挥自身组织协调的优势，联合社区居委会开展服务项目设计。政府也可以购买这些服务，将相关服务承包给一些社工机构。福建省可以学习上海浦东新区的做法，开设“社区共融”

项目，由民宗委负责项目设计与监督，社工机构则负责项目运行与实施，并公开接受专业评估组织的考评，增进城市民族工作的社会化与科学化。通过开展各式各样的社区服务项目，为少数民族流动人口提供多方面的社会支持，帮助少数民族流动人口建立起新的社会关系网络。这些活动也能使他们掌握更多生活和工作技能，促进各族间的文化交流，增进各族居民之间的文化认同感，帮助少数民族流动人口更好地了解城市文化，以及适应城市生活。

六、总结

中华民族共同体是由56个民族结成的相互依存、统一而不可分的整体。然而，由于我国国土广袤，各省、各民族之间在不同的历史时期和地理环境中发展差异巨大，这是我们的基本国情。因此，各项政策的制定、各地对于少数民族流动人口服务管理经验的探索，都需要实事求是、因地制宜。基于当前福建省少数民族流动人口的现状以及相关工作的经验总结，应进一步完善少数民族流动人口服务管理。

（一）完善服务管理协同合作机制

要深入领会习近平总书记关于民族工作的重要论述，从政治高度认识少数民族流动人口服务与管理问题的特殊重要性，坚持以人民为中心的发展思想，坚持从实际出发、精准施策，发挥我国政治优势和制度优势，推动少数民族流动人口实现更加充分更高质量就业。要加强职业技能培训，建立健全企业与少数民族地区的协同合作机制。

（二）坚持共商共建共享发展理念

关于少数民族流动人口的社会保障制度要进一步完善，坚持共商共建共享经济发展成果的理念，不断增强各族人民的获得感、幸福感、安全感，形成更加稳定的民族关系格局。

（三）构建互嵌式社会结构

基于我国少数民族人口分布格局不断变化，要出台有利于构建互嵌式社会结构的政策举措和体制机制，增强不同民族成员之间的交往交流交融，形成相互包容、彼此尊重的民族交往环境；完善少数民族流动人口服务管理体系，把民族团结进步创建全面深入持久开展起来。

（四）开展常规性调研

少数民族流动人口由于其“流动性”特点，在具体的社会服务管理中，要及时调研、掌握该群体情况，对工作存在的问题与少数民族流动人口的需求进行评估。由于少数民族流动人口兼具流动人口和少数民族双重身份，涉及的机构众多，既包括公安、教育、工商、人社、卫健等政府职能部门，也包括乡镇（街道）、社区（居委会）、企事业单位、社会组织。各部门应该定期开展调研工作，及时了解少数民族流动人口在闽的就业与发展动向，掌握其生活需求，制定精准的服务管理政策。调研应该重点关注少数民族流动群体的就业状况、生活情况、子女入学情况以及住房情况等，链接相应的社会资源，为他们提供高质量的服务，提升管理的水平，鼓励他们积极融入福建城市生活，为福建经济社会发展做出贡献。

总而言之，政府部门应围绕为少数民族流动人口实现“高质量就业，全方位保障，深层次融入”这一工作中心构建新时期少数民族流动人口服务管理体系，为在闽就业的少数民族流动人口发展提供条件，建立健全公共服务体系，努力实现各民族流动人口享受城市均等化服务，在幼有所育、劳有所得、病有所医、老有所养、住有所居上不断取得新进展。有序推进少数民族流动人口市民化，努力让少数民族流动人口共享福建经济发展红利。

参考文献：

[1] 福建纪检监察微信平台. 福建：努力建设中华民族团结进步窗口［EB/OL］. http：//mzzjt. fujian. gov. cn/xxgk/gzdt/mzyw/202009/t20200925 _ 5400599. htm，2020—09—25.

[2] 厦门市民宗局. 厦门市打造“六个平台”推进少数民族流动人口服务管理［EB/OL］. http：//mzzjt. fujian. gov. cn/xxgk/gzdt/dsdt/202005/t20200529 _ 5286972. htm，2020—05—29.

[3] 福建省民族与宗教事务厅. 多措并举促和谐　民族团结谱新曲——泉州市民族团结进步创建暨城市民族工作经验总结［EB/OL］. http：//mzzjt. fujian. gov. cn/ztbd/mztjjbcj/201711/t20171107 _ 2081891. htm，2017—11—07.

[4] 泉州市民族宗教局，晋江市民族宗教局. 小社区凝聚民族大团结——晋江市梅岭街道双沟社区民族团结进步工作实践［EB/OL］. http：//mzzjt. fujian. gov. cn/xxgk/gzdt/dsdt/202104/t20210409 _ 5569603. htm，2021—04—09.

[5] 福建省民族与宗教事务厅. 福州市“四举措”着力推进城市民族工作 [EB/OL]. http：//mzzjt. fujian. gov. cn/xxgk/gzdt/dsdt/201608/t20160812 _ 2069014. htm，2016—08—12.

[6] 三明市民族宗教局. 三明市民宗局举办少数民族学生“圆梦工程”助学活动 [EB/OL]. http：//mzzjt. fujian. gov. cn/fjmz/mzshsy/201912/t20191228 _ 5170564. htm，2019—12—28.

[7] 泉州市人民政府. “幸福返泉”交通费补助 开始线上申领 [EB/OL]. http：//www. quanzhou. gov. cn/zfb/xxgk/zfxxgkzl/qzdt/bmdt/202103/t20210322 _ 2527556. htm，2021—03—22.

[8] 临沧市民宗委. 临沧市临翔区积极探索民族工作新模式着力推进民族团结进步示范创建取得实效 [EB/OL]. https：//mzzj. yn. gov. cn/gzdt/dfdt/202103/t20210322 _ 72449. html，2021—03—22.

[9] 宜昌市民宗委. 宜都市四项机制加强少数民族流动人口服务管理工作 [EB/OL]. http：//mzw. hubei. gov. cn/bmdt/dfgz/202012/t20201217 _ 3089988. shtml，2020—12—17.

[10] 冯茂东. 随州：搭建“五心”平台 创新少数民族流动人口服务管理路径 [J]. 民族大家庭，2020（01）：21—23.

[11] 武汉市民族宗教事务委员会. 我市与少数民族流动人口输出地建立服务管理合作机制 [EB/OL]. http：//mzw. wuhan. gov. cn/XWZX _ 13631/MZXW _ 13635/202001/t20200108 _ 678262. shtml，2014—05—20.

[12] 上海民族和宗教网. 对市政协十三届三次会议第 0654 号提案的会办意见 [EB/OL]. http：//mzzj. sh. gov. cn/jyta/20200325/4deb958c975f446d8876d74f871ca147. html，2020—03—25.

[13] 临沧市民宗委. 临沧市临翔区民族团结进步建设成果丰硕 [EB/OL]. http：//mzzj. yn. gov. cn/gzdt/dfdt/202107/t20210720 _ 73566. html，2021—7—21.

[14] 攀枝花市民族宗教事务委员会. 攀枝花市民族宗教事务委员会 [EB/OL]. http：//mzw. panzhihua. gov. cn/zwgk/gzdt/1946314. shtml，2021—08—06.

[15] 创新服务管理模式 促进各民族交往交流交融 青海西宁市少数民族流动人口服务管理工作侧记 [J]. 中国民族，2020（01）：28—29.

[16] 广东省民族宗教事务委员会. 广州狠抓语言培训和法规学习促进少数民族流动人口更好融入城市 [EB/OL]. http：//mzzjw. gd. gov. cn/mzzjw/dtyw/zwdt/dfdt/content/post _ 3142237. html，2017—04—28.

[17] 新疆办. 西安市积极开展少数民族流动人口培训工作 [EB/OL]. http：//mzzj. shaanxi. gov. cn/zfxxgk/fdzdgknr/zdgz/sxdt/202009/t20200913 _ 2007066. html，2020—09—13.

[18] 四川省城散处. 攀枝花市入选全国第四批少数民族流动人口服务管理示范城市[EB/OL]. http://mzw.sc.gov.cn//scsmzw/dtyw/2020/11/24/1851078ed22046d0ada4b767e88b36f4.shtml，2020—11—24.

[19] 江苏省民族宗教事务委员会. 加强交流协作 架起民族团结进步“连心桥”[EB/OL]. http://mzw.jiangsu.gov.cn/art/2021/11/29/art_39792_10136215.html，2021—11—29.

[20] 武汉市民族宗教事务委员会. 武汉市少数民族权益保障条例[EB/OL]. http://mzw.wuhan.gov.cn/ZFXXGK_13641/ZCFG_13646/zcfg/202001/t20200108_679124.shtml. 2017—04—01.

[21] 马伟华，赵怡. 功能与实践：“三社联动”视角下少数民族流动人口社会支持体系构建初探[J]. 青海民族研究，2019，30（04）：80—84.

[22] 民族一处. 外来务工少数民族群众温暖的家[EB/OL]. http://mzzj.shaanxi.gov.cn/zwxx/mzyw/201712/t20171211_2007564.html，2017—12—11.

[23] 浙江省民族宗教事务委员会. 台州市椒江区打造“三心驿站”加强少数民族流动人口服务[EB/OL]. http://mzw.zj.gov.cn/art/2021/7/14/art_1229471723_42380130.html，2021—7—14.

[24] 卢时秀，李吉和. 社区共融：城市少数民族流动人口服务管理的社工介入——基于上海P区的实践[J]. 湖北民族学院学报（哲学社会科学版），2019，37（05）：70—77.

[25] 宜昌市民宗委. 枝江市“四措并举”扎实做好城市少数民族流动人口服务管理[EB/OL]. http://mzw.hubei.gov.cn/bmdt/dfgz/202007/t20200707_2500193.shtml，2020—07—07.

[26] 四川省民族宗教委. 成都着力构建“一创、二建、三着力、四服务”的民族团结进步创建工作新模式[EB/OL]. http://mzw.sc.gov.cn//scsmzw/mztjjbcj/2020/10/23/a813dee04d9341ac9a44b834eb492599.shtml，2020—10—23.

[27] 卢时秀，李吉和，张微. 专业社会工作嵌入城市少数民族流动人口服务管理：领域与路径探索[J]. 广西民族研究，2015（4）.

树立和突出各民族共享的中华文化符号和中华民族形象研究①

福州大学外国语学院　徐冬梅

一、引言

中华民族共同体意识来自文化和观念，伴随全球一体化进程的加速发展，如何建构或培育中华民族共同体意识已成为当下重要的研究课题之一。近年来，铸牢中华民族共同体意识研究已取得较为丰硕的成果，研究领域涵盖民族学、历史学、法学、政治学和思想政治教育等多个学科。同时，国内外关于国家形象的研究已日趋成熟，有关国家形象定位、塑造、传播、建构、提升、修复等方面的研究成为诸多学科领域的研究热点。然而，基于动画形象的符号建构，讨论民族形象建构的研究相对匮乏，研究还缺乏整体概观和系统性。

全球文明交流互鉴势不可挡，动画是一种赋予人类情感与生命的视听艺术，动画形象本身即为一种文化样式，能够代表某一民族的审美倾向与文化内涵。在人类命运共同体的国际语境中，美日动画通过跨境传播，积极向全世界渗透宣传的是美国和日本的价值观与普世情感。在此时代大背景下，国产动画电影如何通过呈现民族化符号特征，建构中华民族形象，向世界展现中华民族的人文情怀与价值审美，这不仅关涉到中国影视动画创作的前景，也对中国的国家和民族形象，中华文化的国际性传播起着举足轻重的作用。

如何通过动画提升中华民族形象影响力，要思考以下几个问题：1. 如何将民族特色与文化精神（中国元素）融入动画形象制作中，让文化符号（动

① 本文系 2021 年度福建省铸牢中华民族共同体意识研究中心课题研究成果，项目编号 21SKZ44。

画主角或明星）与国家的发展主题相契合。2. 动画表现形式（形象造型·叙事特点·动画语言）如何彰显中国特色并能赢得世界的关注？（我们应明确当代世界具体在关注什么，哪类动画能取得国际性成功，动画制作成功的背景及条件是什么。）3. 中国动画走出去的短板软肋是什么？如何推广产业化运营模式，强化我国动画作品在国际环境中的话语权，以提升中华民族形象在国际上的知名度与影响力。基于以上问题，本文回顾中国动画电影发展史，讨论国产动画电影中蕴含的民族精神与文化内涵，对中外改编的动画电影的叙事语言，形象造型、文化内涵等进行对比分析，探究中华文化符号及民族形象对外传播的具体策略。

习近平总书记指出："不忘本来，吸收外来，面向未来。"这里的"本来"可以理解为中国元素，"外来"即世界知识大系谱。只有立足于传统文化，接触、借用和融合外来文化，中国文化才能"走出去"，为世界所接受，拥有更广阔的未来前景。近年来，动画电影作为一种传播媒介，产生巨大的社会影响力。动画电影基于中国文化的审美理念与人文情感，从本民族文化中汲取创作素材，凭借媒体的艺术表达，传递民族文化、建构国家形象，有效提升了中华民族的文化认同感与集体凝聚力。因此，迎合新时代观众的多元化审美取向，以"动画"电影为突破口，在动画形象创作中融入中国元素，打造新时代中国动画电影的民族符号并将其转化为国际品牌，便成了全球文化交融趋势下中国动画产业发展的必然抉择和关键所在。

二、树立中国动画电影的"民族"风格

中国的动画电影开端于 20 世纪 20 年代，万氏兄弟创作的广告动画片《舒振东华文打字机》(1922)，标志着中国动画制作的起点。早期中国动画作品的制作技术精湛，意境设计和谐，曾激励过国内外知名的动画大师。如中国人所熟知的日本动画大师宫崎骏，他在高中时代曾观看日本东映动画公司制作的彩色长篇动画电影《白蛇传》(1958)，对中国古代神话故事产生了浓烈的倾慕之情。为了追寻心中的白素贞，他在大学求学期间选修中文，立志要成为一名动画制片人。数年后宫崎骏如愿进入"东映动画"工作，后知遇名导演高田勋，两人多年来合力创作，接连推出日本动画电影佳作，为日后成立的"吉卜力"工作室打下坚实的基础。

1941 年，由中国联合影业公司出品，万籁鸣和万古蟾两兄弟联合导演，

中国第一部长篇动画电影《铁扇公主》问世，《铁扇公主》不仅为国内观众所喜爱，还广泛传播到日本及东南亚各国，赢得国外观众的热捧。中国动画电影就此走出国门，中华民族文化成功实现荧屏亮相。1940 年，中国处于抗战期，中国电影产业也刚刚起步，动画电影制作技术并不成熟。《铁扇公主》人物原型很大程度上受到了美国迪士尼公司拍摄的动画电影《白雪公主》（1940）的影响和启发。正如万籁鸣先生曾言，“美国人可以搞他们西方民族特色的《白雪公主》，我们当然也可以搞具有我们民族特色的《铁扇公主》”。

《铁扇公主》是探索动画电影民族形象的国际化制作的成功案例。剧情出自吴承恩的原著《西游记》中“三借芭蕉扇”桥段。“铁扇公主”形象造型有意突出了本土化特点，不论是人物造型设计、色彩及动作、艺术风格等都尊重民族性表达。“铁扇公主”是第一位走向世界影坛的中国公主，也是中国动画史上第一个具有鲜明民族色彩的经典角色。她浑身洋溢着浓厚的中国民间气息，黑白色调着装突出了形体线条的流畅，手持宝扇，短衣襟、动作敏捷，展现出中国连环画特有的，也是被世界观众普遍接受的中国女侠的飒爽英姿。尤其在细节表达方面，《铁扇公主》通过线条动态韵律表达雄浑的民族性，开启了国产动画民族创作先河，它也为此后《大闹天宫》等优秀国产经典动画的创作起到了良好的示范作用。

颇具戏剧性的是，中国动画片《铁扇公主》上映，影响了日本动漫大师手冢治虫的人生走向。手冢治虫原立志成为一名医生，却因偶然观看《铁扇公主》，确立了人生新坐标，走上了漫画与动画的创作之路。1980 年，手冢治虫首次访问中国，专程去拜访《铁扇公主》的导演之一，中国动画的先驱者万籁鸣老先生。手冢治虫始终保持着对中国动画的青睐之情，对中国早期动画创作者的敬仰之心。不得不承认早期的中国动画制作无论是动画叙事、还是影像的技术表达等都已达到相当高的国际水平，彰显浓厚的民族特色，拥有广泛的世界影响力。

20 世纪 50 年代开始，上海美术电影制片厂的动画创作者们更致力于对民族元素的挖掘与运用，传统艺术形式与中国元素相得益彰，凸显出中国动画的国际话语表达。当时“动画”一词还未广泛流传，动画创作者与观众统称这一艺术样式为“美术片”。以上海美术制片厂为代表的中国美术片的创作者们，创作了动画片、木偶片、剪纸片和折纸片。[1] 当时的中国掀起一股猛烈的“探民族形式之风”，作品的画工唯美、色调饱和，透着浓郁的“中国风”气息，营造了“简、精、淡、雅”的中国式艺术气氛和审美风格。京剧、昆曲、国画、民乐、皮影、窗花、剪纸等传统艺术不仅与中国观众的审美喜好相吻合，也深深吸引了众多西方人，他们被中国动画营造的“大象无形、大音希声”的诗情和意境所折服。《神笔》(1955)、《骄傲的将军》(1956)、《猪八戒吃西瓜》(1958)、《小鲤鱼跳龙门》(1958)、《小蝌蚪找妈妈》(1960)、《牧笛》(1963)、《大闹天宫》(1961—1964，上、下集)、《草原英雄小姐妹》(1965)、《哪吒闹海》(1979)、《九色鹿》(1981)、《山水情》(1988)等作品曾一度掀起国外观众的观影热潮。这些作品的叙事手法、内容、符号寓意、画面及音乐效果等都突出了中国的传统特色，承载丰厚的中华民族文化内核，形成鲜明的艺术风格，使得中国动画制作进入辉煌期，中国动画作品在该时期也获得了“中国动画学派”的美称。[2]

水墨动画片《牧笛》(1963)获得1979年丹麦第三届欧登塞城国际童话电影节金质奖。中华民族传统的水墨神韵，营造了充满田园诗情的画面，牧童与水牛颇有古风之灵韵，国画大师齐白石笔下的鱼虾、小鸡、青蛙，李可染的牧牛，程十发的人物和小鹿等都动了起来，活灵活现。1980年，美国观众观看《牧笛》后不禁赞叹说：“太美了，简直是奇迹，这完全是中国式动画片。”1981年日本动画协会举办“中国美术电影展览”，一位日本动画人士在留言簿上写道：“当听说水墨画能动起来，简直不敢相信，看后真是大吃一惊。这样的作品，是用什么技术搞的呢，确实难以想象。能够把水墨动画制成动画片，表明了中国人民对自己传统艺术有很深的感情和深刻的了解，外人只能感叹了不起。”

《骄傲的将军》(1956)的编剧是漫画家华君武，导演是特伟和李克弱。1955年春成立该片摄制组。该片讲述了一位得胜归来的将军骄傲自满，荒废武艺兵法，最后被敌人活捉的故事。艺术家们为了“探民族形式之路，敲喜剧风格之门”，远赴北京、山东、河北等地搜集大量古代绘画，雕塑，建筑等资料，经过一年多时间的辛勤钻研，1956年才完成这部时长二十多分钟的动画短片。为使作品能充分展现民族艺术神韵，他们在创作上借鉴了中国的传统戏曲，尤其是京剧元素。人物造型、对话及伴奏都带着京剧的腔调。《骄傲的将军》动画场景中，通过不断重复将军“举鼎”这一场面，推动情节的发展。从情节设计而言，对母题的重复渲染刻画，突出强调将军的力大无比，武艺高强，无人能敌的光辉形象和民族气概。从符号化的场景设置而言，“举鼎”这个动作也是民族文化象征符号的重复演绎，营造强烈的民族化叙事框架。同时，《骄傲的将军》还通过对比“将军”这一人物形象的前后变化，赋予作品教育和警世意义。打了胜仗，凯旋归来的将军意气风发，无人能敌。但居功自傲，不思进取的他日渐荒废武艺，落下“将军被擒，国家灭亡”的悲惨结局。该片通过对比叙事，告诫观众（少年儿童为主）骄傲使人落后的道理，宣传的是谦虚谨慎、居安思危，不懈进取的中华民族的优秀品德。

《草原英雄小姐妹》（1965）是中国动画史上为数不多、基于真实故事改编的作品之一。一场风雪袭击内蒙古自治区达尔罕茂明安草原（现内蒙古包头市达尔罕茂明安联合旗境内）。龙梅（当时11岁）、玉荣（当时不到9岁），这两个牧民的女孩子积极主动承担起为公社放羊的活儿，不料她们俩在放羊时遭遇了暴风雪的恶劣天气。为了保护人民公社集体的羊群不遭受损失，姐妹两人不顾个人安危，奋力抢救羊群。最后因冻伤严重，龙梅失去了左脚拇趾，玉荣右腿膝关节以下和左腿踝关节以下做了截肢手术。内蒙古自治区党委授予她们“草原英雄小姐妹”的光荣称号，姐妹俩的英雄事迹被频频歌颂，还被拍成电影、搬上舞台、谱成歌曲、写进了教科书。《草原英雄小姐妹》采用实景虚化的拍摄手法，将卡通形象与地域环境相结合，突出在凛冽的寒风，漫天飞雪的恶劣气候下，姐妹俩不断追赶羊群，与风雪抗争的镜头。严酷的自然环境与勇敢抗争的少女形象相互映衬，形成巨大的艺术张力，让观众产生强烈共情，被草原姐妹传达出的蒙古族精神所感动。影片借助姐妹俩的形象塑造，生动传达出集体利益高于一切，中华民族不屈不挠的斗争精神。

此外，早期的“中国动画学派”作品，在营造动画情境、讲述中国故事的同时也带着明显教育功能。如《小蝌蚪找妈妈》，用水墨画的形式展开情节，小蝌蚪一路跌跌撞撞，东奔西走，逢人便打听妈妈的下落，因为将别的动物误认为妈妈，小蝌蚪在寻访妈妈的全过程中，不断认识新动物，在这一过程中他们的身体也在悄悄蜕变成长，从摇着小尾巴的蝌蚪逐渐成长为褪去了小尾巴、长出四条腿的小青蛙。该动画片的受众群年龄层为低龄儿童，他们在观看过程中，视觉真实感受了小蝌蚪蜕变为青蛙的全过程，领略到中国水墨风格动画作品的精妙之处，同时也上了一次愉悦的科学知识普及课。视觉动画形式生动展现了小蝌蚪不怕吃苦、执着、不懈追求的顽强品质，儿童动画作品在早期承担的潜移默化的教育功能显而易见。

进入20世纪80年代，我国动画制作面临窘境。国内经营体制的转型，国外动画片的冲击，使得国产动画片的产量日趋下滑，跟不上动画发达国家的前进步伐，动画业濒临危机边缘。1990年代起，《狮子王》《花木兰》为代表的迪士尼商业动画电影在中国掀起了一场美国动画观影热潮，赚去了丰厚的票房收入。这让中国动画界强烈感受到生存危机，开始反思中国动画片的出路，尝试商业化制作模式，以谋求突破瓶颈，拯救中国动画市场。

进入21世纪，为了适应时代发展需要，中国动画电影创作采用与国际接轨的制作方式，导入动画制作的商业模式。1999年，堪称中国动画电影之最的《宝莲灯》问世，这是新时期中国动画电影的代表，包括后来出现的《魁拔》《风云决》《大鱼海棠》等作品，都是结合好莱坞式叙事语言、积极借鉴日本动漫画风、制作精良、呈现鲜明时代特征的作品，在叙事上已较为成熟，赢得越来越多年轻人对国产动漫的喜爱。这些动漫作品虽带有美日动画作品的风格特点，但仍带有浓厚的民族烙印。[3]

三、造型风格折射出的中国动画电影的民族形象变迁

（一）《铁扇公主》与《大闹天宫》中的孙悟空形象

孙悟空的形象造型总交杂着浓厚的时代气息，并追随观众的审美需求对叙事结构、人物造型进行调整。万氏兄弟共同执导的《铁扇公主》（1941）是孙悟空初登荧幕的动画形象，也是对吴承恩虚构小说中主要角色的实像呈现。该动画电影受到好莱坞动画电影《白雪公主》（1940）风格的影响，孙悟空的形象塑造，较多借鉴迪斯尼出品的动物角色造型风格，孙悟空角色突出了其“猴性”特征，灵动而充满幽默感。这是一部借助动画形式进行政治教育的优秀作品。万氏兄弟选择了《西游记》中火焰山借芭蕉扇的故事，是因为当时处于抗日战争期间，影片用隐晦的方式表达爱国之情，有意借孙悟空无畏的斗争精神鼓舞人民群众抗击日本侵略者。正如中国的动画鼻祖万籁鸣先生所言，“可以说我国动画片从一开始就不仅仅是供人观赏和娱乐的消遣品，它从一产生就跟当时的斗争现实紧密配合，紧紧地为政治服务”。[4]

23年后，万氏兄弟再次创作了中国动画的经典之作《大闹天宫》（1964，上海美术电影制片厂推出）。《大闹天宫》改编自《西游记》的前七回，集中且突出表现了主人公孙悟空的传奇经历。作品借助大荧幕快速传播，被多个国家翻译成不同语言上映。《大闹天宫》打造了中国东方的梦幻奇观影视，创造了属于中国记忆的神话。万氏兄弟将小说《西游记》的情节、蕴含的思想精髓通过动画的形式，感性直观地再现了战火纷飞、国破家亡的景象。《大闹天宫》的人物形象、服饰设计、环境背景都深深植根于中国传统文化，场景

调度、民族风格的呈现等充满想象力和艺术感。法国《世界报》介绍说："《大闹天宫》不但具有一般美国迪斯尼作品的美感、造型艺术，又是美国迪斯尼所做不到的，即它完美地表达了中国的传统艺术风格。"[5]

《大闹天宫》中孙悟空的造型设计灵感源自漫画《西行漫记》和民间版画，图纸画师们还特地拜访了戏曲中孙悟空的角色扮演者，经过反复揣摩确定其经典造型。吸取中国戏曲精髓的同时，根据动画艺术的特点对孙悟空形象进行了适度的简化、夸张和变形处理。初出场的孙悟空一身黄褐色毛发、弓背，脖子稍向前倾，尖嘴猴腮，猴性特征鲜明。同时，孙悟空嵌着一双圆圆的大眼睛，五官、四肢健全，形体线条流畅，着装采用红、黄两种色调对比，凸显绚丽的美感。虎纹皮块束定腰间，遮住下体，足踏一双皮靴，颇显青年男子的俊俏洒脱，与大众心目中"美猴王"的形象完美契合。

孙悟空的形象造型透着十足的"猴性"，他初上天庭，被封管理天庭马匹的小职务（弼马温），每日与天马一起驰骋天庭，自由畅快，无拘无束，后得知"弼马温"只是个不起眼的闲职，不堪受辱而反下天庭。在蟠桃园的场景中，镜头更是淋漓尽致地展现孙悟空的"猴性"特征。作为一只"猴子"，他对蟠桃垂涎有加，终因把持不住欲望，偷吃蟠桃，闯下大祸，后反下天庭，返回花果山，回归动物本性，无拘无束地享受大自然。

《大闹天宫》之所以在中国动画电影史上占据里程碑意义，还在于其契合时代背景，将神话故事搬上荧幕，突出的是"反抗强权"的政治主题。孙悟空以"反抗者"的形象登场，他崇尚自由、不畏强权、身手矫健，神采奕奕，浑身洋溢着无所畏惧的反抗力量。尤其是影片的结尾处孙悟空重获自由，回到花果山过上幸福生活。这一结尾暗含着导演对美好未来的期待，预示着中国人民终将通过不懈努力和坚持，在集体抗争中克服重重艰难险境，重获幸福生活。

《大闹天宫》中孙悟空的人物造型与《西游记》原著的人物形象的契合度较高，符合那个年代大部分人的审美需求。孙悟空形象带有猴的好动机灵、顽皮活泼的特点，他能斩妖除魔，上天下地，拥有人类所不具备的超凡本领。他同时还兼备坦率、天真、讲义气等人们所期待的作为个体的"人"所具备的优秀品质。《大闹天宫》为后来孙悟空形象的重塑、再造提供了可参照的优秀范本。正如导演万籁鸣先生所言："在孙悟空的外形和内在品质方面，我们认为做到统一是必须的，但这个统一一定要包含他所具有的猴、神、人三者的特点，缺一不可。"[6]国际上对《大闹天宫》的制作技术，呈现的视听效果也是赞赏有加，一方面自然是因其带着浓厚的民族风格与中国特色，另一方面也在于孙悟空的叛逆性格，对自由的渴盼，符合人类追求自由和幸福的原动力。因此，可以说《大闹天宫》承载的精神内涵与文化认同感，是民族的，也是世界共通的。

（二）《宝莲灯》中的孙悟空形象

回顾孙悟空的荧幕形象，需提及的另一部动画片便是《宝莲灯》（1999）。该片开创了国内商业动画电影先河，也是上海美术电影制片厂史上投资最大的动画电影，被认为是新中国动画复兴之路的起点之作。制作时间历时 4 年，总投资 1200 万元，共有 300 多位工作人员参与制片工作。主创工作人员还远赴敦煌、西安、华山、西双版纳、宁夏回族自治区等地采风，收集创作素材。片中出场人物 50 个，拍摄的镜头多达 2000 多个，画面超过 15 万幅。《宝莲灯》对中国的传统故事进行了新诠释，尽管有观众提出质疑，认为作品的造型、情节、画面处理等显得粗糙，受到迪士尼动画《花木兰》的影响，仿效欧美画风存在不当之处。但该片的网络豆瓣用户评分高达 7.9 分，超过了 80％的国产动画电影。许多影评工作者将其列入 20 世纪中国最好的动画电影之一，认为该部作品是国产动画电影一次非常有意义的国际化创作的成功之作。

剧本《宝莲灯》在民间传说和传统戏曲中都带有强烈的悲剧色彩，为了迎合观众的审美取向，适应作为“娱乐片”受众的审美需求。作品以“劈山救母”为故事主线，突出了中国传统“百善孝为先”的精神内核。尤其是在情节设计上，摆脱了国产动画惯有的刻板说教特点，自然呈现亲情、爱情，增强情节的戏剧性，既富有教育意义又不乏趣味性。

二十世纪八九十年代，在改革开放的国际大背景下，中国动画制作更积极地从传统文化、神话传说中汲取养分，主动投身市场，在电影产业化的格局中谋求契机，寻求突破。同时还吸收、引进了许多西方动画电影制作的成功经验，提升中国动画制作的国际性和现代性，大胆走出了一条新世纪原创动画大片的路子。《宝莲灯》的人物造型基本上还是保留了中国动画学派的特点，沉香和三圣母都带有中国古典人物画风格。电影片头，沉香与妈妈一起泛舟的场景，营造强烈的中国国画的韵味，是“中国学派”风格的延续。但《宝莲灯》采用与国际接轨的动画电影的制作方式，对每一道工序都进行了具体的细化和分工处理。如对剧本的编写处理、先期音乐和对白，以及全数码立体声录音技术的协调处理，人物造型、电脑特技，包括音乐和舞蹈等都进行了宏观的把控和精心的策划，还将二维与电脑三维动画技术相结合，增强绘图的现代感，《宝莲灯》算是中国美术片国际化制作史上的成功案例。

《宝莲灯》中出场的孙悟空形象依然沿用《大闹天宫》《金猴降妖》中的角色造型，不同的是孙悟空身上始终笼罩着一层神秘面纱。他第一次出场，是土地对沉香诉说“西天取经”的壁画故事，孙悟空仅仅是壁画上的一个虚无缥缈的幻影。当他再次出现时，也是紧闭双眼，双手合十，静坐于莲台之上。孙悟空已不再是西天取经路上那个顽皮活泼、嫉恶如仇、充满活力的孙猴子形象，而是一位历经沧桑修成正果、安稳成熟的斗战胜佛，他在《宝莲灯》中是以超然物外的“天神”的形象出现。

迟暮老成，不苟言笑的“佛猴”形象与传统神话故事及《大闹天宫》中呈现的活泼机灵、充满力量的“泼猴”形象产生了巨大反差。但作为民族精神的传播者，孙悟空的形象造型设计初衷是与当时的时代背景相契合的。已立定成“佛”的孙悟空，成为“天神”般存在，受到天地秩序的制约，不能随心所欲、擅自行动，超然于万物之外，不再纠结恩怨情仇。伴随改革开放的步伐，日本、欧美等外国动画片不断流入中国市场，对万氏兄弟的带有宣传教诲功能的“中国学派”动画风格造成很大冲击。“中国学派”风格的受众群急剧流失，中国本土的动画创作也陷入了停滞期，《宝莲灯》中的孙悟空形象被塑造成沉静安宁的“神”的形象，折射出中国动画产业面临的发展困境。

孙悟空形象积极验证了虽身处逆境，但依然不懈寻求突破的民族精神品格。被土地爷责骂时他沉不住气，显现愤怒的神色；当沉香怒斥他无法感同身受，不理解失去母亲的孩子的痛苦时，他再也无法控制自己的情绪，从端坐的莲台跃起，面容因气愤呐喊而严重扭曲。从莲台上跃起时，孙悟空露出了一袭袈裟遮盖下的虎皮裙和黑皮靴。这装扮依然保留了孙悟空大闹天宫时模样，也凸显其“猴神兼备”的性格特征，与《大闹天宫中》果敢性格形象的巧妙呼应。

《宝莲灯》中的孙悟空虽已幻化为神，但他无法真正超脱于尘世之外，未能真正做到耳根清净，不问人间琐事，他被沉香的真诚打动，暗中指点他去获得神斧以战胜二郎神。《宝莲灯》塑造了外表安稳沉静、内在积极热忱、善恶分明的孙悟空形象，这是对孙悟空形象的又一次解构和重塑。《宝莲灯》巧妙结合了民族经典元素与国际环境，是国内外结合的中国动画制作的一次成功尝试。人物设计在中国传统动画人物形象的设计基础上吸收借鉴国际流行动画的表现形式，为国产动画的发展提供了迎合国际市场需求的新创作模式。《西游记之大圣归来》《白蛇缘起》《哪吒：魔童降世》等当代动画电影制作，从某种意义上而言，是《宝莲灯》风格的延续和拓展。

（三）《西游记之大圣归来》中的孙悟空形象

《西游记之大圣归来》对中国古典名著《西游记》中孙悟空和唐玄奘的故事进行演绎和拓展，将精通七十二变，果敢、机灵的"孙大圣"还原成一名普通人。2015 年上映时，该片不论是人物造型，场景设置还是情节画面，都赢得观众的高度评价，在媒体圈引起轰动，获得当时国产动画电影票房 9.56 亿元的最高纪录。《人民日报》甚至称这部电影为中国动画电影 10 年来少有的"现象级"作品。影片在商业和艺术价值上实现并举，展现了宏大多变的叙事场景，用极富东方文化魅力的故事文本，融入西方动画电影叙事框架，赢得市场认可，一举获得成功。[7]

《西游记之大圣归来》与早期的中国动画的教诲模式不同，灵活取用好莱坞经典叙事结构，是新时期中国动画叙事的成功转型模式。在中国元素的融合，民族文化的渲染中完成对人性的终极思考。该片基于对自我身份认同的关怀，找到了时代特征和传统美学的结合点，同时将中国画的写意美、戏曲、传统建筑、服饰、诗词等文化符号融入片中，深得市场青睐。[8]影片在人物设计与画面色调处理上保持了鲜明的中国风，对孙悟空的性格弱点（如迟疑、畏缩、缺乏自信）进行了具象化呈现。动画的主体受众虽定位为儿童群体，但主体与外界的对抗、成长救赎的命题、个人追求与社会责任的冲突等母题都是现实社会的隐喻。

《西游记之大圣归来》中的孙悟空造型摆脱了多年来孙悟空形象的京剧脸谱造型，制作手法融合美国风格 3D 动画技术，出场角色造型及部分镜头动作表现则借鉴了日式动画风格。孙悟空浑身长满猴毛，增强人物的真实性，加上一身破旧的黄衣蓝裤，有意突出其作为普通人的样貌特征。表情变化丰富、喜怒哀乐等情绪切换也显得自然和谐。除了鲜明的猴性特征，影片还重点刻画其内心的矛盾冲突，具备人类的情感和行为特点。

孙悟空本是神话中的人物，他上天下地，自由洒脱，神通广大，无所畏惧，代表了人类崇尚自由的天性，但他也难逃命运的劫数，被如来佛镇压在五行山下 500 年，丧失了自由。这突如其来的劫数让其丧失自信，性格变得落寞、暴躁、颓废。此时，他遇到一个名叫"江流儿"的 7 岁小和尚（江流儿是唐僧十世轮回的第十世）。影片对唐僧年龄的低龄化处理，为唐僧师徒二人的形象塑造、情节推进等提供了便利。

小和尚在误打误撞间，无意中解除了已在五行山下沉寂 500 年的孙悟空封印。封印虽解除，但孙悟空的大部分法力都已丧失，他还原为一只普通的猴子，连一个由山石变幻成的山妖都无力制服，这彻底击垮了他的自信心，进入完全自我否定的低潮期。但在与江流儿结伴冒险的旅途中，他被江流儿的正义感、舍己救人的精神所感召，一次次接受精神洗礼。孙悟空的个人形象实现了从自我否定到重拾信心，从消极颓废到找回自我的性格重构。

当“傻丫头”被山神掳走后，面对江流儿的恳求，孙悟空因缺乏救人信心，表现得焦躁而易怒，他连声说“我管不了”，甚至将江流儿一把推倒在地。但当江流儿独自冒险去解救“傻丫头”，他却陷入深深的懊悔自责中，情绪彻底失控。他沉入水中，想抛空一切，回归沉寂。但他耳边却萦绕回荡着江流儿期待的呼唤声——“大圣”，与自己“管不了”的逃避声音相互呼应，此起彼伏，令他头痛欲裂，难逃对自己的苛责。孙悟空眼前晃过一幕幕往事，这些场景是对叱咤风云的孙悟空光辉历史的回顾，“齐天大圣”的光芒，七十二变的神通，十万八千里的驰骋意气，强烈呼唤着他心中的正义感和不服输的意志力。终于，他在自我反思中顿悟，冲出性格局限，走出自我否定的困境，投身于对“傻丫头”的救助中。看到乱石压倒江流儿，误以为他已经丧命，交杂着的愤怒、后悔、伤心等复杂情绪，促使他情绪在瞬间爆发。此时的孙悟空已非神非猴，而是幻化为一个活生生的人，因为富有人的情绪与坚强的意志力，在外界突发事件的强烈刺激下，他冲破封印，获得新生。影片通过前后画面的对比呈现，重塑了一个斗志昂扬、破釜沉舟、视死如归的孙悟空形象。

《西游记之大圣归来》能取得国际性成功，与中国经济发展、社会文化的导向是密不可分的。2015 年，中国在经济上已经取得快速发展，国家提出提升文化软实力的时代目标，重视中国传统文化的传承与发展，给动画的发展与创新以全方位的支持。孙悟空的造型基于中国经典文学与传统戏曲的精髓，又根据动画艺术的特点进行当代视觉审美重构，展现在观众面前的已非原剧本中的孙悟空形象原型，而是一种文化加工后的复合形态，是新形势下动画民族化创新的一次成功尝试。孙悟空形象造型的前后改变让观众强烈感受到中国民族风骨和精神气节，孙悟空重获新生的凤凰涅槃也预示着中国在新世纪的迅速崛起和飞速发展。可以说，《西游记之大圣归来》是契合时代需求的代表作品，孙悟空形象已脱离文学文本，成功转化为一种文化符号，曾经作为政治内涵载体的孙悟空形象被逐渐消解，成了消费主义的符号代言，承载着集体的文化记忆。

四、叙事结构的国际化转型与对中华文化符号及民族形象的再创作

（一）《宝莲灯》与《西游记之大圣归来》中的英雄形象比较

在动画产业全球化进程中，以经典动画形象作为视觉表征的符号建构，成为研究动画产业的焦点。正值世界动画产业发展的蓬勃期，中国动画也进入快速发展阶段，动画形象常常被认同为一个民族文化的精神象征，承载着重要的文化内涵，彰显出特定的时代意义。

伴随全球一体化进程的深入，观众的审美倾向也逐渐发生变化，呈现出多元化趋势。与国外动画市场的接轨，与世界电影文化的融合创作已成为中国动画发展的时代需求。国产动画电影也积极融合国外经典文化元素，借鉴人物形象塑造法、表现形式、叙事结构、叙事理念等，发展创新本土动画电影。中国动画影片的叙事及内容都表达出对"新"的渴求，如何借鉴国外动画制作的技术处理中国故事，凸显中国动画的民族特色，如何把握国际化融合尺度，便成了当前亟待解决的问题。

《宝莲灯》与《西游记之大圣归来》被称为"英雄"题材作品，是近年来动画电影制作的"热门"题材，受到了国内外动画电影制作的普遍青睐。正如习总书记指出，"近代以来，一切为中华民族独立和解放而牺牲的人们，一切为中华民族摆脱外来殖民统治和侵略而英勇斗争的人们，一切为中华民族掌握自己命运开创国家发展新路的人们都是英雄"。[9] "英雄"是时代的表征，英雄的事迹也屡屡被搬上荧幕，但不同年代对英雄形象的刻画、诉说的英雄故事内涵却不尽相同。

"集体英雄"的画面呈现，在中国动画历史上并不少见，如以《铁扇公主》为代表的中国早期动画电影中多呈现的是"集体英雄"形象，多是对现实社会的隐喻，寄托人们对英雄品格的美好期待。《铁扇公主》中的孙悟空尽管神通广大，取经路上披荆斩棘，除妖去患，但影片重彩渲染的是师徒的合力奋斗场景，重彩渲染的是团队合作的精神。集思广益、拯救弱小、对抗强

权、与恶势力抗争到底，常是中国电影演绎的主题。作为“集体英雄”形象中的一员，孙悟空形象受到大众的欢迎，他传达出中华民族不惧苦难、群策群力、誓死抗争的优良传统美德。孙悟空师徒最终能修得正果，很大程度上依赖于团队间的帮扶支撑、精诚合作，这些美德起到了鼓舞民心的作用。再如，《草原英雄小姐妹》中的姐妹俩也是时代英雄的屏幕再现，她们为了集体的利益，置个人安危于不顾，牺牲自我保护了大队的羊群。她们的品格是崇高的，她们的精神世界是丰盈的，她们承载了一代人的精神价值取向，体现出崇高的民族精神与文化内涵。

回顾历史上塑造的中国动画电影中的“英雄”人物性格，不难发现，我国动画电影所刻画的英雄形象，是一种超越凡人的“神”一般的存在。影片为了凸显英雄的卓越品格，往往赋予其“完美”品行。对比分析《宝莲灯》中沉香的人物造型与《西游记之大圣归来》中的“大圣”形象，可明晰感受不同时期观众审美情感的变化，也可理解不同时代呼唤的“英雄”品质的差异。

《宝莲灯》属于线性化的叙事结构，没有复杂的人物登场，简化场景冲突。改编成的动画电影忠实于原著，基本上还是单线结构，最后形成闭合式结局。影片通过对一桩桩事件的描述性铺展，缓慢推进故事情节的发展。沉香是神仙三圣母和凡人书生的孩子，他得知自己的身世后，拜孙悟空为师，大战二郎神，成功解救母亲，这是基于传统的封闭式叙事结构塑造的人物造型。《宝莲灯》中沉香的成长，就在他的救母过程中得到完美呈现。拜师学艺、劈山救母等情节设计都着力渲染突出他智慧、勇敢和坚韧的品格。幼年对亲情的渴盼，少年反抗天庭，劈开华山救出亲生母亲。沉香经历磨难、达成愿望，影片结尾回归中国传统式的大团圆结局，诠释了“舍小家为大家”，“集体利益优先于个人”等中国传统的民族精神和文化内涵。

《宝莲灯》巧妙模仿好莱坞动画的编剧技巧。关于民间传说中三圣母与刘彦昌的爱情故事，仅仅在片头花了一分多钟的时间做了简单的交代。其情节结构凝练，可归纳为三段式：沉香与母亲幸福地生活在一起；母子分离，沉香救母；沉香再次与母亲幸福地生活在一起。角色设置上，该片套用的是《狮子王》的人物塑造模式，沉香与辛巴的角色定位相同，都是成长型英雄，肩负劈山救母、为父报仇的艰巨任务。他们经历了一系列磨难，终于突破自身心理障碍，成长为一个具有完善人格的“成人”。可以说，《宝莲灯》运用现代技术手法，结合时代叙事视角，对中国传统神话故事进行了新的诠释，彰显了“天人合一”的理念。人物造型更加具体生动，情节设置避免拖沓，文化内涵也更易为观众所接受。

但作为英雄人物“沉香”的性格塑造也难免存在缺陷。沉香被描绘成一个四平八稳的“好孩子”，呈现的完全是正面的性格特征，是优秀的“英雄”形象。沉香这一人物品格被加以好莱坞式的改造加工，进行定型化的处理。《宝莲灯》单线结构突出展现的是沉香坚持自我的全过程。他在这一过程中明白了什么是“精诚之至”，意识到顺应人性、依靠自我是改变命运的利器。但因“沉香”的人物形象塑造太过完美，也就显得平板单薄和脸谱化。“沉香”是游离于普通大众之外的“好孩子”的化身，这无形中也拉开了其与观众间的距离。

与《宝莲灯》相比，《西游记之大圣归来》中塑造的“大圣”形象，是贴近现实生活的普通人，通过赋予人物平民化的日常，展现鲜活真实的人格魅力，为观众提供了形象化的审美体验。梳理中国动画影像中孙悟空的发展变化轨迹，不难发现，中国动画的主题选择与表达的文化内涵契合时代发展，伴随强烈的政治功能和社会寓意。孙悟空的形象随着时代变化进行了多次的解构和重构，从最初的动物“猴性”特征的彰显，到动物性与神性的结合，再到人性和神性的结合。孙悟空形象迎合时代审美需求，不断进行着国际化调整，其动画形象的成长轨迹验证了中国动画电影探索民族化创作道路的历程。

《西游记之大圣归来》不仅让观众清晰感受到民族元素在影片中的运用，也能发现导演伴随当代人的审美习惯而做出的创新性调整。首先，《西游记之大圣归来》对人物及情节主线等进行了重置，唐僧和孙悟空的性格也在叙事中变得丰满。影片传承了传统的叙事风格，并不否认团队合作的精神的重要性，但也突出强调大圣个人的成长历程。大圣的“英雄形象”造型与以往《西游记》系列中的表现手法不同，他作为一个普通人，勇敢承担起了保护弱小的重担，凸显出作为社会一员的普通人的家国情怀。人物性格冲突，本心与现实的碰撞，正义与无能的较量等情节设置都带来了巨大的艺术张力，让观众能产生强烈的代入感。尤其是江流儿的存在，使得孙悟空能重拾自信，正视并勇敢克服自身的性格弱点，不断超越个人性格局限与思维定式，最终完成自我身份的建构。这也呼应了动画电影的篇名“西游记之大圣归来”的寓意，经历一番痛苦挣扎，走出心灵困境的孙悟空终于找回自我，明确自身的社会责任与人生定位，通过身份确认找到了归属感。

《西游记之大圣归来》基于新时代审美取向与文化定位重新调整原有的人物形象风格，自觉建立逆向的文化转换。动画的故事内核，人物形象建构不仅尊重中国传统人文精神的继承，还兼顾国外观众的审美视角。英雄形象背后不仅承载着中华民族精神，同时也在英雄叙事的过程中极力寻找个性解放，体现出对自由的渴望。该片通过个体人物的反叛意识，建构起一部动画作品完整的叙事内核，成功实现了多元英雄主义价值观的呈现。

其次，《西游记之大圣归来》的剧情诙谐幽默又洋溢着浓厚的人文关怀，突出“要拯救世界首先必须拯救自己”的鲜明主题，也与中国传统文化中，“一屋不扫，何以扫天下”的精神内核相呼应。孙悟空历经艰难、自我救赎的过程也是当代青年人的现实生活的隐喻，隐喻一代年轻人勇敢无畏、敢于战天斗地的不羁态度，经历挫折，走向成熟，勇于承担社会责任。较之传统动画中常见的、小伙伴式的儿童形象，这种成年的英雄榜样更强烈地激发观众的认同感。制作了《黑客帝国》系列的好莱坞著名制片人安德鲁·梅森大加赞赏《西游记之大圣归来》，他说孙悟空在国内外享有很高的知名度，为观众所熟知的人物形象容易推向世界，“影片故事非常精彩，形象塑造得很生动，这是一部属于全世界的合家欢电影，谁都看得懂，而且很中国，不可思议，中国人了不起”。[10]《西游记之大圣归来》之所以能达到今天的制作高度，与创作者历经 8 年多时间，凝练主题，打造技术，对人文思想内核的反思及国际接轨等有着密切的关联。孙悟空不仅仅是中国神话中的人物，他是依照当代社会群体的审美偏好对传统审美进行的一种新解读，孙悟空形象是集体记忆与文化符号的荧幕表达。

提到英雄人物形象的重构，2019 年上映的《哪吒之魔童降世》是对国产电影刻板印象的一次成功转型。故事题材依然选择神话故事“哪吒闹海”，基于中国传统哲学五行论，对民族精神的和谐统一、圆融进行意象化表达。该作品的情节结构中隐含了三次叙事反转，为英雄人物的塑造做好了铺垫。第一次，因灵珠被魔丸偷换，导致哪吒出生时就注定为魔，而敖丙则持灵珠而生，这一错位交代了故事悲剧的起因。第二次，敖丙暴露龙族身份，为掩盖自己的身世，企图摧毁陈塘关，杀死陈塘关所有百姓。此时的哪吒在亲情的感召下，弃恶从善，与敖丙誓死决斗。作为陈塘关的一员，作为陈塘关父母官的儿子，明知自己命中早已注定为魔，哪吒却勇敢承担起保全陈塘关百姓性命、镇守陈塘关的重要职责。他的呐喊声，“我命由我不由天”，是中国对新时代英雄的呼唤，也折射出人们对新时代个体价值的尊重与认可。第三次剧情的反转则体现于哪吒与天劫对抗的场景，敖丙选择放弃龙族使命与哪吒并肩作战，两人共同对抗天劫，这一情景触发了观众的情感代入与审美共力，影片也在此达到了高潮。

《哪吒之魔童降世》对原剧本中的父亲形象进行了成功改造，由“大义灭亲”“冷漠”的父亲形象转变成了“严厉沉默”“不苟言笑”却“爱子如命”的有温度的父亲形象，他甚至想用自己的性命托举哪吒，为其换取“新生”。影片通过细节展现，生动塑造了一个“不轻易表达爱意”的典型形象，也传达了“父爱如山”的民族主题。哪吒不再是“顽皮不驯”“调皮闹事”的顽童，而是经历了一番波折后成功蜕变为守护一方百姓的英雄。故事题材在叙事中注入了中国“传统式家庭”以及“集体利益高于个人利益”的价值观，深化了电影的文化内涵与民族特色，使得观众更易移情入境。

以《西游记之大圣归来》《哪吒之魔童降世》为代表的新时代中国动画，基于中国古典文化，融入国际化视角，将传统与当代流行元素相结合，重构英雄形象，赋予动画作品普世的共情及审美价值。这些带有浓烈中国色彩的动画电影也使得传统文化知识与现代流行文化趋势相融，传递出青年一代宣扬个性解放的民族乐观精神与国际视野。

（二）《木兰辞》中“花木兰”形象的美式改编

中华民族与外民族文化巧妙融合，日益凸显全球文化的互联性特点。目前各国动画作品百花齐放，创作中秉持自国的民族文化特色，又充满浓厚的国际气息。新媒体时代，动画作品传播已不再受限于时空距离，各国推出的动画作品并不执着于本土文化素材，美国与日本都通过动画形式的资本运作，结合中国传统文化元素进行再创造，推出迎合大众欣赏趣味的新时代动画电影的经典之作。

《花木兰》（1998）是西方对东方题材发掘的典型案例。美国迪士尼公司首次导入中国古代传奇故事，结合中华文化特色，沿用迪士尼动画制作特点的国际化作品。中国的女英雄“花木兰”形象，中国的文化符号，借助动画资本运作形式，被贴上了美国迪士尼生产的标签。

首先，题材选择上，迪士尼从众多中国历史故事中选择了女性题材的古乐府《木兰辞》，该题材本身就带着强势俯瞰东方的视角。该片沿袭一贯以来西方文化对东方文化的女性化、客体化的构建模式，在情节的处理上更是弱化了中国传统的民族情感，突出了美国的审美价值。“木兰相亲失败”这一情节设置，巧妙暗示她无法赢得传统的“三从四德”的社会的普遍认可，从而顺理成章突出强调木兰出征的必然性。因为这是她改变命运，实现人生价值的重大机遇。木兰代父从军，可谓一箭双雕，既能保住年迈父亲的性命，又可借此扬名天下，实现木兰个人的人生理想和抱负。

其次，关于文化内核的调整，动画电影《花木兰》主要对《木兰辞》中体现的中国“孝”文化进行边缘化处理，消解其核心文化内涵。“孝”一词在《尔雅》中的定义为，“善事父母为孝”。《说文解字》认为“善事父母者，从老省、从子、子承老也”。中国古代社会倡导的“孝”，重点强调的是父母与孩子之间的关系。伴随中国农业文明的发展，社会群体中，家庭是最基本的组成单位，家庭中孩子与父母间自然形成相互依存关系，加上宗法制度与封建统治阶层的意识强化，“孝”的观念逐渐积淀发展成为中国传统伦理道德中最重要的一环。

动画片《花木兰》对乐府《木兰辞》的核心文化内涵进行偷梁换柱，将中国传统文化中重视的“孝”的理念置换成西方推崇的“个人主义”价值观，突出渲染的是“英雄情结”和“自我实现”的主题。原故事中花木兰为了忠孝伦理，替父从军，而动画片《花木兰》中的花木兰则是追求自我超越，为实现个人价值而替父从军。木兰从贴心孝顺、勇敢粗略的巾帼英雄形象，变身成为彰显个性、为了实现自我价值百折不挠的英雄形象。情节中淡化了木兰“孝”的一面，突出渲染的是其成长蜕变的过程。动画片《花木兰》在木兰的成长历程中成功植入了西方个人英雄主义的价值观，用具有西方特色的价值观念置换了中国文化传统“孝”的理念。

在美国个人主义的意识形态主导下，通过改编木兰从军故事，对木兰这一人物形象进行改编重塑，将中国古乐府《木兰辞》加工成美国风格的经典动画，花木兰的形象被建构为符合西方审美价值的角色形象。纵观整个影片，虽不曾出现西方男性形象，但仍然契合着斯皮瓦克的寓言，用西方的主体性的思想帮助东方女性摆脱本民族对于性别权力的束缚，呈现出一种“黄色皮肤的妇女等待白种男人来拯救”的刻板印象。

整部影片还采用戏谑的手法，模仿迪士尼另一部经典力作《狮子王》，塑造了木须和蟋蟀两个配角形象。这两个人物形象除了传统戏仿手法带来的幽默效果之外，他们个人的故事也成为作品情节的另一条支线，丰富作品的叙事结构。木须一心想要恢复守护神的地位，蟋蟀伪装自己幸运符的身份，希望得到重视，他们都渴望借助木兰的力量，通过帮助木兰来成就自己。这两个配角从侧面支撑了电影个人主义意识的宣扬。

《花木兰》是一部东方题材的动画电影，但制作方只是把东方元素作为吸引观众眼球的商业资本，尤其对花木兰从军动机的改动，让花木兰从传统的“忠孝型”女孩变成了追求自我价值的美式个性女，实现了美式人生观的世界输出。这部取材于中国古典文学作品的动画大片，在当时的美国电影市场吹起了一股“中国风”。动作、场景设计都融入鲜明的中国元素，作品在人物造型上还是尊重中国传统民间人物原型的。木须、将军、士兵的造型都努力营造古老的东方韵味。在服饰、场景、音乐和器物的选择上，都带着浓厚的中国民族气息。但《花木兰》采用的是传统美式路线制作，让不少观众联想到同时期的《美人鱼》(1989)、《美女与野兽》(1991) 等完全属于美国精神的卡通片。因此，该片只是抓住了中国这个形象躯壳，并没有真正展现中国的传统文化。

对木兰形象的美式“误读”可以理解为美国霸权主义的体现，制造异国情调（中国元素的使用）也可纳入萨义德的东方主义批判理论。但这里需要强调的是，这一切设置都是遵循利益优先原则，是“经济志向”作用下的结果。“志向性（Intentionalitaet）”一词来源于拉丁文“Intendere”，它原为“张力”或“延伸”之意，后引申为指向或对准的意思。弗朗兹·布伦塔诺(Franz Clemens Brentano) 将该术语从心理学引入哲学，用它作为“心理现象”的特征，以区别于非心理现象或“物理”现象。[11]这里谈及的经济志向，与艺术并不矛盾，它可理解为结合了文化产业、经济价值的艺术旨趣。确切而言，志向性遵循的是经济利益优先原则，目的是为了获取最大的经济效益，其具体表现形式为市场运营与文化符号的巧妙使用，《花木兰》为迪士尼赢取3亿多美元的收入。这样的志向性操作也体现在《功夫熊猫》(2008) 的制作上。

（三）《功夫熊猫》中对中国符号的巧妙运用

好莱坞动画作品的生产一直遵循早期经典迪士尼时期的创作法则。主要包括“现实”基础性、“异化”与“创新”、表现的“真实性”、“情感”与“幽默”、“观众参与性”这五大原则。基于这五大原则，美国将中国国宝“熊猫”形象搬上荧幕。《功夫熊猫》(2008) 可认为是美国动画对功夫题材挖掘的又一典型力作。导演马克·奥斯本用了30年时间研究中国文化，而另一位导演约翰·史蒂芬森则称他们为了拍摄此片准备了15年之久。《功夫熊猫》

的动作设计来自李小龙、成龙、周星驰为代表的香港功夫电影。[12]影片中大量使用中国元素，将熊猫和功夫这两个特征鲜明的中国元素灵活组合。与《花木兰》对中国“孝”文化的边缘化处理路径不同，《功夫熊猫》努力表达中国式的幽默，试图对中国的民族文化、传统思想再次进行解构，制片方借助中国“功夫熊猫”这一文化外壳，向观众传达的是“人人皆可成功”的美国式励志信念和“永不放弃”的美国精神。

影片讲述了一个小人物如何成长为大英雄的故事，属于典型的美国式个人奋斗题材。作为“他者”的马克·奥斯本灵活运用中国的文化表征，借助熊猫阿宝的民族特征，充分将个人力量、个体奋争融入角色塑造，赋予影片浓厚的生活气息与开放的文化氛围。该片不仅在美国电影市场走红，还吸引了全世界的目光，甚至中国观众也给予该部影片充分的肯定。

如果说影片《花木兰》中的细节处理略显粗糙，一些不起眼的小饰品、小道具都带着强烈的美式色彩，与中国人心中传统的形象存在差距。那么，《功夫熊猫》则大大扭转了这一局面。影片并非简单堆砌中国元素，不论场景还是角色的选择及风格设定，都符合中国观众的审美喜好，并且在细节处下足功夫，宫殿建筑、石狮子、太极阴阳八卦图、书法、鞭炮、针灸、陶瓷、自然景观等众多颇具东方神韵的元素，都集中呈现于三维立体的视觉画面中。功夫太极、面条包子、小桥流水等元素，向世界传递了中国传统文化。另外，影片的色彩选择也是颇费匠心，如龙图腾用金黄色和红色搭配，中国传统壁画、版画则采用黑红色调搭配。并且，色彩基调也随着叙事结构的变化进行调整，通过对冷暖色调的切换来传达阿宝的心理变化。影片在情景交融中提升了中国观众的民族自豪感，也赢得亲近感，获得了更广阔的受众市场。

中华民族有着五千年的悠久历史文化，其中儒、道、佛三家的思想蕴含着深厚的处世哲学。乌龟大师悠然地伴着漫天飞舞的桃花“羽化而逝”，充分展现了人生最高境界——天人合一，体现了佛家的轮回思想。《功夫熊猫》中的台词设计也是韵味十足，彰显出宏大的中国式哲理。如山羊对熊猫说：“你人生故事的开头也许充满坎坷，不过这并不影响你成为什么样的人。关键看你后来的人生路，你自己选择怎么走下去。”这段话告诉观众不要屈服于暂时的挫折和磨难，做人需要立足于当下，坦然面对现实，积极努力，放眼未来的人生道理。影片中睿智的乌龟大师充当了民族思想的最佳诠释者，许多台词都蕴含丰富的人生哲理。如乌龟大师在桃花树下说：“我不能强迫这颗桃树何时开花，何时结果，我只能等它成熟。”这句话的警世意味深远，世间万事万物都有其自身的生长规律，不可揠苗助长，欲速则不达。警示世人要遵循自然界的规律，维护世界的和平安宁，自然和谐是最高级的生存状态，这是放之四海而通用的处世哲学。阿宝的鹅爸爸也表达了其内心深处的真实想法："我私家汤的绝密食材，就是什么都没有，想让一件东西特别，你只要相信那是特别的就够了。"这句话道出了不忘初心、自信、坚持梦想对于成功的重要意义。《功夫熊猫》借用朴素的中国式话语，对晦涩的哲学道理进行简单而深刻的阐释，体现了对人性的终极思考。

《功夫熊猫》中对中国传统文化、中国元素以及儒家思想、佛学的理解与呈现都把握得恰到好处，既不做作也不夸张，将"中国风"发挥得淋漓尽致。但主角阿宝所传达的精神却带有浓厚的美国特色。熊猫阿宝的奋斗故事也充分地表现了小人物成功的坎坷经历。从阿宝身上我们可以看到一个普通的小人物通过自己的不懈努力，最后寻找到自我，实现成功的精彩演绎。这种阐释风格、创作手法沿袭了美国一贯的搞笑诙谐的作风，但这丝毫不影响中国文化元素和美式思想的交融碰撞和深刻诠释。美国虽然运用了中国的元素来叙述故事，但不可否认，影片深层的文化内核还是美式的思想和价值观。

五、中华文化符号对外传播的路径模式

作为文化载体的代表符号，动画发挥着文化传承的媒介功能。在文化壁垒逐渐消除，文化互联性日益增强的新媒体时代，中国动画电影的制作融入商业运作的大背景，进行了国际化接轨。从本民族文化中汲取养分，吸收创作灵感和素材，是中国动画创作可选择的有效路径之一。其中，通过民族符号的建构，呈现民族文化特点的动画佳作越来越受到关注。《西游记之大圣归来》（2015）开启了国产3D动画电影数字化创作新起点，随后，《大鱼海棠》（2016）《大护法》（2017）《白蛇·缘起》（2019）《哪吒之魔童降世》（2019）等系列作品也应运而生，这些作品从文化符号建构（人物形象塑造）叙事方式、文化表达等方面都融入国际视角（他者视角），是兼顾文化互联性与文化自觉性的典型成功案例。

（一）题材重构，推陈出新

美版动画电影《花木兰》正是捕捉到了人们对家喻户晓英雄人物的记忆和热爱心理，在世界范围内大获成功。民族动画要走出国门，一方面要坚持

民族特色，另一方面也要适应国际潮流，反映人类共同的审美体验和人文观照。中国元素是民族文化的聚集点，因此，叙事中融入民族文化，动画制作中可以将民族的审美追求映射到动画形象塑造上，让动画形象承载传统民族文化元素并凸显出鲜明的时代特色。动画作品要建构国家、民族的品牌，突出符号的形象性，就要体现出深厚的人文关怀，传达一个国家、民族的精神文化内涵。如前所述，国际上对中国动画作品《大闹天宫》褒扬，就因为孙悟空对天庭的反叛和对自由的渴盼，符合人类向往自由，追求幸福的原动力，这一文化内涵既具有鲜明的民族特色，也符合人类共同的价值取向。越是民族的东西就越承载着世界的审美文化内涵。再如，《秦时明月》这部作品引经据典，画风唯美细致，充分展现了先秦时期的百家文化。这部作品取自中国宏大的历史题材，同时运用了较成熟的3D技术，无论是剧情还是人物角色设定，传承的是中华民族文化价值观，成为优秀国产民族动画的经典之作。该片在世界37个国家及地区成功发行，被评价为“中国最具影响力的原创动漫作品”，入选美国Autodesk 2010全球最佳作品集。依托深厚的文化底蕴，选择经典文学题材，运用动画这一新时代媒介手段，迎合新时代观众的审美需求重构故事，系统传承与弘扬中国文化元素，是中国动画走向世界，实现中国动画创作国际化，实现中国文化融入世界格局的有效方式。国产动画电影所承载的民族性的表象化呈现，不仅仅局限于题材的选择或是情节的设计。生活图景中的服饰、饮食、建筑、民族器物、风俗习惯、交往模式等都可成为展现民族文化的重要元素。《西游记之大圣归来》就是一个典型范例，它将中国画的写意美、戏曲元素、传统建筑、服饰、诗词等文化符号进行市场化加工，迎合了新时代观众的审美倾向，取得了票房的成功。

（二）淡化“教化”痕迹，加强异质文化融合

长期以来，中国动画作品的欣赏对象多被定位为“低龄儿童”（12岁以下的儿童），成人被隔绝在外。动画片因为其“幼稚”的作品特色而失去了对人生直接的参考价值。而且，中国动画负载了思想道德教育功能，这大大降低了作品的欣赏趣味性。

全球文化大背景下，外来文化对我国动画业制作的影响日益显著。可借鉴美日创作经验，突破动画的年龄层限制，增强动画的娱乐性，让动画成为老少皆宜、雅俗共赏的文化产品。日本动画作品带着浓烈的日本色彩，如吉卜力工作室的系列作品如《龙猫》（1988）《萤火虫之墓》（1988）《攻壳机动

队》（押井守，1995）等作品，以一系列个性迥异的主人公角色为“灵魂”，用现实与幻想相结合的叙事风格加以渲染，创造了日本动漫独特的审美空间，彰显其历史与文化张力。日本动画作品在本国受欢迎的原因，并不在于它制作方面能节约经济成本或是能够表达传统的审美取向，而是因为作品主人公能自如穿梭于既非欧美亦非日本的故事背景时空，给观众提供思想驰骋的自由时空，大多数的日本人可以通过观看动漫这一娱乐方式，释放紧张感和压抑的情绪，获得心理满足。[13]

伴随世界文化交融的大趋势，依托我国自身所具备的丰富的文化资源与深厚的文化底蕴，吸收、借鉴优质异国文化元素，采用国际化影视表达手法，可在人物形象塑造、叙事手法及动画语言、表现技巧等方面推陈出新，迎合观众多元化的审美需求，成为促进我国动画产业发展的重要路径之一。《西游记之大圣归来》取得成功的原因在于技术层面与视觉美感的提升，它采用国际化叙事和语言表达技巧，将民族文化成功转换为影视符号，通过动画形式对传统文化进行了深刻思考。可以说这些蕴含中国元素的动画作品在继承和发扬民族文化方面奠定了坚实的基础。

国际化的叙事视角与制作技术的采用，也并非照搬外来的元素，与中国的传统故事进行生硬的拼接。如《宝莲灯》这部动画电影在音乐制作上，起用了大明星的经典歌曲。张信哲的《爱就一个字》和李玟的《想你的三百六十五天》都曾在歌坛上红极一时。动画电影中的音乐贯穿，让人联想到《冰雪奇缘》（2013）为代表的好莱坞动画电影的制作模式。《冰雪奇缘》歌曲在影片中起到了推动剧情发展、音乐渲染与人物的情感表达、性格塑造等作用，让人印象深刻，觉得音乐的使用是该部动画电影的不可或缺的点睛之笔。然而，在实际的《宝莲灯》观影过程中，观众很难将深情款款的明星演唱的情歌与劈山救母的英雄壮举相联系。动画电影的配乐，必然要与故事的情节主线、事件发展、背景烘托相契合，才能彰显出中国动画制作的民族特色与国际视野。

中国民族题材丰富，不管是人文历史、史实传说，还是魔幻故事，都可成为中国动画电影的创作素材。如何合理使用本民族历史、传说素材，抽取带有共性的类型化形象是动画作品创作者在民族形象主体化建构过程中必须思考的核心问题。

（三）整合媒体传播力

中国动画发展的短板之一在于受众群的缺乏，不少中国年轻人谈起美日动画作品时，如数家珍、头头是道，甚至沉迷于各类动漫游戏中。而涉及中国动画作品，则语焉不详，捉襟见肘。要树立各民族共享的动画品牌，吸引更多的青少年群体，让中国动画首先入驻中国市场。

中国动画发展的另一个短板是产业链的缺失，衍生产品的匮乏。一般而言，国外的动画市场仅有三分之一是靠票房盈利的，剩下的三分之二都是通过开发后续产品如音像制品、儿童用品、游戏、服饰、玩具等来回收资金。另外，类似“迪士尼乐园”等主题公园建设，也是后期赚取利润的良好渠道。动画还能带动如汽车彩绘、手办、玩偶、主题餐饮、服饰道具等周边产业的发展。动画制作须先进行市场调查，通过宣传感召观众的审美情感，推出迎合观众审美趣味的国际化水准动画作品，以此盘活整个动画产业链，促进国产动画行业的繁荣发展。

六、结语

动画电影作为一种类型化的视觉艺术表现方式，既承载着民族精神和意识形态，同时也彰显出民族文化内涵和审美趣味，实现中华民族精神的娱乐性输出，为国产电影提供更多的民族文化传播路径。通过对动画电影叙事空间的形象化建构，在感性画面中融入理性思考，有助于观众在欣赏过程中，建构自己关于国家想象与民族文化认同的核心价值观。在全球文化相互交融、数字技术日新月异、动画影像艺术呈现出多元化发展的新时代，民族化道路是国产动画电影发展的必然趋势。中国动画已经走出国门，它兼具了经济、文化和艺术价值，作为文化传播的有效媒介之一，正进行着跨文化交流的复杂体验。我们在追求动画作品国际化制作、提升艺术表达水平的同时，切不可忽略中国动画的民族特质。秉持中国传统民族精神，灵活吸收和借鉴外来文化融入本土动画制作中，才能更有效展现动画影像特有的艺术符号和人文魅力。只有兼顾文化的互联性和自觉性，融入国际市场的同时兼顾中国元素与民族特色，才能树立各民族共享的中华文化符号和中华民族形象，推动中国动画制作的品牌化、国际化发展。

注释：

[1] 肖路. 国产动画电影传统美学特征及其文化探源［M］. 上海：上海世纪出版社集团，2008.

[2] 刘迅. 电影符号学视域下“十七年”中国动画电影的民族化叙述表达 [J]. 电影文学，2020 (18)：127.

[3] 赵贵胜. 21世纪初现象级国产动画电影的道德前提构建 [J]. 当代电影，2019 (7)：154—156.

[4] 张慧宣. 20世纪中国动画艺术史 [M]. 陕西人民出版社，2004：39.

[5] 孙立军. 世界动画艺术史 [M]. 北京：海洋出版社，2007：103.

[6] 陈巍. 中国动画开山祖万氏兄弟评传 [J]. 点击世界动画，2009 (5).

[7] 咸晓萱. 国产IP改编动画电影审美研究 [D]. 徐州：中国矿业大学，2020.

[8] 王蕊.《西游记之大圣归来》：以工匠精神铸就影像神话 [J]. 电影评介，2020.

[9] 习近平. 在颁发“中国人民抗日战争胜利70周年”纪念仪式上的讲话 [N]. 人民日报，2015—09—03.

[10] 肖扬.《西游记之大圣归来》被估值一亿美元? [N]. 北京青年报，2015—06—26.

[11] Franz Brentaono，trans，Rancurello et al，Psychology from an Empirical Standpoint，New York：Humanities Press，1995.

[12] 曾屹君. 从《花木兰》到《功夫熊猫》的“中国元素”运用上的演变. 电影评介 [J]. 2015 (13)：87—89.

[13] スーザン・J・ネイピア. 現代日本のアニメ——「Akira」から「千と千尋の神隠し」まで [M]. 中央公論新社，2002：64

参考文献：

[1] 韩震. 论国家认同、民族认同及文化认同：一种基于历史哲学的分析与思考 [J]. 北京师范大学学报 (社会科学版)，2010 (1).

[2] 贺楠. 刍议新时代下国产动画电影的民族化之路 [J]. 电影文学，2020 (13).

[3] 李朝阳. 中国动画的民族性研究基于传统文化表达的视角 [M]. 北京：中国传媒大学出版社，2011.

[4] 陆方. 动画电影符号学 [M]. 北京：科学出版社，2017.

[5] 房雅珉. 异质文化融合视域下的国产动画电影 [J]. 电影文学，2021 (3).

[6] 万书荣. 奇观化、民族化和全龄化——近年来国产动画电影的叙事趋向分析 [J]. 艺苑，2018 (6).

[7] 杨碧薇. 中国动画有效传播研究—兼论新媒体时代中国动画跨文化传播机遇与挑战 [J]. 四川戏剧，2020 (8).

[8] 张意. 文化与符号权力：布尔迪厄的文化社会学导论 [M]. 北京：中国社会科学出版社，2005.

[9] 郑亮. 从大圣到哪吒——谈“后宝莲灯时代”国产动画中传统经典IP的再造 [J]. 文教资料，2021 (8).

铸牢中华民族共同体意识的双层面向与路径探析

——以“个体意识—社会表征”为框架

福建省民族与宗教研究所　黄淑萍

一、问题的提出

党的十九大报告明确提出“铸牢中华民族共同体意识”并将其写入《党章》之中，成为全党全国各族人民在实现中华民族伟大复兴中国梦新征途上的根本遵循。铸牢中华民族共同体意识也成为当前学术界的一大研究热点。2014年中央民族工作会议后，关于中华民族共同体意识的研究成果不断丰富。其内容主要围绕中华民族共同体意识的概念内涵、思想来源以及铸牢中华民族共同体意识的价值意义和路径探讨四个方面[1]。厘清中华民族共同体意识的概念内涵是探索铸牢中华民族共同体意识路径的前提和基础。现有的研究中，有学者将中华民族共同体意识作为一个常识性概念直接使用，并不对其进行学理上的界定。当然，也有部分学者对中华民族共同体意识的基本概念进行了探讨与阐释。姜永志等学者将这些研究成果总结归纳为两个代表性视角：认同与认知。认同视角主要强调各民族成员对中华民族共同体在心理上的认同转变过程；认知视角则强调个体成员对中华民族共同体的认知及心理生成过程[2]。认同视角较为宏观，学者们主要基于民族学、社会学、政治学等学科立场。如赵刚等从政治学角度认为中华民族共同体意识是对国家、族际关系、民族社会发展道路的认同[3]。哈正利等认为中华民族共同体意识就是各民族从历史、政治、文化和社会等各个层面形成一致性的集体身份认同[4]。沈桂萍认为中华民族共同体意识是指各民族共同建设中华民族、共同享有中华文化价值观[5]。认知视角则相对微观，学者们主要基于心理学或哲学的角度来分析。如青觉等认为中华民族共同体意识是中华民族共同体这一客观存在的实体在人的头脑中形成的主观映像，是人们对中华民族共同体的情感、认知、态度、评价和认同等心理活动的总和[6]。严庆认为中华民族共同体意识是人们对中华民族共同体本体的认知和反映，包括概念认知、认同归属和理论解释[7]。

上述相关研究虽然角度不同，但均是把中华民族共同体意识作为一个整体性概念来探讨的。就其概念的内部结构来说，丹珠昂奔从横向上将中华民族共同体意识概念拆分为“中华民族”“意识”和“共同体”三个部分并进行综合把握[8]。祖力亚提·司马义和蒋文静从纵向结构出发把中华民族共同体意识划分为三个部分：基于自识性的族群意识、基于社会比较的他族意识以及基于共同性的中华民族意识[9]。

中华民族共同体意识是一个十分复杂的概念，现有研究为充分理解中华民族共同体意识丰富的理论内涵奠定了基础，但仍然有待进一步挖掘提升。祖力亚提·司马义的纵向分层次解析，虽局限于中华民族共同体意识概念的内部结构，但仍具有启发意义。认同与认知视角的相关研究从本质上来说均是从个体角度出发来讨论中华民族共同体意识概念的，对社会层面关照不够。就个体而言，中华民族共同体意识必然有差异性，因而呈现多元性。而铸牢中华民族共同体意识的最终目标是要形成社会层面共享的中华民族共同体意识，即社会成员对中华民族共同体要形成一定程度的共识，而不仅仅是个体多元化的中华民族共同体意识。因此，中华民族共同体意识应是一个包含个体与社会两个层面的概念。但现有研究侧重于个体层面，对中华民族共同体意识的个体多元如何从走向社会共享这个过程则鲜有关注。

鉴于此，本文试图结合心理学中的意识概念和社会表征理论来构建“个体意识—社会表征”理论分析框架，分别从个体与社会两个层面来解析中华民族共同体意识的内涵，并探索个体意识转变成为社会表征即铸牢中华民族共同体意识的路径。

二、个体意识与社会表征

意识是心理学中的一个重要概念。自 1879 年心理学独立以来，主流心理学关于意识的研究经历了主导阶段、搁置还原阶段和回归阶段[10]。一百多年来，不同的心理学派别对意识问题有不同理解，关于“什么是意识”始终没有形成统一的定义，如美国认知心理学家戴维斯认为，意识包括感觉、知觉和正在发生的思维。一些神经心理学者认为意识是一种生命活动现象，动物也有意识。当代认知建构论主义者把意识视为思维中的一种认同感、理解和意义，特别是复杂的态度、信念和个人敏感性的保持[11]。国内学者对意识的看法也不尽相同，我国心理学界的奠基人之一潘菽以马克思主义的辩证唯物论为前提，认为意识是人脑的机能，是人对客观世界的综合性认识活动，具体包括对外在事物或情境的认识活动、对自己内在活动的认识活动以及对自己认识活动的认识活动，即对意识的意识。意识由感觉、知觉、思维三种认识活动构成，其中以思维为主[12]。车文博认为，意识是人所意识到的一切心理活动的总和，包括主体对客体自觉的认识、体验和意识活动[13]。张春兴认为，意识是指个人通过感觉、知觉、思考、记忆等心理活动，对自己的内在身心状态与外在环境中人、事、物的综合觉察与认识[14]。本文赞同潘菽对意识的界定，即意识是人的综合性的认识活动，由感觉、知觉、思维构成。感觉和知觉是人对客观事物较简单、低级、直接的反映，两者合称为感知；思维是人对客观事物较复杂、高级、间接的反映。不同的人意识水平可能有很大的不同。

社会表征理论是欧洲社会心理学的三个重要理论流派之一。1961 年，法国的社会心理学家塞尔日·莫斯科维奇在其著作《精神分析：意象与公众》中提出社会表征理论。所谓社会表征，莫斯科维奇认为是“某一社群所共享的价值观、观念及实践系统”[15]。该理论强调社会共识，探讨社会共识的形成。莫斯科维奇认为社会表征是动态可变的，且在个体的沟通互动过程中得以形成，具体包括锚定与具体化两个过程。锚定是对不熟悉的事物进行命名或赋予特性，并用自身熟悉的名词来解释、命名，使原先不熟悉的事物可以被解释和沟通的过程。具体化是指通过拟人化、比喻等方法将模糊和抽象的观念变得具体[16]。社会表征理论在欧洲社会被应用于众多领域的研究，包括文化、政治、健康、科技等等，研究视角或解释呈现多元化。国内学者管健将其归纳为成因化视角、结构化视角和动态性视角。赵蜜将其归纳为结构研究、过程研究、群体分化和功能主义等路径。近年来，我国也有学者开始尝试介绍社会表征理论。如，管健、乐国安将社会表征阐释为“在特定时空背景下的社会成员所共享的观念、意象、社会知识和社会共识，是一种具有社会意义的符号或系统”[17]。本文赞同此定义。

由上可知，根据我国心理学家潘菽关于“意识”的定义，个体意义上的中华民族共同体意识是个体对中华民族共同体这一客体的综合性认识活动，包括感知和思维两个心理过程。根据社会表征理论，社会意义上的中华民族共同体意识是社会成员共享的关于中华民族共同体的社会知识和社会共识。在“个体意识—社会表征”理论框架下，中华民族共同体的个体意识与社会表征并非相互隔离且固化不变，相反它们是动态的、变化的，且社会表征来源于个体意识，形成于个体的互动过程中。个体意识向社会表征转换的过程就是铸牢中华民族共同体意识的过程。

三、中华民族共同体意识的双层面向

意识的主体是人，不同的人感知能力和思维水平均有差异，对中华民族共同体这一客体的认识也自然有所不同，因而个体意义上的中华民族共同体意识是多元的、有差异的。显然，这不是铸牢中华民族共同体意识的最终目标。

从2014年习近平总书记在第二次中央新疆工作座谈会上提出“在各民族中牢固树立中华民族共同体意识”到同年的中央民族工作会议上强调“积极培养中华民族共同体意识”，再到党的十九大报告明确提出“铸牢中华民族共同体意识”。可以看出，中华民族共同体意识这一概念是作为一种目标任务提出来的，且目标高度不断递进。因此，对中华民族共同体意识概念的解读，除了词义上的分析，还必须结合目标任务这一特定的语境。从铸牢中华民族共同体意识这一目标任务来看，中华民族共同体意识不仅仅是个体的，还是社会的。从社会层面来考量，铸牢中华民族共同体意识最终需要形成并稳固成一种被社会成员普遍认可、共享的关于中华民族共同体的认识，即要形成中华民族共同体的社会表征。

因此，结合词义与目标任务，中华民族共同体意识这一概念具有双层面向：个体层面和社会层面。其中，个体层面是铸牢中华民族共同体意识的起点，社会层面则是最终的落脚点。铸牢中华民族共同体意识的本质是从个体多元化的中华民族共同体意识实现社会成员共享的中华民族共同体意识。尽管在现实生活中，个体层面与社会层面不能划分得很清楚，但学理上的分析仍有必要。

（一）个体层面：中华民族共同体意识是多元化的

1. 主体的差异性

根据马克思主义的观点，主体是从事实践活动与认识活动的人，它有四种基本形态：个体、群体、社会和人类[18]。本文所指的主体是个体。在个体水平而言，意识是人脑特有的机能。无论是感知还是思维，都是人的大脑加工信息的过程。感知是感觉和知觉的统称。其中，感觉是感受器（如眼睛）在刺激的作用下产生特定模式的神经信息，这些神经信息传至大脑，形成刺激在大脑里的表征，使我们对这个刺激产生最初的体验。知觉是对输入的感觉进行意义加工的心理过程[19]。每个人的感受器以及大脑将物理刺激转换成神经信息的过程具有生理差异，因此，个体对同一客体刺激形成的感觉不尽相同。那么，建立在感觉基础上的知觉自然也会有所不同。除了个体先天的生理因素对感知觉造成影响外，基于学习的推断理论认为，感知觉还受到背景、文化等一些个体后天因素的影响。思维是个体在感知基础上更高水平、更复杂的认识活动。它是人脑对客观事物能动的、间接的和概括的反映，由确定目标、接收信息、加工编码、概括抽象和操作运用等过程构成[20]。上述思维活动的每个过程都具有个体的特殊性。在此意义上，中华民族共同体意识作为个体对中华民族共同体的认识活动，在先天生理因素以及后天社会环境的影响下，不管是低层次的感性认识还是高层次的理性认识，始终具有个体的差异性。

2. 客体的复杂性

客体是指主体的实践活动与认识活动指向的对象，主要有自然客体、社会客体、精神客体和自我客体等类型[21]。中华民族共同体作为认识活动中的客体具有双重特性，一方面它指代的民族实体早已存在，属于社会存在与社会关系的范畴，即社会客体。人们的生活实践始终根植于这一民族实体当中，对它的认识未曾中断且丰富多彩。另一方面，中华民族共同体作为特定称谓被官方认可并使用是始于 2014 年的中央民族工作会议。习近平总书记在此后的系列重要讲话中，阐释了中华民族共同体的思想内涵。在此意义上，中华民族共同体是一个概念、一种思想理论，属于精神客体的范畴。精神客体可分为主观精神客体和客观精神客体。其中主观精神客体指人脑中的感知觉、思维、意志、情感等，客观精神客体则是主观精神外在化和物化的结果，包括体现人的思维方式、心理状态的各种文化现象以及凭借书籍、报刊等物质载体，通过文字、符号等形式表现出来的科学理论、文化思想等[22]。中华民族共同体属于客观精神客体，提供给认识主体的是一种思想观点。

作为社会客体，中华民族共同体指代的民族实体十分宏大，个体对它的认识难以全面且必定多元化。作为精神客体，中华民族共同体的思想理论比较抽象，当前学术界还在不断阐释、挖掘、丰富这一理论体系，个体对中华民族共同体思想理论的认识刚刚起步，在认识程度上也必然有差异。

（二）社会层面：中华民族共同体意识是共享的

由上可知，个体层面的中华民族共同体意识是多元化的，但就社会层面而言，一个只有差异、没有共享性认识的共同体就不能被称之为共同体。共享的认识是中华民族共同体存在的基础。中华民族共同体意识是主体对中华民族共同体的认识，如果成员之间没有达成普遍认可的共享性认识，那么这个共同体就像一盘散沙，没有凝聚力，也无法良序发展。

中华民族共同体是共同体的一种高级形式，由我国境内56个民族组成，它是对多元基础上一体的强调，暗示着中华民族是一个有机的整体，即各民族相互交融、不可分离的有机结合的一种状态[23]。铸牢中华民族共同体意识的提出事实上是以凝聚共识、凝聚力量为目标的，青觉、赵超认为铸牢中华民族共同体意识旨在通过塑造相似或相同的情感、规范和目标，使共同体成员之间产生相互认同、相互吸引的心理状态，从而由内而外地形成强大的凝聚力[6]。

形成凝聚力，需要一种社会共识，要形成人们共同认可的关于中华民族共同体的认识即中华民族共同体的社会表征。社会表征的力量作为一种心理理念存在于个体内部，并且它们被一群人共同享有和接受。在莫斯科维奇看来，社会表征不仅可以建立一种秩序，使个体能在特定生活世界中明确自己的定位，也通过向社会成员提供社会事物的分类代码，使得交流得以进行[24]。社会成员形成中华民族共同体的社会表征是共同体存在的基础，也是成员们进行判断与行为的价值基础，有助于他们在社会生活中确定方向，获得安全感，也能促进成员间的有效沟通，达成一致性理解，从而增强共同体的向心力。

四、从个体到社会：铸牢中华民族共同体意识的路径探索

中华民族共同体意识有个体和社会两个层面。个体意识是多元的，是铸牢中华民族共同体意识的起点；社会表征是共享的，是铸牢中华民族共同体意识的落脚点。如何从个体多元实现社会共享，需从个体与社会两个层面分别进行探讨。

（一）锚定与具体化：个体中华民族共同体意识的培育

1. 锚定

莫斯科维奇认为锚定是将我们感兴趣的、异质的和不甚熟悉的事物纳入到我们特定的分类系统中，并把它当作我们认为合适的一个类别的范例[25]。莫斯科维奇的这个表述暗含着锚定的前提，即锚定的事物必然是引起个体注意的。在信息社会，个体每天接触的新事物数不胜数，但并非都能进入人们的注意范围。因此，中华民族共同体这个概念要想被锚定，首先它要能引起个体的注意。中华民族共同体是一个新概念，当前主要是精英分子阐释、解读得多，普通民众对之不甚了解。政府部门应进一步加大对中华民族共同体思想的宣传教育力度，充分利用各种传播媒介，采用多样化的形式，提高宣传频率，扩大宣传范围，让它逐渐走进民众的视野。其次，锚定中华民族共同体概念，意味着个体将根据自身已有的认知系统将“中华民族共同体”归类并与之建立起相应的联系。虽然个体的差异会导致归类的不同，但仍然有必要保证个体锚定的“中华民族共同体”是同一个对象，即向民众宣传的中华民族共同体思想是科学的、精准的、一致的。自中华民族共同体思想被提出以来，学术界对其进行了各种阐释，成果丰富，当前应尽快给出中华民族共同体概念的官方权威界定，提炼出科学的、统一的思想内涵解读，并传播给民众。

2. 具体化

根据前述心理学对意识的界定，个体的中华民族共同体意识包括对中华民族共同体的感知觉和思维等一系列心理活动。然而，中华民族共同体是一个民族实体却相对抽象，人们很难直接感知。中华民族共同体同时还是一个抽象的概念，概念是个体进行思维的基础，对概念的理解把握程度也是影响个体形成中华民族共同体意识的重要因素。因此，为了使个体能通过视觉、听觉等感官系统形成对中华民族共同体的感知觉认识，并在此基础上准确把握中华民族共同体概念，为更高一级的思维活动奠定基础，有必要让中华民族共同体从抽象的文字表达转化为具体的视觉形象和语音表达。

首先，塑造中华民族共同体的视觉形象。关于如何实现具体化，社会表征理论认为要去发掘思想或存在物的图像属性，通过拟人化和比喻的手法在一个表象中重现一个概念[25]。通俗地说是通过为抽象概念找到与之相对应的图像属性，使抽象的内容变得具体形象。心理学家通过大量的实验证实：人类获取的外界信息大约有83%来自视觉，11%来自听觉[26]。视觉形象具有直观、鲜活、生动、可以突破语言限制等特点，是当前文化传播和促进文化认同的重要媒介。共享中华民族共同体的视觉形象是铸牢民族共同体意识的一个重要途径。

各族人民在漫长的历史实践中已经创造了一些被共同认可的关于中华民族的视觉形象符号，如国旗、国徽、天安门、长城等[27]。中华民族共同体概念是对中华民族概念的进一步超越，对中华民族共同体视觉形象的塑造，要着重强调各民族之间的共性，着重诠释各民族之间的共生关系以及各民族与中华民族共同体之间的多元一体关系。习近平总书记在党的十九大报告中指出要“全面贯彻党的民族政策，深化民族团结进步教育，铸牢中华民族共同体意识，加强各民族交往交流交融，促进各民族像石榴籽一样紧紧抱在一起，共同团结奋斗、共同繁荣发展”。习近平总书记将中华民族共同体比喻成石榴，用“像石榴籽一样紧紧抱在一起”的状态，生动地诠释了各民族团结一致的命运共同体关系。塑造中华民族共同体的视觉形象，要根植于大众的日常生活。将人们熟悉的某种事物与中华民族共同体建立起联系，与现实融为一体，更易于人们接受。

其次，创作能体现中华民族共同体内涵的视听精品。中华民族共同体概念的输出是自上而下的，其中媒介传播发挥着重要作用。人类社会发展至今，传播方式经历了以听觉（口语）为中心、以视觉为中心的阶段。现今互联网时代，视听传播成为主流形式。视听传播是对视觉传播与语音传播的综合，与单一的视觉传播如文字、图像相比，视听传播更丰富、更生动、更具情感渲染力，而与单一的语音传播相比，视听传播更感性、更直观、更形象。可以说，视听传播方式融合了视觉传播与语音传播的优点，传播的内容更容易被人接受、被人记住。

中华民族共同体概念提出后，学术界的知识精英分子首先以文字的形式对其进行解读、阐释、传播。语言文字的传播虽有跨越时空的优势，但它要求受众有一定的文化水平并且能积极调动思维加以理解，因而语言文字传播的受众面相对较窄，传播的范围有所局限。而且，受众对语言文字的理解与传播者传达的本意，会存在不同程度的偏差。视听传播可以将文字、图像、声音融为一体，更能直接激发人的感受力，提升受众的共情能力，减少传播者与受众在理解上的偏差。因而，在明确中华民族共同体科学内涵的基础上，应鼓励学术界、文艺界加强合作，不断挖掘中华民族丰富的视听资源，创作出更多能体现各民族交往交流交融、同呼吸共命运等内在精神的视听精品，包括电影、电视剧、纪录片、戏曲、舞蹈、微视频等作品类型，通过各种网络传播媒介进行传播。

（二）社会互动：中华民族共同体社会表征的建构

中华民族共同体思想由社会上层提出，经传播，个体形成对中华民族共同体的认识，即本文所指个体层面的中华民族共同体意识。如前文所述，因个体自身的差异，客体的因素、传播媒介等多重因素的影响，个体的中华民族共同体意识呈现多元化。微观层面多元化的个体意识要成为宏观层面共享的中华民族共同体意识，社会互动起着至关重要的作用。社会表征理论十分强调社会互动，认为社会表征是通过相互的影响，通过人们谈话时内在的协商形成的，在这种谈话过程中，人们朝向特定的象征模型、形象和共享的价值观[25]。也就是说，中华民族共同体意识要从个体的认知上升为社会共识，离不开个体之间的互动，人们通过不断地沟通、协调关于中华民族共同体的认知，调整自身原先的认知表征以符合社会准则要求的行为与反应，逐渐形成社会共享的中华民族共同体意识。因而，促进社会互动是构建中华民族共同体社会表征的重要途径。

1. 推广普及国家通用语言文字

语言文字是人际互动的一个基础性工具，具有交流信息、沟通思想、联络情感等功能，是人们相互理解的桥梁与媒介。哈贝马斯认为，语言是一切交往行为有效性的基础，是连接“客观世界”“社会世界”和“主观世界”的媒介[28]。我国是一个多民族、多语言的国家，现有语言 130 种、文字 30 种[29]。在众多的语言文字中选择一种影响面广、功能较齐全的作为国家通用语言文字，是人们日常进行有效互动的实际需要。就像习近平总书记所指出的“语言相通是人与人相通的重要环节。语言不通就难以沟通，不沟通就难以达成理解，就难以形成认同。”[30] 2001 年，我国《国家通用语言文字法》正式实施，普通话和规范汉字作为国家通用语言文字的法定地位被确立。目前在我国，大量的信息传播以及人们的互动交流主要是以普通话和规范汉字为媒介的。学习使用好普通话和规范汉字不仅是每个中国公民的权利，也是义务。提升各族人民运用国家通用语言文字的能力，是从根本上打破沟通障碍，促进交往交流，增进彼此相互理解的重要法宝。

2. 优化现实互动的社会情境

现实互动即面对面互动，它是人类社会最初始的互动方式，也依然是现代社会人们重要的互动方式之一，具有直接、生动、真实、灵活等特性。中华民族共同体社会表征的形成离不开人与人之间的现实互动，而社会情境又是影响互动效果的一个重要因素。社会表征的对话性发生模型认为，社会表征是在特定的时间和情境下，主体和客体以及主体与主体之间互相沟通的产物。在参与互动的主体、客体保持不变的情况下，时间和情境任何一个因素发生变化，产生的表征都会有所不同[31]。

关于什么样的社会情境能促进现实互动，心理学家奥尔波特曾提出，促成群体积极接触要满足四个最优条件：平等地位、共同目标、群际合作、制度支持[32]。就人际互动而言，这四个最优条件同样适用。首先，要保证各个主体在互动接触的情境中拥有平等的地位，即个体无论是什么身份均拥有平等的权利与义务，以保证彼此信息交流顺畅。其次，政府部门或有关机构在组织各类活动时，应为参与互动的个体设定共同的目标，引导互动过程朝一个特定的方向进行。第三，积极倡导互动主体之间的合作，为达成共同目标而努力。第四，通过法律、制度、政策等支持和鼓励人际互动，营造良好的社会氛围。

3. 净化缺场互动的网络环境

缺场互动意指人们不必亲身在场就可以进行信息的沟通交流。移动互联网因为其终端的可移动性、便利性，使个体的时空边界被打破，缺场交往成为可能。截至 2020 年 12 月，我国网民规模达 9.89 亿人，互联网普及率达 70.4%[33]，互联网日益成为人们信息沟通交流的主渠道，基于互联网技术的缺场互动成为现代社会人们重要的交往方式。

手机微信、微博等社交工具的盛行，使信息传播速度越来越快，范围越来越广，个体交往的对象也更加多元。可以说，移动互联网极大地扩展了人们社会互动的广度，也为个体互相交流关于中华民族共同体的认知创造了条件。但由于互联网的开放性、网民的隐匿性等原因，网络谣言、网络暴力、网络欺诈等失范行为频出不穷，对正常的人际互动造成一些负面影响。应依法对网络环境进行治理，从技术上加强互联网的监管，规制各种网络失范行为，维护安全健康的网络秩序，为人们缺场互动创造良好的环境。

结　语

基于“个体意识—社会表征”的理论分析框架，铸牢中华民族共同体意识需要兼顾个体与社会两个层面，并通过社会互动架起一座通联两者的桥梁。以培育个体的中华民族共同体意识为起点，开展中华民族共同体思想理论的宣传教育，让民众精准锚定中华民族共同体这一客体，正确认识中华民族共同体的内涵；通过塑造中华民族共同体的视觉形象，创作视听精品，使中华民族共同体概念从抽象转化为具体并走进民众生活，便于理解掌握。以实现社会共享的中华民族共同体意识为落脚点，积极推广普及国家通用语言文字，优化现实或虚拟的互动情境，促进社会互动，为个体充分交流关于中华民族共同体的认识创造良好条件，随着社会交往的深入，使社会成员逐渐达成对中华民族共同体的共享性认识，即形成中华民族共同体的社会表征，从而铸牢中华民族共同体意识。

参考文献：

[1] 秦玉莹，郝亚明. 中华民族共同体意识：研究概貌与未来展望 [J]. 北方民族大学学报，2021，(1)：19.

[2] 姜永志，侯友，白红梅. 中华民族共同体意识培育困境及心理学研究进路 [J]. 广西民族研究，2019，(3)：105—106.

[3] 赵刚，王丽丽. 中华民族共同体意识的政治属性解读 [J]. 湖湘论坛，2017，(1)：106.

[4] 哈正利，杨胜才. 中华民族共同体意识基本内涵探析 [N]. 中国民族报，2017—02—24 (005).

[5] 沈桂萍. 培育中华民族共同体意识构建国家认同的文化纽带 [J]. 西北民族大学学报（哲学社会科学版），2015，(3)：4.

[6] 青觉，赵超，中华民族共同体意识的形成机理、功能与嬗变——一个系统论的分析框架 [J]. 民族教育研究，2018，(4)：6，10.

[7] 严庆. 本体与意识视角的中华民族共同体建设 [J]. 西南民族大学学报（人文社科版），2017，(3)：47.

[8] 丹珠昂奔. 中华民族共同体意识的概念构成、内涵特质及铸牢举措 [J]. 民族学刊，2021，(1)：1.

[9] 祖力亚提·司马义，蒋文静. 中华民族共同体意识的结构层级及其关系 [J]. 中南民族大学学报（人文社会科学版），2021，(1)：19.

[10] 高湘萍. 论意识研究的发展与滞后——关于心理学研究的回顾和探讨 [J]. 社会科学，1997，(3)：28—30.

[11] 霍涌泉，意识心理世界的科学重建与发展前景——当代意识心理学新进展研究 [D]. 南京：南京师范大学，2005：99—101.

[12] 潘菽. 意识——心理学的研究 [M]. 北京：商务印书馆，2018：239.

[13] 车文博. 意识与无意识 [M]. 沈阳：辽宁人民出版社，1987：17—19.

[14] 张春兴. 现代心理学 [M]. 上海：上海人民出版社，2001：173.

[15] 张曙光，社会表征理论述评——一种旨在整合心理与社会的理论视角 [J]. 国外社会科学，2008 (5)：21.

[16] 管健. 社会表征理论的起源与发展——对莫斯科维奇《社会表征：社会心理学探索》的解读 [J]. 社会学研究，2009，(4)：228—233.

[17] 管健，乐国安. 社会表征理论及其发展 [J]. 南京师大学报（社会科版），2007，(1)：93.

[18] 李景源，韩铁城. 简论主体和客体概念 [J]. 哲学研究，1990，(5)：42.

[19] 菲利普·津巴多，罗伯特·约翰逊，薇薇安·麦卡恩. 津巴多普通心理学 [M]. 邹智敏，肖莉婷等译. 北京：机械工业出版社，2017：61.

[20] 林崇德. 思维心理学研究的几点回顾 [J]. 北京师范大学学报（社会科学版），2006，(5)：37.

[21] 查庆，田方林. 构建主客体关系在马克思主义哲学中的作用和意义 [J]. 四川大学学报（哲学社会科学版），2001，(1)：47.

[22] 胡敏中. 论精神客体 [J]. 学术论坛，1991，(6)：32—34.

[23] 郝亚明，赵俊琪. 中华民族共同体：话语转变视角下的理论价值与内涵探析 [J]. 北方民族大学学报（哲学社会科学版），2018，(3)：7.

[24] 陈永涌，任梓荣. 中华民族共同体意识的社会心理机制研究 [J]. 民族教育研究，2020，(2)：30.

[25] 塞尔日·莫斯科维奇. 社会表征 [M]. 管健，高文珺，俞容龄译. 北京：中国人民大学出版社，2010：47，56，165.

[26] 沈恩亚. 大数据可视化技术及应用 [J]，科技导报，2020，(3)：70.

[27] 李莉，孟凡行，季中扬，甘锋. “中华民族视觉形象”与“共同体意识建构”笔谈 [J]. 民族艺术，2021，(1)：15.

[28] 哈贝马斯. 在事实与规范之间：关于法律与民主法治国的商谈理论 [M]. 童世骏译. 北京：生活·读书·新知三联书店，2003：4.

[29] 袁继富. 从语言文字特性看铸牢中华民族共同体意识 [J]. 理论研究，2020，(6)：34.

[30] 习近平. 关于社会主义政治建设论述摘编 [M]. 北京：中央文献出版社，2017：157.

[31] 赵蜜. 社会表征论：发展脉络及其启示 [J]. 社会学研究，2017，(4)：222.

[32] 郝亚明. 西方群际接触理论研究及启示 [J]. 民族研究，2015，(3)：18.

[33] 中共中央宣传部. 习近平新时代中国特色社会主义思想学习问答 [M]. 北京：学习出版社，2021：325.

社会表征理论框架下的民族交往交流交融运行逻辑及路径探析

福建省民族与宗教研究所　黄淑萍

一、问题的提出

2021年，中央民族工作会议明确提出要以铸牢中华民族共同体意识为主线推进新时代党的民族工作高质量发展。铸牢中华民族共同体意识事关民族团结和中华民族繁荣发展，事关祖国统一和国家长治久安，具有非常重要的政治意义。而促进各民族交往交流交融是铸牢中华民族共同体意识的根本途径。习近平总书记在此次中央民族工作会议上强调："必须促进各民族广泛交往交流交融，促进各民族在理想、信念、情感、文化上的团结统一，守望相助、手足情深。"[1]民族交往交流交融贯穿于中华民族的整个发展历程，是我国民族关系发展的主流。促进各民族广泛交往交流交融，是中国共产党民族工作实践的智慧结晶，是新时代民族工作的重要内容，也是当前民族研究的一个重要主题。自2010年中央第五次西藏工作座谈会提出"民族交往交流交融"概念后，其相关研究逐渐展开，并在2014年中央民族工作会议召开后研究呈高增长态势。民族交往交流交融概念及其内在关系是其中一个重要的研究主题。

首先，民族交往交流交融是一个合成词，由民族交往、民族交流、民族交融三个子概念构成。目前，学界关于民族交融的概念，观点较为一致，认为民族交融是各民族在交往交流中互相学习吸收对方的生产方式、生活习惯和文化精髓，互相学习吸收对方的优点和长处，共同因素增加的状态。而民族交往、民族交流常常被作为民族交融的前提条件合并使用，两个概念的界限比较模糊。如李静认为民族交往的范围广泛，包括生活性交往、地缘性交往、结构性交往等；民族交流是将彼此的拥有与对方进行互动、互传与互换的过程，包括物质和精神两个层面。[2]金炳镐认为民族交往是民族关系的具体形式，内容涉及民族生存和发展所需的各方面交流；民族交流是民族关系的具体内容，包括经济、政治、文化交流。[3]上述关于民族交往、民族交流的内涵阐释，在内容上存在互相交叉、包含与被包含的情况，致使民族交往与民族交流两个概念难以清晰地区分。就学理上而言，在“民族交往交流交融”这一特定的概念表述中，“民族交往”与“民族交流”应是两个并列的子概念，而非包含与被包含的关系。为更好地理解民族交往交流交融概念，有必要对民族交往与民族交流进行区别化分析。

其次，关于民族交往、民族交流、民族交融三个概念之间的关系，大多数学者认可递进关系论，认为三者分别对应初级阶段、较高阶段和最高阶段，依次递进。如，曹爱军认为民族交往是不同民族互通有无的过程，民族交流突破了民族交往的内容和程度，民族交融是最高形式的交往交流，是最终结果。[4]马瑞雪、李建军、周普元及李蕾认为民族交往是初步、基础的交流交融；交流是较深层、正向的交往交融；交融是零距离、入心的交往交流。学者们还将民族交往交流交融置于宏观的时间与空间两个坐标轴上分析了其内在的递进结构关系。[5]但现有研究对民族交往、民族交流、民族交融如何实现层级递进的内在运行逻辑探讨分析明显不足。事实上，在阐明三者关系的基础上，深入探讨各民族从交往到交流再到交融层级递进的动态运行机制对在实践中推进民族交往交流交融具有重要的指导意义。

基于此，本文拟以社会表征理论为分析框架，在辨析民族交往交流交融内涵的基础上，进一步深化对民族交往、民族交流、民族交融三者的内在逻辑关系及动态运行机制的分析探讨，探索新时期促进各民族广泛交往交流交融的社会心理路径。

二、社会表征理论：民族交往交流交融的一个分析框架

（一）社会表征理论概述

社会表征理论与社会认同理论、话语分析理论被视为欧洲社会心理学的三个重要理论流派。1961 年，法国的社会心理学家塞尔日·莫斯科维奇在其著作《精神分析：意象与公众》中提出社会表征理论，勾勒了社会表征理论的基本框架。所谓社会表征，莫斯科维奇认为是“某一社群所共享的价值观、

观念及实践系统，它兼有两种功能，一是为个体在特定生活世界中的生存进行定向，二是提供可藉以进行社会交换及对生活世界与个体、群体历史进行明晰分类的符号，使人际沟通得以实现”。[6]该理论强调社会共识，认为社会表征是可变的，它形成的过程包括锚定和具体化两个环节。

基于该理论，社会表征的结构研究、过程研究、群体分化和现实建构等多元化的研究视角或解释在欧洲社会众多领域展开。[7]近年来，我国也有学者开始尝试介绍社会表征理论。管健，乐国安将社会表征阐释为“在特定时空背景下的社会成员所共享的观念、意象、社会知识和社会共识，是一种具有社会意义的符号或系统”。[8]在应用研究方面，当前研究成果还比较少。在民族学领域，陈晓婧运用社会表征理论分析了中华民族共同体社会表征的形成过程，并提出中华民族共同体社会表征的建构路径。[9]陈永涌、任梓荣以社会表征理论为着眼点对中华民族共同体意识进行剖析并探索其形成的社会心理机制，认为从社会表征理论的角度，可以将中华民族共同体意识理解为中国全体人民通过从古至今的交往交流交融形成的对中华民族、中华民族共同体的社会共识。[10]换句话说，中华民族共同体意识作为一种社会表征，是通过人与人之间、民族与民族之间的交往交流交融来实现的。这也意味着社会表征理论可以为民族交往交流交融的研究提供一个分析视角。

（二）社会表征理论对民族交往交流交融的解释力

1. 社会表征理论强调的社会共享性是民族交往交流交融的本质

社会表征理论最为核心的一个特点是强调社会共享性。“共享性”也可以理解为相似性。莫斯科维奇认为所有表征的目的都在于使一些不相似的事物，或者使自己本身的不相似性变得具有相似性。[11]个体通过在群体中找到相似性来得到安全感；而群体要作为一个统一的整体生存和发展下去，就需要成员对该群体有一种共识。同理，中华民族共同体要作为一个整体向前发展，也需要成员们对共同体本身及内部各种关系有一个比较相似的认知。各民族在交往交流交融过程中，不仅要实现此民族与彼民族之间的共识，同时也要就中华民族共同体达成一种共识。扩大相似性，实现社会共享，是社会表征的核心要义，也是民族交往交流交融的最终目标，两者不谋而合。

2. 社会表征理论强调的社会互动是民族交往交流交融的本意

社会表征理论十分强调社会互动的重要性。莫斯科维奇认为表征不能通过对某些外在的信念或知识的学习而被习得，也不能通过某些特定的思考而得以确立。相反，它们是通过相互的影响，通过人们谈话时内在的协商形成的，在这种谈话过程中，人们朝向特定的象征模型、形象和共享的价值观。[12]由此可见，社会表征是在社会互动中得以形成的。民族交往交流交融是各民族之间的互动行为，属于社会互动的一种类型。显然，社会表征理论对其有很好的适用性。

3. 社会表征的群体性与可变性说明民族交往交流交融的必要性和可能性

社会表征具有群体性，意味着不同民族的社会表征具有差异性。也正因为差异性的存在，各民族之间的交往交流交融才有必要。莫斯科维奇认为所有人际的相互作用，无论是出自两个人，还是出自两个群体，都以表征为先决条件，实际上也以表征为特征。[13]也就是说，各民族之间的交往交流交融以各自不同的表征为基础，其最终目标是在尊重差异的基础上，不断扩大各民族之间的共同性。同时，社会表征虽然相对稳定，但从长期来看又是动态可变的。随着交往交流的持续，各民族的社会表征可以通过接纳吸收来自他民族的新异事物而改变，从而使不同民族之间的共性增加，这也意味着民族交融的实现是可能的。

三、社会表征的结构：民族交往交流交融内涵辨析的新视角

在现实生活中，很难将民族交往交流交融清晰地分割成民族交往、民族交流、民族交融三个阶段，但从学理分析上将民族交往、民族交流、民族交融三部分进行区分却十分有必要。分析各个部分的内涵，有助于更好地理解民族交往交流交融思想，促进其更高层面上的理论构建。从社会表征理论来看，各民族之间的交往交流交融本质上是各民族社会表征的互动。在此意义上，社会表征的结构理论可以为民族交往、民族交流、民族交融三个概念的分析提供一个新视角。

（一）社会表征的结构理论

表征的结构是社会表征研究者最初的关注点。典型表征结构理论认为社会表征的结构可以区分为中枢系统和边缘系统。中枢系统是特定群体的历史和集体记忆，它决定社会表征的含义，是社会表征的核心，具有相对稳定性；边缘系统是对中枢系统的补充，构成社会表征的内涵，旨在调节中枢系统与现实世界的差异，对挑战中枢系统的新异事物做出反应，具有灵活性。社会

表征的变化，要通过边缘系统对现实世界做出反应并将其融入中枢系统来实现。[14]综上，以图为示，一个特定的民族由其现实世界与社会表征共同构成。现实世界是民族成员的社会生活场域，社会表征则是民族成员共享的具有社会意义的符号或系统，是一个民族的内核，主要是观念性的。社会表征又由中枢系统和边缘系统构成，中枢系统是一个民族的精神核心，边缘系统是社会表征与现实世界的分界面，起着调节作用。

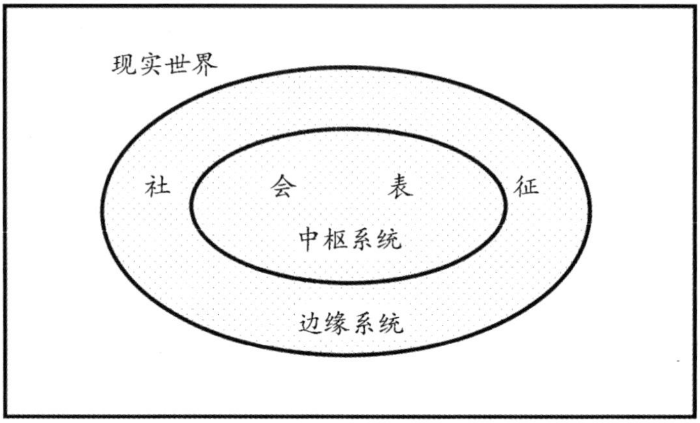

社会表征结构图

（二）民族交往、民族交流、民族交融内涵辨析

1. 民族交往。民族交往现象一直伴随着民族的产生和发展过程，是民族关系的一种具体表现形式。马克思主义的交往观认为，交往是人类特有的社会现象，是以物质交往为基础的各种人类社会活动互动的总和。[15]据此，一些学者将民族交往相应地解释为：不同民族之间以物质交往为基础，涉及政治、经济、文化等多个领域的社会互动的总和。显然，这是对“民族交往”的广义阐释，实质上也包括了“民族交流”的含义。在“民族交往交流交融”这一整体概念中，民族交往、民族交流、民族交融三个子概念虽彼此联系但又相对独立，在学理分析上应有明确的界限。因此，民族交往的概念应从较小的范围来阐释，使其更加明确、具体，并能与“民族交流”相区分。

民族之间的社会互动是民族生存与发展的内在需要，这种需要包括物质需要和精神需要。根据需要层次理论，需要的满足一般遵循先物质后精神的顺序。一个民族在它的方向性发展规划中，往往会首先聚焦于不同地域的民族群体间的物质交往活动。[16]换而言之，民族交往是不同民族的初步接触，是在特定的历史条件下一个民族基于自身发展的物质需要而推动的与另一个民族进行的互动行为。结合上文的社会表征结构图来看，一个民族的物质需要产生于现实世界，而为满足物质需要而进行的民族交往活动也发生在现实世界之中。现实世界是民族交往的发生场域。概而言之，民族交往主要解决的是各民族的物质需要，它以物质产品的交换为主，属于浅层次的生存性往来，还只是停留在一个民族的社会表征外围，尚未触及精神层面。

2. 民族交流。民族交流是在民族交往基础上的进一步深入，它从较低层次的物质交往过渡到较高层次精神层面的沟通，主要包括政治关系、经济关系、文化关系和社会关系的全面交流[17]。民族交流不仅拓展了不同民族之间社会互动的内容，也加深了互动的程度，它所呈现的不同民族之间的联系更为紧密、关系更加密切。

与民族交往一样，民族交流也起始于一个民族的现实世界。它是不同民族在现实世界中基于各自精神层面的需要而展开的涉及政治、经济、文化等领域思想观念的沟通交流。值得注意的是，不是所有精神层面的内容都能进入交流范围。民族交流是各民族在特定的时空下根据自身需要所作出的选择性行为，也即被纳入其需求范围的内容才有可能进入交流层面。而进入交流层面的内容经过沟通，有些只是成为一个民族了解其他民族的媒介或窗口，停留在本民族社会表征的外围；有些则被各民族学习采纳，进入社会表征的边缘系统。就交流的本质而言，民族交流发生的真正场域是社会表征的边缘系统。一个民族社会表征的边缘系统具有开放性、矛盾性、异质性的特点，它可以容纳来自其他民族的各种异质性元素。民族交流的根本目的在于学习吸收其他民族的一些新异元素，将其纳入本民族社会表征的边缘系统中，丰富充实自身原有的社会表征。

3. 民族交融。理解民族交融的内涵，首先要避免将它与民族同化、民族融合两个概念相混淆。民族同化是一个民族在交往交流过程中逐渐丧失了自己的特征，接受其他民族的特征，变成其他民族的组成部分的社会现象和过程。[18]民族融合是指不同民族之间的共同性因素逐渐增加，继而逐渐融为一体，民族差异性最终消失的过程和结果。[19]有别于“民族同化”“民族融合”，民族交融并没有导致某个民族消失，也没有催生某个新的民族。它是不同民族通过持续地交往交流而实现的“你中有我，我中有你”有机联系的状态或过程，在这个过程中，各民族之间的共同性因素不断增加，但差异性也仍然存在。它所呈现的是不同民族在尊重彼此差异的基础上寻求共性、凝聚共性的社会互动过程。

民族交融是不同民族在交往交流基础上更深层次的互动，根据社会表征结构理论，它发生的场域从社会表征的边缘系统过渡到中枢系统。一个民族社会表征的中枢系统代表着该民族的精神内核，其稳定性是最强的。随着民族交往交流的持续深入，一个民族的社会表征边缘系统里容纳的其他民族的思想观念、思维模式等精神内容越来越丰富。基于民族发展的内在需要，处于边缘系统中的一些新观念元素被接受吸纳进社会表征的中枢系统里，从而使一个民族原有的社会表征核心被改变，与其他民族的共同性因素增加，这意味着民族交融的实现。

综上，在学理上民族交往、民族交流、民族交融三个子概念层级递进、相互不可替代，共同构成民族交往交流交融这一概念整体。民族交往是不同民族接触的起点，彼此在现实世界始于物质交往；民族交流是在交往基础上的进一步拓展与深入，从各民族现实世界逐步过渡到社会表征边缘系统精神内容的互相传递与沟通；民族交融则是各民族社会表征的中枢系统实现相互吸收借鉴，是经过民族交往交流而实现的“你中有我、我中有你”的状态。

四、社会表征的形成：民族交往交流交融的内在运行机制分析

如果说上文在社会表征的结构理论下对民族交往、民族交流、民族交融的辨析是静态的分析，那么社会表征的形成机制理论则可以对民族交往交流交融进行更深一层的动态探究。

（一）社会表征的形成机制：锚定与具体化

莫斯科维奇提出社会表征在形成过程中，必须要调动两种心理机制。一是锚定机制；二是具体化机制。

锚定机制，莫斯科维奇认为是将我们所感兴趣的、异质的和不甚熟悉的事物纳入到我们特定的分类系统中，并把它当作我们认为合适的一个类别的范例。[20]它包括分类和命名两个步骤。首先是分类，不同群体在互动时，将遇到的新异事物或观念与自身已有知识库中的经验原型进行比对并划分类别，建立起其与已有认知库的联系。其次是命名，各群体根据分类的结果，用本群体熟悉的名词对它进行命名，从而使新异事物或观念可以被解释，被理解。

具体化机制，是锚定机制的延续，其主要任务是将记忆中抽象的概念和

表象提取出来，使它具体化为现实的基本要素，与外界现实融为一体，使人们在主观上对之可见、可触。关于如何实现具体化，莫斯科维奇认为要去发掘不准确的思想或存在物的图像属性，通过拟人化和比喻的手法在一个表象之中重现一个概念。[21]通俗地说是通过为抽象概念找到与之相对应的图像属性，使抽象的内容变得具体形象。

（二）民族交往交流交融的内在运行逻辑

上述的锚定和具体化是社会表征形成过程中的重要环节，同时也是各民族通过交往交流交融修改各自社会表征的过程。为便于分析，本文以民族 A 与民族 B 为例，基于社会表征结构理论的前提假设，结合社会表征的形成机制，采用图示的方法来具体描述民族 A 与民族 B 从交往到交流再到交融的动态过程。

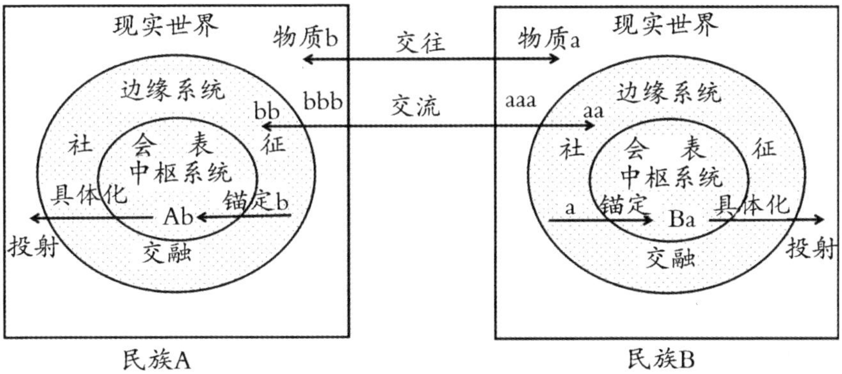

民族交往交流交融运行机制图

民族交往是起点，如上图所示，民族 A 与民族 B 相互接触，在各自的现实世界中开始以物质交换为主的交往。通过交往，物质 a 进入民族 B 的现实世界；物质 b 进入民族 A 的现实世界。交换而来的物质 b 对于民族 A 而言可能是新事物，但它处于社会表征的外部现实世界，难以直接影响民族 A 的社会表征。同样，物质 a 也难以直接影响民族 B 的社会表征。

随着交往的持续，民族 A 与民族 B 进入更深层次的民族交流。与交往不同，交流更侧重思想、观念等精神层面的互相沟通，包括政治关系、经济关系、文化关系、社会关系等等。如图，民族交流也立足于各自的现实世界，但并不止于此。通过交流，源于民族 A 的新思想、新观念 aaa 进入民族 B 的现实世界。社会表征的边缘系统是现实世界与中枢系统的中介面，起着缓冲调节的作用。面对新异观念的出现，民族B的社会表征边缘系统首先做出反应，它以本民族的社会表征为基准，对新异观念aaa进行过滤。过滤后可能所剩全无，也有可能剩下部分能进入边缘系统。为方便分析，本文假定进入民族B的新异观念aaa被过滤后剩aa进入社会表征的边缘系统。同样，民族A的社会表征边缘系统也可能将源自民族B的新观念bbb过滤成bb吸纳进边缘系统。至此，民族交流的过程基本完成。

民族交融，主要发生在社会表征的边缘系统与中枢系统之间，是一个民族在群体内部对外来新异观念的处理过程。边缘系统是中枢系统不可替代的补充，它最先感觉到挑战中枢系统的新异观念并做出反应，充分考虑个体变量并将其整合至社会表征的中枢系统中去，以调节中枢系统和现实世界之间的差异[22]。边缘系统允许相异元素共存，因而已经进入边缘系统的新异观念，也并不一定能被全盘接受纳入中枢系统。譬如，民族A的社会表征边缘系统可能会对新观念bb进行下一步的过滤，剩下b被整合进中枢系统。这个整合的过程，就是前文所述的锚定与具体化过程。

民族A基于现有的社会表征中枢系统，将新异观念b与本民族已有的经验原型进行比对后确定类别，并用一个熟悉的名字为它命名，在新异观念与本民族的社会表征之间建立起联系，之后用本民族熟悉的模式来解释新异观念b，使新异观念b被赋予了民族A的特定意义，形成一个新观念Ab。至此，民族A原来社会表征的精神内核就在一定程度上被修改了。锚定之后，紧接着是具体化：民族A在自身的记忆库中搜索与此新异观念相类似的图像属性，用已知的图像来替代抽象的概念，由此将新纳入的抽象的、不易懂的观念Ab变成形象的、可触可知的，易于常人接受，并投射到现实世界中去。具体化的过程为来自B民族的新异观念b在民族A的现实世界中获得意义创造了条件。最后，民族A在现实世界中通过不断的沟通使用此新观念（Ab），逐渐将其转化为共享观念，以此形成新的社会表征。由此可见，通过锚定与具体化环节，民族A与民族B原本的社会表征中枢系统可以因为吸收了新的内容而被修改，A、B民族之间的共同性也就此增加。

综上，各民族从交往交流到民族交融的实现，锚定和具体化是两个很重要的环节。通过锚定环节，其他民族的新异观念进入到本民族已有的认知库中；通过具体化环节，新异观念披上了具体、形象的外衣，为其在现实世界中的传播奠定了基础，也为它在本民族的现实生活中获得意义创造了条件。最后，通过在现实世界中不断沟通使用此新观念，过去被视为陌生的观念逐渐转化为本民族的共享知识，形成新的社会表征。随着交往交流的反复持续，新异观念不断被互相传输、接受吸纳，彼此的社会表征共同性元素也不断丰富，最终实现“你中有我、我中有你”的交融状态。

五、促进各民族交往交流交融的社会心理路径

各民族交往交流交融越广泛、越充分，越有利于中华民族共同体社会表征的塑造，越有利于铸牢中华民族共同体意识。社会表征理论认为，社会表征的产生以及变动都是通过社会互动而实现的，参与互动的主体及当时的社会情境均是影响互动质量的重要因素。在此意义上，改善各民族的主观条件以及构建良好的客观环境，对于促进各民族广泛交往交流交融具有十分重要的作用。

（一）激活各民族的交往交流交融需要

需要是个体或共同体对某种东西的缺失或渴望的一种状态，[23]表现为有机体对内部环境或外部条件的一种稳定要求，是有机体活动的源泉，[24]是个体和人类社会发展与进化的最根本和最原始的内驱力。人类社会历史的发展，就是不断提出需要，满足需要，又不断提出新需要的过程[25]。就民族而言，需要同样是推动其不断发展的内在动力。交往交流交融是人类的基本需要，也是伴随民族发展过程的其中一种内在需要，在此它具有两层含义。首先，交往交流交融是需要本身，是主观意义上的需要。马斯洛的需要层次理论认为，人类在满足了生理需要、安全需要之后会产生社交的需要。一个民族，在为其成员满足了衣食住行等生理需要和安全需要后，也同样会产生与其他民族交往交流交融的需要，希望与他民族建立起联系、希望有更高层级的归属。其次，交往交流交融作为促进民族发展一种手段或途径而被需要，是客观意义上的需要。各民族占有资源的异质性，决定了民族交往交流交融的必然性。不同民族拥有的自然资源、文化资源、政治资源、经济资源等等都具有差异性，差异意味着互补，为满足自身发展的需要，一个民族必然要与其他民族发生交往交流交融。

交往交流交融不仅是各民族的主观需要，也是客观需要。作为一种主观的需要，可以通过不断提高其成员的物质生活水平和安全感来满足其成员的生理需要、安全需要，从而激活处于更高层面的社交需要。作为一种客观需

要，应让各民族清晰地感知到交往交流交融对自身发展的重要性。我国各民族由于地理、历史、文化等因素影响，发展程度各不相同，应加大对民族发展先进典型的宣传力度，绘就发展的美好蓝图和愿景，让各民族看到更多的发展可能性，激活其发展需要；同时应加大对各民族历史、文化、社会生活等方面的宣传报道，增加曝光度，增进各民族的相互了解，明白各自的资源差异、优势与劣势，激活各民族交往交流交融的客观需要。当一个民族与另一民族形成需要与被需要的互补关系时，彼此会产生强烈的吸引力，从而促使交往交流交融的发生。需要是行为发生的内在驱动力，满足需要的动机将推动各民族开展交往交流交融。

（二）提升各民族交往交流交融的主观意愿

各民族在与其他民族的交往交流交融中，不可避免地存在因民族文化差异产生的相互排斥、戒备等心理成本。心理成本过高，会降低各民族参与交往交流交融的意愿，阻碍交往交流交融的进程。超越本民族意识，强化对中华民族共同体的认同，有助于释放各民族交往交流交融的心理压力，降低心理成本。

中华民族是一个大家庭，是我国56个民族休戚与共、荣辱与共、生死与共、命运与共的共同体。中华民族共同体认同是对各民族相互认同以及各民族对中华民族一体性认同的着重强调。较高的中华民族共同体认同感可以为各民族交往交流交融奠定良好的情感基础，增强各民族交往交流交融的动力，而各民族的交往交流交融又能进一步增强对中华民族共同体的认同。各民族只有对中华民族大家庭达成共识，充分认识到彼此亲如兄弟姐妹，都是这个大家庭中的一分子，才能以更加开放、包容的心态去看待彼此的差异，消除对其他民族消极的刻板印象和偏见，降低各民族成员在交往交流交融中可能产生的不安、焦虑、恐慌等心理负担，提升参与交往交流交融的主观意愿。

在实践工作中，应持续推动民族团结进步创建活动进机关、进企业、进社区、进乡镇、进学校、进连队、进宗教活动场所等，营造“民族团结一家亲”的良好氛围。应面向各民族加强对中华民族共同体知识的宣传教育，包括中华民族的历史渊源、中华民族共同体的话语演变、各民族在不同时期团结一心谋发展的历史事实与现实案例等，提升各民族对中华民族共同体理论内涵及实践要求的认识。加强对中华优秀传统文化的宣传教育，深化“中华民族灿烂的文化是各民族共同创造的”理念，以共同的文化为纽带，促进对中华民族共同体的认同。梳理归纳并宣传各民族之间的共同性，包括共同的认知、共同的态度、共同的行为、共同的情感等，让各民族成员深刻理解“你中有我，我中有你，彼此不可分割”的中华民族共同体有机结构，增强其对中华民族共同体的归属感，提振各民族的自信心，提升彼此之间的信任度，推动各民族交往交流交融有序进行。

（三）提升各民族成员的跨文化能力

各民族之间的交往交流交融属于跨文化的社会互动。基于文化差异，各民族之间存在众多行为规范与意义的不同。为促进各民族之间充分的交往交流交融，参与交往交流的各民族成员需要具备较好的跨文化能力，即在各种跨文化情景下与来自不同民族和文化的人进行有效而恰当的交往交流的综合能力。[26]大多数学者认为跨文化能力包括三个方面：一是自我理解，二是当他人的文化本源和文化价值观与自己的不同时，对他们进行理解；三是使自己的行为满足不同文化群体的不同需要。[27]在各民族交往交流交融过程中，自我理解的能力是基础，各民族成员只有在准确理解本民族文化的基础上才能与他民族进行比较，发现差异，确认共同性。理解他族文化是核心能力，尤为重要，它是推动双方相互调适行为满足彼此需要、达成共识的重要力量。

我国56个民族，文化各不相同，这种客观存在的差异性意味着各民族彼此理解的必要性。它要求各民族成员在心理上对他民族的文化保持开放、包容的态度，能接纳各种不确定性、尊重不一样的人和事；要积极主动地学习他民族的文化知识，准确理解该民族的各种外在行为规范以及肢体动作、面部表情、手势等身体语言所代表的文化意义，为各自在交往交流过程中调适行为相互适应奠定基础。理解他族文化，也需要良好的语言文字沟通能力。语言文字是基本的沟通工具，我国民族语言文字种类繁多，56个民族有73种语言，30个有文字的民族共有55种现行文字，其中正在使用的有26种。[28]让各民族成员学会每一种语言文字显然不现实。在众多的语言文字中选择其中一种受众面最广的作为各民族统一的交流工具，将大大提高沟通效率。2001年，我国《国家通用语言文字法》将普通话和规范汉字确定为国家通用语言文字。学习普通话和规范汉字是各族人民现实生活的需要，是权利，也是义务。新时期，各民族尤其是少数民族要通过学习教育不断提高使用国家通用语言文字的能力，增强沟通能力。同时，各民族通过统一的语言文字将本民族文化对外输出，将有效提升其文化的传播力和被接受度，从而在更广的范围内促成各民族相互理解，促进交往交流交融的顺利进行。

（四）内化共同目标筑牢团结合作意识

群际接触理论认为，在群际交往中，为双方设立共同目标、开展群际合作，对促成群际积极交往有重要作用。[29]其中共同目标为交往双方确立一致的方向，群际合作是实现共同目标的途径。在中国特色社会主义事业的伟大实践中，党中央提出了实现中华民族伟大复兴的奋斗目标。当前，我国已经全面建成小康社会，第一个百年奋斗目标顺利实现，中华民族迎来了从站起来、富起来到强起来的伟大飞跃，正向着全面建成社会主义现代化强国的第二个百年奋斗目标迈进。中华民族伟大复兴的中国梦是我国56个民族共同的复兴梦、发展梦，是共同的奋斗目标。一方面，各民族一律平等，都是中华民族伟大复兴的成果共享者，一个民族都不能少；另一方面，实现中华民族伟大复兴也是各民族的共同责任，需要各民族共同团结奋斗、共同繁荣发展，每个民族均是中国梦的践行者、奋斗者，缺一不可。

促进各民族交往交流交融的根本目的在于巩固和发展民族大团结，不断铸牢中华民族共同体意识，为实现中华民族伟大复兴凝聚力量。在实现第二个百年奋斗目标的新征程中，各民族应将实现中华民族伟大复兴这一共同目标内化于心，将此作为奋斗的方向。认同内化共同目标并自觉以此为引领，能在各民族成员中最大限度地统一思想、凝聚共识，为各民族交往交流交融构建起更为宽容、宽松的心理环境。同时，要实现中华民族伟大复兴的共同目标，各民族必须要筑牢合作意识。团结合作的意识也有助于各民族交往交流交融和谐地进行。我国56个民族都是中华民族大家庭中的一员，亲如一家，是合作共赢的关系，而非竞争排他。每一个民族都有自身的长处和短板，只有团结协作，取长补短，才能促进本民族发展，促进中华民族伟大复兴。应加大宣传各民族为实现第一个百年奋斗目标所作出的积极贡献，加大宣传各民族共同团结奋斗共创美好生活的生动故事，提升各民族作为中华民族大家庭成员的荣誉感、自豪感，增强民族自信心、巩固合作共赢的意识，从而推动各民族交往交流交融走深走实，不断铸牢中华民族共同体意识，最终为实现中华民族伟大复兴汇聚起磅礴力量。

（五）保障各民族的平等地位，创造和谐的外部环境

社会心理学家认为，当团体间的地位不平等时，他们之间的接触就容易

依循刻板印象的模式，造成团体间的偏见，影响相互交流。[30]保障各民族的平等地位是促进民族交往交流交融的基本前提。坚持各民族一律平等是马克思主义民族理论的重要内容，也是我国解决民族问题的根本价值准则。我国宪法也明确规定："中华人民共和国各民族一律平等。"在此准则的指引下，我国创设了民族区域自治制度，颁布实施《中华人民共和国民族区域自治法》，并出台一系列民族政策和法律法规，为民族平等原则的贯彻落实提供了法律保障。

就宏观层面而言，需继续加强法治宣传教育，引导各族群众学法、懂法、守法，增强各族群众平等享受权利和平等履行义务的法律意识，懂得法律面前人人平等，反对大汉族主义和狭隘民族主义；不断健全民族工作法治体系，贯彻落实党的各项民族法律法规，依法运用好各项民族政策，加快民族地区经济社会发展进步，缩小地区发展差距，最终实现各族群众共同富裕，不断巩固各民族的平等地位。就微观层面而言，任何一个民族在与其他民族进行交往交流的过程中都希望得到平等的对待，要保障各民族在具体的交往交流情境中享有平等的地位，包括平等享有权利、平等履行义务，依法处理违反民族平等原则的不法行为，保障各族群众在具体的交往交流活动中的合法权益，为交往交流交融创造和谐的外部环境。

（六）构建民族相嵌的社区环境，优化空间条件

民族交往交流交融需要在一定的空间环境中进行，不同的空间环境会影响各民族交往交流的频度、深度和广度，从而影响效果。改革开放以来，我国大散居、小聚居、交错杂居的民族人口分布格局不断变化，呈现出大流动、大融居的新特点，[31]顺应此新形势，以城市民族工作为抓手，立足城市社区为基本单位，构建民族互嵌的社区环境，可以为促进各民族交往交流交融创造更好的空间基础。

民族相嵌的社区环境主要强调以社区为基础的空间环境构建。[32]这里的空间不单指居住空间，还包括学习、娱乐等涉及社会生活各方面的共享空间。居住空间是人们交往交流的重要场所，各民族在居住空间上的互嵌可以为彼此的交往交流提供更多的可能性。人际吸引的接近效应认为，空间上的邻近将增加彼此暴露在某一共同情境下的机会，可以提升彼此的熟悉度，从而引发好感。[33]政府可以通过完善住房制度、调控住房市场价格等方法来引导各民族群众在城市社区的居住分布，提高居住空间的互嵌程度；鼓励房地产企业

优化楼盘功能设计，提升各族居民在居住区域的互动频率。就社区而言，应进一步完善公共服务体系，创设一些各民族学习、休闲娱乐、健身等共享空间，提供更多的交往交流机会；立足各族居民的不同需求，尤其是嵌入民族的基本利益诉求，不断提升社区服务供给的质量；建立邻里矛盾纠纷调解工作机制，营造和谐的生活氛围，提升各族居民的社区生活满意度。

六、结语

社会表征理论框架为民族交往交流交融的学理分析提供了一个新的路径。根据社会表征的结构理论，一个特定的民族由其社会表征与现实世界共同构成，民族交往、民族交流、民族交融分别处于社会表征结构中的不同位置并逐级递进。交往发生于一个民族的现实世界，往往始于物质交换；交流立足于现实世界，但又不止步于现实世界，它从现实世界过渡到社会表征的边缘系统，达成各民族间新异观念的互相沟通；交融则发生在社会表征的边缘系统与中枢系统之间，是其他民族的新异观念从本民族的社会表征边缘系统被吸纳进中枢系统，从而修改本民族社会表征的过程。通过静态比较分析，民族交往、民族交流、民族交融三个概念更加清晰。从社会表征的形成机制来看，锚定和具体化两个环节对民族交融的实现起着至关重要的作用。在民族交往交流的基础上，一个民族对其他民族的新异观念进行适当过滤后，将其纳入本民族熟悉的模式中并对之分类和命名，使它在本民族中能被解释、被理解。随后，将此抽象观念通过拟人或比喻的手法变得形象具体，并投射至该民族的现实世界中进行传播，便于它被广大民众接受，从而形成一种新的社会共识。通过锚定与具体化机制，其他民族的新异观念最终成为本民族的一种社会共识，意味着不同民族之间的共同性增加了。社会表征理论亦十分强调互动质量。高质量的民族交往交流交融对中华民族共同体社会表征的形成与稳固具有十分重要的意义。从互动主体着手，通过激活各民族的交往交流交融需要，增强各民族交往交流交融的主观意愿，培养各民族成员的跨文化能力，内化共同目标筑牢合作意识等途径来提升各民族交往交流交融的主观能动性；从社会情境着手，通过依法保障各民族的平等地位、构建民族互嵌的社区环境等为民族交往交流交融创造和谐的社会环境，优化互动的空间条件。统筹主观与客观两个方面，积极创造条件，提升各民族交往交流交融的质量，塑造中华民族共同体社会表征，不断铸牢中华民族共同体意识。

参考文献：

［1］习近平．以铸牢中华民族共同体意识为主线，推动新时代党的民族工作高质量发展．［N］．新华社，2021—08—28．

［2］李静，于晋海．民族交往交流交融及其心理机制研究［J］．西北师大学报（社会科学版），2019（3）：93—94．

［3］金炳镐，肖锐，毕跃光．论民族交流交往交融［J］．新疆师范大学学报，2011（1）：67—69．

［4］曹爱军．中华民族共同体视野中的“各民族交往交流交融”研究［J］．广西民族研究，2019（3）：5．

［5］［17］马瑞雪，李建军，周普元，李蕾．论民族交往交流交融［J］．新疆师范大学学报（哲学社会科学版），2019（2）：38—40，40．

［6］张曙光．社会表征理论述评——一种旨在整合心理与社会的理论视角［J］．国外社会科学，2008（5）：21．

［7］赵蜜．社会表征论：发展脉络及其启示［J］．社会学究，2017（4）：228—231．

［8］管健，乐国安．社会表征理论及其发展［J］．南京师大学报（社会科学版），2007（1）：93．

［9］陈晓婧．社会表征视域下的中华民族共同体建构［J］．新疆大学学报（哲学·人文社会科学版），2020（1）：64．

［10］陈永涌，任梓荣．中华民族共同体意识的社会心理机制研究［J］．民族教育研究，2020（2）：30．

［11］［12］［13］［20］［21］［法］塞尔日·莫斯科维奇．社会表征［M］．管健，高文珺，俞容龄译，北京：中国人民大学出版社，2010：38，152，30，47，56．

［14］［22］管健．社会表征理论的起源与发展——对莫斯科维奇《社会表征：社会心理学探索》的解读［J］．社会学研究，2009（4）：236．

［15］［16］王瑜，马小婷．论加强各民族交往交流交融的内涵辨析、理论释析与教育路径探析［J］．广西民族研究，2020（5）：33．

［18］金炳镐．民族理论通论［M］．北京：中央民族大学出版社，1994：149．

［19］杨须爱．“民族交融”的科学内涵及实践意义［J］．贵州民族研究，2014（2）：26．

［23］［25］李静．民族交往心理的跨文化研究［M］．北京：中国社会科学出版社，2010：104，107．

［24］李静．民族心理学［M］．北京：民族出版社，2009：329．

［26］吴卫平．跨文化能力综合评价理论与实践［M］．北京：中国社会科学出版社，2015：31．

［27］赵志裕，康萤仪著，刘爽译．文化社会心理学［M］．北京：中国人民大学出版社，2010：275．

［28］王晨．进一步贯彻实施国家通用语言文字法 铸牢中华民族共同体意识——写在《中华人民共和国国家通用语言文字法》颁布20周年之际［N］．人民日报，2020—11—11（06）．

［29］郝亚明．西方群际接触理论研究及启示［J］．民族研究，2015（3）：18．

［30］［33］埃略特·阿伦森，提摩太D．威尔逊，罗宾M．埃克特著，侯玉波，朱颖等译．社会心理学：阿伦森眼中的社会性动物［M］．北京：机械工业出版社，2017：345，239．

［31］国家民委研究室编．新时代民族理论政策问答［M］．北京：民族出版社，2019：63．

［32］郝亚明．民族互嵌与民族交往交流交融的内在逻辑［J］．中南民族大学学报（人文社会科学版），2019（3）：10．

中华民族共同体视域下的少数民族干部培养

——对福建少数民族干部工作调研情况的思考

福建省民族与宗教研究所　高　静

为深入贯彻落实习近平总书记关于民族工作重要论述，铸牢中华民族共同体意识，精心做好新时代民族工作，进一步加强福建省少数民族干部培养选拔工作，为制定《福建省 2021—2025 年培养选拔少数民族干部工作规划》（以下简称《规划》）提供政策参考，2020 年，省委组织部、统战部，省民族宗教厅联合组成调研组到福州、泉州、漳州、宁德调研少数民族干部工作。

福建是少数民族散居省份，有 55 个少数民族，世居的少数民族有畲族、蒙古族、回族、满族等。据第六次全国人口普查，福建省少数民族人口 79.68 万人，占全省总人口的 2.16%，其中畲族人口 36.55 万人，占全国畲族人口的 51.58%，全省有 1 个省级民族经济开发区（福安市畲族经济开发区）、19 个民族乡（18 个畲族乡、1 个回族乡）和 567 个民族村。少数民族人口超过 5 万人的设区市有福州、厦门、漳州、泉州、宁德等 5 个。少数民族人口 1 万人以上的县（市、区）有 27 个。

2020 年底，全省少数民族公务员 3485 人，占全省公务员总数的 1.77%。全省厅级少数民族干部 27 人，占同级干部总数的 2.31%，县处级少数民族干部 396 人，占同级干部总数的 1.81%，科级少数民族干部 1651 人，占同级干部总数的 1.64%。全省县级党委、人大、政府、政协班子中少数民族干部分别为 20 人、11 人、20 人、14 人。

一、各地培养选拔少数民族干部的主要做法

1. 推动出台配套政策。各级党委、政府把培养选拔少数民族干部作为一项政治任务来部署和落实，以《中国共产党统一战线工作条例》和《福建省 2016—2020 年培养选拔少数民族干部工作规划》为指导，制定完善配套政策，

推动落实少数民族干部配备要求。如福州市出台《福州市贯彻落实〈2019—2023年全国党政领导班子建设规划纲要〉若干措施》，规定少数民族人口万人以上的县和千人以上的乡镇领导班子要配备1名以上少数民族干部。宁德市委组织部、统战部、市人力资源和社会保障局、市民族宗教局结合本地工作实际，联合印发《关于进一步培养选拔少数民族干部工作的实施意见》，对全市少数民族干部培养选拔工作提出了更加具体的目标，要求少数民族人口万人以上的县（市、区）须配备1名少数民族干部担任乡镇（街道）党委书记，5万人以上的配备2名；民族宗教部门主要负责人具备条件的可担任同级党委统战部副部长；列入跟踪培养的年轻干部中少数民族干部所占比例，市级不低于10%，少数民族人口万人以上县（市、区）不低于5%，5万人以上县（市、区）不低于10%。福安市将少数民族干部培养选拔纳入市民族工作行动计划纲要（2017—2020），落实少数民族干部配备目标，壮大少数民族人才队伍，为少数民族干部成长创造条件，福安市委督查室、市政府督查室、市效能办不定期对行动计划纲要的落实情况开展督查，推动工作落到实处。罗源县出台《罗源县促进民族团结进步若干补充措施》，规定少数民族人口千人以上的乡镇，两委班子中至少配备一名少数民族干部，在公务员招考中，每年至少有2个少数民族专用岗位，事业单位招考中，增加少数民族考生报考岗位，提升少数民族报考比例。连江、罗源等少数民族聚居县推荐副处级优秀年轻干部时，明确要求配备少数民族干部。龙岩市在少数民族重点地区实行少数民族后备干部单列推荐制度，预留少数民族干部的专门名额。这些措施为培养选拔少数民族干部提供了强有力的政策和组织保障。

2. 拓宽人才来源渠道。各地采取适当倾斜照顾的措施，有计划地开展少数民族人才的招录、推荐、选拔工作。厦门市公安局从中国人民公安大学招考了一定数量的新疆少数民族大学生，以充实公安干警队伍来满足城市流动人口服务管理工作需要。宁德市选拔国有企事业单位的少数民族工作人员到行政机关任职，当与少数民族生产生活相关的部门和企事业单位的少数民族干部不足时，专门设置公开遴选聘用公务员和工作人员的少数民族岗位。福安市在少数民族人口千人以上的乡镇和部分市直单位在招录公务员、事业单位工作人员时设置少数民族专岗，职位数量逐年上升。

3. 加强培养干部队伍。在干部日常培养与管理工作中，注重组织少数民族干部参加各类培训学习，不断提升少数民族干部的理论政策水平和政治素养。宁德市规定每年到市委党校、行政学院等学习的科级以上干部中应有2%

以上的少数民族干部。福安市要求少数民族后备干部3年内至少参加一次党校（行政学校）主体班次培训。漳州市近年来实现了少数民族干部培训全覆盖，积极推荐少数民族后备干部，推荐1名少数民族干部担任县长，提拔处级少数民族干部12人。罗源县制定《罗源少数民族人才队伍建设实施方案》，让年轻少数民族干部到统战部跟班学习2个月，促进他们的成长。

4. 培养锻炼干部能力。各级党委把基层一线作为少数民族干部培养选拔的主阵地、锻炼干部的大熔炉、发现干部的选将台，为少数民族干部的全面成长提供了实践的广阔天地。宁德市选派少数民族村党支部书记到经济发达地区挂职锻炼。福安市选派少数民族干部到疫情防控、重点项目、农村环境整治等重要工作的一线实践锻炼。漳州市委2015年以来选派53名少数民族干部到基层或市属开发区挂职锻炼，选派1名少数民族处级干部援宁挂职。泉州台商投资区抽调3名少数民族干部参与棚户区改造项目征迁，其中2人担任拆迁组组长；2019年选派2名少数民族年轻干部挂钩帮扶3个集体经济薄弱村。上杭县共选派3批25名少数民族干部到沿海发达地区参观学习，选派19名少数民族干部驻村，选派32名少数民族毕业生到农村基层锻炼。

二、福建省少数民族干部培养选拔的现实困境

福建省少数民族相对聚居的市、县，都采取了一些具体措施，从政策上保障少数民族干部的总体配备。但从实际情况来看，各地在培养选拔少数民族干部过程中都不同程度地出现配备不到位、人才不足、人才流失等现象。

1. 少数民族干部总量仍不足。目前，全省少数民族干部占少数民族人口的1.77%，与全省干部占全省总人口比例的2.16%相比，低0.39个百分点。9个设区市少数民族干部的比例与少数民族人口所占比例的情况如下表所示：

	福州	厦门	漳州	泉州	三明	莆田	南平	龙岩	宁德
少数民族人口占比	1.33	2.34	1.44	2.82	1.13	1.32	1.34	1.55	5.98
少数民族干部占比	1.19	1.7	1.36	2.31	1.09	0.84	1.28	1	4.1

由表可知，各地都存在少数民族干部总量不足的问题。其中，三明市少数民族干部在当地干部总数中占比为1.09%，与少数民族人口占当地人口比

例1.13%最为接近。宁德市少数民族干部占当地干部总数4.1%，与少数民族人口占比5.98%相比差距最大。泉州市少数民族干部在当地干部总数中占比为2.31%，也低于全市少数民族人口的占比。

2. 少数民族干部结构不理想。从年龄结构看，个别地方年轻干部偏少，存在青黄不接现象。全省30岁以下的少数民族公务员562人，占少数民族公务员总数的16.1%，占全省30岁以下公务员总数的2.21%。从少数民族科、处级干部在全省科、处级公务员中所占比例看，福州市少数民族科级干部85人，在福州市科级干部总数中占比0.63%；少数民族处级干部12人，在福州市处级干部总数中占比0.76%，均低于少数民族公务员在全省公务员中所占比例科级1.64%、处级1.81%的平均值。从分布来看，少数民族干部主要集中在群团部门、事业单位和少数民族工作重点县（市、区），其他部门较少。

3. 少数民族干部配备不足。一些少数民族人口较多的市、县，少数民族领导干部配备较少，有的没有配备少数民族干部。按照《规划》要求，少数民族人口5万人以上的设区市党委或政府、人大或政协必须配备1名以上的少数民族领导干部。泉州市少数民族人口万人以上的县（市、区）有8个，其中晋江市少数民族人口超过5万，按规定应配备少数民族四套班子成员18人，实际到位仅8人。少数民族人口5万人以上的福安市，市直单位中只有民族宗教局的正职为少数民族干部。仙游县9个少数民族人口千人以上的乡镇，仅有3个镇配备了少数民族干部，其余未配备。泉州市少数民族人口千人以上的乡镇（街道）有60个，只有32个党委或政府班子配备了少数民族干部。三明少数民族干部占比与少数民族人口占比虽较为接近，但永安市43个民族村中仍有13个村达不到《福建省少数民族权益保障条例》规定的“民族村的村民委员会主任或者副主任应当有本村的少数民族公民”的要求。

4. 政策倾斜红利受益范围有限。少数民族干部的培养选拔从顶层设计层面看已经较为成熟完善，但实际操作中仍存在困难。党政机关和事业单位“凡编必考”，选调生选拔对少数民族倾斜利好不明显，少数民族考生的竞争力相对较弱，难以脱颖而出。公务员考试中少数民族考生同等条件优先录用的主观性较强，政策缺乏操作性，少数民族加分政策限定在民族乡和民族工作部门，范围较窄，可吸收人数不多。县（市、区）公务员总编制普遍存在超编情况，个别部门有空编也无法招考。在进入体制内后，受地域、身份、专业等因素影响，一些少数民族干部异地交流、轮岗使用难度较大，基层少数民族优秀人才流动性大。由于少数民族聚居区相对偏远，一些少数民族高校毕业生不愿意到这些地方工作，致使报考地方公务员、事业单位的少数民族人数不多，被录用的则更少。少数民族后备干部来源主要依赖公务员考试，渠道相对单一，真正享受到政策红利的人数并不多。公众对于公务员招录中少数民族考生的优待政策舆情不断，认为在生活条件等同的情况下，特殊照顾策略破坏了竞争的公平性。扩大少数民族干部招考的政策优惠范围无法解决问题。

福建省少数民族干部占比低于人口占比是一个现实问题，并且长期存在。尽管经过政府层面的努力，少数民族干部占比可能会有所提升，但幅度仍然不大，这种情况在少数民族乡村显得尤为突出，少数民族干部在乡村挖不出、留不住的情况比较普遍。从宏观层面来看，新时期党的民族工作以铸牢中华民族共同体意识为主线，这也对少数民族干部的培养选拔提出了更高的要求。在铸牢中华民族共同体意识的新视域下，处理好少数民族干部培养选拔的问题，单纯地增加少数民族干部的数量已经不合时宜，需要全局性与地域性综合考量、原则性与特殊性相互兼顾。

三、铸牢中华民族共同体意识视域下的少数民族干部培养

1. 把握好民族工作的时代主题

1992年党中央以“加强各民族的大团结，为建设有中国特色的社会主义携手前进”为主题召开了中央民族工作会议，这是我国首次以中央民族工作会议的形式推进党的民族工作。自此，着力提高民族地区经济社会发展水平就一直是党中央民族工作最重要的关注点之一。1999年的中央民族工作会议强调这一时期民族工作的重心为“贯彻西部大开发战略，加快民族地区发展，把我国民族团结进步事业推向新世纪”，把缩小民族地区与其他地区经济社会发展差距作为主要任务。2005年中央民族工作会议重点研究如何加快少数民族和民族地区经济社会发展，实现全面建设小康社会的宏伟目标。2014年，党中央以“凝聚民族大团结力量，为实现伟大中国梦而共同奋斗”为主题召开了第四次中央民族工作会议，习近平总书记在会议上提出“积极培养中华民族共同体意识”。2017年10月，习近平总书记在党的十九大上正式提出“铸牢中华民族共同体意识”，并写入党章。2021年中央民族工作会议提出“以铸牢中华民族共同体意识为主线，推动新时代党的民族工作高质量发展”。从历史纵线来看，前3次中央民族工作会议的重心在于少数民族和民族地区

的经济社会发展，目的是扶持和帮助少数民族和民族地区大力发展经济，补齐民生短板。倾斜照顾政策多是在这样的背景下出台的，并在实践中对实现共同富裕、促进民族团结起到了重要的推动作用，使发展相对滞后的民族地区实现了跨越式的赶超。2014年后，党中央的民族工作更加侧重于“团结”“共同”，中华民族是多元一体、共性与个性相统一的整体，对中华民族的认同应居于各民族认同之上，中华民族的伟大复兴必须以强大的民族凝聚力作为支撑。在此条件下，民族工作的格局也将发生重大的变化，民族工作的实际范畴也从少数民族扩展到中华民族，这就要求必须善于从社会整体结构的角度开展民族工作。从福建来看，少数民族干部培养选拔工作，也同样应当放在社会整体结构中做考量。在少数民族人口相对集中的乡镇（街道）、社区，尤其是地处偏远的乡村，放宽条件、优先使用少数民族干部利大于弊，既有利于带动少数民族群众，也树立了服务基层、服务一线的正确导向，这样的倾斜照顾是适当的。但对于少数民族与汉族交融而居、流动频繁的大部分城市地区而言，少数民族干部培养选拔工作的关注点应当从强调民族差异性向推进共同性和融合性转变，不盲目追求少数民族干部所占比例的高低、干部总量的多少，而要看民族事务综合治理的效能如何，民族团结进步创建成果如何，逐渐由追求“量”向追求“质”转变。

2. 要树立广义的人才观

2019年福建省机构改革后，民族宗教局归口党委统战部领导，全省84个县（市、区）中有73个民族宗教局与统战部合署办公，一套机构、两块牌子，只有11个民族宗教工作重点县（市、区）的民族宗教机构独立设置，占全省41个民族宗教工作重点县的26.8%。基层民族宗教部门的撤并、人员上的整合和工作内容的调整一定程度上对少数民族干部培养选拔工作产生影响。习近平总书记在全国民族团结进步表彰大会上提出“要重视民族工作干部队伍建设，大力培养选拔少数民族干部和各类人才，支持民族工作部门更好履职尽责”“各级党委要把懂不懂民族工作、会不会搞民族团结作为考察领导干部的重要内容”；汪洋强调要“高度重视少数民族干部、民族地区干部、民族工作干部队伍建设，为民族团结进步事业提供坚实组织保障”。贯彻落实好少数民族干部培养工作不能仅仅依靠民族工作部门来推动，而必须放在少数民族人才培养的“大盘子”里来看待。少数民族工作不仅仅是少数民族干部的事，也是大家的事，中华民族的事业需要各民族共同参与完成。同时不能自我窄化，把选拔民族团结进步事业所需的人才等同于选拔具有少数民族身份的干部，少数民族身份固然有利于做好少数民族工作，但从事少数民族经济、社会、文化、教育、卫生等各项事业的汉族干部，也是民族工作干部，不应因民族身份而区分看待人才的属性，民族团结进步事业的大门要面向所有的人才打开，要让他们都成为促进民族经济发展、传承民族传统文化、繁荣民族社会事业的参与者、推动者。在干部队伍层面，应发挥组织部门的牵头作用，协调统战、人社、民族宗教等部门对少数民族干部选配情况进行综合分析研判，动态调整充实少数民族干部信息库；统战、民族宗教部门要发挥党内外少数民族干部队伍的优势，主动反映情况，提出推荐人选；人社部门要制订和完善相关少数民族干部选拔政策。在民族团结进步事业层面，以广义的人才观布局少数民族人才队伍建设，在文教卫生等各个社会事业的领域，鼓励更多的汉族同胞参与到少数民族事业中来，支持他们到民族乡村、民族中小学、民族文化团体工作。在亟需人才的领域，无论何种民族身份，都可予以适当的政策优惠，让各民族人才携手共促民族团结进步事业蒸蒸日上。

3. 少数民族干部的培养使用要以交融互助、实现共同富裕为目标

在培养选拔少数民族干部的工作中，要特别注意把握好目标导向，少数民族优惠政策是手段而不是目的。过去，在少数民族干部总量不足、结构不合理、梯队跟不上等情况下，党和政府统筹各方资源，充分利用制度优势，帮助少数民族落后地区实现了跨越式发展，因为少数民族的利益是与国家的利益相一致的。国家实施了许多针对少数民族的优惠政策，如少数民族干部配备、考试加分、对口支援、挂钩帮扶、边境贸易、扶贫开发等等，但这种优惠政策的对象是相对弱势的群体，并不是要突出某个民族在某个地域的特殊利益，以少数民族为对象的各类优惠政策是为了平衡各民族间利益、缩小发展差距、推动各民族共同富裕而实行的过渡性政策，共同富裕才是这些优惠政策的初衷与目标。

如今，福建少数民族乡村的发展已纳入到乡村振兴的总体布局中来统筹推进。一方面，少数民族干部为推动民族乡村的发展提供重要的人才支撑，要切实增强少数民族干部服务民族乡村发展的能力。如借鉴宁德选派“乡村振兴指导员”的方法，推动省直、市直机关优秀少数民族干部到原籍少数民族乡村担任“乡村振兴指导员”，加强实践锻炼。鼓励少数民族人口万人以上的县（市、区）、少数民族人口千人以上的乡（镇、街道）选派少数民族干部到与少数民族生产生活密切相关的部门及对口帮扶的省直、市直机关挂职锻炼，到沿海经济发达地区挂职交流。另一方面，实现共同富裕需要多样化人

才的共同努力，要采取人才引进措施，继续选派优秀干部挂职少数民族乡村，助力民族乡村振兴；吸引外来少数民族大学生来闽就学就业，公安、政法等部门可适当增设西藏、新疆籍少数民族高校毕业生岗位。要使少数民族乡村成为少数民族与汉族交融互助、实现共同富裕的样板和典范，使城市成为多民族交往交流交融的场所，鼓励各民族群众共同参与城市的政治、经济、文化生活，实现少数民族人才在地域空间、行业领域等宏观及微观层面的全方位式嵌入，增进彼此的信任、认同与合作，形成新型的民族人才关系网络，创造共享、共建、共治的民族工作新格局。

参考文献：

[1] 李俊杰，马楠. 习近平关于加强和改进民族工作重要思想的时代价值与实践路径[J]，民族研究，2021（6）.

[2] 陈纪，曾泓凯. 铸牢中华民族共同体意识：基于各民族社会资本建设视角[J]，统一战线学研究，2022（6）.

从契约文书看清代屏南县巴地畲民的经济行为

福建省民族与宗教研究所　李周泰

明中后期，伴随着社会经济的繁荣发展，福建人民对于内陆山区的开发不断加深。这一过程中，“插花式”散布于闽粤浙赣等地山区的畲民，与各族人民共同开发八闽大地，逐渐融为一体，形成了“你中有我，我中有你”的共生关系。畲民们也不断由“化外之民”转为“编户齐民”，越来越融入本地的主流社会。畲民的经济、社会、文化、生活等开始发生很大的变化。

契约文书即是一个很好的载体，能充分挖掘出当时畲民的经济生活一角，进而窥见这一历史时期的变化。“它（契约文书）是一种法律文书和私家档案，又是特定时期特定地区社会经济关系的私法规范。作为私文书制度的一个独立系统，它所反映的下层社会的日常生活的种种法权行为，构成了我国民间传统文化——俗文化——的一个重要组成部分。”[1]可以说，买卖契、当契、租契、收据、合同等契约文书，是畲族内部之间，及与周边汉族进行土地、林地、房屋等经济交易时的重要凭证，也是双方利益得以保障的重要法律文书。本文以《福建少数民族古籍丛书·畲族卷——文书契约》（上、下）[2]中的141份屏南巴地契约文书[3]为基础材料，探讨清中叶至清末之间，生活于屏南巴地村的蓝氏家族的经济交易行为，分析其背后的行为逻辑，进而更好地了解当时闽东地区畲族的生存状况。

一、屏南县巴地畲族群体融于主流社会

巴地村现属于屏南县甘棠乡，是屏南县内唯一的畲族聚居村落，也是唯一的少数民族行政村。清代时期，巴地村隶属屏南县新俗里六都，民国三十五年（1946）改属屏南县祭甘乡。巴地村现有一百多户、在籍人口六百多人。历史上，据清乾隆十七年（1752）的《屏南县志》记载，巴地村位于“六都

（古二十六都），三十户，离县六十里”。[4]总体而言，巴地村一直是一个人口规模较小的普通村落，交通不便；同时，它也相对远离其他的畲族聚居区，因此，在日常生活中，巴地畲民除了与村内同族之间保持密切联系外，与周边村落的汉民也有着频繁的互动。

根据残存的巴地蓝氏家族的谱牒手稿（该族谱重修不早于光绪年间）记载，巴地村的蓝姓畲民是南宋末期从古田平湖富达村分出，“迨后开枝族蓝五公迁居二十六都包地村，披荆斩棘，创立垂统，以启后徿，继而子姓蕃昌，将山场田地照股均分”。当时，蓝氏第二十二世（禄房）的巨富公从古田富达村迁居到巴地村，娶黎十娘为妻，开创了基业，成为巴地村蓝氏始祖。其后代在此繁衍生息，最终形成了现在的巴地蓝氏家族。在这份族谱中，关于早期历史记载的真实性有待商榷。但也无需一味纠缠于真伪之辩，因为“无论是真实的还是虚构的记载，实质上都是编纂者的族群历史意识的‘忠实’反映。宗族要在社会上立足，就需要有明确的世系，和一个能被文化传统所认同的宗族的历史，这是宗族给予本族成员的用以证明其社会身份和社会权利的特殊资源”[5]。明清时候，族谱的撰写并不是简单地记录家族过往历史，很大程度上说，这种撰写是服务于在世之人，为在世者的一些行为提供一种具有历史沧桑感的证据。若我们将巴地蓝氏族谱作为一种观念表达的史料去理解，可以看到编撰者们及他们同时代族人的思想和行为。如在这份族谱中，编撰者以“如实”的态度记叙了开枝祖巨富公起的一系列先祖的婚姻对象（详见表1“巴地蓝氏家族历代先祖婚姻状况表”）。一代的黎十娘、二代的苏妹姑、三代的张九姑、四代的谢珠姑……明显看到，残稿中的一代至十七代的蓝氏先祖几乎都是娶汉族各姓女性为妻。这里，我们看不到所谓的“因为历代统治者的民族压迫和歧视政策，严禁畲、汉两族之间通婚”的说法。反而是关于畲汉通婚的描述贯穿了整本族谱。这至少说明在这本族谱撰写之初，巴地的蓝氏族人在思想上就已经普遍接纳畲汉通婚的行为，并在婚姻中实际践行。“它扩展了族群的社交网络，促进了区域内文化集团的交流和融合，有利于实现价值共识的汇聚与价值认同的达成。”[6]如此，撰写者在追叙先祖事迹时候，才会“理所当然”地将其记录至家谱。

表1　巴地蓝氏家族历代先祖婚姻状况表

世系	先祖	先妣
一代	蓝五公	黎十娘

续表

世系	先祖	先妣
二代	德明公	苏妹姑
三代	伏养公	张九姑
四代	贵公	谢珠姑
五代	正拱公	张利姑
六代	世昂公	李菊姑
七代	孙乞公	林秀姑
八代	廷现公	熊美姑
九代	有志公	郑银姑
十代	得职公	黄慈姑
十一代	文科公	郑银姑
十二代	继绍公	甘琏姑
十三代	朝长公	春金姑
十四代	兴邦公	张金珠姑
十五代	国栋公	杨雪姑
十六代	……	……
十七代	宗悠公	李银钗姑
……	……	……

一些研究还认为，“早期畲族多居住于深山或丘陵地带，生产力落后，过着刀耕火种、不断迁徙的游耕生活。这种情况，直至明末清初都没有根本改观”[7]，并认为“明清时期，有些畲民已被纳为编户，但对于这种纳为‘版籍民’的畲民，大体上还是采取特别优厚的赋税办法”[8]。或许某些畲民的聚集区确实如此，但是在一些畲汉融合较好的地方，却有另一番景象。清光绪二十四年（1898），福建提刑按察使司告示指出：“雍正年间曾奉谕旨准其一体编入民籍，况此种山民完粮纳赋与考服官一切与齐民相同，并非身操贱业者比。”[9]这份告示要求畲民改变服式和习俗，以免“授人口实”，其主要依据就是认为这些畲民纳粮考试已经和普通百姓没有什么差异了。巴地的契约文书

恰好印证了这一点。从一些“田粮推收单”文书中，我们可以看到畲民的田赋征收标准，与当时的周边汉民大体一致。如清道光四年（1824），屏南县官府向畲民蓝日焰出具了田粮推收单，载明蓝日焰拥有“田一亩八分三厘零三忽五微，扣荒外寔田应征银一钱七分五厘六毛”[10]。又如道光年间，畲民蓝有枝的田粮推收单载“田一十八亩零四厘，扣荒外寔田应征银一两七钱三分零四毛”[11]。另外根据一份嘉庆八年（1803）的推收单，生活于屏南县二十二都的汉民胡而美，其名下有“田七亩二分九厘，扣荒外寔田应征银陆钱八分九厘”[12]。如果忽略不同等级田地征收的赋税差距所带来的误差，上述三例中提到的蓝日焰、蓝有枝、胡而美的平均税赋基本都是一亩地征银一钱左右。可以推测，在畲汉融合较好的区域，官府已经将融入主流社会的畲民“一切与齐民相同”。

再如巴地蓝氏族谱中，撰写者对蓝氏子孙提出了世代耕读、考取功名的期待，“愿后世之子孙，耕读世职，其□诗书，庭训勿替，则翰苑驰名，宗荣而祖耀”。其意为：以耕读为业，培养子孙饱读诗书，进而获得功名利禄，荣耀家族。这种期待和提法与一般的汉族家族毫无差别。

总之，在漫长的岁月中，巴地畲民长期与汉民交往交流交融，无论是生产生活方式，还是信仰习俗，又或者是思维特性，都互相融合。他们在保留一些独有的习俗外，全面接纳了社会主流文化，融入于主流社会。这种历史选择为巴地畲民创造了和谐的生存环境，为他们的田宅、山林等不动产流转等一系列经济交易行为奠定了良好的社会基础。

二、巴地契约文书中的“先问亲邻”传统

古代，人们在进行田宅、山林等交易时，有着“先问亲邻”的传统，即不动产业主计划将所有权或使用权典卖，需要先“先问房亲，次问四邻”，无人有意愿后才能向他人售卖。也就是说在同等条件下，亲邻是拥有优先购买权的。这种“先问亲邻”的民间习惯，在一段时间内曾被国家政权以律例的形式所支持。五代时期的后周要求：“所有货卖宅舍，仍先问见居人，若不买，次问四邻，不买，方许众人收买”[13]，并且“其有典质、倚当物业，官牙人、业主及四邻同署文契”[14]，即买卖交易必须先问“四邻”，同时典当文契必须得到四邻的签署。到了明代，“先问亲邻”的规定开始从国家法典中消失。明代，曾任户部郎中的邓球指出：“今国家民间典卖田宅，券有尽问四邻

房亲人等语，然亦自民间为之，非由朝廷之旨也。”[15]他认为“先问亲邻”只是民间自己的习惯，不是国家法令的要求。这一态度为清代所继承。清朝官府认为“先问亲邻”的习惯影响了民间土地交易的正常秩序，因此大体持否定态度。

但是，长期的民间习惯是难以在短时间内被打破的。从现有的契约文书来看，“先尽亲邻”习惯在清代很多地方仍有着很强的影响力。诸如“先尽亲房人等，俱不承买”一类的文字成为一些契约文书的格式化用语。即便有些地区的契约文书从格式上省略了这类文字，但是亲邻承买的比例依然相当高。“检阅《明清福建经济契约文书选辑》，闽南的龙溪县、中部的南平县、闽西北的光泽县等，都有数量不等的田产买卖契约载明‘先尽亲邻’。南平县田产典卖契约 30 多份，有 20 多份载明‘先尽问亲房伯叔兄弟人等，各不愿就’，其中大多仍为叶氏族内交易。”[16]相反，《民事习惯调查报告录》唯一明言‘典卖产业，业主亲族有先买之权’的闽清县，该书收录的典卖文书多达 100 余份，其中竟然少见有‘先尽亲邻’类的表达。

在巴地契约文书中，我们没有看到“先尽问亲房伯叔兄弟人等，各不愿就”一类的格式化用语，但是可以发现绝大多数的典卖交易双方是族亲。如“自甘情愿托中送卖本房叔世发处人头承买为业”[17]“前经中送卖本房侄世雅兄弟为业”[18]“情愿央中送卖断与房叔兴宝为业”[19]等。根据统计，在涉及田宅、山林交易的 75 份契约中，62 份是典卖于族亲，剩余 13 份典卖于邻近村的外姓。这一比例很好地印证了典卖田宅“先问亲邻”的传统习惯在巴地村的强大影响力。

若再将范围扩大至包括银钱借贷一类的文书，我们同样可以看到“先问亲邻”习惯的影子。在《福建少数民族古籍丛书·畲族卷——文书契约》一书中，从乾隆年间到宣统年间的 141 份巴地契约文书，出现了本地近两百人的姓名。除了少数人员外，绝大多都是巴地本村的蓝氏族人。相对于清代地方志所载的“三十户”人口而言，近两百人的数量在这一历史时期的人口总数中占据了不小的比例。

当我们将提到的大部分人物纳入到一个人际关系网络网中（如图 1 所示），就会发现他们之间互为亲邻，关系密切，既有蓝氏内部的族亲，也有外姓的姻亲，还有周边的邻亲。正如费孝通先生所言，乡土社会“是一个‘熟悉’的社会，没有陌生人的社会”[20]。无论是畲民还是汉民，都是在这片“生于斯、死于斯”的小小社会中生活。巴地的田宅、山林等就在这一片“没有陌生人”的乡村社会中不断流转。

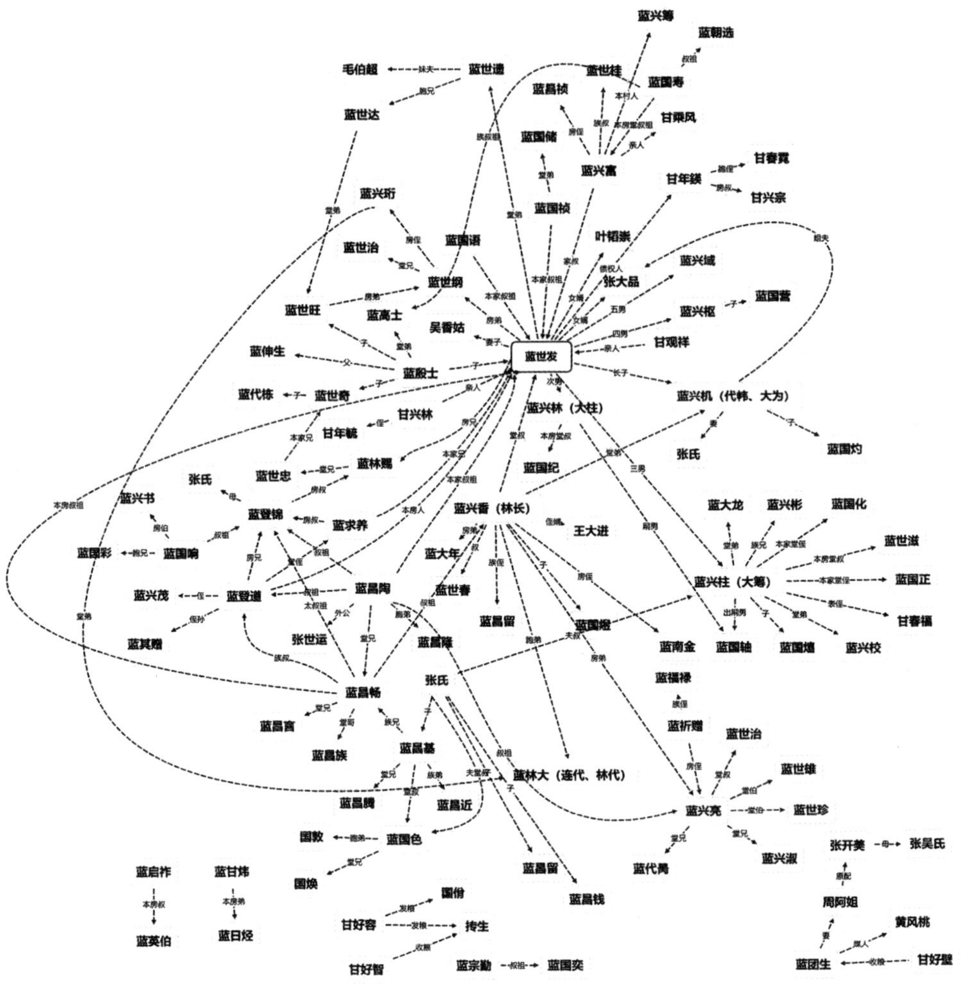

图 1　契约文书中的人际关系网络图

从图 1 中可以看到，这批契约文书所出现的立契人、受契人、中人、在见人、代字人等，基本被囊括在以血缘为基础的蓝氏家族族人、以亲缘为纽带的外姓族人、以地缘为依托的邻亲所形成的复杂人际网络中。受限于契约文书的来源，这张人际关系网络会集中围绕某几个人展开，其中最为明显的就是蓝世发——蓝兴柱家族[21]（这也与这批契约文书主要来自其后裔有关）。乾隆年间，蓝世发继承祖父蓝伸生、父亲蓝殷士遗留下来的田宅，在与两位哥哥世奇、世旺阄分家产、独立发展后，迅速走上了发家致富之路，不断购进新的田产和房产。蓝世发生有五子，分别为兴机、兴林、兴柱、兴枢、兴域。其三子蓝兴柱在道光年间后期，依托阄分的产业，继续壮大，直到咸丰年间家庭逐渐衰败，其后裔最终沦为贫农。在人际网络图中，除了蓝世发直系的后代外，其他人每与蓝世发产生联系，就可能意味着一次涉及田宅交易和钱粮借贷的契约行为。他们或是直接向蓝世发借贷、典卖，或是在交易中充当了中间人、见证人等第三方角色。一条条代表族亲姻亲关系的虚线将他们编织在一个密闭的网络中。这也很好地验证了我国古代社会中，“先问亲邻”的“制度”和“习惯”。

“先问亲邻”的习惯之所以如此根深蒂固，除了通常认为的家族宗法制下的血缘因素外，还有诸如地缘、赋役等方面的因素。如巴地村所位于的屏南县“多层峦叠嶂深林密箐”[22]，可谓土瘠民贫，商业贸易不发达，交通不便，对外联系较少。这样的地理位置、交通状况、对外交流情况降低了外人前往巴地购买田宅、山林的概率。同时，清代的税粮征收很大程度上依托于基层的里甲制度。顺治五年（1648），规定“里长十人，轮流应征，催办钱粮，勾摄公事，十年一周，以丁数多寡为次，令催纳各户钱粮，不以差徭累之”[23]。里甲制度所能覆盖的范围有限，同甲内的户丁多是亲族邻里。他们共同承担了这一片土地的税粮。当时，“官府在征收税粮时为完成征收任务，而强迫不能按时完纳者的同族、亲戚、邻里甚至同甲的其他人户代为完纳的情形是普遍存在的”[24]。如此，土地优先典卖于亲邻，就不仅仅只是典卖人的主动选择，更是关系到周边人的切身利益。因此，“先尽亲邻”的习惯才得以在巴地村长期存在。

三、巴地契约文书的“中人”制度

在《福建少数民族古籍丛书・畲族卷——文书契约》一书收录的141份巴地契约文书中，有110多份涉及钱粮借贷和田宅、山林交易。这些合约、票据、契约类文书明确有“中人”的共102份（详见附表1“巴地契约文书‘中人’统计表”），出现率达92%以上。在这批巴地契约文书中可以看到“自甘情愿托中向……”的套话，也能看到诸如“中人”“为中”“代字中”“代笔中见”“劝谕中”等一系列的落款。可以说，“中人”就是这类经济交易行为的必备要素，“对于小额的借据收据都要有中证，大宗的买卖、佃地契约更是必须要有中人从中谈价才能完成交易，涉及土地房屋这种不动产的交易，要引进原来族亲作为家族代表”[25]。在民间契约签订的过程中，“中人”受到立契人的委托，在交易双方之间游走说合、协调分歧，促使契约能顺利签订。

交易行为中之所以有“中人”的出现，目前学界提出了许多观点，其中主要集中于以下三点：一是在中国古代社会中，小农经济始终占据主流，除局部地区外，商业贸易并不发达。社会中信息流动相对闭塞，普通人获得有效的交易信息难度较大，而“中人”往往有着普通人难以企及的信息来源，因此“中人”作为第三方群体加入交易，有助于跨区域交易的形成和发展。二是传统国家难以对社会进行全面化、深度化、精确化的有效管控，因此官府对不危害政权稳定性的普通民间交易行为，保持“官由政法、民从私约”的态度，倾向于让民众自行使用民间习惯法解决经济纠纷。如果有人因契约纠纷向官府控诉，地方官员一般也只是查验契约原本，依据契约文本进行判案。有时，会简单地判定“红契”有效性高于“白契”。有时，更是直接将案件批回，交由撮合契约签订的“中人”进行协调[26]。总体而言，古代政府并不是很重视民间经济领域的契约行为，并且缺乏主动处理该类纠纷的积极性，只有个别纠纷较为严重的情况下，才会从国家律例中寻找依据尝试解决问题。三是大部分的民间经济交易行为，尤其是小额借贷或田宅类不动产的交易，通常发生在小范围的地域中，甚至直接就是村内部或邻近村落之间。在如此狭小的区域内，乡土社会的熟人特性就非常凸显。一般而言，在一个相对封闭的熟人社会中，人们通常希望避免发生纠纷，即便出现了矛盾，也倾向于以晓之以情、动之以理的协调方式来私下解决，轻易不诉讼至官府。于是，能够维护交易双方彼此“面子”，消除潜在纠纷的“中人”就应运而生。

既然“中人”如此重要，人们自然会想方设法地寻找一个能顺利承担介绍、见证、协调等功能的人。这样的“中人”通常具有什么样的身份，国内学者对此也已有颇多研究。如有认为多是“与交易者有亲友同族关系或者比较熟识者”“有一定经济基础的人”“乡村领袖”以及“城居地主的代理人”[27]；也有提出主要是“族长及族众”“地方基层组织的领袖人物”“立契人的亲戚”“妇女”“主人”乃至“佃仆”等[28]。研究者们归纳出来的以上类型，多是基于具体某处的契约文书材料，因此略有不同。这一差异性或是由于材料数量多寡、内容详略所致，也“大概与中国地域辽阔、风俗不同、土地性质不同有直接关系”[29]。若归纳这些观点具有的共同点，那就是血缘和权威带来的认同。

在“巴地契约文书‘中人’统计表”（附表1）中可以看到，除了7份文书无法确定“中人”与立契人关系外，其余95份文书的“中人”都是立契人的族亲和姻亲。如道光十二年十二月，蓝兴健的立当楼屋契，写到其“承祖手置买楼屋一座……系兴健一半分下托中送当本家族叔世发处，当出钱一十四千四百文本正。当日同中三面言议利息……在见：胞叔朝显；为中人：族叔祖登锦；代笔：堂侄国宗”[30]。在蓝兴健与蓝世发之间的这笔交易中，担任“中人”的是族叔祖登锦，担任“见证人”的是胞叔朝显，事实上见证这笔交易的“代笔人”是堂侄国宗。包括“中人”在内的所有第三方人员都是立契人蓝兴健的族亲。这明显可以看出，在巴地村这样的乡土社会中，人们更愿意相信以血缘为纽带所建立起来的信任体系。

当然，即便是在血亲姻亲中选择“中人”，人们也会有一定的倾向性。通常而言，族长、房长、门长等族内权威人士是“中人”的首选，因为他们“分莫逾而年莫加，年弥高而德弥邵”，故“合族尊敬而推崇之，有事则必禀命焉”[31]。其次，是一般的普通族亲。再次，才轮到姻亲。这种倾向性的选择在巴地契约文书中可以得到相当大程度的印证。如，在这102份文书中，担任“中人”一职次数最多的是蓝登锦，达19次之多。与之相对，仅有2份文书的“中人”是立契人的姻亲，即“胞姑夫张大汉”和“妹夫毛伯超”。蓝登锦频繁地被邀请作为“中人”参与交易，已经不是蓝登锦与立契人“堂弟”“族叔”“族太叔”等族亲关系可以简单解释的，也不能简单地归于这批契约文书的覆盖面。蓝登锦必然有着更为重要的身份，得以使他在族人中有着非同一般的权威性。据道光二十九年一月的“立合乡公议卖起业契”记载，蓝登锦、兴渭、昌祯、兴清、国嚣、兴珩、昌族等人“因合乡官事在案，无钱使用”，将“上年间众置有民田共五号”卖出，“时值契价银七十六两广正，每两折钱八百文算”[32]。这份契约的结尾处，写有“立卖契：族长蓝登锦”。由此可知，蓝登锦最迟在道光二十九年，就已经成为巴地村蓝氏家族的族长。正是凭借族长的身份，蓝登锦被赋予了一定的权威性，不断地被邀请充任族内田宅交易的“中人”一职。

在一次交易中，“中人”可能需要在交易双方之间来回多次，协商契约细节，消除潜在的纠纷可能性。无论是出于传统礼节或是从经济利益角度出发，“中人”的酬劳都是不可缺少的。这一传统习惯也为民间普遍接受，“非职业中介人或牙人做中的，也有报酬，此制由来已久……自唐宋以后，契约一般不写对中保人致酬事，但致酬事一直是存在的，有用宴请的形式，也有送银钱的。送给中人的叫作‘中礼银’，送给代书人的叫作‘笔资银’”[33]。当然，在巴地契约文书中也可以看到一些文书中并未直接写出中人报酬，但是有时候会特别注明“其中用酒食俱免”。这种专门的注明，反而表明了给予“中人”报酬才是一种民间约定俗成的做法。

关于“中人”酬报的数额，受限于文献资料的匮乏，以及地区的差异性，学者们给出了不同的测算结果。俞如先通过在福建闽西收集到的一些文献资料，认为“清代闽西已形成了中礼费比率2%的常数，中礼费比率的变化呈现一定的规律性，或略低于2%，或略高于2%”[34]。郭睿君基于徽州契约文书，提出“在明代给付‘中人’中资时并不一定要按照一个百分比来计算出报酬应该给予多少，而是带有更多的主观性，如个人情感、亲疏关系、中人的经济状况都会影响中资给付的多少。清代以后，中资给付逐渐形成一种定例，有一个大家约定俗成的比例”[35]。其认为清代大体在2%—10%，5%左右的居多，并呈现一种上升的趋势。巴地契约文书中直接记录有“中人”报酬情况的，集中于“蓝世发钱粮田亩数簿”[36]这份文书。据此，计算“中人”报酬约占交易总额的比例如表2：

表2 “蓝世发钱粮田亩数簿”的“中人”报酬统计表

交易时间	交易额	“中人”报酬	报酬约占交易总额的比例	备注
乾隆四十年十二月	二十三两四钱	九百五十文	5%	通常，契约中会约定“每两折钱八百文”
嘉庆十四年十二月	二十七两	钱四百文，又酒食钱八十文	2%	
道光元年十二月	一百两	四百文	0.5%	
道光二年十一月	一百卅两	钱三两九钱，又酒食二百四十文	3.4%	
道光四年十一月	五十四两	乙千二百文	2.8%	
道光十一年十一月	八十四两	四百文	0.6%	
道光十三年十一月	十七两	九百文	6.6%	
道光十五年十一月	六十五两	乙千五百六十文又酒食钱五百文	4%	
道光十五年十一月	乙十八两	二百文又酒食钱二百文	2.8%	
道光二十二年十一月	乙十两	四百文	5%	

可以看到，巴地村的“中人”酬报一般以银两和宴请（即酒食）两种形

式出现。在这10次交易中，“中人”报酬占交易总额的比例既有低于1%的，也有高于6%的，存在一定的波动性。当然这也不是毫无规律的。若具体查看文书内容，会发现“中人”报酬达6%和5%的三次交易中，立契人或受契人往往涉及多人。如道光二十二年十一月“中人”报酬为5%的这笔交易中，“积名将土名井须崎应分民田八分，租一石，典与小梨洋喜庆堂，观音佛母收租会首甘贞铨、贞岁、□霖、春品”[37]。中人必须与受典方甘贞铨、贞岁、□霖、春品四人进行沟通。这可能导致中人工作量的增加，从而使得“中人”报酬数额提高。无论如何，巴地的“中人”报酬水平与同时期其他地区相比，并未出现非常大的偏离性。

四、巴地契约文书中的利率

在巴地契约文书中有26份“立借字”，即立契人出于各种原因向他人借钱所立的借贷文书。在这些文书里，立契人多是向族亲借款，只有少数是寻找周边村子的外姓人士。为保障借贷双方的利益，借款人要按照民间习惯立下借据，写清借款时间、原因、对象、金额、利息、还款期、违约惩罚措施等。其中，利息一项关系到借款人的成本和贷款人的收益，因此尤为重要。如：

立借字

蓝昌陶今因无钱使用，自甘愿托中向在本家叔祖世发边借出钱一十一千二百文本正。言约利息长年加二进息。其钱俟至本年十月末其利息为止，俟有力备办送还，不敢欠少只文。今欲有凭，托立借字乙纸为照。

如或十一月无钱理还，其利息长年加贰等，再照。

道光二十二年八月　日

立借字：蓝昌陶（画押）

在见：外公张世运（画押）

代笔中：叔祖登锦（画押）[38]

清道光二十二年（1842）八月，立据人巴地畲民蓝昌陶由于缺钱，通过中间人向同族的蓝世发借款11200文，即14两钱，约定按照20%的年利率支付利息。这一借款利率属于正常标准，与巴地其他多份借款文书的利率相当。如蓝昌基“向在村世发边借出钱乙千乙百文本正，同中言约利息长年加二算还”[39]，蓝求养“向在本家兄世发处借出钱三百五十文本正。言约利息长年加二进息”[40]。这一利率水平符合清代官方的有关要求。《大清律例》规定：“凡私放钱债及典当财物，每月取利，并不得过三分。年月虽多，不过一本一利。”[41]官方对银钱的利率水平作了明确限制，而民间的私人借贷也确实大体能够遵循这一规定。据有关学者的统计研究，民间“私人借贷利率中一半样本大致在年利20%～36%之间，与清代民间社会二三分的习惯相吻合”[42]。具体到福建地区，清代闽南山区农村“无论是银钱借贷或是谷粮借贷，其利率是大致相同的，即大约月息加一至月息加三之间，月息加三以上的例子比较罕见”，同时“清代福州郊区农村的民间借贷关系中，谷粮借贷的利息率大大高于银钱借贷的利息率，而银钱借贷的利息率基本上与闽南龙溪山区农村的情景相同，民间一般惯例为年利息率百分之三十左右”[43]。清代闽南山区农村与清代福州郊区农村相比，后者的商业气息和人员流动情况远远高于前者，这也造成两者的银钱借贷和谷粮借贷的利率水平不一致。

在同族之外，异姓之间也会发生借贷行为。从巴地契约文书来看，双方基本遵循20%的年利率水平。如：

> 蓝世达阄分厝一座，坐址大厅天井边，三扇两间。今因户门浩重，无银理纳粮差急迫，自甘情愿托中送在二十二都洋头村甘与绣边，入头承买为业。同中三面言议，时值契价银一十二两广正，其银立契之日是达亲收足讫，无挂分文。……其厝价银内照年理还早谷一石七斗五升正，约至　年清完，达不敢负欠升合。如是欠少，契内价银加利，照凭乡例加二算还。约至三年以后清足与达备办契价银赎回，与绣不得刁难霸业……[44]

清嘉庆二年（1797）十一月，巴地畲民蓝世达因无钱承担赋役，将阄分房屋出典村外的甘与绣，得到银十二两，约定三年以后赎回。在赎回前，蓝世达需要每年向甘与绣缴纳早谷一石七斗五升。如果早谷无法按规定缴纳，则需要按照20%的利率计算利息。文书中还提到“照凭乡例加二算还”，可见在巴地一带，民间对利息已经形成了一个共同的认识。无论是族人互借，还是族外借贷，都是遵循20%的年利率本地惯例。同姓异姓借贷利息一致的现象，也表明了巴地地区畲汉之间民族融合情况较好，因此才能在日常的经济交往中弱化民族身份的差异性。这一现象在闽东其他地区也有体现，如罗源县八井村发现的一批畲族文书契约，其中的银钱借贷年利率大约为30%，“有雷姓族人之间相互借贷的例子，同样也是借钱以加三行息”，“有向外姓汉民借钱的例子，利息也是‘加三行息’”[45]。

当然，在民间借贷活动中，利息也存在被减免或直接免除的情况。有的时候，可能是出于血缘之情，如清咸丰五年（1855）十二月，“蓝昌陶同弟昌隆今因无钱安葬祖妣及父骸，自情愿求托中人向在本家族叔祖世发处借出铜钱捌百文正，其钱笔下收讫无挂只文。其钱乃是叔伯之情，其利明让，其本任陶随年理还。”[46]意为蓝昌陶、昌隆兄弟因为没有钱为祖妣和父亲安葬，向本家族叔祖蓝世发借款八百文。蓝世发出于“叔伯之情”，免除了利息。在此之外还能看到一些放款人向无明显血缘、亲缘关系的借款人免除利息的契约文书。如清道光二十四年（1844）十二月，“甘年镁今因无钱应用，自甘情愿托中向在包地村蓝世发处借出钱四千八百文正，其钱笔下亲收足讫，无少只文，其利息田土交关明让。其钱俟至赎田之日一并送还，不敢异言，各无反悔。”[47]此文书中，蓝世发与巴地村外的甘年镁没有任何的血缘、亲缘，依然免除了此次贷款的利息。同时，借款人甘年镁很清楚自己已经没有赎回土地的经济能力，而放款人蓝世发也清楚这次的借款银钱不太可能被还回。当时双方依然心照不宣地签订了这份“立借字”。究其原因，大概率与土地的典卖有关。从“其钱俟至赎田之日一并送还”这句话中，我们可以推测，甘年镁在向蓝世发借款以前，曾出于一些原因将自己的一块田地典押给蓝世发。在这次的借贷行为中，双方应该是默认了这块土地由出典、活卖向绝卖转变的事实。因此，甘年镁所借的四千八百文，实质上是“找贴”钱。在清代的民间田宅交易中，卖方有“找贴”的习惯，即田宅典契成立后，出典人会根据时价的变化，不断向受典人要求增加典价，以弥补卖价与时价之间的差价。特别是南方地区，尤其“盛行卖产后有‘找贴’之事。找一至二次而再立契声言‘找绝’者极多。”[48]同样的例子，还有“蓝兴香今因无钱使用，自甘情愿托中向在堂弟大为、柱兄弟等处借出钱一千三百文，其利免算。其钱后至取赎元潢公祭典备办送还，不敢欠少”。这些实质为“找贴”的文书，通常写为“立借字”，而不是“找贴”契，更多是出于照顾典卖方的面子。毕竟在传统的乡土社会中，普通人一生通常生活在狭小的范围内，周边不是族人，即是友人。这样的熟人社会中，签订契约对于普通人而言，是一项重大的经济行为，也是一次经济方面的人际交往行为。在经济利益外，“面子”是一个很重的考量指标。卖地人为了维护自己的面子，无论出于什么原因，在土地交易的时候，一般都不会直接表明是出售土地，而会称自己是因为“正用不足”，暂时将土地典押，以后经济好转之时即会将其赎回。

此外，巴地借贷文书几乎都是银钱借贷，粮食借贷相对少见。这或许与屏南县商业贸易落后，小农自耕经济占据绝对主流地位有关。巴地畲民一般以耕地为业，家中或多或少都备有一定的粮食，对于粮食借贷的需求较少。当然，也有一部分畲民可能出于各种原因需要借粮的。如“蓝兴香今因无谷食用，自情愿上年间香有出当厝契在世发边，现本年急迫，无谷作年，托中向在本家世发叔处借出谷二石正的谷价钱三千二百文本正，言约利息长年加二进息”[49]。从巴地契约文书来看，蓝兴香的家庭一直在走向没落，其从道光至同治年间，不断地变卖名下田宅。道光十一年（1831）十二月，临近春节，蓝兴香因缺粮过年，向蓝世发借了二石粮食，约定以20%的年利计算。此处的粮食借贷利率水平与前面所提的巴地银钱借贷利率水平一致。这与前面所提的清代闽南山区农村情况相似。

五、余论

契约文书是人们各种社会活动的见证之物，是我们了解历史上畲民的生活状况，尤其是经济行为的重要载体。幸运的是，或出于经济利益，或出于记忆祖先荣光，人们始终十分重视对于契约文书的收藏和保存。“清代以来，闽东山区民众习惯将各类文书保存于各种木制的盒子中”[50]，或悬于屋梁，或藏于密室。由此，我们才能看到最早至康熙十八年的巴地契约文书，从而窥见清中、后叶时期巴地畲民的一些经济活动。

通过梳理分析这些契约文书，可以发现“无论是汉字的运用、语句的表述，还是内容，与相邻的汉族民间契约文书没有明显的差别。从现存畲族契约文书的书写上看，完全是从汉族的民间契约文书中移植过来的。形式的采借，是畲汉深度互动的体现”[51]。具体而言，巴地交易类和借款类的契约文书，其基本格式、必备要素、双方权利与义务等，都与当时主流社会的契约文书基本相一致。这种一致，是巴地畲民与周边汉民长期交往交流交融、全面深度互动所形成的结果。长期的互动也为畲汉两民族构筑了共同的价值观、历史观。这是福建人民为铸牢中华民族共同体意识所做的历史实践，为中华民族共同体从“自在”到“自觉”的转变奠定了历史基础。

附表　巴地契约文书“中人”统计表

序号	文书类型	中人称谓	姓名	日期
1	立合约	为中	族叔世桂	道光二年十月
2	立借字	为中	堂兄世治	嘉庆十年十二月
3	立借批	代字中	陆子昌	道光六年十二月
4	立借字	代笔中	叔祖登锦	道光九年十二月

续表

序号	文书类型	中人称谓	姓名	日期
5	立借批	为中	叔世春	道光十一年十二月
6	立借字	为中见	堂侄求养	道光十六年 十二月二十八日
7	立借字	代字中见	房兄登锦	道光二十年七月
8	立借字	代笔、中	陆湘绥	道光二十一年闰三月
9	立借字	代笔中	叔祖登锦	道光二十二年八月
10	立借字	代笔中见	房叔登锦	道光二十二年五月
11	立借字	代笔、中	房叔兴宗	道光二十四年十二月
12	立借字	代字中	族叔祖登锦	道光二十四年十一月
13	立借批	代字、中见	甘年彦	道光二十六年十二月
14	立借批	为中	叔祖林长	道光三十年十一月
15	立借字	中人	堂兄昌族	咸丰元年十二月
16	立借字	中人	蓝昌族	咸丰三年十二月
17	立借批	中人	堂叔国色	咸丰四年十二月
18	立借字	为中	侄婿王大进	咸丰五年六月
19	立借字	中人	周贞龙	咸丰五年十二月
20	立借字	为中	族叔登道	咸丰五年十二月
21	立借字	为中	堂弟兴校	咸丰七年十二月
22	立借字	中人	表侄甘春福	咸丰七年十二月
23	立借字	代笔中	昌近	咸丰九年三月
24	立借字	代字中人	族侄孙昌畅	同治元年十一月
25	立收字	代笔中人	房侄兴亮	同治三年十一月
26	立收完字	劝谕中	族侄福禄	同治四年五月
27	立借字	为中	族侄昌留	同治八年十二月

续表

序号	文书类型	中人称谓	姓名	日期
28	立退契	劝谕人	召庆	康熙十八年十月
29	立卖契	代笔为中	蓝启谋	雍正八年三月
30	立典根契	为中人	蓝文僖	雍正九年十月
31	立卖契	为中人	蓝继先	乾隆十八年六月
32	立尽契	为中人	蓝奶受	乾隆五十五年十二月
33	立尽契	劝谕中	叔祖朝选	乾隆六十年十二月
34	立卖厝契	为中	堂弟世旺	嘉庆二年十一月
35	立尽契	劝谕中	胞姑夫张大汉	嘉庆三年十一月
36	立承佃	代笔、中	翠峰	嘉庆三年十二月
37	立典契	为中	妹夫毛伯超	嘉庆六年十二月
38	立卖契	为中	堂伯世雄	嘉庆十年十一月
39	立尽契	中人	房叔祖朝美	嘉庆十一年十二月
40	立卖契人	为中人	吴良侔	嘉庆十一年十二月
41	立尽契	代笔为中	房叔登锦	嘉庆十三年十一月
42	立典契	代笔中	房叔朝佐	嘉庆十五年十二月
43	立承佃	代笔、中	房叔朝佐	嘉庆十五年十二月
44	立卖园契	为中	族侄祈书	嘉庆十六年十二月
45	立卖契	为中	房弟世治	嘉庆十七年十二月
46	立卖断契	为中	蓝国梁	嘉庆十七年十月
47	立卖楼屋契	代字为中	堂兄世珍	嘉庆十七年十二月
48	立贴契	代字中见	房弟登锦	嘉庆二十一年十一月
49	立贴契	代字为中	房叔登锦	嘉庆二十一年十二月
50	立卖断契	中人	堂兄兴淑	嘉庆二十一年十二月
51	立尽契	代字中	房叔登锦	道光元年十二月

续表

序号	文书类型	中人称谓	姓名	日期
52	立退据	劝谕中	族兄朝显、世珍	道光三年八月
53	立同归业契	为中	房弟世珍	道光三年八月
54	立尽契	代字中	堂弟登锦	道光四年十二月
55	立典契	为中	胞弟兴材	道光五年十一月
56	立承佃	为中	胞弟兴材	道光五年十二月
57	立承佃	代笔、中	堂叔春高	道光六年十二月
58	立典契	代笔中	堂叔春高	道光六年十二月
59	立尽契	代笔中	族侄国宗	道光九年十二月
60	立当批	为中	甘年树	道光十一年十二月
61	立借批	为中	叔世春	道光十一年十二月
62	立当批	代字中见	叔祖登锦	道光十二年二月
63	立当楼屋契	为中人	族叔祖登锦	道光十二年十二月
64	立当批	代字中见	叔祖登锦	道光十二年二月
65	立当楼屋契	为中人	族太祖登锦	道光十二年十二月
66	立起业楼樫契	为中	叔祖登锦	道光十三年五月
67	立卖断楼屋契	为中人	族叔祖登锦	道光十三年十一月
68	立典契	代字中	房侄兴亮	道光十三年十二月
69	立尽起业契	代笔中	房弟兴亮	道光十四年十一月
70	立典起业契	为中	叔祖登锦	道光十四年五月
71	立当楼仔契	为中	族弟兴健	道光十六年正月
72	立卖楼仔契	为中	族弟兴健	道光十六年正月
73	立退楼屋契	为中人	族太祖登锦	道光十七年五月
74	亲立退楼屋契	为中	族叔祖登锦	道光十七年五月
75	立拨佃契	为中	胞侄年泽	道光十七年十二月

续表

序号	文书类型	中人称谓	姓名	日期
76	立当楼屋契	为中	堂叔国乐	道光二十三年十一月
77	立典契	代字中人	胞兄大祥	道光二十六年十一月
78	立卖柿木契	代字中	堂叔兴亮	道光二十七年五月
79	立典契	中人	房兄大苞	道光二十七年十二月
80	立典契	中人	堂兄国焕	道光二十八年十二月
81	立承佃契	代笔、中	堂叔国色	道光二十八年十二月
82	立承佃契	中人	堂兄国焕	道光二十八年十二月
83	立合乡公议卖起业契	为中人	蓝兴香	道光二十九年一月
84	立判柽木批	为中人	蓝兴香	道光二十九年十一月
85	立判杉木批	为中人	蓝兴香	道光二十九年八月
86	立当田批	为中人	甘春明	道光三十年十二月
87	立承佃契	保佃中人	房兄兴还	咸丰二年十二月
88	立典契	为中	郑孔招	咸丰二年十二月
89	立典契	为中人	族侄孙昌意	咸丰二年十二月
90	立典楼屋契	代笔中	夫兄国色	咸丰五年十月
91	立典楼屋契	代笔中	堂叔国色	咸丰六年八月
92	立典楼屋契	中人代字	夫侄昌镐	咸丰六年八月
93	立典契	为中	族兄兴渭	咸丰六年十二月
94	立承佃契	为中	堂弟兴校	咸丰六年十二月
95	立典契	中人	宋日贵	咸丰十年十二月
96	立卖吉地契	为中人	宋日贵	同治元年十一月
97	立承佃契	为中	族兄兴彬	同治元年十二月
98	立贴契	为中	堂弟大龙	同治二年十二月

续表

序号	文书类型	中人称谓	姓名	日期
99	立典契	为中	堂兄大梅	同治四年十二月
100	立贴起业契	中人	族侄孙昌畅	同治十年十一月
101	立典契	代笔中	宗叔祖同生	光绪三十二年十月
102	立贴契	代笔中	甘向承	民国三年甲寅闰五月

参考文献：

[1] 杨国桢. 明清土地契约文书研究 [M]. 北京：人民出版社，1988：1.

[2] 福建省少数民族古籍丛书编委会编. 福建少数民族古籍丛书·畲族卷——文书契约（上、下）[M]. 福州：海风出版社，2012.

[3] 这批契约文书大部分主要是由巴地村蓝氏家族的某几支后裔所藏，是目前最全的巴地契约文书汇编资料。

[4]《屏南县志》（清乾隆十七年版）卷四《都图》.

[5] 钱杭，谢维扬. 传统与转型：江西泰和农村宗族形态 [M]. 上海：上海社会科学院出版社，1995：94.

[6] 邱开玉. 神话视域下中华民族共同体意识的形成与发展 [J]. 云南民族大学学报（哲学社会科学版），2022（1）.

[7] [8] 谢重光. 唐代经济史的一桩公案——蓝文卿舍田宅建雪峰寺传说辨伪 [J]. 中国经济史研究，2011（3）：113—120.

[9] 福建省少数民族古籍丛书编委会编. 福建少数民族古籍丛书·畲族卷——文书契约（上、下）[M]. 福州：海风出版社，2012：11.

[10] 福建省少数民族古籍丛书编委会编. 福建少数民族古籍丛书·畲族卷——文书契约（上、下）[M]. 福州：海风出版社，2012：23.

[11] 福建省少数民族古籍丛书编委会编. 福建少数民族古籍丛书·畲族卷——文书契约（上、下）[M]. 福州：海风出版社，2012：25.

[12] 原图载于“孔夫子旧书网”（https：//book.kongfz.com/132485/1165361574/）.

[13]《五代会要》卷一五《户部》.

[14]《五代会要》卷二六《市》.

[15]《闲适剧谈》卷二《志英论》.

[16] 张建民. 官法与民习：清代的田产买卖与“先尽亲邻”[N]. 光明日报，2018年09月10日第14版.

[17] 福建省少数民族古籍丛书编委会编. 福建少数民族古籍丛书·畲族卷——文书契约（上、下）[M]. 福州：海风出版社，2012：316.

[18] 福建省少数民族古籍丛书编委会编. 福建少数民族古籍丛书·畲族卷——文书契约（上、下）[M]. 福州：海风出版社，2012：314.

[19] 福建省少数民族古籍丛书编委会编. 福建少数民族古籍丛书·畲族卷——文书契约（上、下）[M]. 福州：海风出版社，2012：311.

[20] 费孝通. 乡土中国 [M]. 北京：人民出版社，2008：6.

[21] 关于蓝世发家族的兴衰历史，陈华对此有专文梳理。(陈华：《巴地蓝氏家族的历史沧桑》，福建省民族与宗教研究所编《福建民族研究文集》，北京：民族出版社，2017：284—289.）

[22]《屏南县志》(清乾隆十七年刻本) 卷一《分县始末》.

[23]《清史稿》卷一二一《食货二·役法》.

[24] 范一丁，清代宗族法中的田宅买卖先问亲邻制 [J]. 文化学刊，2018 (8).

[25] 胡开全，苏东来编. 成都龙泉驿百年契约文书：1754—1949 [M]. 成都：巴蜀书社出版社，2012：8.

[26] 徐晓光. 清代黔东南锦屏林业开发中的国家法与民族习惯法的互动 [J]. 贵州社会科学，2008 (2).

[27] 李金铮. 20 世纪上半期中国乡村交易中的保人 [J]. 近代史研究，2003 (6).

[28] 吴欣. 明清时期的“中人”及其法律作用与意义——以明清徽州地方契约为例 [J]. 南京大学法律评论，2004，No. (01)：166—180.

[29] 童广俊，张玉，张津，秦进才. 束鹿县张氏契约文书中的“中人”及“尺丈”探析 [J]. 沧州师范学院学报，2019 (4).

[30] 福建省少数民族古籍丛书编委会编. 福建少数民族古籍丛书·畲族卷——文书契约（上、下）[M]. 福州：海风出版社，2012：350—351.

[31]《重修古歙东门许氏宗谱》卷八《家规》.

[32] 福建省少数民族古籍丛书编委会编. 福建少数民族古籍丛书·畲族卷——文书契约（上、下）[M]. 福州：海风出版社，2012：395.

[33] 张传玺. 秦汉问题研究 [M]. 北京：北京大学出版社，1985：207.

[34] 俞如先. 民间典当的中人问题：以清至民国福建闽西为视点 [J]. 福建论坛（人文社会科学版），2009 (5).

[35] 郭睿君. 明代徽州契约文书所见“中人”报酬——兼与清代的比较 [J]. 安徽师范大学学报（人文社会科学版），2020 (5).

[36] 福建省少数民族古籍丛书编委会编. 福建少数民族古籍丛书·畲族卷——文书契约（上、下）[M]. 福州：海风出版社，2012：173—182.

[37] 福建省少数民族古籍丛书编委会编. 福建少数民族古籍丛书·畲族卷——文书契约（上、下）[M]. 福州：海风出版社，2012：173—182.

[38] 福建省少数民族古籍丛书编委会编. 福建少数民族古籍丛书·畲族卷——文书契约（上、下）[M]. 福州：海风出版社，2012：117.

[39] 福建省少数民族古籍丛书编委会编. 福建少数民族古籍丛书·畲族卷——文书契约（上、下）[M]. 福州：海风出版社，2012：125.

[40] 福建省少数民族古籍丛书编委会编. 福建少数民族古籍丛书·畲族卷——文书契约（上、下）[M]. 福州：海风出版社，2012：118.

[41]《大清律例》“户律·钱债”.

[42] 陈志武，彭凯翔，袁为鹏. 清初至二十世纪前期中国利率史初探——基于中国利率史数据库（1660—2000）的考察 [J]. 清史研究，2016（4）.

[43] 陈支平. 清代福州郊区的乡村借贷，载叶显恩主编. 清代区域社会经济研究 [M]. 北京：中华书局，1992：812—825.

[44] 福建省少数民族古籍丛书编委会编. 福建少数民族古籍丛书·畲族卷——文书契约（上、下）[M]. 福州：海风出版社，2012：289.

[45] 陈支平. 清代闽东畲族社会经济的一个个案分析 [J]. 中国社会经济史研究，2006（1）.

[46] 福建省少数民族古籍丛书编委会编. 福建少数民族古籍丛书·畲族卷——文书契约（上、下）[M]. 福州：海风出版社，2012：127.

[47] 福建省少数民族古籍丛书编委会编. 福建少数民族古籍丛书·畲族卷——文书契约（上、下）[M]. 福州：海风出版社，2012：119.

[48] 张传玺. 中国历代契约会编考释 [M]. 北京：北京大学出版社，1995：1233，注三.

[49] 福建省少数民族古籍丛书编委会编. 福建少数民族古籍丛书·畲族卷——文书契约（上、下）[M]. 福州：海风出版社，2012：113.

[50] 郑勇. 闽东文书的收集与整理刍议 [J]. 福建文博，2020（2）.

[51] 陈支平，刘慧钦. 从契约文书看清代以来东南地区的畲汉民族交融 [J]. 民族研究，2021（6）.

政治视角下清代福建畲汉交往交流交融述论

——基于对畲族古籍文献的考察

福建省民族与宗教研究所　黄淑萍　陈　华

民族交往交流交融是多民族国家历史发展的必然。中华民族的历史就是一部各民族交往交流交融史，各民族通过不断地交往交流实现相互接纳、包容和认同，走向融合。福建是少数民族散居省份，少数民族人口中畲族最多，约占全国畲族人口的半数以上。据《福建省志·民族志》记载，隋唐时期，畲族先民主要在闽、粤、赣三省交界地活动，如福建汀州、漳州、泉州一带。宋元时期，畲民迁徙范围逐渐扩展至闽南、闽北。到明清时期，畲民的迁徙范围几乎遍及福建全省，并形成了“大分散、小聚居”的居住格局。福建畲民与当地汉族交错杂居，为彼此交往交流交融创造了良好的空间条件。民族交往交流交融的内容丰富，涉及政治、经济、文化、社会生活等各个层面，本文主要通过对畲族古籍文献的考察，从政治视角梳理清代福建畲汉交往交流交融的历史事实，以此深化对畲汉交往交流交融的认识。

一、“编图隶籍”：畲汉纳入统一的统治体系

明代以前，统治阶级对畲民的统治还并不完全，刘克庄《漳州谕畲》有记载：“有国者以不治治之。”“畲人不悦（役），畲田不税，其来久矣。”明代，统治阶级开始在畲民聚居地区设官统治，后又推行保甲制度。进入清代，统治者迅速立法，将全国田地分立都图，人户查编保甲。随即地方政府对畲民“视平民无异”，逐步与汉族一样实行“编图隶籍”。这在地方志中多有记载，如民国《南平县志》中记载“清顺治十四年，邑令姜修仁取四隅七图并入四十一里之内，为九十二图。乾隆五年，编畲民钟、蓝、雷三姓，立普顺图，合为九十三图”[1]。乾隆五十二年（1787）《永春县志》，卷七载，“邑有畲民……今具遵制编保甲，从力役，视平民无异”[2]。民国二十九年（1940）

《德化县志》卷三载，畲民“入清遵制编保甲，从力役，视平民无别”[3]。清道光十五年（1835）《龙岩州志》卷二十载：“今畲客固安分，而汉纲亦宽，许其编甲完粮，视土著之民一例。”[4]可见，就政治层面而言，清代初期畲民与汉族已处于相同的统治体系之中。

清初，政府大力鼓励农民开垦荒地，顺治六年上谕：“本地方无主荒田，州县官给以印信执照开垦耕种，永准为业。”“其六年以前不许开征，不许分毫佥派差役。”[5]长期以来，基本上依赖租佃求生的畲民借此受益匪浅，有了自己名下的田产。

福州晋安区日溪乡东坪村还保存着清康熙五十四年（1715）官府颁发给畲族先民蓝共雷的“业户执照”。

业户执照

福州府侯官县正堂加一级龚，为遵宪劝垦事，奉抚院加三级觉罗满凭单内开侯邑地方所有荒地田园山坂……县速即减从车骑，亲往各都图查勘劝垦□□，以足民食，等因。奉此，即按都遍查外，今据五十七都□图□甲里民蓝共雷呈垦地亩，遵照……给永远管业。如有豪强藉端阻挠生事，察出定行解究不贷。须至给照。

计开　五十七都□图□甲里民蓝共雷东坪地方二文五分，则……又石岩一文，则荒山四十亩。西至瓦坪田下，南至牛……至后门峡，北至东坪坑。

右给业户蓝共雷　康熙五十四年九月 日给。[6]

该执照是福州官府对当地畲族先民蓝共雷所垦土地的范围、数量及合法地位的确认，不仅明确了业户蓝共雷基于该土地所拥有“永远管业”的权利，还保障其不受豪强侵扰。按照雍正元年的上谕：“各省凡有可垦之处，听民相度地宜自垦自报，地方官不得勒索，胥吏亦不得阻挠。至升科之例，水田仍以六年起科，旱田以十年起科，着著为定例。”[7]也就是说，畲民蓝共雷上述所垦荒地不仅拥有所有权，而且十年后才开始征收田赋。

就封建统治者而言，畲民与汉族一样，须承担赋役，向政府输粮纳税。康熙二年，“各造简明赋役册，其易知由单颁给民间者，尽除别项名色，各部寺应用钱粮即向户部支给”[8]。

今屏南甘棠乡巴地村还保存有十八份（从乾隆到咸丰年间）畲族先民田粮推收的“易知由单”，其中详细记载了畲族先民名下的田亩数以及每年应征田赋银数目。如：

里民推收田粮亩数四柱易知由单

福州府屏南县正堂加三级黄为设簿填报事案，奉院司府宪檄饬查造民屯里户推收田粮亩数清册以杜飞洒等因，蒙此查民间推收田粮亩数虽汇入档册，诚恐尔民不能遍悉，合行造册饬给易知由单。为此单给该户，按照户内推收蹇在田亩输将以杜飞洒等弊。须至单者遵

计开新立一户蓝般士□伸生户开出□户丁

旧管：田无

新收：四十一年一户丁的名收祖父蓝伸生田伍分伍厘，土名北洋尾。又收蓝伸生户丁的名田一亩正，土名圪头及大丘下六丘及上林等墩。又收蓝伸生户丁的名祭田六分七厘五毛，土名北洋长丘仔及门首寮后丘等墩。又收蓝伸生户丁的名祭田一亩五厘，土名门前寮门翠丘乾头上墩又及岭兜下桥。又收蓝伸生户丁的名祭田四分六厘九毛九丝七忽五微，土名下桥大丘及后堂丫仔南船丫仔水渚乾仔又竹前北洋坑仔百四洋等墩。又收蓝伸生户丁的名祭田一厘五毛八丝三忽三微，土名圪头大丘。又收本村蓝长兴户丁正盛田三亩七分三厘，土名竹前火轮丘林中丫又及下桥大丘祭田等墩。

共收田七亩四分五毛八丝八微　开除：田无　实在：田七亩四分五毛八丝八微续原荒田　扣荒外实田：应征银七钱一分三毛四丝

右单给业户蓝般士　准此

乾隆四十一年 月初一日给　县行（加盖屏南县府朱印）[9]

上述畲民的土地所有权证书、地丁田粮缴纳凭据等都证实，在清代，畲民已与汉族一样接受封建统治者的统一管理，编甲完粮，交纳田赋，他们与汉族一样都是田粮赋税征收的对象。承担同样的输粮纳税义务，客观上为畲民与汉族之间的交往交流交融奠定了相对平等的身份基础。

二、参与科举：畲民跻身统治阶层

随着畲汉接触交往的持续，畲民受汉文化影响也越来越大，他们逐渐意识到读书科举的重要性，并积极参加科举，努力融入主流社会，甚至跻身统治阶层。

根据《福建省志·人物志》记载，福建清代进士人物中有 18 名畲族先民，具体如下表所示。

清代福建畲民进士题名录[10]

序号	姓名	籍贯	进士榜及名次
1	雷殷荐	汀州府宁化县	清康熙五十四年（1715）乙未徐陶璋榜，3甲123名
2	蓝正春	汀州府上杭县	清雍正二年（1724）甲辰陈悳华榜，3甲129名
3	钟梦麟	兴化府莆田县	清雍正五年（1727）丁未彭启丰榜，3甲126名
4	雷　鋐	汀州府宁化县	清雍正十一年（1733）癸丑陈倓榜，2甲9名
5	钟林树	福州府侯官县	清乾隆七年（1742）壬戌金甡榜，3甲59名
6	蓝彩琳	漳州府漳浦县	清乾隆十七年（1752）壬申恩科秦大士榜，3甲20名
7	钟兆相	福州府侯官县	清乾隆十七年（1752）壬申恩科秦大士榜，3甲29名
8	蓝应元	漳州府漳浦县	清乾隆二十五年（1760）庚辰毕沅榜，3甲34名
9	蓝　桂	汀州府上杭县	清嘉庆十年（1805）乙丑彭浚榜，2甲50名
10	蓝　瑛	建宁府崇安县	清嘉庆十九年（1814）甲戌龙汝言榜，2甲51名
11	蓝建英	福州府闽县	清道光六年（1826）丙戌朱昌颐榜，3甲24名
12	钟宜年	福州府闽县	清道光十八年（1838）戊戌钮福保榜，3甲5名
13	钟大荣	福州府侯官县	清同治四年（1865）乙丑崇绮榜，2甲87名
14	蓝向葵	福州府闽县	清同治四年（1865）乙丑崇绮榜，3甲105名

续表

序号	姓名	籍贯	进士榜及名次
15	钟大焜	福州府侯官县	清光绪三年（1877）丁丑王仁堪榜，2 甲 35 名
16	蓝耀枢	福州府闽县	清光绪三年（1877）丁丑王仁堪榜，3 甲 75 名
17	钟大椿	福州府侯官县	清光绪十二年（1886）丙戌赵以炯榜，2 甲 124 名
18	钟为桢	福州府侯官县	清光绪十八年（1892）壬辰刘福姚榜，3 甲 21 名

清代，畲民考取功名者不少，而且钟姓、雷姓、蓝姓畲族都出了一些有名望的家族或个人。在上述进士名单中，钟大荣、钟大焜、钟大椿、钟为桢出自同一家族。钟大荣、钟大焜、钟大椿为亲兄弟，钟为桢则是钟大荣之子。《侯官钟大焜颍川钟氏支谱》载，钟大焜，咸安宫官学教习，建宁府政和县学训导，四品衔补缺后直隶州知州，加三级。大哥钟大钧，咸丰己未恩科并补行戊午科举人，景山官学教习。甲戌考取内阁中书，钦加侍读衔，本衙门撰文，国史方略馆校对官，浙江候补知府加三级。二哥钟大荣，户部江南司主事，浙江候补同知。弟钟大椿，翰林院庶吉士，候上知县。侄儿钟为桢，工部都水司主事，广东候补知县[11]。满门朱紫贵，这在当地一时传为美谈。

雷姓畲民中功绩显赫者以雷鋐为代表。雷鋐（1670—1760），字贯一，号翠庭，《清史稿》有传，据《宁化县志》载，雍正元年（1723）中举，雍正十一年（1733）成进士，乾隆元年（1736），授翰林院编修，乾隆九年（1744），被召到上书房，担任日讲起居注。乾隆十五年（1750），出任浙江提督学政，后改任江苏学政。乾隆十八年（1753），升都察院右副都御史，仍留提督学政，调任浙江。著有《经笥堂文集》二卷、《自耻录》一卷、《闻见偶录》一卷、《读书偶记》三卷、《校士偶存》一卷、《翠庭诗集》若干卷。《读书偶记》被采入《四库全书》[12]。雷鋐所写文章，见解透彻。清人史料笔记的记载对雷鋐多有涉及，对其道德文章有较高的评价，建宁朱仕琇为其《经笥堂文集》作序，推崇他“道德文章为天下所宗”[13]。道光二年翰林院编修出身的闽浙总督赵慎畛在其所著《榆巢杂识》中称“宁化雷翠庭先生为前辈第一流人物”。

蓝姓畲民最为显赫的家族当属漳浦石椅种玉堂蓝氏。据统计，当时其族人在清军绿营中官居二品以上的多达 23 人。其中，人称“蓝氏三杰”的蓝理、蓝廷珍、蓝鼎元是典型代表。

蓝理，康熙二十二年（1683）随施琅出征澎台，以平台首功加左都督；康熙三十年（1691），调补浙江定海总兵；康熙四十五年（1706），升任福建陆路提督[14]。

蓝廷珍，康熙三十四年（1695），任定海营把总；康熙四十四年（1705），升温州镇右营游击，后积功递升至澎湖副将、广东南澳总兵，兼管碣石、潮州二镇军务。雍正元年（1723），蓝廷珍升任福建水师提督，加左都督，世袭三等阿达哈哈番（即轻车都尉）[15]。

蓝鼎元，蓝廷珍族弟，康熙六十年（1721）随蓝廷珍出师入台，为治理台湾出谋划策，雍正元年（1723），蓝鼎元被荐辟，以拔贡选入京，分修《大清一统志》。雍正十一年（1733），被任命暂理广州知府事务。蓝鼎元还有著作《鹿洲初集》《女学》《东征集》《平台纪略》《鹿洲公案》《修史试笔》等传于世[16]。

科举制度自隋朝形成以来，打破了“上品无寒门，下品无士族”的选官“九品中正制”，为中下阶层知识分子向上层社会流动提供了相对均等的机会。清代，畲民通过参加科举考试，不同程度地提升了自身的社会地位，有的成功晋升至上层社会，甚至成为当地的名门望族。畲民参加科举，本身也是他们接纳汉文化、融入汉文化的一大表征，向上层社会流动的成功实践也为其子孙后代树立了榜样，为广大畲民接纳汉文化起了一定的推动作用。

三、官民互动：保障畲民合法权益

在封建王朝，官与民之间的互动，不仅反映统治阶层与被统治阶层之间的关系，从民族属性而言也代表着不同民族之间的关系。在福建的一些畲族古籍文献中对汉族地方官员保障畲民合法权益的史料也有所记载，如保障畲民科考权利、保障畲民正常生活秩序、举荐畲民为顶戴耆宾等。

钟良弼告阻考胜诉之事，是官府保障畲民科考权利的一个生动例子。钟良弼，又名鸣云，福鼎县前岐镇佳阳单桥村人。嘉庆七年（1802），钟良弼赴福宁府应考，受书生王万年等歧视而被赶出考场。良弼不服上告官府，力斥世俗对畲民的偏见。诉状历经县、府、省署，几度辗转波折，终于得以纠正。翌年，良弼再应考，喜中秀才[17]。钟良弼参加科举考试受阻的事件反映了当时畲民想要提升社会地位、融入上层社会的美好愿望以及过程的艰辛。当然，最终钟良弼胜诉，在一定程度上反映了统治阶层对畲民基本权益的保护。福建巡抚李殿图在审结福鼎钟良弼呈控“县书串通生监诬指畲民不准与试”一案中，痛斥民间对畲民的歧视和污蔑，其饬文中批道：“尔等将版图之内，曾经输粮纳税，并有入学年分确据者，以为不入版图，阻其向往之路，则又不知是何肺腑也！”[18]在统治阶层看来，畲民与当地汉族一样“编图隶籍”“输粮纳税”，就应当享有同等的科考权利。地方官员的这种观念，对当地畲民与汉族之间的交往交流交融十分有利。保障不同民族权利的平等有助于消除彼此之间的隔阂，促进互动往来。

晚清时期，闽东畲族乡村地区乞丐盛行，他们在村中强乞、偷盗、勒索，毁坏农作物，畲民苦不堪言。由于畲民所在乡村大都地处偏僻且人口分散，他们无法形成强大的力量抵御乞丐的滋扰，只能呈请官府出面，期望以行政力量对乞丐的恶劣行径进行禁止。至今，当地畲民家中还保留着光绪年间畲民蓝聚春的禁丐诉状和县府出具的禁丐告示。清光绪二十年（1894），宁德畲民蓝聚春等因为恶丐鸠党百般勒索为害山居，恳请官府“出示严禁”。宁德知县在该呈文后批复：“流丐恃强乞讨，动辄诈赖，最为宁邑恶习。今尔等拟定，初二、十六为期，准其告乞，余日不得苛勒，系为杜绝祸根起见。准出示严禁，保状附。”[19]同年九月，县府正式发布告示，严禁恶丐强乞。

清光绪三年（1877）二月，宁德二都长园村畲民钟振德、钟振茂、钟朝扬、钟子如等向官府呈文称其祖上自清乾隆年间以来即肇居当地，但近年“匪贼恣横”，村民遭扰“苦莫言状”，要求官府出示严禁。同年三月，宁德县正堂尹某出具县府告示。告示中称，“……据此，除呈批示外，合行出示严禁区。为此示抑二都长园附近人等知悉，尔等村内凡有田园山场地瓜竹木茶叶，各宜派丁轮流看守，勿得始勤终怠。如有匪徒窃取滋扰，尔等协保拿获送县，以凭讯究，毋许徇庇隐匿，亦不得挟恨妄拿无辜，致于并究。其各凛遵毋违，特示”[20]。

官府出面禁止恶丐滋扰畲民的告示，往往勒石为碑，立于村头大路边，在清福宁府辖地发现11通、福州府辖地发现8通。当时，这些“禁丐碑”在一定程度上维护了畲村正常的生产生活秩序。

清代福建畲汉之间的友好互动往来，还可以从地方官员为畲族顶戴耆宾题写的贺匾中管窥一二。所谓“耆宾”，是指六十岁以上德高望重者。按照清代制度，每岁各省州县儒学举荐一些年高德勋的乡绅，拜为“大宾”或“介宾”。《清朝通典》中记载，雍正元年，“令州县有司，择老农之勤劳俭朴，身无过举者，岁举一人，给以八品顶带。”

清代，福建畲民同当地汉族一样享有被举荐为顶戴耆宾的权利，现发现畲民保存当年地方主官题赠的牌匾15面。如，罗源西兰乡雷姓畲民家中保存的清道光七年（1827）罗源县正堂林悬先题赠的牌匾一面。匾文“硕德流芳”，题款为：“特授罗源县正堂加五级记录五次林悬先，为顶戴耆宾雷齐进立，道光丁亥年岁在腊月吉旦。”

罗源县霍口乡蓝姓畲民家中保存的清道光十四年（1834）罗源县知县闫炘题赠的牌匾一面。匾文“福荫孙儿”，题款为：“敕授文林郎、知罗源县事加五级记录十次闫炘，为顶戴耆宾雷朝华立，道光甲午年端月　日给。”

罗源西兰乡雷姓畲民家中保存的清道光二十七年（1847）罗源知县金万清题赠的牌匾一面。匾文“寿考维祺”，题款为：“赐进士出身、敕授文林郎、知罗源县事加五级记录十次金万清，为赐耆宾顶带雷健甫立，道光二十七年岁次丁未蒲月谷旦。”

连江县小沧乡蓝姓畲民家中保存的清咸丰二年（1852）署连江县知县张某题赠的牌匾一面。匾文为“年高德劭”，题款为：“署连江县知县加五级记录十次张为耆宾蓝政本立，咸丰二年七月穀旦。”

连江县小沧乡蓝姓畲民家中保存的清光绪二年（1876）福州府连江县儒学正堂郭某、左堂黄某题赠的牌匾一面。匾文为“杖履高风”，题款为：“钦加五品衔特授连江县儒学正、左堂加三级郭、黄为耆宾蓝国通立，光绪二年良月吉日。”

永泰县富泉乡雷姓畲民家中保存的清光绪五年（1879）福州府永福县知县四川郑宗瑞题赠的牌匾一面。匾文“百龄五代”，题款为：“钦加同知衔、特授永福县知县、□□升题补侯官县正堂郑宗瑞，为乡饮大宾雷维德立。光绪己卯年孟春吉日。”

罗源县洪洋乡雷姓畲民家中保存的清光绪五年（1879）提督福建学政孙贻经题赠的牌匾一面。匾文“齿重枌榆”，题款为：“钦命内阁学士礼部侍郎、福建全省提督学政孙贻经，为顶戴耆宾雷华京立，光绪五年六月吉旦。”

按清制，“耆宾”名号的加冕十分郑重，程序严谨，要经过县、州、省府三级举荐，并将其姓氏、籍贯、事迹上报朝廷。后由朝廷发放顶戴、官服，核准乘坐轿子的品级。从以上诸多牌匾可知，畲民被举荐为“耆宾”是事实，而且地方官员（大都是汉族官员）还为他们题写牌匾以示祝贺。除此之外，畲族民间还保存有许多地方官员题赠的贺寿牌匾、科举功名贺匾等等。官府对畲民的种种示好，足见当时当地畲汉关系的相对和谐。

四、结语

各民族交往交流交融是我国民族关系发展的主流，历史上各民族互相借鉴吸收、取长补短，最终形成你中有我、我中有你、谁也离不开谁的中华民族多元一体格局。清代，封建统治者通过编图隶籍，将福建畲民与当地汉族一并纳入统治体系中，在政治上赋予他们相对平等的权利与义务。福建地方官府通过行政力量保障畲民与当地汉族享有同等的科考权利，禁止恶丐强乞行为，维护畲民正常的社会生活秩序等，举荐畲民为顶戴耆宾并题写牌匾，有助于提升畲民在当地社会中的公平感、安全感，参与感，对畲汉交往交流交融具有一定的推动作用。中国各民族交往交流交融是社会发展的进步，是历史进程的必然。

参考文献：

[1] 民国《南平县志》，卷一，《沿革》.

[2] 乾隆五十二年（1787）《永春县志》，卷七.

[3] 民国二十九年《德化县志》，卷三，《疆域志・风俗》.

[4] 清道光十五年（1835）《龙岩州志》卷二十.

[5]［7］［8］录自《清朝通典》.

[6]［9］张忠发主编. 福建省少数民族古籍丛书・畲族卷・文书契约（上）[M]. 福州：海风出版社，2012：19，20—21.

[10] 表中主要资料来源：福建省地方志编纂委员会. 福建省志・人物志 [M]. 北京：中国社会科学出版社，2003：646—655；福建省少数民族古籍丛书编委会. 福建省少数民族古籍丛书・畲族卷・家族谱牒（下）[M]. 福州：海风出版社，2011：596—600.

[11] 福建省少数民族古籍丛书编委会. 福建省少数民族古籍丛书・畲族卷・家族谱牒（上）[M]. 福州：海风出版社，2010：423—425.

[12] 福建省地方志编纂委员会. 福建省志・人物志 [M]. 北京：中国社会科学出版社，2003：259—260.

[13] 宁化县地方志编纂委员会. 宁化县志 [M]. 福州：福建人民出版社，1992：863.

[14]［15]［16] 漳浦县地方志编纂委员会. 漳浦县志 [M]. 北京：方志出版社，1998：1131—1132，1133—1134，1135—1136.

[17] 福鼎市地方志编纂委员会. 福鼎县志 [M]. 北京：中国统计出版社，1995：982.

[18] 福建省宁德地区地方志编纂委员会. 宁德地区志（下册）[M]. 北京：方志出版社，1998：1636.

[19]［20] 张忠发主编. 福建省少数民族古籍丛书・畲族卷・文书契约（上）[M]. 福州：海风出版社，2012：8，5—6.

文旅融合背景下青水畲族乡文化空间再生产

福建省民族与宗教研究所　兰　晔

“文化空间”这一概念是1974年由法国哲学家列斐伏尔《空间的生产》一书中首先提出的，他通过“空间实践”（spatial practices）“空间表征”（representation）与“表征空间”（representational space）来分析文化空间。人类学家多用“文化空间”进行文化现象阐释。文化空间不仅指涉文化生态等客观环境，更指涉人作为主体的空间化社会文化实践，具有历史性、地域性、民族性、社会性等特征。[1]一方面，文化空间在时间上有延续性，包含了对祭祀、聚会、制作等文化叙事行为周期性、时令性、季节性的展演，这种展演依靠族群代际传承，是历史的、变化的、过程化的；另一方面，文化空间是一个独特的文化场域，包含各种图腾、器具、古建筑等象征地方性知识的符号和场所，记录社会变迁，承载的传统文化活动，体现着族群共同拥有的知识体系、群体记忆、情感归属、价值取向。[2]

一、青水畲族乡传统文化空间

青水畲族乡位于福建省永安市境内，是三明两个少数民族乡之一，下辖青水村、汀海村等9个畲族村，畲族人口占全乡的三分之一。商周至汉初时期在青水已有古闽越人居住，汉以后中原大批移民入闽。据青水王氏族谱记载，“唐光启元年（885），王绪率领河南固始县农民军进入福建，其部分部属迁到青水光坑”，由此奠定青水乡繁荣兴盛的基础。此后，明景泰三年（1452）畲族钟氏从江西赣州兴国县迁入青水开基定居。清时从浙江杭州迁来的蓝氏家族，以及近代从闽南地区迁来的部分人口，携带不同的地方文化在青水汇聚，共同构成现今青水畲族乡的文化主体。1985年青水乡畲族群众恢复少数民族身份。1987年青水乡更名为青水畲族乡。自此，畲族文化作为青水乡的特色文化得到快速发展。2014 年 9 月，青水乡沧海畲族村被国家民委命名为首批“中国少数民族特色村寨”，青水畲族村作为第二批“中国少数民族特色村寨”予以挂牌。[3]在漫长的历史发展进程中，青水乡各族群众在不断互动与交融过程中构建出丰富多彩、特色鲜明的畲客文化，这些文化蕴含在文化空间中，体现着各民族共同的价值观念、思维方式、审美意识，对青水乡民众的行为和心理等都具有较强的约束力，具有稳定性、延续性和规范性，有利于增强青水乡的向心力以及行动力，是深深扎根于青水乡的民族之魂。

综合文化空间概念，目前青水畲族乡传统文化空间主要包括以下几类。

（一）传统文化场所类

1. 宗祠和古民居

青水乡畲族钟氏宗祠文化兴盛，较为著名的有龙安祠、五代祠、龙长坊、龙德堂等。祠顶屋脊翘角挺拔远大，房屋矮建，呈前方后圆“合院式护拢围屋”风格，具有典型的畲族特色。这类宗祠是畲族举行祭祖、祭祀、婚庆等活动的主要场所，具有较强的族群吸引力、凝聚力。其中龙安祠是畲族钟姓祭祖的主要场所，门楼小亭子竖着三块石碑，石碑介绍了青水畲族钟姓道庸公的迁徙过程、钟氏受姓远祖源流世系。龙安祠南厢内供奉着玄天上帝、文昌帝君和圣祖仙妃，据族谱记载，文昌帝君为青水钟姓始祖道庸公迁居时带来。

2. “三位一体”的木廊桥及宫庙

自宋代起就逐渐消失于中原的木廊桥在青水仍保存良好。目前青水畲族乡共有木廊桥 7 处，被称为“中国廊桥之乡”。木廊桥一般建桥于水尾山脚，与周边环境融合一体，由“桥身、宫庙、戏台”三位融为一体组合联建，既为交通设施，又是休憩娱乐场所，同时也是举行民俗典仪的场所，体现了青水乡先民对农耕文明崇拜的遗续，如化龙桥、永宁桥、延福桥等。永宁桥始建于清雍正二年（1724）。桥身与古戏台、灵元宫相连，左侧建有水车石碓、慕仙亭、砥东亭、聚兴宫等连片古建筑。灵元宫供奉五谷真仙、观音佛母、赵公元帅。砥东亭内供奉马氏真仙。聚兴宫供奉着青水村的社神。每年各神祇的神诞日，永宁桥就成了举办祭祀、酬神、设醮等民俗活动的重要场所。

3. 青水圩市

青水畲族乡由于局限于环境资源，在技术、工具、物产等方面需要与他者进行交换。明景泰年间，青水乡人口急剧上升，青水圩市形成，名为“盂坵圩”，逢每月初五、初十为圩期，四方来汇。旧时盂坵老街沿街建有特色骑楼，底层做店铺，两面无墙楼，闭店时插上门板、横栓，楼上供商旅居住，长廊可避风雨日晒。自明清以来，圩市历代沿袭。圩市以既定地点串联起大大小小的青水乡村落，通过人的流动，跨越村落乃至各民族边界，统一汇聚到圩市空间并以文化、经济等多种方式进行互动，由此建构起多元共生的青水乡社会关系网络。

（二）节庆仪式类

青水畲族乡岁时性或周期性的民间节日、宗族聚会祭礼包括“纪念盖竹钟氏由赣迁燕”祭祖、“三月三”畲族文化节、“七月初一”传统庙会、“八月十一”闽王祭祀等，这些活动形成相对规律的线路和固定的场所，充分体现了青水文化空间的时空与社会性。

1. 春节迎龙灯

春节迎龙灯活动表达了青水乡各族群众对美好生活的期盼。青水畲族钟姓始祖道庸公迁至青水时，青水人烟稀少，为发展人口、团结友邻，钟姓宗族与外姓联姻，并联合周边乡邻在正月初一至十五元宵节组织春节迎龙灯踩街表演活动。龙灯身上写有吉祥标语，长度一般为 200 米以上，配有锣鼓、唢呐队。由于迎一次灯需要耗费大量的人力、物力、财力、精力，只有逢龙年或者有特殊情况才会组织活动。

2. 畲族钟姓祭祖

每年清明节，青水乡畲族钟姓聚集于百艺坵盖竹洋龙安祠举行祭祖仪式活动，每年祭祖由青水钟姓四大房轮流主持，各房各有特色，素有“一房花、二房戏、三房摆祭、四房散居”之称。每年值年的房支要按户派代表到宗房帮忙，其余三个房支只需派代表出席。族规规定，祭祖之时要将前年新增加“丁口”按灶户登入族谱，俗称“上丁”，寓意“年年登高”。清明节前，每户人家将去年祭祖后抽签规定的食材做成“艺术品”，作为祭祖摆盘之用。祭祀仪式的主祭一般是为值年房支德高望重的长者，以“畲语”唱念主持。整个仪式包括进馔、祭文、进牲醴、进米粿、告主词、烧纸、安神等。在厅头供“忆思饭”、悬挂“万人灯”，回忆祖先创业艰辛，祈愿祖先照耀万人。厅尾悬挂“六格彩图”，每格分别介绍青水钟姓始祖奠基盖竹、铁画银钩钟繇、钟绍京封升、八仙过海中的汉钟离、始祖钟道庸公娶得贤妻。[4]祭祀活动中的畲族摆盘、“忆思饭”作为青水畲族饮食文化的经典，是畲族群众根据自己的生存环境和变迁历史来选择适应的饮食传统的认同对象，进而形成的具有族群特色的饮食文化传统，这既是一种民族文化性的隐喻，也是对地方归属感的一种表达。

3. 神诞日打黑狮、唱大腔

每年三月、七月、重阳节，青水乡会在永宁桥、化龙桥等廊桥举办盛大的神诞日迎神民俗活动。是时，青水乡群众以神灵与祖先的名义，聚集宗亲共同参与，通过宗教仪式、歌舞展演等文化表征，实现了人与神、人与人、人与社会多重关系联结，使原本乡土社会的规范被狂欢氛围所感染，进一步加强了青水乡民的凝聚力和向心力。迎神民俗活动一般包括请火、摆盘、做醮、聚餐、“打黑狮”踩街、演大腔戏酬神等。其中“打黑狮”是祭奠祖先、颂扬先祖功德的一种纪念性踩街游艺活动，具有强烈的宗教寓意，距今已有五百四十余年的历史，又称武戏、武狮。[5]传说青水畲族先民率子孙携十八般兵器与青水原始森林中骚扰村落的狮精“黑狮”搏斗，后派法师请来哪吒降服，从此青水乡逢正月初五开新圩日或神诞日便将狮头取出狂舞以避邪。大腔戏和大腔傀儡戏是明景泰年间青水丰田村熊姓族人在江西弋阳腔基础上创新后的产物，也是为宗族、神诞日祭祀活动服务的。

（三）日常生活类

青水乡畲族剪纸、对歌、竹竿舞、刺绣等日常生活类的文化活动，对固定的文化场所、文化场景依存度不高，取材信手拈来，在青水乡群众的房前屋后、溪畔田间随处可见，与畲族群众的生产生活关系密切。如畲族剪纸是青水畲族群众经年累月创造的，所运用的符号具有强烈的装饰性和地方特色，广泛运用于青水乡婚宴等节庆中，寄托了青水乡群众对美好生活的向往和企盼。

二、文旅融合背景下青水畲族乡文化空间再生产现状

近年来，在文旅融合的大趋势下，被大众文化边缘化的传统文化和少数民族文化重回资本的视野，尤其在现代社会中城市对人的“异化”下，使乡村文化、少数民族文化等散发“异质气息”的文化更具吸引力。[6]在青水乡文化空间再生产中，各方利益主体立足于青水乡不同的文化资源将文化空间视为工具，发挥各自组织资源配置和权力规制作用，进行文化空间景观符号系

统的制造与呈现、文化产品舞台化再现与产业化开发，满足文旅消费者多样的文化消费需求，各利益主体在推动青水乡的文化资源向文化资本转化过程中谋求各自的利益。青水乡文化空间再生产过程中的利益相关者包括文化持有者、地方政府、专家学者、开发企业、社会团体、文旅消费者等。乡民等文化持有者是文化资源的所有者，是青水乡文化空间再生产的核心力量；地方政府对文化空间再生产具有指导性地位；社会团体和文旅企业是文化空间再生产、经营的主要力量；学者专家则是政府引导、规划的重要辅助力量；文旅消费者对文化空间再生产进行艺术想象和建构。不同利益主体互动形成一个复杂的协作体系，因力量和地位的消长而变化。如今，青水乡文化空间不再只是被它与自身传统文化和民族文化之间的关系所界定，同时还被它与游客、专家学者、外来企业等“他者”及其带来的文化之间的关系所界定。

目前青水乡文化空间再生产主要包括打造文化展示空间、培育文化传承主体、重构文化活动内容等。

（一）打造文化展示空间

青水畲族乡以优秀的非物质文化遗产和众多极具价值的古建筑闻名遐迩。在获得少数民族乡镇“身份”后，青水乡大力进行文化空间再生产，在文化空间中恢复畲族元素，打造畲族特色村寨，一方面营造青水乡特有的畲族文化氛围，与周边同样具有丰富传统文化的乡镇区别开来；另一方面依托畲乡文化发展文旅产业，实现乡村振兴。国家对少数民族的优惠政策给青水畲族乡文化空间再生产带来了一定的政治、经济优势。2017 年以来，青水畲族乡政府抓住党和国家少数民族帮扶政策、推进保护少数民族特色村寨和中国传统村落以及乡村旅游热潮三个机遇，积极获取资金支持，邀请专家学者研究制定《永安市青水畲寨旅游区总体规划》，打造国家级 3A 景区青水畲寨景区，并将其纳入集镇整体规划。一是以集镇环境综合整治为契机，将畲族文化元素融入整个改造过程，保留“小青瓦、白灰墙坡屋面、翘屋脊”的建筑风格。二是围绕“古桥、古屋、古池、古街、古道”五古元素，建设畲乡风情园，这是集民众休闲娱乐、民俗文化展览、旅游体验等多功能为一体的文化场所。三是整合、保护古迹，以永宁桥、化龙桥、龙德堂等传统古建筑为核心，打造永龙康健养生步行道，沿线建设畲族文化长廊、凤凰广场、畲乡赶圩广场、畲乡民俗街等文化场所。四是定期在凤凰广场举行大腔戏、打黑狮等非物质文化遗产展演，在畲乡民俗街出售畲族剪纸、手工艺品、小吃等。通过永龙步道串联不同文化场所、整合不同文化资源，集中展现由畲族文化、闽王文化、戏曲文化和古建筑文化等融合而成的地方文化，并冠以畲族文化之名对外展示。

（二）培育文化传承主体

青水乡注重保护和培育文化传承主体，一方面，持续开展民间艺术进校园活动。在地方文化精英的努力下，以位于青水乡的永安市民族中学和民族小学为平台，借鉴浙江景宁和宁德经验，通过编写校本课程、开设文化兴趣班等手段增强学生对青水乡文化的习得和认可。目前，青水畲族乡民族中学校本课程主要有畲韵、民俗、民歌、名胜、名迹、名贤、传说 7 个篇章，将特色文化和群众性文化纳入乡土教育中使青水乡年轻一代能够了解青水乡文化。在中小学开设畲族文化兴趣班，在音乐课上学习畲族山歌，在课外活动时间学习竹竿舞、傩舞，在美术课学习剪纸或刺绣等，通过互动教学实现了畲族文化的传承与发展。另一方面，对青水畲族乡非物质文化遗产文化传承人给予了必要的政策和资金支持，制定保护规划、成立发展基金、建立传承人资料档案和数据库。联合丰田大腔戏剧团、青水大腔傀儡戏剧团、沧海三房打黑狮队伍、沧海老年人七星鼓乐队、青水舞龙表演队等组建原生态民间艺术团。培植年轻骨干，定期为年轻骨干发放务工补贴、提供场地设备和专项经费扶持，创造演出和文化交流的机会，以便创造出更多更优秀的作品。2012 年，青水乡以 1998 年成立的钟氏联谊会为基础成立畲族文化保护与发展促进会，结合社会团体制度化、合法化、大众化工作，将促进会打造成为进一步组织、宣传和动员社会各方面力量参与传承保护青水民族文化的载体。

（三）重构文化活动内容

青水乡积极创作新文化作品，打造“三月三”畲族文化节，在本地传统节日或庙会活动中加入畲族元素。青水乡将过去畲族群众的小型家族祭祀打造成为展现青水畲乡文化的重要文化活动。截至 2022 年，青水“三月三”畲族文化节已成功举办五届，活动模式趋于成熟。“三月三”期间，青水乡在遵循传统的同时，配合乡村文化活动，对在永宁桥举办的畲族祭祖仪式进行宗教性表达缩减和表演化处理。集中展示打黑狮、大腔戏、大腔傀儡戏等，同时引进畲乡婚嫁仪式等表演型畲族文化符号，“借用”赏油菜花、灯光秀、摄影展等其他文化事项，以畲族文化名义重构“三月三”，既最大化呈现青水乡文化精髓，又使得当地民众的边界性诉求与地方实力得以表达，使原有的“三月三”焕发新活力。另外，青水乡“七月初一”传统庙会、“八月十一”闽王祭祀等传统节日也在不断引入畲族元素。自2012年以来，每年七月在永宁桥举行的马氏真仙诞辰纪念盛典都会表演畲族山歌《十看青水》《三杯清茶敬贵客》等具有畲族风情的节目，现场主持祭祀的人员也都会穿着畲族传统服饰。经过多次举办，在传统庙会中加入畲族元素已经成为一种新的传统。[7]无独有偶，青水乡迎龙灯活动也不再仅是畲族钟姓的专属特色活动，已经发展成为以村为单位、几个村联合组织的地域活动。如今，青水乡已不满足于用传统共性的符号来展示畲乡身份，开始不断将畲族文化、闽王文化等青水乡文化融合，创作具有本土特色的文化产品。如结合闽王文化、戏曲文化等编排创作的《闽王战鼓》《畲乡偶戏庆盛世》《美丽畲家谣》等。可以说，青水乡文化活动内容的重构实质上是畲族文化在青水乡泛化的过程。

三、文旅融合背景下青水畲族乡文化空间再生产存在问题

（一）“舞台的真实”与文旅消费者期待之间的脱离

青水乡文化空间的再生产是以政府引导下的文旅融合为导向的。青水乡通过打造青水畲寨、举办“三月三”畲族文化节等进一步扩展青水乡文化空间，使外来文旅消费者能在有限的时间内快速地了解青水畲族文化，在体验中成为青水文化的传播者，使原本封闭的文化不断向外传播。面临着越来越多来自不同文化背景文旅消费者的审视，青水乡需要把传统文化和畲族文化变成“可读”“可参观”的文化，无可避免地在文化空间再生产过程中就要更加注重文化的形式化和符号化。但对文化演示形式上的过度强调，必然导致部分内容的舍弃和失真，呈现“舞台的真实”。尤其是在处理不同文化要素的交融问题上，若过于粗暴的进行机械化嫁接，往往会给人徒有虚名、滥竽充数的感觉，甚至于出现文化基因的“变异”。传统社会中青水乡的各项节事活动往往在村落内部自发举行，但在文旅融合背景下节日氛围成为村落中的常态，整个村落成为一个开放的展示、学习和传承青水畲族文化的公共文化空间，无论是将并非畲族独有的木廊桥、大腔戏等打包为畲族文化进行演出，还是从景宁、宁德引进的畲乡婚俗表演，抑或是在本地民俗文化中添加畲族

元素、穿着畲族服饰进行送神仪式表演，其目的在于在地区边界效应逐渐消失的当下添加更多的畲族文化特征以增强外来文旅消费者对青水乡畲族文化的认同。这些民俗文化活动中的畲族属性是通过政府和地方精英的主观挑选和改造后不断建构而来，是按照来自强势主流文化的期待和想象来塑造自我形象和文化表达，并非是原发性的，因此相对薄弱。通过简单的畲族符号呈现就期望给文旅消费者留下“这是畲族文化”的印象，这种臆想的拼贴并不是所有消费者都能够接受。来自三明其他县市的游客就认为“其实廊桥、大腔戏在我们家乡也有，但青水乡是畲乡，所以在青水的文化都叫畲族文化是能解释得通，但很勉强，还是想看到更多展现畲族文化精神内核的节目”。而且对畲族文化元素的不适度使用，容易给人造成多重的、内涵无序的、叠加的杂乱感。青水乡畲族文化的表达与文旅消费者的认同和需求明显存在一定的差异。在文化空间再生产的过程中，脱离“他者”需求的构想只是一意孤行，若不能保持畲族文化的完整性、真实性和生活性，将带来文化不可逆转的破坏。

（二）文化空间中主体与客体之间的异位

从历史中走来，青水乡畲族群众的族群意识并不强烈，青水乡文化空间更多是以地域文化为参照物的，族群间的认同意识也是以地域的同一性作为表达，因此在民族身份识别前，青水畲族文化、风俗表现出明显的畲汉融合特征，并成为地域内群众共有的文化记忆。但在文旅结合的背景下，面对新打造畲寨、“三月三”畲族文化节等文化空间和被凸显得无处不在的畲文化，青水乡民与文旅消费者间泾渭分明的主客体角色划分被打破，作为文化主体的乡民与作为客体的文旅消费者间形成同位叠合的“阈限”状态。青水各族群众虽能清晰地知道自己是畲寨和“三月三”畲族文化节中的主人，但同时他们也在文化游览中体验自己作为畲族文化持有者的存在，并接受越加大众化、现代化的文化表述。随着经济社会迅速发展和城市化进程的加快，青水乡受到现代文明的严重冲击，传统文化生态急剧变化，青水乡文化空间的原有功能随着时间逐渐剥离，文化空间的价值与社会属性正发生潜移默化的改变。尤其是对于外出务工回乡的青水乡民而言，他们的文化主体意识更容易异位，当以往神秘而庄重的祭祀仪式被融入了更多现代化因素，甚至带有狂欢色彩，文化空间中蕴含的原有价值取向被不断肢解、压缩、改变，许多传统民俗记忆日益淡化，他们往往需要重新适应兼具传统与现代、民族与大众的审美取向的新文化空间。如他们必须接受永宁桥由原本是日常活动、集会议事、休闲社交的场所，变为青水乡民和外来游客参与体验宗教祭祀、民族文化传习、畲族文化展演的复合空间。另外，由于当代年轻人长期接触新媒体，“快销文化”“同质文化”等市场经济和外来文化的影响无孔不入，传统畲族文化的吸引力不断消融、减弱，而校本课程、兴趣班等多种宣传途径虽然增加了他们对本土文化浅层的理解，但激励他们主动参与本土文化传承、保护、创新的力度仍不够大，帮助他们正确处理现代与传统、本土与外来问题方面的正向作用不够突出，容易给舶来文化和糟粕文化可乘之机。如为了促进大腔戏的传承，青水乡斥资修缮大腔戏院，设立大腔戏陈列室等专门传承场所，探索将大腔戏、傀儡戏剧团的保护传承与市场化运作相结合，但在非节事活动时主动走进大腔戏院、凤凰广场等场所观看演出的年轻人寥寥无几，演出更多的是为游客、乡中老人准备的。

（三）多元利益相关主体间的力量不均衡

目前青水乡文化空间再生产是在权力和资本主导下递次进行的，政府掌握了文化空间的规划和控制，与文化持有者、开发企业、社会团体等主体相比具有绝对优势。如负责青水畲寨开发和“三月三”畲族文化节的青水畲寨旅游开发有限公司是由青水乡政府注资、永安市青水畲族乡经济发展综合服务中心实际控制，公司注册地址也在青水乡政府驻地。“对空间生产的规划和控制就等于控制了生产的群体并进而控制了社会关系的再生产。”在政治力量与市场需求的强势裹挟下，乡民等文化持有者的自主表达话语权被挤压，如在青水畲寨开发上，乡民往往只是在参与和监督的边缘。而且客观上来看，由于参与意愿不高、村财基础薄弱等先天条件限制，乡民力量相对较弱，难以对权力和资本形成有效约束或抗衡。因此，在文化经济思维的刺激下，青水乡文化空间再生产存在蔓延式发展与开发不充分的现象并存，对不可开发的空间关注较少，而有的可开发的空间则面临着建设性破坏的严重后果。如为配合新农村建设，畲族骑楼被拆除建成了砖房，古街面改成了水泥路。文化空间毕竟有别于其他生产空间，具有独特的社会价值和与其相关的象征意义，不能把不同的文化空间不加区分地进行市场化、私人化和商品化。尤其是民族文化空间敏感脆弱，若不注重把握保护和开发的“度”，空间的规模化、标准化“生产”容易导致“空间迷失”“符号贫困”“特色消亡”。

另外，虽然青水乡借智借力，进行校地合作，通过成立东南大学建筑学院实习实践基地、三明学院海峡理工学院实习实践基地等，借助专家学者的力量制定了较为科学、合理的发展规划，但宏大的规划需要持续的人力、财力、物力的投入，仅凭政府财政和干部的工作热情和对乡民的思想转化是不够的。而青水乡政府目前协调力度明显不足，引导社会团体、文旅企业等社会力量通过捐资捐赠、投资、入股、租赁等方式参与文化空间再生产上离预期目标还有很大差距，市场资本的引入机制还不够健全、有效，文化空间再生产停留在对文化空间的扩展和对游客服务中心、周边停车场、公厕、用餐住宿等配套场所的丰富上，对后期项目推动乏力。如畲族风情文化园中非物质文化遗产展示区等场馆建设因资金问题而暂时难上规模，筹划多年的国内学术理论研讨会也因经费缺口暂时搁浅等。对文化空间再生产的赋能不够持续导致青水乡文化空间中的消费性功能没有完全被激发，从文化空间的消费向在文化空间中消费转化还未完成。总体而言文化消费形式和产品设计不够吸引人，“食住行游娱购”相配套的综合旅游体系不够完善。文化空间再生产对乡民生计的影响不明显，体现在青水乡从事旅游及相关行业人员较少、全乡餐饮及森林人家数量不足，对周边村落村财收入的反哺还不够明显等。

四、促进青水畲族乡文化空间再生产的建议

（一）以“共同家园”为导向协调共性和特性

随着青水乡畲汉族群边界弱化和跨族群文化交流深入，畲汉族群间文化相互凝视的机会不断增加，青水乡畲族群众不自觉地对地域风俗习惯进行效仿，这实质上是畲族群众积极融入地域的重要标志。青水乡在文化空间再生产过程中，注重树立畲族品牌效应和畲族文化的特殊性，能够有效保护畲族文化、促进文化产业发展，有一定的经济文化作用。但也要认识到，过度强调特性，是不符合历史发展规律的。为了适应现代大众审美简单引入其他地区成熟的畲族文化或其他文化产品，若未与青水本地文化实现适应性结合，只能是一种文化产品的引进，而将青水本地文化都冠以“畲族”的名号进行改造更是无法长远维持下去的，容易误导文旅消费者认为青水畲族乡为纯粹的畲族文化乡镇，掩盖了青水乡其他文化的基因。虽然出于对政策支持和经济利益的追求，青水群众基本上都接受了当地政府和文化精英将本地区传统

文化与规范化畲族文化重构，但其他文化在青水乡的文化地位和青水乡其他民族的心理感受不应被忽略。因此，青水乡政府等主体在规划和设计文化空间再生产时，应以“共同家园”为导向，涵盖青水乡各民族的精神创造和文明积淀，强调青水地域文化的共性，尊重畲族文化的特性，既要把青水乡各民族发展好，更要把青水乡的文化共同体建设好、发展好。尤其在文化空间内“知识”再生产和赋予原有文化表达新的地域性和民族性色彩上要尊重历史事实、注意“地方性”的意义、追求“整体观”，不能为了强调特性而牵强附会地歪曲群体的文化记忆，寻求“合理的”“相关联的”“相似的”阐释。要在文化空间中解决好传统与现代、现实与理想、选择与归宿的矛盾与冲突，积极整合历史认同、文化认同、地域认同等不同层次的认同意识。[8]强调家的理念，以共同家园的立场、理念和价值观讲好青水乡各民族交往交流交融好故事，体现族群彼此交互、共享节庆的好氛围，并通过文化空间再生产涌现出更多新的文化元素组合、创造更多共同的集体记忆、文化记忆，促使青水乡各族群众的交往交流交融更加深入。只有如此，才能在社交活动逐步走向虚拟化、“家族共同体”不断弱化的背景下进一步增强青水乡群众的文化自信。

（二）以“共同富裕”为引领促进多元共享共治

青水乡文化空间再生产中的各方利益主体间力量的不均衡，容易导致对文化资源配置的不合理，利益分配的不平衡，存在空间“非正义”的现象。因此，青水乡文化空间再生产应以“共同富裕”目标为引领，处理好空间利益的主体性与共同富裕的人民性，促进多元主体共享共治的长效机制形成。一方面，青水乡文化空间再生产要以整体利益为主，从全局发展的角度上谋求文化要素分布的空间优化和效能的最大化，积极从政府主导逐渐向政府、企业、专家学者、乡民等多元主体和多方力量的配合转变，促进各利益相关主体在比较中认识各自的话语和实践，通过共建与互动发挥不同主体优势，实现“整体大于部分之和”、量变到质变的飞跃，共同传播青水乡的文化特色和民族魅力。另一方面，进一步强调利益的协调与分配公平，建立相对公平的参与和成果分享机制，将包容性参与和享益机会拓展到更为广泛和丰富的维度中。尤其是要保障群众对文化空间资源的享有权和使用权，使发展成果更多更公平惠及全体群众，带领青水乡全体群众朝着共同富裕的方向稳步前进。[9]在青水乡文化空间再生产中，政府要树立正确的观念，积极采纳不同主体意见，发挥在资金、用地等方面的协调对接、引领保障作用，积极争取政策支持，建立“民间群众自筹、社会贤达参与”的资金筹措机制，形成政府与社会、民间参与等途径相结合，积极招商引资，吸引更多有情怀、有创造力的企业和个人参与到文化空间再生产中来，发挥人才的发散效应，为青水乡文化空间再生产注入新鲜活力。同时，政府也要起到保证利益分配的相对公平性关键性作用，求同存异地来协调企业与乡民之间、村内居民之间，以及企业与政府之间的利益冲突，优化各主体空间权利的诉求通道，确保各主体能够有效参与到文化空间再生产的规划和决策中来，通过形塑“自上而下”的政策制度，规范资本在空间的运作，杜绝“粗放型”“透支式”发展方式，平衡文化空间要素与文化资源的占有，减少和消除文化空间再分配过程中潜在利益的冲突，努力规避“资本契入的负耦合效应”。企业资本注入无疑是帮助青水文化空间再生产、促进消费文化空间向文化空间中的消费转化的最有效方法。企业要在充分解读政府相关政策方针的基础上，结合青水乡发展需求、保证文化原真性角度深入挖掘文化空间价值、提出专业发展建议，通过市场化运作等方法活化文化空间、生产创新文化产品，调和市场需求与畲族文化表达的差距，为文化空间保护提供更多人力、物力、财力的支持，注重青水乡文化空间服务功能的迭代更新，让群众从文化空间再生产中获得更多就业、创业机会，实现良性循环发展。社会团体、乡贤精英、专家学者要发挥桥梁作用，促进共同体建构，通过提供组织培训、灵活开展文化活动、发展文化服务，增进社会关联，使群众认识到文化空间再生产的经济价值和社会效益，引导青水乡群众重视民族文化保护和对其现代性表达的探索，促进社会共识和集体合作的形成，加快社会资本转化，吸引人才返乡为青水乡文化空间再生产服务，形成重视、鼓励文化空间再生产的社会氛围。乡民等文化主体是青水文化历史发展链条上的重要齿轮，是文化经济发展的重要动力和源泉。乡民要增强参与意识与集体观念，提升主动发展的意识，积极参与创造、传承民族文化，通过居民访谈、村民委员会议事等方式参与规划、深入探讨分配的细节问题，有效约束和监督政府权力泛滥。尤其是要鼓励年轻一代文化传承人加深对青水畲族文化和传统文化的研究，保证青水文化的永续传承和发展，为再生产后的文化空间提供源源不断的人才资源。[10]

（三）以“共同进步”为指导包容多维诉求

通过青水乡文化空间再生产来实现青水乡乡村振兴是一个长远的目标，

需要一个兼具文化、经济、社会不同维度发展诉求的动态发展过程。青水乡文化空间再生产要以“共同进步”理念为指导包容多维诉求，正确处理社会、经济与文化间的关系，促进物质文明和精神文明协同发展。从文化角度看，青水乡文化空间再生产在主动适应现代社会生活生产方式和迎合大众审美需求时，要合理规划，做到坚决保护不可开发空间，充分利用可开发空间，增强文化空间再生产的科学性与严肃性。要注重文化的互动，以“传统文化为内容，新兴文化为形式”的原则调和大众审美和地方化表达，协调不同主体对青水乡文化的现代性理解和表达，结合游客、专家学者、外来企业等“他者”的反馈促使青水乡民反观自身习以为常的文化事项，进而提升乡民的文化修养，产生自我文化表达新尝试。在社会方面，青水乡文化空间再生产要以乡民为主体，着眼不同民族、不同主体的多样化需求，赋予文化空间新的功能，注重文化空间公共价值再造，提高文化空间配置效率，形成多元化、复合化、综合性的文化空间，贯通从实现文化共享到铸牢中华民族共同体意识的实践路径。让青水乡文化空间赏心悦目的同时，还能够丰富当地乡民的日常生活、满足乡民对精神生活的需求。使青水各族群众和文旅消费者都能自由的融入新的青水乡文化空间中，实现主客共享、体验共情，真正构建一个以人为核心的价值空间。从经济维度看，青水乡各村落区位条件不同、文化资源要素分布和发展基础不尽相同。青水乡各村落的文化空间再生产要发展适度的“差异性”，要循序渐进而非齐头并进，不断趋向更高层次的均衡互动，进而引导青水乡文化空间健康有序发展。要通过对比整合文化资源，将不同地区的特点区别开来，根据不同地区、不同民族实际，以公平公正为原则，突出区域化和精准性，不断“熨平”差距，实现青水乡区域间的多方合作和互利，共同进步。

参考文献：

［1］杨晖．文化空间视野下的西南少数民族歌场［J］．凯里学院学报，2020，38（04）：51—56．

［2］尤明慧，柳娟．空间观与文化空间意义探讨——兼论鄂伦春人空间逻辑的文化养成［J］．怀化学院学报，2020，39（06）：16—20．

［3］中共永安市青水畲族乡委员会．青水故事［M］．福州：海峡文艺出版社，2018，14—18．

［4］苏娟娟．闽中畲客关系研究［D］．赣南师范学院，2014．

［5］林荣珍．民族融合视野下民俗艺术的当代呈现——以福建青水畲族“打黑狮”为

例［J］．萍乡学院学报，2019，36（04）：40—45．

［6］尹敏．文化与旅游融合下民族村落文化空间的重构——以德宏州盈江县下勐劈傈僳族村为例［J］．曲靖师范学院学报，2022，41（01）：53—59．

［7］邓然．畲族文化重构模式探究——以福建永安青水畲族乡为例［J］．丽水学院学报，2020，42（06）：38—44．

［8］董博文．铸牢中华民族共同体意识路径研究——以民族意识特征为视角［J］．云南行政学院学报，2022，24（02）：1—10．

［9］吴本健，巩蓉蓉．空间正义：民族地区实现共同富裕的理论逻辑与实践路径［J］．中央民族大学学报（哲学社会科学版），2022，49（03）：128—142．

［10］潘桂媚，周鸿．空间视域下民族文化经济的发展问题研究——以广西仫佬族依饭节为例［J］．改革与战略，2014，30（08）：88—91．

加强铸牢中华民族共同体意识宣传教育的几点思考①

福建省民族与宗教研究所　黄淑萍

铸牢中华民族共同体意识是以习近平为核心的党中央提出的创造性重大论断，包含着丰富的内涵和价值意义，是新时代党的民族工作的"纲"。2021年的中央民族工作会议明确了以铸牢中华民族共同体意识为主线推进新时代党的民族工作高质量发展的指导思想、战略目标、重点任务与政策举措，为新时代党的民族工作提供了根本遵循。

铸牢中华民族共同体意识，首先要对中华民族共同体意识的概念内涵有深刻准确的理解，并且能够把握并遵从意识形成的规律。意识属于认知范畴，在哲学里，意识是人脑对外部世界的一种能动反映，是客观事物在人脑中形成的主观映像，是人们在认识外部世界的过程中产生的。在此意义上，中华民族共同体意识是中华民族共同体这一客体在人们头脑中形成的主观映像。个体的中华民族共同体意识不是与生俱来的，而是在后天的社会生活实践中形成的。不同的个体对中华民族共同体的认识具有差异性，所形成的意识相应也会有不同。不仅如此，意识还是动态的、变化的。中华民族共同体意识从形成到确立再到铸牢是一个长期的过程，在这个过程中，宣传教育起着至关重要的作用。习近平总书记在此次中央民族工作会议上强调，要构建铸牢中华民族共同体意识宣传教育常态化机制，纳入干部教育、党员教育、国民教育体系，搞好社会宣传教育。

加强铸牢中华民族共同体意识宣传教育，深刻认识铸牢中华民族共同体意识的极端重要性，是学习贯彻落实好中央民族工作会议精神的必然要求，也是铸牢中华民族共同体意识的重要途径之一。当前，各级各部门应厘清铸

① 本文为2021年福建省民族与宗教事务厅主办的"铸牢中华民族共同体意识论坛"交流文章。

牢中华民族共同体意识宣传教育的三个基本问题，即“宣传教育什么”“向谁宣传教育”“怎么宣传教育”，为广泛深入开展铸牢中华民族共同体意识宣传教育的实践工作奠定基础。

一、明确宣传教育的内容

内容是宣传教育活动的根本，是影响宣传教育效果的关键因素。开展铸牢中华民族共同体意识宣传教育，可以从思想理论与工作实践两个层面来确定宣传教育的内容。

一是思想理论层面，首先要对党的民族理论和民族政策、习近平新时代中国特色社会主义思想、习近平总书记关于民族工作重要论述等进行系统的宣传教育，尤其是要对此次中央民族工作会议精神进行广泛的宣传教育，对铸牢中华民族共同体意识这一重要思想论断的形成过程、本质内涵、重要意义等内容进行权威解读。通过宣传教育，深化人们对党的民族理论与政策的了解，增强人们对铸牢中华民族共同体意识重要论断的认识，切实将思想统一到中央民族工作会议精神上来。其次，要对中华民族共同体意识的丰富内涵进行宣传教育，包括中华民族共同体的概念、形成历史、从中华民族到中华民族共同体政策话语的演变过程、中华民族共同体与各民族之间的关系、中华民族共同体意识与“五个认同”之间的关系等等，通过宣传教育，强化人们对中华民族共同体内涵的准确理解，巩固对“多元”与“一体”关系的正确认识。

二是工作实践层面，以社会主义核心价值观为引领，挖掘提炼各民族共享的中华文化符号，并结合社会现实塑造中华民族共同体的形象，将其作为宣传教育的一项重要内容，不断增强各族人民对中华文化的认同、对中华民族共同体的认知。结合党史学习教育，宣传各民族在中国共产党的领导下勠力同心为中华民族从站起来到富起来再到强起来所作出的卓越贡献，不断提升各族人民对中国共产党的认同，凝聚力量。从各行各业尤其是民族工作部门历来开展的各项工作中去挖掘梳理各民族团结奋斗共同建设中华民族共同体的历史事实，归纳总结促进民族团结进步的宝贵经验，并进行宣传教育。如各民族团结互助脱贫攻坚，实现全面小康的奋斗过程；各民族团结一心抗击新冠疫情的动人故事；各民族为民族团结进步事业做出突出贡献的先进典型人物、先进集体等等，通过对这些在工作实践中涌现的促进民族团结的生动事迹进行宣传教育，使铸牢中华民族共同体意识的思想理论变得更加具体化，更加接地气，不断增强人们对中华民族共同体的感性认识。

二、明确宣传教育的对象

德国社会学家滕尼斯认为，共同体是一种生机勃勃的有机体，有机体内的各组成部分之间紧密相连、相互交融、难以分割。中华民族共同体是由我国 56 个民族构成的一个有机共同体，各民族之间你中有我、我中有你、互相离不开。全国各族人民都是中华民族共同体不可分割的一个有机组成部分。铸牢中华民族共同体意识事关每一位共同体成员，也就是说，我国的每一个社会成员都是铸牢中华民族共同体意识宣传教育的对象，人人应自觉接受教育，使中华民族共同体意识宣传教育不留死角。

当前，铸牢中华民族共同体意识宣传教育的对象覆盖还不全面，西部边疆民族地区的宣传教育走在前头，覆盖的对象范围较广；而中东部非民族地区的宣传教育相对滞后，对象主要集中于少数民族群众。造成这种不均衡现象的一个重要原因是一些干部群众对铸牢中华民族共同体意识存在片面的认识，认为它只是民族地区的事、只是少数民族群众的事。事实上，民族工作从来都不仅仅是民族工作部门的事，而是需要社会各部门通力协作、全社会共同参与的一项工作。习近平总书记在此次中央民族工作会议上指出，加强和完善党的全面领导，是做好新时代党的民族工作的根本政治保证。把党的领导贯穿民族工作全过程，形成党委统一领导、政府依法管理、统战部门牵头协调、民族工作部门履职尽责、各部门通力合作、全社会共同参与的新时代党的民族工作格局。

铸牢中华民族共同体意识不是某一个民族、某一个部门的任务，而是全社会、各民族、各部门的共同任务。树立正确的思想观念，是广泛推进铸牢中华民族共同体意识宣传教育的前提和基础。当然，民族工作部门作为这项工作主要的执行者，应该率先开展宣传教育工作，首先要在本部门、本系统的干部职工中开展宣传教育，深入学习铸牢中华民族共同体意识的思想理论，深刻领会此次中央民族工作会议的重要精神，统一思想，提高政治站位，提升理论水平，发挥示范引领作用。其次，面向各族群众开展宣传教育，将铸牢中华民族共同体意识的思想精髓融会贯通于各项民族工作中，通过开展工作，营造“民族团结一家亲，同心共筑中国梦”的良好氛围，逐步扩大铸牢中华民族共同体意识宣传教育的范围。

三、丰富宣传教育的方式方法

铸牢中华民族共同体意识宣传教育的对象是全体社会成员。社会成员在年龄、民族、职业等属性方面存在着巨大的差异，这要求宣传教育必须采取差异化的方式方法，分类实施。从微观上来看，社会成员所属的各类组织、机构，如学校、企业、机关事业单位、社区等，应根据自身的优势及教育对象的特点有针对性地开展宣传教育。从宏观上来看，各级各部门可以从以下几个方面来丰富宣传教育的方式方法。

一是专题宣传教育与常态化宣传教育相结合。常态化宣传教育旨在强调宣传教育的长期性、持续性和全面性。铸牢中华民族共同体意识宣传教育是一项长期的工作，要求各部门通力协作构建起常态化的宣传教育机制，将铸牢中华民族共同体意识宣传教育纳入社会成员的日常学习教育体系当中。专题宣传教育是常态化宣传教育的重要补充，旨在通过对某一具体问题深入地阐释、探讨，达到传授知识、引领思想、答疑解惑的目的。专题宣传教育往往具有很强的针对性、专业性，有助于提升人们的学习深度，达到更好的教育效果。

二是理论宣传教育与实践案例宣传教育相结合。铸牢中华民族共同体意识是党中央提出的重大思想理论，其宣传教育是一个自上而下的过程，有必要向社会成员原原本本地传达铸牢中华民族共同体意识这一思想理论，让社会成员充分了解该理论的来龙去脉、本质内涵、重要意义等。在此基础上，要从工作实践中去挖掘能展现“各民族共同团结奋斗，共同繁荣发展”精髓的现实事迹，将其作为案例进行宣传教育，促使原本较为抽象的思想理论变得更加形象化、具体化，便于人们理解吸收。

三是文本宣传教育与视觉形象宣传教育相结合。文本具有记载、存档、流传、便于深度学习等功能，且往往被认为更具权威性。当前，有必要以文字形式全面、科学、深入地把铸牢中华民族共同体意识的思想理论阐释清楚，出版发行一系列权威性的铸牢中华民族共同体意识学习读本，为人们深度学习与思考创造条件。视觉形象宣传教育具有生动、形象、感性、受众面广等特点，各地可以依托现有的中华民族共同体的象征物，如国旗、国徽、长城等，对社会成员进行中华民族共同体意识的宣传教育，同时也要深入挖掘研究各民族交往交流交融、共建中华民族共同体的历史事实与社会现实，以此为素材，创作一批能反映各民族团结奋斗的绘画、雕塑、舞蹈、影片、电视剧等优秀文化作品，制作一些高品质的中华民族团结进步公益宣传片，并发挥新媒体的优势向广大社会成员进行宣传教育。文本宣传教育与视觉形象宣传教育相结合，取长补短，有助于提升铸牢中华民族共同体意识宣传教育的效果。

铸牢中华民族共同体意识意义深远，习近平总书记在本次中央民族工作会议上指出，铸牢中华民族共同体意识是维护各民族根本利益的必然要求，是实现中华民族伟大复兴的必然要求，是巩固和发展平等团结互助和谐社会主义民族关系的必然要求，是党的民族工作开创新局面的必然要求。铸牢中华民族共同体意识，必须要构建起宣传教育的常态化机制，创新宣传教育的方式方法，教育引导全体社会成员牢固树立休戚与共、荣辱与共、生死与共、命运与共的共同体理念。

关于漳州市开展民族团结进步创建工作铸牢中华民族共同体意识的调研报告[①]

漳州市民族宗教局

中华民族共同体意识是国家统一之基、民族团结之本、精神力量之魂。2021 年 9 月，漳州市民族与宗教事务局组织有关人员，就全市开展民族团结进步创建，铸牢中华民族共同体意识情况，进行了为期一个月的调研活动，并形成以下调研报告。

一、近年来漳州市民族团结进步创建工作开展情况

漳州是少数民族散居地区。全市有 48 个少数民族成份，有 3 个民族乡、33 个民族村、3 个农场作业区；常住少数民族人口 7.72 万人，占全市总人口 1.46%，其中畲族人口 6.57 万人，居全省第二位，是福建畲族重要祖居地和台湾畲族重要发源地；高山族家庭户 124 户 387 人，是大陆高山族人口较多的地区之一。

近年来，漳州市以铸牢中华民族共同体意识为主线，坚持把全市民族团结进步创建工作作为学懂弄通做实习近平新时代中国特色社会主义思想的生动实践，进一步巩固和发展了全市民族团结、社会稳定的良好局面，推动了民族团结进步事业创新发展。

（一）建机制。漳州市委、市政府高度重视民族工作，及时部署，市领导亲自挂钩联系三个民族乡。建立市民族工作联席会协调机构和工作机制，定期听取民族工作情况汇报，研究解决重大问题。同时制定印发《关于全面深入持久开展民族团结进步创建工作铸牢中华民族共同体意识的意见》的实施

① 本文系 2021 年福建省民族与宗教事务厅主办的“铸牢中华民族共同体意识论坛”交流文章。

方案等文件，进一步完善县（区）党政主导、部门协同、社会参与、群众主体的创建工作格局。

（二）广宣传。建立党政机关学习民族理论机制；充分利用民族传统节日、重点时间节点、重要纪念日和每年的宣传月等，推动民族团结进步创建活动。在各级党报党刊、视频网站等有关媒体广泛宣传民族团结进步的好故事、好典型，激发各族干部群众投身民族团结进步事业的积极性和主动性；持续以制作民族团结标语、视频、组织活动等方式在新媒体平台广泛开展民族团结进步宣传活动。贯彻落实《深化新时代学校民族团结进步教育指导纲要》，积极开展学校民族团结进步教育。

（三）育典型。深入开展省级民族团结进步示范重点单位创建活动，2020年，华安县官畲村、漳州一中、漳州三中获命名为省级民族团结进步示范重点单位。2021年，华安县官畲村开展民族歌舞表演活动迎旅客、漳州一中开展藏族学生党史学习教育系列活动、漳州三中组织藏族学生迎国庆等民族团结进步系列活动；积极参与上级民族团结进步表彰活动，漳州全市共有5个模范集体和5名先进个人列入省政府拟表彰对象。

（四）兴文化。支持民族乡村成立民族文化表演团队，宣传弘扬中华民族多彩文化。漳州市畲族、高山族舞蹈表演队，多次参加全省少数民族文艺会演，参加全国、全省民族传统体育运动会并屡获佳绩。推进少数民族传统体育项目的传承，全市建有陀螺、蹴球、武术、板鞋竞速、高山族舞蹈等6个市级少数民族传统体育项目训练基地，其中华安县高山族表演队被确定为省级少数民族传统体育项目训练基地。华安县高山族表演队参加多届全国、全省少数民族传统体育运动会，均荣获佳绩。支持出版《所向无前/蓝氏三杰传》小说，成功拍摄并播出以宣传平台建台功臣蓝理将军为题材的电影《特殊保镖之明日战神》。目前，畲族“请火节”、三月三节、畲家婚俗、千人长桌宴、红星村“抢孤棚”、赤岭“种玉堂”祭祖活动、华安畲家民歌等民俗文化已经成为海峡两岸民俗文化交流的重要项目。高山族拉手舞、高山族舞蹈、高山族（排湾族落）服饰和华安畲家民歌、畲乡辇艺等项目分别入选国家级、省级、市级非物质文化遗产名录。

（五）抓发展。漳州市委、市政府先后出台了市直机关挂钩帮扶民族村、“十三五”促进民族地区和人口较少民族发展规划、打赢少数民族脱贫攻坚三年行动实施方案等政策，持续扶持民族乡村发展特色产业，加大基础设施建设，改善民族乡村民生短板。建设有8个中国少数民族特色村寨、省级建设试点村，初步建成民族特色旅游品牌。涌现出国家级专业合作社“官畲茶叶合作社”“闽隆农产品合作社”等成功典型。全市3个建档立卡少数民族贫困村、509个建档立卡少数民族贫困户（其中少数民族群众953人）如期实现脱贫。同时，实施教育培训扶智工程，每年安排10万多元资助当年录取的少数民族贫困大学生。

（六）重服务。扎实推进以完善少数民族流动人口服务管理体系为重点的城市民族工作。依托公安系统建立的少数民族人口基础信息数据库，做好重点人群管理。妥善解决少数民族流动人口子女入学问题，确保他们与本地学生享有同等的权利。目前，漳州市新疆籍学生和务工人员均能融入当地的社会生活。

（七）扬优势。支持开展族谱对接，经族谱对接发现，从漳浦蓝氏种玉堂分支到全国各地的宗亲达40多万，台湾蓝氏宗亲每年回乡谒祖。国家民委在漳州市漳浦县举办了四次海峡两岸经济发展交流会和研讨会。漳浦县赤岭畲族乡与台湾屏东县雾台乡缔结为友好乡镇。华安县与金门县少数民族协进会签订“共同弘扬民族文化，增进民族情谊友好”倡议书，持续开展少数民族丰年节交流活动。漳州市成功承办中华一家亲·2019海峡两岸各民族欢度“三月三”节，进一步加深民族之间的交往交流。

二、漳州市民族团结进步创建工作存在的问题和困难

近几年，漳州市民族团结进步创建工作取得了不少成效，但依然存在一些问题和困难，主要体现在以下几个方面：

一是责任落实不够到位。部分县、区和部门对深化民族团结进步创建工作重要性和必要性的认识不到位，存在为创建而创建、应付检查验收的思想，谋划工作缺乏全局性、系统性，导致创建工作载体少，重点不突出，抓手不得力。全市虽然选树了一些国家级、省级民族团结进步创建活动示范单位和模范个人，但是可以复制的典型做法、举措较少，示范带动作用发挥不明显。

二是宣传教育不够深入。各县区各部门虽然开展了不少宣传教育活动，但总体来看，宣传教育的载体和内容仍然不够丰富，存在传统宣传阵地多，利用新媒体、新技术打造实体化、大众化宣传载体缺乏，“互联网＋民族团结”方式应用较少，群众喜闻乐见的民族团结进步题材的动漫、影视、微视频作品少等问题。“六进”活动存在工作进展不平衡、覆盖面不够广等不足，

经常性宣传较少，面向基层群众宣传较少，在偏远山区开展宣传教育较少。宣传教育与经济发展联系不够紧密，对少数民族聚居区产业发展的带动支持还不够。

三是发展定位不够鲜明。目前漳州市一些少数民族乡村资源的开发仍然处于随意发展状态，缺乏鲜明的发展重点引导。在挖掘整理、保护传承和开发利用少数民族丰富的优秀传统文化资源，培育少数民族特色产业，打造乡村文化、旅游品牌方面力度还不够。

四是保障措施不够有力。经费保障欠缺，市、县区目前列入财政预算的保障水平不能满足加强宣传、示范点打造、项目配套等创建工作资金需求。资金总量小安排分散，要兼顾民族乡村基础设施、文化、体育、卫生、教育、村容村貌、宣传教育等各方面建设，示范带动作用不明显。同时，人员配备不足，人才队伍建设有待加强。

三、进一步推进漳州市民族团结进步创建工作的对策建议

（一）加强组织领导，健全创建工作考评机制。全市上下要坚持把铸牢中华民族共同体意识贯穿党的民族工作全过程各方面，持续巩固民族团结进步创建成果，形成党委统一领导、政府依法管理、统战部门牵头协调、民族工作部门履职尽责、各部门通力合作、全社会共同参与的新时代党的民族工作格局。要健全民族团结进步创建工作考评机制，不断完善监测评估指标体系和考核测评验收办法，细化创建任务、明确工作责任，围绕“民族团结进步模范区创建”等民族工作重点任务和民生领域重点问题，压实主体责任。

（二）深化宣传教育，促进各民族交往交流交融。制定出台“十四五”期间漳州市铸牢中华民族共同体意识宣传教育规划，抓好统战、宣传、民族、教育四个重点领域，以各族干部职工、青少年、妇女、知识分子等为重点群体。丰富民族团结进步宣传教育的载体方式，把民族团结教育纳入干部教育、党员教育、国民教育体系，推动各级各类学校成立铸牢中华民族共同体意识读书社，建立省、市、县三级教育基地和民族团结社会实践基地、培训基地，组建铸牢中华民族共同体意识宣传志愿者队伍，鼓励制作民族团结进步公益宣传片、电影电视等文化产品，讲好民族团结进步故事。

（三）突出示范引领，建设各民族共有精神家园。把争创各级民族团结进步示范区、示范单位和民族团结进步标兵作为民族团结进步创建工作试验田，

不断丰富拓展创建活动内涵，积极服务和融入新发展格局。选树一批可复制的示范典型，扎实开展互观互学活动，努力形成点、线、面串联示范带动的创建工作格局，逐步实现全覆盖。同时，要把少数民族优秀传统文化传承融入实施中华优秀传统文化传承发展、文明创建、公民道德建设、时代新人培育等工程，引导各族群众在思想观念、精神情趣、生活方式上带动民族优秀传统文化向现代化迈进。推进少数民族聚居区文化广场、图书屋建设，推动民族乡村（自然村）祠堂建设成为民族团结德育馆；城市社区建立相互嵌入式的社区环境，逐步实现各民族在空间、文化、经济、社会、心理等方面的全方位嵌入。

（四）强化综合施策，推动少数民族聚居区高质量发展。一是发展团结同部署。把加快发展与民族团结进步创建工作紧密结合起来，共同推进、共同落实，在创建中进一步完善少数民族乡村加快发展的战略目标和规划，在村容村貌提升、乡风民风培育等方面进行整体性优化设计，让各族群众成为民族团结进步创建和加快发展的主力军。二是落实帮扶机制。健全完善支持少数民族乡村发展的长效帮扶机制。继续延续市委、市政府支持少数民族乡村加快发展的关于产业、就业、教育、健康等扶贫政策，深化市直机关挂钩帮扶民族乡村工作制度，加快补齐“三保障”和饮水安全短板，进一步动员社会力量参与联乡结村、结对帮扶活动。三是增强“造血”功能。进一步加强民族乡村基础设施建设，加大教育、卫生、文化、科技、金融、人才等方面扶持力度，加快推进少数民族美丽乡村、特色村寨和“一村一品”建设计划，重点在特色种养殖业、土地流转、生态农业、乡村旅游业、非遗手工艺、农村电子商务等方面扶持发展一批发展后劲强、带动致富效果明显的特色产业，把少数民族美丽乡村、特色村寨打造成典型示范村。

（五）加大保障力度，确保创建工作有效开展。要加大经费支持力度，提高民族团结进步创建工作专项经费保障标准，并列入各级政府年度财政预算，着力解决促进民族团结进步的重大项目、重大工程的实施经费问题，力争实现民族团结进步创建工作各领域全覆盖；同时要切实贯彻落实好省财政厅、省民族宗教厅出台的《福建省少数民族发展与补助资金管理办法》，完善项目单位主动承接资金绩效管理，提高民族专项资金使用管理效率和使用效益。要加大人员配置力度，加强基层民族工作机构建设和民族工作力量，基层民族工作机构至少应配备两名干部；要加强民族工作队伍建设，坚持新时代好干部标准，通过内培外引等方式，努力建设一支铸牢中华民族共同体意识行动特别坚定、热爱各族群众感情特别真挚的干部队伍，确保党的民族理论和民族政策到基层有人懂、民族工作在基层有人抓。要加大科研支撑力度，探索建立市级层面的研究基地或中心，鼓励和支持高等院校、科研院所和专家学者，就如何铸牢中华民族共同体意识、保护传承利用好少数民族优秀传统文化、推动各民族交往交流交融等相关理论和现实问题加强研究，形成一批能够服务漳州经济社会发展、服务民族地区和有利于推进民族团结进步事业的科研成果，为加强和改进新时代民族团结进步事业和创建工作献计献策。

铸牢中华民族共同体意识
唱响“石榴籽和谐之声”①

三明市民族宗教局

三明市是少数民族散居地区，现有畲族、回族、苗族、壮族、满族、蒙古族、高山族等43个少数民族成份，人口30360人，占全市总人口的1.22％。全市有2个民族乡、43个民族村。

近年来，三明市紧扣铸牢中华民族共同体意识主线，牢牢把握各民族共同团结奋斗、共同繁荣发展的民族工作主题，突出“四抓”，夯实“四个基础”，唱响“石榴籽和谐之声”，营造“中华民族一家亲、同心共筑中国梦”的良好局面。

一、三明市铸牢中华民族共同体意识的主要做法

（一）抓机制，夯实铸牢中华民族共同体意识组织基础。建立市委书记为召集人，市“两办”、市委组织部、宣传部、统战部、政法委、教育局等30多个有关部门为成员的市委统战工作领导小组民族工作联席会议制度，对民族团结进步创建工作常抓不懈，形成党委统一领导，有关部门各司其职、通力协作，共抓民族团结进步创建工作新机制。以市“两办”名义制定下发《关于依法治理民族事务促进民族团结的实施意见》，对全面贯彻落实宪法及民族工作法律，依法深入开展民族团结宣传教育和民族团结进步创建活动、依法保障各民族公民合法权益、依法妥善处理影响民族团结的矛盾纠纷等方面进行具体部署，确保民族领域的安定稳定。每三年开展一轮市直单位挂钩帮扶民族村活动，推进民族团结进步创建进机关、进乡村。每年民族团结进

① 本文系2021年福建省民族与宗教事务厅主办的“铸牢中华民族共同体意识论坛”交流文章。

步宣传月期间，市委宣传部、统战部、市民族宗教局联合下发《民族团结进步宣传月活动方案》，对民族团结进步宣传月活动进行周密部署，精心组织，营造民族团结良好氛围。

（二）抓示范，夯实铸牢中华民族共同体意识工作基础。坚持高起点谋划，在三明市示范性综合实践基地建成智能民族民俗展馆。配备民族政策知识学习触摸机、教学投影、民族政策知识抢答器、民族体育解说机、民族服饰试衣机等智能设备，设置民族传统体育器材、民族乐器、民族服饰、民族乡村工艺品等展示柜和各类展品200余件。展馆开馆以来，开展了以“中华民族一家亲，同心共筑中国梦”为主题的系列民族团结专题讲座和民族民俗文化教育课程52节，受教育学生5000多人。命名了三明市示范性综合实践基地、三明市列东中学、永安市民族中学、永安市民族中心小学、宁化县民族学校、永安市青水畲族乡、宁化县治平畲族乡等8个民族团结进步教育基地，在各基地开设民族民俗文化展示中心、民族文化长廊或德育室，开展铸牢中华民族共同体意识教育。制定下发《三明市民族团结进步创建活动“六进”实施意见》，推进民族团结进步创建“六进”活动深入开展。命名了宁化县治平畲族乡、宁化县民族学校，永安市民族中学等13个全市民族团结进步创建活动示范单位。三明市列东中学、永安市青水畲族乡先后被国家民委命名为“全国民族团结进步示范校和示范区”，永安市青水畲族乡被国务院评为“全国民族团结进步模范集体”，宁化县治平畲族乡、永安市民族中学被省民族宗教厅命名为“全省民族团结进步重点区”。

（三）抓宣传，夯实铸牢中华民族共同体意识思想基础。将民族政策知识、民族团结有关内容编印成册，分发到各级党委、政府部门，并在市委党校、行政学院举办民族政策理论专题培训班，向各级干部宣讲民族政策；指导民族中小学编印《畲韵》《和乐》等校本教材，开展“民族团结主题班会”“民族团结手抄报”比赛等活动，增进青少年对中华民族的认同感；通过悬挂横幅标语，在微信公众号、网站、公交车站台、出租车顶灯、市中心LED屏、市区宣传栏刊播民族政策法规知识内容，印制民族政策宣传单、宣传雨伞、宣传纸巾盒、无纺布袋发放到党政机关、民族乡村、社会群众和宗教界人士，使民族团结观念深入人心。通过在《三明日报》开设民族团结进步宣传专版，在政府门户网站、广播电台开展在线访谈，在e三明、聚焦三明、三明市融媒体中心、智慧三明、央视频移动网、三明交通广播等微信公众号和APP举办网络助农直播，在农民丰收节通过举办少数民族乡村特色产品展销等形式，宣传民族政策法规、民族团结模范事迹和民族乡村的发展成果，进一步增强干部群众自豪感、责任感和使命感。在列东中学开展汉藏学生“民族团结结对子”和老师当“代理家长”活动，指导少数民族流动人口联系点结合各种传统节日，开展“汉藏连心一家亲”系列活动。指导永安青水畲族乡、宁化治平畲族乡和清流、明溪等地民族村，开展“三月三”“六月六”等节庆活动，促进各民族交往交流交融，进一步构建各民族共同精神家园。

（四）抓发展，夯实铸牢中华民族共同体意识经济社会基础。一是抓帮扶培训，促进民族乡村全面振兴。在全省率先推动建立市委书记、市长挂钩帮扶民族乡，市直部门挂钩帮扶民族村工作制度，整合力量帮助民族乡村加快发展。近年来，各部门为民族乡村投入、协调帮扶资金5千多万元，改善民族乡村基础设施，发展蔬菜、水果、笋竹、豆腐皮等特色产业。2018年，建档立卡少数民族贫困村和贫困户全部脱贫摘帽。有8个民族村被国家民委命名为“中国少数民族特色村寨”，1乡5村列入福建省首批民族乡村振兴示范名录。每3年举办一次少数民族村主干培训班，每年举办1—2期少数民族实用技术培训，提升少数民族村主干素质，培养民族乡村致富带头人。二是抓挖掘传承，促进少数民族文化体育事业繁荣发展。举办多期畲药培训，开展畲医畲药调查、搜集和整理工作，编辑出版发行的《三明畲药彩色图谱》荣获中国民族医药学会学术著作奖三等奖。通过开展“三月三”“六月六”等传统文化活动，展示当地畲族的美食、歌舞、刺绣、剪纸等传统优秀文化，使少数民族优秀传统文化在活动中得到传承发展。指导民族乡村在村容村貌整治中融入民族文化元素，提升民族乡村建设的文化品位。在三明学院、三明医学科技职业学院和永安、宁化民族学校设立少数民族传统体育训练基地，使少数民族传统体育项目得到传承，竞技水平不断提高。2018年，在全省第九届少数民族传统体育运动会上，三明市代表团取得2金7银5铜及表演项目一项金奖和一项铜奖的历届最好成绩。三是抓两大工程，促进民族教育事业上新台阶。大力实施“暖心工程”，每年教师节期间，市政府、局领导带队深入列东中学西藏班、宁化、永安等地的民族学校，慰问长期在内地民族班和民族中小学工作的优秀困难教师，进一步坚定他们扎根基层的决心和信心。积极开展“圆梦工程”活动，争取上级专项基金和社会爱心人士、红十字会、宗教界人士对少数民族贫困大学生开展捐资助学活动，帮助100多名贫困大学生圆了大学梦，让少数民族群众切实体会到了党和政府的温暖。

二、当前铸牢中华民族共同体意识存在的困难和问题

一是机制落实不够顺畅协调。目前，虽然建立健全了统战工作领导小组民族工作联席会议制度，但由于还处在磨合期，制度落实还不够常态化，日常工作主要靠民族宗教部门来抓，“单打”现象还不同程度存在，齐抓共管的氛围还不够浓厚。

二是学习教育不够深入扎实。铸牢中华民族共同体意识学习教育的深度广度不够。目前，铸牢中华民族共同体意识的学习教育大部分还局限于党委、政府及民族宗教工作系统，一些工作部门的干部特别是地方群众对什么是中华民族共同体意识、如何铸牢中华民族共同体意识还存在概念模糊、认识不到位、内涵把握不准等问题，还需加大宣传教育力度。

三是合力创建不够全面丰富。目前，民族团结进步创建领域主要集中在民族工作部门、民族乡村、民族学校、少数民族企业、少数民族流动人口较集中的社区，覆盖面不够广。还需加大工作力度发动其他机关事业单位、企业、学校和宗教活动场所共同参与创建工作。

四是体系治理不够坚强有力。目前，市、县民族工作部门普遍存在人员偏少、工作力量薄弱的问题，如何在这种情况下，推进民族事务治理体系和治理能力现代化是许多民族工作部门面临的一大问题。

三、铸牢中华民族共同体意识的建议

（一）加强组织领导，创新体制机制。发挥统一战线工作领导小组作用，将铸牢中华民族共同体意识工作列入各级党委、政府的重要议事日程，在全局工作中谋划、部署和推动。建议省直有关部门把铸牢中华民族共同体意识工作列入意识形态领域、绩效考评和荣誉表彰等体系中，协调组织、人社等部门，比照文明单位创建、平安建设考评指标，建立相应的奖惩机制。

（二）加强宣传教育，不断铸牢根基。将铸牢中华民族共同体意识培训纳入各级党校、行政学院培训内容，举办铸牢中华民族共同体意识培训交流活动，提升各级领导干部、民族宗教工作干部铸牢中华民族共同体意识的理论水平和实践能力。以民族团结进步宣传月为契机，运用各种新媒体，以群众喜闻乐见的形式，宣传民族政策法规，讲好民族团结故事，不断铸牢各级干

部和社会各界群众的中华民族共同体意识。建议省里编印统一的宣传读本、宣传画报，多层次举办各种培训，全方位做好政策解读，广泛凝聚共识。

（三）加强顶层设计，深化示范创建。建议省直有关部门围绕铸牢中华民族共同体意识，明确各自的工作职责，制定各行各业民族团结进步创建示范测评标准。组织开展跨区域、跨部门的民族团结进步创建互观互检活动，不断扩展民族团结进步创建领域，让更多干部群众参与到民族团结进步事业发展中来。

（四）整合各方力量，提升治理能力。把铸牢中华民族共同体意识工作纳入党委、政府工作范围和社会治理体系，纳入社区工作事项清单，整合政法、信访、司法、民族宗教等部门力量，探索铸牢中华民族共同体意识的新路径。

铸牢中华民族共同体意识
打造有温度的幸福龙岩[①]

龙岩市民族宗教局

中华民族共同体意识是国家统一之基、民族团结之本、精神力量之魂。近年来，龙岩市以加强各民族交往交流交融为根本途径，全面深入持久开展铸牢中华民族共同体意识宣传教育，为打造有温度的幸福龙岩凝聚力量。

一、龙岩市铸牢中华民族共同体意识的工作实践

（一）加强民族团结进步宣传教育。一是把民族团结进步教育纳入干部教育全过程。把习近平总书记关于民族工作的重要论述和党的民族理论政策作为各级党委（党组）理论学习中心组学习的重要内容，纳入干部职工教育培训范围，纳入各级党校（行政学院）、社会主义学院培训计划，把民族团结进步教育作为重要内容纳入干部任职培训、公务员入职培训之中。全市民族宗教工作领导干部通过上专题党课、作专题讲座等方式，为乡镇统战委员、党校学员、机关干部职工、宗教界人士作“民族理论政策”专题辅导、“加快民族乡村发展”专题党课，积极为民族工作鼓与呼，全力推动民族工作社会化，大力营造全社会都来关心支持民族工作的浓厚氛围。二是把民族团结进步教育纳入国民教育全过程。把民族团结教育纳入全市大中小学教育重要内容，开展民族团结教育教研活动和课题研究，加大师资培养和培训力度。把民族团结教育抓在日常、抓在经常，针对不同年龄段学生特点组织开展丰富多彩的教育活动，让民族团结进步理念、中华民族共同体意识入脑入心。指导民族中小学撰写编印《畲乡神韵》《畲乡民俗》《畲乡山歌》等系列校本教材，

---

① 本文系 2021 年福建省民族与宗教事务厅主办的“铸牢中华民族共同体意识论坛”交流文章。

将畲歌、畲舞、畲族体育等纳入课堂活动。三是把民族团结进步教育纳入社会教育全过程。组织编印了《闽西畲乡》《红土地上的畲族风情》《红土地民族情》，通过图文并茂的方式宣传民族历史渊源、民族乡村面貌、民族文化风情及民族工作成效。以每年九月“民族团结进步宣传月”为载体，充分利用报纸、电视、微信、短信、互联网等各种新闻媒体，通过开展启动仪式、集中宣传、走访慰问、为少数民族群众办实事解难事做好事等方式，在各族干部群众中广泛开展民族团结进步宣传教育，大力宣传民族团结进步模范集体和模范个人的先进事迹，在全社会营造良好的民族团结进步舆论氛围。邀请龙岩电视台《看龙岩》《客家风》节目组和《闽西日报》对“全国民族团结进步模范个人”钟加樟同志进行系列采访报道，进一步讲好民族团结进步微故事。与团市委、市教育局联合主办的“感党恩·庆国庆·增团结”闽藏少年儿童手拉手交流活动在古田红军小镇顺利开营，50 多名闽藏少年儿童参加。

（二）繁荣发展民族优秀传统文化。一是传承少数民族文化。挖掘整理少数民族优秀文化，重点推出“树叶吹奏”“香灯龙”“竹杆舞”“高桩舞狮”等一批畲族文化成果。成立“龙岩市畲族文化研究会”，发挥其在挖掘、保护、传承、创新优秀民族文化的作用。成立“龙岩市畲族艺术团”，进一步挖掘传承畲族文化艺术，活跃畲民文艺生活。在上杭县、漳平市举办畲歌畲语培训班，少数民族干部群众、民族中小学师生、畲歌畲语爱好者参加培训。二是开展节庆活动。办好“三月三”畲族文化节、“梅花节”“梅子采摘节”“脐橙采摘节”“龙舟赛”等节庆活动，促进各民族交往交流交融。组织参加每五年一届的全省少数民族文艺调演和每四年一届的全省少数民族传统体育运动会。2018 年，成功举办中华一家亲·2018 海峡两岸各民族欢度“三月三”节暨福建省第七届“三月三”畲族文化节、第十一届海峡两岸少数民族丰收节。三是建设教育交流基地。建设好上杭县“海峡两岸少数民族交流合作基地”，促进两岸融合发展。在民族乡村建设集思想教育、文化宣传、畲乡风情展示、休闲功能于一体的“铸牢中华民族共同体意识教育基地”，修建民族团结文化广场、民族文化长廊、民族宣传栏、民族艺术墙、景观石等，在建设中融入民族元素及“铸牢中华民族共同体意识”“共同团结奋斗、共同繁荣发展”“中华民族一家亲，同心共筑中国梦”等宣传标语。

（三）促进全市民族乡村振兴发展。一是推进市领导挂钩帮扶民族乡工作。市委主要领导、分管领导挂钩帮扶上杭县庐丰畲族乡，市政府主要领导、分管领导挂钩帮扶上杭县官庄畲族乡。市领导每年到挂钩帮扶乡调研指导不少于1次，听取民族工作情况汇报，研究解决民族工作中遇到的困难和问题。上杭、长汀和漳平市分别建立了县委书记、县长和市委常委（10个）分别挂钩帮扶1个民族乡（村）的工作机制。二是组织开展挂钩帮扶民族村工作。组织开展市、县两级民族工作协调委员会成员单位挂钩帮扶民族村工作，五年一轮。各挂钩帮扶单位每年落实一笔帮扶资金，每年到挂钩帮扶民族村调研指导不少于2次。全市51个民族村实现挂钩帮扶全覆盖。三是加快推进少数民族特色村寨建设。优先将14个少数民族特色村寨保护与发展试点村纳入全市“千村整治、百村示范”美丽乡村建设工程及乡村旅游“百镇千村”创建范围，多方面给予政策、资金支持。优先将国家民委正式命名的“中国少数民族特色村寨”上杭县官庄畲族乡树人村、庐丰畲族乡丰康村和漳平市赤水镇香寮村、桂林街道山羊村4个村列入“全市乡村旅游示范点”扶持对象，在建设特色民居、传承民族文化、发展特色产业等方面给予重点扶持。

（四）促进各民族交往交流交融。一是做好少数民族流动人口服务管理工作。做好城市民族工作，保障少数民族流动人口的合法权益。发挥好新罗区曹溪街道龙钢社区作为“全省少数民族流动人口服务管理工作联系点”的作用，为来岩少数民族流动人口就学、就业、务工、经商提供便利。在新罗区曹溪街道龙钢社区工作生活了19年的新疆籍青年乃比·依明和老乡一起带着价值近2万元的葡萄干、衣服、枕套等物品，同曹溪街道干部一起走进新罗区康福托老院开展献爱心活动，为该院126名老人送去温暖。二是办好龙岩一中新疆班。进一步加强民族团结教育，不断增强各族学生“五个认同”“三个离不开”的思想观念。每年春节前夕，龙岩市民族宗教局领导均会前往龙岩一中慰问新疆籍师生，送去新春的祝福和慰问金，祝福新疆学子在龙岩生活好、学习好、身体好，让每一个新疆学子成为龙岩与新疆人民团结友爱的桥梁和纽带。三是广泛开展民族团结进步创建活动。发挥好“第四批全国民族团结进步教育基地”——上杭县古田镇苏家坡村树槐堂和“第七批全国民族团结进步示范单位”——上杭县古田镇苏家坡村在宣传党的民族政策和民族工作成就，展示和交流民族优秀传统文化等方面的示范教育作用。2018年，总投资670万元的闽西畲族馆正式开馆。大力推荐全国、全省民族团结进步模范集体、模范个人候选名单。大力推动民族团结进步创建活动进机关、企业、社区、乡村、学校和宗教活动场所。

（五）切实推动依法治理民族事务。一是依法保障各民族公民合法权益。全面落实宪法及民族工作法律法规和政策，加强民族政策及法律法规执行情况监督检查。做好公民民族成份变更工作，加强与教育部门的沟通协调，落实好少数民族教育政策，帮助解决外来少数民族学生就学问题。2019 年 8 月，四川藏族群众叶西俄木儿子叶耀辉入读苏溪小学；2021 年 8 月，甘肃回族群众马一苏夫的两个孩子马玉兰、马玉萍，甘肃回族群众妥木洒的孩子妥月华入读月山小学。二是用心用情服务少数民族群众。热情接待来信来访少数民族群众，积极宣传党的民族政策和国家的有关法律法规。对反映涉及本部门职权范围内的矛盾和问题，认真按照国家的有关法律法规和政策及时妥善给予解决，全力为来访人员办实事、做好事、解难事。不在本部门职责范围内的工作，迅速将有关情况向相关部门反映，争取重视支持，妥善处理解决少数民族群众的合理诉求，确保民族和睦、社会和谐。三是妥善处理影响民族团结的矛盾纠纷。定期开展民族领域意识形态研判，对涉及民族方面的事件每月逐级实行零报告制度，把维稳触角延伸到民族乡村。重点做好春节、国庆、中秋等重大节日期间民族领域安全防范工作，防范化解民族领域重大风险隐患。对民族领域排查出来的不稳定因素，加强部门之间的沟通协调，综合运用法律、教育、协商、调解等方式迅速化解，把矛盾纠纷解决在萌芽状态，坚决杜绝违反民族平等政策、歧视少数民族群众、伤害少数民族感情、损害少数民族权益的现象。

二、当前铸牢中华民族共同体意识存在的主要问题

一是民族政策法规宣传力度不够，方式单一，吸引力不强。二是一些部门、干部对民族政策法规了解不全面，处理民族问题方式简单粗暴。三是对民族政策及法律法规执行监督检查不多。四是对铸牢中华民族共同体意识理论的概念体系、科学内涵、内在逻辑等方面理论解读、实践指导的书籍较少，缺乏配套文件或行业指导意见。五是缺乏专门研究机构及研究人员。

三、进一步铸牢中华民族共同体意识的几点建议

（一）组建专业研究机构。推动“中华民族共同体研究院（学院）”建设，使之成为研究铸牢中华民族共同体意识的重要阵地。

（二）大力培养专业人才队伍。在福建农林大学、集美大学、福建工程学院、闽江学院、宁德师范学院等设立民族预科班的高校中筹建“中华民族共

同体学科专业”，大力培养专业人才。

（三）加强中华民族共同体意识研究。省民族宗教厅加大对理论研究经费投入，通过省民族宗教厅专项课题、省民族宗教研究所自设课题等项目，引导专业研究机构、高校把人员师资、项目经费等聚焦到中华民族共同体领域的研究。建议研究制作一份“铸牢中华民族共同体意识”通用授课提纲，供各地授课人员学习参考。

（四）保障工作经费及人员编制。在市、县民族宗教局设立专门机构——“中华民族共同体意识研究中心”，核定人员编制和专项经费，解决民族工作部门人员少、经费紧的问题。从国家到县级，财政划拨资金设立“铸牢中华民族共同体意识”宣传教育专项经费，用于铸牢中华民族共同体意识宣传、教育、培训、研究等。

凝心聚力开新局　同心同向谋新篇[①]

泉州市民族宗教局

泉州是沿海少数民族散居地区，有1个民族乡、48个民族村（社区），现有回族、畲族、蒙古族、满族等55个少数民族成份，少数民族人口31.14万人，约占全市总人口的3.53%。全市现有独立设置的少数民族学校20所；其中少数民族幼儿园5所、小学12所、初中2所、完中1所。有西藏中职班3所，分别为泉州农业学校、泉州华侨职业中专学校、晋江华侨职业中专学校（以上数据截至2021年底）。

一、泉州市铸牢中华民族共同体意识的主要做法

（一）完善创建机制，把好“基准点”

泉州认真贯彻落实中央、省委关于全面深入持久开展民族团结进步创建、铸牢中华民族共同体意识的工作部署，始终坚持把开展民族团结进步创建活动作为推动民族工作的重要抓手，制定下发《中共泉州市委统一战线工作领导小组关于全面深入持久开展民族团结进步创建工作铸牢中华民族共同体意识有关工作的通知》《中共泉州市委教育工委等四部门关于深化新时代学校民族团结进步教育指导纲要》等文件，将铸牢中华民族共同体意识融入宣传工作大格局中。深化新时代学校民族团结教育工作，推动中华民族共同体意识教育进校园、进课堂、进头脑。

① 本文系2021年福建省民族与宗教事务厅主办的“铸牢中华民族共同体意识论坛”交流文章。

（二）巩固宣传阵地，突出“关键点”

1. 创新驱动“互联网＋民族团结”。积极探索新时期民族团结进步创建工作新模式，注重运用互联网特别是微信、微博、微视频等，多渠道、全方位开展民族团结进步宣传活动。泉港区、南安市畲族文化馆、泉港区蒙古族文化馆通过网络以全景图片形式开展宣传，增强了宣传教育的互动性和吸引力。晋江市、石狮市、惠安县依托5G技术，打造平台，推出“民族团结一家亲，同心共筑中国梦”线上答题活动，吸引将近20万人次参与民族政策法规及民法典知识的学习。泉港区通过“融情相依 吉祥泉港”民族村（社区）风采云展示、发布专题抖音视频等形式，通过线上线下相结合的形式开展民族团结进步教育，做到全面动员、全域覆盖、全员参与、全面推进。

2. 培育典型“示范创建＋民族团结”。近年来，泉州市强化铸牢中华民族共同体意识教育，积极组织开展民族团结示范区（单位）创建活动，发挥示范引领作用，形成以点串线、以线连片、以片带面的创建工作格局。全市先后培育4个“全国民族团结进步示范区示范单位”和5个“全省民族团结进步重点区重点单位”，共有6个集体被表彰为“全国民族团结进步模范集体”。

3. 丰富提升“文化传承＋民族团结”。因地制宜保护少数民族优秀传统文化。各民族村（社区）深入挖掘、利用本民族、本村特有文化生态资源，打造各类载体，带动少数民族优秀传统文化的保护和传承。洛江、泉港积极做好非物质文化传承保护。安溪县盛富畲族村围绕“游铜锣古地、赏畲族文化、品特色美食、购盛富竹编”发展思路，传承弘扬传统竹编技艺，该村被列入中国首届“农民丰收节”100个特色村庄名单。

4. 广泛开展“社会参与＋民族团结”。各县（市、区）开展形式多样的系列宣传活动，加大民族团结进步宣传力度。晋江组织小主播家庭走进陈埭回族史馆、内坑霞美畲族村、龙湖粘厝埔等地开展民族文化体验活动。丰泽区、石狮市在泉州多条公交线路上对公交车拉手及看板设置宣传标语，开展民族政策法规宣传。2016—2020年全市各级财政部门累计投入民族团结进步创建专项经费492.46万，2016年以来，仅宣传月期间共举办民族团结进步文艺演出、民族节庆、民族体育竞技活动200场次，发放宣传资料（信息）13万余份（条），开设民族团结进步宣传专栏进行专题报道120余次，全市各级各部门共开展265场民族宗教专题法治宣传活动，营造了民族团结的良好氛围。

（三）强化教育根本，找准“切入点”

1. 丰富民族教育内涵。一是注重德育红色结合。以爱国主义和民族团结教育为重点，突出思想政治建设，让“五个认同”“三个离不开”思想、铸牢中华民族共同体意识入脑入心。泉州华侨职业学校组织内地西藏中职班学生开展社会主义核心价值观、维护祖国统一和民族团结等专题教育，多次组织藏族学生赴古田会址、长汀、瑞金追寻先辈足迹，接受红色革命的传承教育，教育效果明显。二是注重交往交流交融。泉州华侨职业学校、泉州农校组织西藏中职班与汉族班级联谊，共度汉藏各种传统佳节，让藏族学生和汉族学生同台演出，共唱民族团结之歌，加深汉藏学生彼此的了解，促进交往交流交融。三是注重社会实践。晋江华侨职校组织西藏班学生前往安溪、德化开展“劳动创新 格物致知”研学活动，让西藏班师生对闽南文化有了更深的认识，使他们更好地融入泉州、融入福建。

2. 提升教育环境建设水平。一是深化环境育人理念。开展丰富多彩的民族团结教育主题活动，运用学生喜闻乐见的、“滴灌”的形式，在潜移默化中教育引导学生树立民族团结的思想。晋江内坑霞美畲族小学利用教学楼走廊、通道等空间，把畲族历史、民俗风情、传统技艺等畲族文化描绘上墙，营造和谐的文化氛围。二是加大校园建设投入。晋江市把陈埭民族中学迁建工程列为市政重点建设项目，累计完成投资 1.1 亿元完成了整体搬迁。晋江市政府投入 5000 多万建设陈埭民族中学体育馆、运动场，将其作为“2020 世界中学生运动会”赛馆之一，为陈埭民族中学发展文体项目创造了良好的环境。三是推动少数传统体育运动发展。泉州师范学院、泉州幼高专等 7 家单位分别挂牌成立省、市两级少数民族传统体育运动项目训练基地，进一步加大基地建设和人才培养力度，推动泉州市少数民族传统体育运动项目的发展。2019 年，受省民族宗教厅、体育局委托，泉州市组织武术队、板鞋竞速队和表演队代表福建省参加第十一届全国少数民族传统体育运动会，取得竞赛项目 1 个一等奖、2 个二等奖、3 个三等奖，表演项目综合类 1 个二等奖、1 个三等奖的优异成绩。

3. 创新民族教育工作。一是推进民族教育管理创新。推进小片区管理、委托管理、合作办学等办学机制体制改革，扩大优质教育资源供给。如 2017 年晋江陈埭民族中学与泉州五中合作办学，主动对接优质资源，为民族中学迈入一级达标高中奠定坚实的基础。创新管理方式，扎实推进优质学校示范辐射带动作用，切实提升民族学校管理水平。台商投资区的民族幼儿园、小学从 2013 年 1 月起与市直小学（幼儿园）签订帮扶共建协议以后，扎实开展帮扶共建工作。双方合作交流不断深入，从学校（园）管理到教学示范，从资源共享到教师培训，从宏观对接到专题研讨，提升了民族教育管理工作水平。二是加强教学视导和教师研训。加大学科研训的规模与力度，在省级、市级师资培训的名额分配上向民族乡村教师倾斜。实施泉州市教育“领航团队”培育工程，每年财政投入 1000 万元组织培养对象赴京沪脱岗研修一年，倾力打造一批教育领航人才。建立健全教师激励机制，近年来，市教育局直属学校共选调 15 名优秀教师到民族乡村中小学（晋江陈埭、泉州台商投资区百崎、泉港等 3 地民族中小学）开展支教工作。三是深化民族教育课程改革。加强地方课程和校本课程的研究开发，台商投资区回族小学与白奇村南音社达成共建协议，在学校设立南音社团，编写《童声传古韵南音教本》，传承南音古韵。晋江溪边民族小学开设了《学说闽南话》校本课程，编写了闽南语校本教材，结合传统节日向学生们介绍闽南地区特有的民俗文化，了解民族风俗，增进各民族交往交流。

二、当前铸牢中华民族共同体意识存在的问题

1. 铸牢中华民族共同体意识宣传教育手段还不够丰富，效果不太理想，需进一步提高在互联网阵地和新媒体领域的影响力和传播力。

2. 目前铸牢中华民族共同体意识教育工作大多依托在学校，缺乏家庭、企业、社会、政府等育人主体沟通联动机制。应多方协同家庭、社会、政府、企业等育人主体，共同打造线上线下立体化、交互式教育空间，构建全员全过程全方位育人生态。

3. 民族教育存在优质资源匮乏且配置还不均衡、投入资金不足、师资力量配备不理想、管理水平和教育质量有待提高的问题。中职班负责老师的补助、考评、奖励等相关政策未能跟进。民族学校教育教学、科研水平还不能很好地适应推进素质教育的需要。

三、深化铸牢中华民族共同体意识的建议

1. 创新宣传教育载体和方式

建议依托微信、微博等载体，开发制作微视频、微电影、微课堂，积极

开发慕课等新型教育平台资源，拓展学习教育平台，增强铸牢中华民族共同体意识宣传教育的吸引力、感染力，进一步提高对互联网规律的把握能力、对网络舆论的引导能力、对信息化发展的驾驭能力、对网络安全的保障能力，把互联网空间建成促进民族团结进步、铸牢中华民族共同体意识的平台。

2. 扎实推进铸牢中华民族共同体意识宣传教育

（1）建议加强中华民族共同体意识教育整体规划和设计，整合育人资源和强化课程建设，推动课程教育、专业教育、实践教育、网络教育与铸牢中华民族共同体意识教育深度融合。结合各学段学生特点和知识结构，构建符合各学段教育规律的前后贯通、循序渐进、有机衔接的中华民族共同体教育体系。

（2）建议建立健全铸牢中华民族共同体意识宣传教育工作协同机制，家庭、社会、政府、企业等育人主体沟通联动机制，不断延伸铸牢中华民族共同体意识宣传教育的涵盖领域，促进铸牢中华民族共同体意识宣传教育深度植入第二课堂、实践课程。

（3）建议提高铸牢中华民族共同体意识教育在教育考评体系中的比重，把铸牢中华民族共同体意识作为教育核心工作来抓，将有关要求具体落实到教师队伍建设上、教材编写上、教学方法改进上、教育政策完善上。

福建省民族乡村脱贫人口可持续发展问题研究

——基于龙岩、泉州部分民族乡村的调查[①]

省民族与宗教研究所课题组

民族乡村脱贫人口可持续发展是巩固拓展脱贫攻坚成果的重要保证，是乡村实现振兴、实现共同富裕的重要条件。2019年底，福建省116个少数民族建档立卡贫困村、11581名少数民族贫困群众已全部脱贫摘帽，为民族乡村振兴、迈向共同富裕奠定了坚实基础。当前，巩固拓展脱贫攻坚成果与乡村振兴有效衔接是民族乡村工作的重中之重。2022年中央“一号文件”将防止发生规模性返贫作为底线任务予以明确。防范返贫风险，促进脱贫人口可持续发展，是巩固拓展脱贫攻坚成果同乡村振兴有效衔接的重要抓手。本文以福建泉州、龙岩的部分民族乡村为例，总结促进脱贫人口可持续发展的经验做法，分析面临的优势、劣势、机遇与挑战，并提出促进民族乡村脱贫人口可持续发展的可行性路径。

一、民族乡村稳定脱贫成果的实践经验

（一）突出党建引领，加强基层党组织建设。一是持续选派驻村第一书记，强化基层党组织力量。选派党员干部驻村任职，是习近平总书记在福建工作期间倡导推动的一项重要工作。多年来，选派驻村第一书记驻村挂职成为打赢脱贫攻坚战的重要经验之一。为巩固脱贫攻坚的成果，省、市、县三级联动，为党组织软弱涣散的村选派驻村第一书记进行全方位帮扶，规范村党组织“三会一课”、主题党日、发展党员等基本制度，健全村“两委”工作制度，抓好换届工作，完善各项村级规章制度，不断提升村党组织的组织力、

① 本文为2022年度国家民委信息调研课题研究报告。课题组组长：谢世清；成员：黄淑萍，张森海，陈湃洋；执笔：黄淑萍。

凝聚力、战斗力。二是加强党员学习教育，提升履职能力。乡党委书记逐一约谈村干部，统一思想认识，压实责任，把党员干部在各项重大工作中的表现情况作为年度考核的重要依据，推动村干部认真履职。通过开展支部结对共建、党务知识培训，组织外出学习考察等方式加强对村党员的学习教育，提升其政治理论素养。

（二）突出风险预警，健全返贫动态监测机制。一是由上而下入户排查返贫风险。村“两委”组建工作队，开展入户走访调研，了解村民尤其是脱贫户的生产生活情况，建立民情台账，将已脱贫但不够稳定的建档立卡贫困户和收入略高于现行扶贫标准的“边缘户”纳入监测范围，并进行跟踪回访实现动态管理。二是由下而上农户主动申报返贫风险。家庭年人均可支配收入低于当地低保标准的农户以及因病、因残、因灾、因疫情影响等引发收入骤减、支出骤增的农户可以通过闽政通 APP 的“一键报贫”平台进行网络申报。各级扶贫部门对农户申报情况进行核实，并及时给予相应的救助。通过农户主动申请、部门筛查预警、基层干部定期跟踪回访相结合的办法，将易致贫返贫人口和突发严重困难的农户纳入监测帮扶范围，有效提升了返贫监测的效率。

（三）突出帮扶成效，继续落实挂钩帮扶政策。一是持续开展挂钩帮扶工作。龙岩市、泉州市分别于 2020 年、2021 年启动新一轮为期 5 年的挂钩帮扶民族乡村工作，保障民族村挂钩帮扶全覆盖。进一步完善乡、村、挂钩单位、挂钩干部工作职责，严督实导，形成合力。泉州市委统战部、文明办等单位建立市、县、村三级联动机制，使帮扶工作更加精准。据统计，2020 年龙岩市民族工作协调委员会成员单位落实帮扶资金 170 多万元，2021 年落实帮扶资金 342.9 万元。泉州市要求挂钩帮扶单位每年安排不少于 5 万元专项帮扶资金帮助民族村（社区）完善基础设施建设。二是着眼民生，提高帮扶效率。各挂钩单位以解决民族村实际问题为出发点，深入挂钩帮扶民族村开展调研，统筹村情与本单位工作职责，研究帮扶措施，助力完善基础设施和发展产业。如泉州市民族宗教局帮扶善坛村修缮通村道路；泉州市资源规划局引导盛富村发展壮大毛竹产业；龙岩市生态环境局指导农户发展蔬菜种植，培养产业发展带头人，带动农民增收；龙岩市科技局安排菌草种植方面的科技特派员指导挂钩民族村的食用菌种植，实地把脉问诊，提高村民的种植水平，提升其造血能力。

（四）突出产业带贫，多元化发展产业扶贫。一是发展特色种养业。各村立足资源优势，发展主导产业。如龙岩的德康村发展灵芝、河田鸡、贵妃鸡等种养业，香寮村凭借省级“一村一品”烤烟示范村优势，继续做强烤烟产业，深化毛竹产品加工，发展林下菌菇种植；泉州的龙塔村发展水果种植和“三黑”（黑鸡、黑兔、黑羊）特色养殖，盛富村壮大茶叶和竹编产业等。二是发展激励性产业扶贫项目。通过“政府搭台，经营主体补台，贫困户唱戏”的方式，无偿或低偿给予脱贫户项目、技术、资金、岗位等外在帮扶，激发脱贫户的内生发展动力。目前，德康村有油茶种植、蔬菜种植、蜜蜂养殖、河田鸡养殖等多个激励性产业扶贫项目。村里有劳动能力的脱贫户均参与了其中一项产业扶持项目。三是探索多元的发展模式。创新企业、高校、村党支部、种养大户、合作社、脱贫户等多方主体的合作方式，凝聚发展力量。以土地、资金、劳力、技术等要素入股企业的方式开展村企、村校共建；通过党支部领办专业合作社壮大力量、带动广大村民积极参与产业发展；采取“合作社＋种养大户＋贫困户”模式，带动脱贫户发展特色种养业。

（五）突出多元增收，扎实推进就业帮扶。一是加强职业技能培训。根据劳动力市场需求，结合村里劳动力的特点，开展老人照护、家政服务、婴幼儿照看等职业技能培训；综合各村种养产业发展，开展水果、蔬菜、肉牛、贵妃鸡、河田鸡等种养殖培训；同时，为提高农民综合素质，开设新型职业农民培训、农村电子商务知识培训等。二是提供就业信息。针对劳动力市场信息不对称问题，村“两委”广泛收集各类企业用工信息，并通过村务公开栏、村微信群等平台推送给村民或点对点推送给有劳动能力的脱贫户。三是拓展就业渠道。根据村情，设立乡村保洁员、公路养护员、乡村教师等公益性岗位，优先安排脱贫人口就业。发挥农民专业合作社的平台作用，吸纳脱贫户在家劳动力到合作社务工，实现在地就业。探索“农业经营主体＋贫困户”“企业＋贫困户”的用工模式，根据经营主体的用工需求，村“两委”优先推介脱贫户实现就近灵活就业。如泉州厝斗村通过出租场地、油茶园基地，带动本地村民30余人包括多名脱贫户实现就业，泉州龙塔村引进高新技术产业建设项目，为村民提供50多个岗位，优先安排困难群众就业。

二、民族乡村脱贫人口可持续发展的态势分析

（一）优势。首先，福建是习近平新时代中国特色社会主义思想重要孕育地、实践地。习近平总书记在福建工作17年半，对如何脱贫致富、加快发

展，提出了许多富有前瞻性的重大理念、观点和方法。其重要著作《摆脱贫困》，立足闽东经济社会发展，为脱贫攻坚、全面建成小康社会提供了丰富的实践经验和理论指引，对于当今推动脱贫人口可持续发展、实现乡村振兴与共同富裕，仍具有重大指导意义与时代价值。其次，福建省少数民族乡村经济社会发展基础较好。2019 年，我省提前完成脱贫攻坚任务，为巩固脱贫攻坚成果与民族乡村振兴有效衔接奠定了较好的物质基础。第三，在脱贫攻坚阶段，积累了一系列促进民族乡村经济社会发展的实践经验，如挂钩帮扶民族村、实施造福工程、扶持人口较少民族发展、向民族村派驻第一书记、建立健全返贫动态监测机制。

（二）机遇。一是全方位推进高质量发展超越为乡村振兴提供新的机遇。2020 年，《中共中央国务院关于实现巩固拓展脱贫攻坚成果同乡村振兴有效衔接的意见》出台，2021 年，中共福建省委、福建省人民政府印发《关于实现巩固拓展脱贫攻坚成果同乡村振兴有效衔接的实施意见》，要求建立健全巩固拓展脱贫攻坚成果长效机制，进一步完善农村低收入人口常态化帮扶机制，稳步提高低收入人口的生活水平，在促进共同富裕上取得实质性进展。二是从法律法规上保障乡村振兴战略的实施。2021 年，《中华人民共和国乡村振兴促进法》出台并施行，同年，福建省出台《福建省乡村振兴促进条例》。三是中国共产党始终将“三农”问题作为工作的重点。2022 年“中央一号文件”，明确提出要牢牢守住不发生规模性返贫的底线，积极促进脱贫人口持续增收。

（三）短板。一是大量青壮年农民外出务工，导致村庄空心化、老龄化，有的民族村外出务工的人数比例高达 80%。乡村人气活力不足，难以盘活各类闲置资源要素，不能满足新时期乡村振兴的需要。二是村级产业基础薄弱，规模偏小，产业类型主要还是种养殖等传统农业，产业链条短，产品附加值较低，发展后劲不足，对脱贫人口的示范带动效应不强。三是脱贫户自身发展能力弱，一些脱贫户习惯性地依赖政府输血式扶贫，存在一定的“等靠要”思想，自身发展动力不足，缺乏发展生产的实用技术，造血功能较差，因病因残因老返贫风险较大，影响脱贫后的可持续发展。四是村集体经济薄弱，村财增收渠道窄，能用于村级公共基础设施建设、用于低收入人口的临时救助、慰问的资金比较有限。

（四）挑战。一是受疫情的影响，经济社会发展将面临更多风险挑战。整体经济增速放缓，对乡村产业发展、农民稳定就业造成一定冲击，导致农民家庭整体收入下降，尤其是脱贫人口的稳定增收的压力增大，返贫风险增加。

二是农村宏观产业结构的调整在短期内可能对农民稳定增收造成一定影响。根据 2022 年“中央一号文件”精神，要牢牢守住保障国家粮食安全的底线，稳定粮食种植面积和产量，宏观上农村产业结构面临调整，在粮食价格难以在短期内大幅上涨的情况下，农民收益将受到一定影响。三是新时代我国社会主要矛盾已经变化，农民对美好生活的向往也将更加丰富多元，促进农民可持续发展、推动共同富裕的任务将更加艰巨。

三、推动民族乡村脱贫人口可持续发展的路径

（一）完善培训教育机制，破解能力贫困。人是最活跃的生产力要素。脱贫人口素质的提高、造血能力的提升是实现可持续发展的关键内因。一是精准确定培训对象。以乡镇为单位，对所管辖的各个村落脱贫人口根据年龄、性别、劳动能力、文化水平、家庭状况等进行分类造册，统筹村落未来的发展走向、脱贫户从事的农业生产类型等来确定不同类型的培训对象。二是科学设置培训内容。综合考虑乡村发展的需要、脱贫人口的需求、劳动力市场的供需状况等因素，有针对性地设置培训内容。三是探索多元的培训形式。采取课堂理论教学、实务操作、观摩交流等多种形式调动农民学习的积极性，结合农时、农作物的生产周期，灵活采取分段教学的方式，提升培训效率。四是扶贫扶志，对部分内在发展动力不足的脱贫人口加强思想教育，提升他们发展生产的自觉意识，破解精神贫困。

（二）优化脱贫人口帮扶措施，提升帮扶效率。一是全面梳理和总结在民族乡村脱贫攻坚中所积累的经验和做法，根据新时期实施乡村振兴战略的要求进行优化完善，稳定并优化必要的帮扶政策、清理一些不可持续的政策、探索一些新的预防返贫帮扶措施。二是在以政府为主导的帮扶体制下，引导更多的企业、社会组织以及技术人才加入乡村振兴队伍中，汇聚政策、资本、技术、人才等资源，形成合力，辐射带动脱贫人口发展。三是完善民生保障兜底。脱贫户中因病因残因老返贫的风险较高，要进一步完善农村社会医疗、社会救助、社会养老保障等基本公共服务，补齐农村基本民生需求短板，建立可持续的民生兜底保障机制。

（三）壮大乡村产业发展规模，发挥带贫效应。产业扶贫是脱贫攻坚的一个重要举措，脱贫产业的可持续发展直接影响脱贫人口的稳定增收。一是立足乡村的资源禀赋，发展壮大特色产业，同一区域内资源优势相近、产业同

质化的村落进行联合发展，避免内部恶性竞争，减少内耗，扩大特色产业规模，增强产业竞争力。二是建立政府、企业、社会组织、乡村等多元主体共建共享机制，打造“党支部＋合作社＋农户”“企业＋基地＋合作社＋农户”“政府＋合作社＋能人＋农户”等多元化的乡村产业发展模式，鼓励脱贫户以资源、技术、劳力入股等多种方式真正参与到产业发展中。三是推动产业融合发展。加强乡村不同产业之间的联结。如结合民族乡村的文化特色，推动农旅产业融合发展。延伸产业链条，推行产加销一体化，将农业生产资料供应，农产品生产、加工、储运、销售等环节链接成一个有机整体，深化农产品的深加工、精加工，不断提高农产品的附加值。

（四）提升乡村治理效能，强化党建引领。一是加强村党支部建设，发挥战斗堡垒作用。借助省、市、县派驻第一书记的政策机遇，选优配强村“两委”班子，完善村级组织运行制度，吸收优秀青年、致富能人等加入党组织，充实党支部力量，优化党员结构，加强对党员干部的教育培训，提升综合素质。二是继续完善乡村党员干部联系群众、服务群众的工作机制，及时了解村民的困难与诉求，掌握村民的生产生活情况，通过服务群众，密切党群关系。三是发展壮大村集体经济，厘清村集体经济的收益分配权，保障成员共享村集体经济发展成果，发挥村集体经济的带贫作用。加大投入持续完善脱贫乡村的基础设施建设，为村民发展生产创造良好的外部环境。四是加强乡风文明建设，挖掘弘扬优秀的乡村文化，发挥文化的桥梁纽带作用，完善村规民约的道德教化、行为约束等功能，营造民族团结、和谐稳定的生产生活环境。

加强少数民族文化建设　提升福建文化软实力①

福建省民族与宗教研究所　黄淑萍

文化软实力是一个国家和地区的生命力、创造力和凝聚力的力量源泉。自党的十八大以来，福建迈入全方位推动高质量发展超越的新时期，面临新机遇、新挑战，需要文化为其提供强劲的精神动力。福建少数民族文化丰富多元、鲜明独特、与台湾渊源深厚，是福建文化的有机组成部分，在提升福建文化软实力方面应发挥自身的优势。

一、少数民族文化在福建文化软实力建设中的地位

1. 少数民族文化是福建文化的重要组成部分

福建是文化资源大省，地域特色鲜明，文化类型繁多，如闽学—理学文化、名人文化、船政文化、红色文化、戏曲文化等[1]，少数民族文化也是福建文化的重要组成部分。福建是少数民族散居省份，55个少数民族成份齐全，其中畲族人口全国最多。习近平总书记在福建工作期间曾指出，“畲族文化在国内占有相当重要的地位，是闽东文化中一颗璀璨的明珠[2]。畲族文化是一个闪光点[3]，是国家的一份宝贵财富。”福建也是我国回族的重要发祥地之一，同时还是大陆高山族人口较多的省份之一。在长期的历史发展过程中，我省各民族相互交往交流交融，共同创造了丰富多彩的民族文化。福建的畲族、回族、高山族、满族、蒙古族等少数民族文化均是福建文化不可缺少的组成部分。

2. 少数民族文化是福建文化多样性的体现

少数民族文化是各民族在特定的环境和历史条件下创造的，往往具有特

---

① 本文为2021年省重点课题“福建文化软实力研究”的子课题“发挥民族宗教文化在提升福建文化软实力方面的独特作用”的民族部分成果。

定的类型，且内容广泛、形式多样，主要包括生活习俗、伦理道德、宗教信仰、语言文字、文学艺术、生产技术、民族历史、建筑服饰等[5]。福建的畲族、回族、满族、蒙古族、高山族等少数民族，都有自己独特的文化传统，如畲族的传统建筑、文人作品、民间歌谣、服饰、婚嫁习俗、节庆习俗等，回族的传统建筑、石刻碑文、信仰习俗等，满族、蒙古族的石刻、文人作品等[6]，高山族的舞蹈、服饰等。这些都是各少数民族在福建特定的历史条件下形成的各具特色的亚文化类型，它们的发展增添了福建文化的多样性。

3. 少数民族文化是福建优秀传统文化的重要载体

福建少数民族文化遗产形态多样，有民间文学、传统音乐、传统舞蹈、传统技艺、民俗、传统体育、传统医药等类型的少数民族非物质文化遗产。有蓝廷珍府第（畲族）、观音亭寨（畲族）、漳州清代石牌坊·勇壮简易坊（畲族）、百崎郭氏墓群（回族）、陈埭丁氏宗祠（回族）等被列为全国重点文物保护单位；有长乐区航城街道琴江村（满族村）、霞浦县溪南镇半月里村（畲族村）等中国历史文化名村；有福州福清市一都镇东山村（畲族村）、泉州晋江市龙湖镇福林村（满族村）、三明大田县桃源镇东坂村（畲族村）等省级历史文化名村。这些少数民族文化遗产蕴含着传统技艺、伦理道德、价值理念等，是人们宝贵的精神资源，是福建优秀传统文化的重要载体。

二、福建省少数民族文化建设所取得的成效与不足

1. 少数民族非物质文化遗产有效传承

近年来，福建省持续加强少数民族非物质文化遗产保护传承工作，建立了少数民族非物质文化遗产名录，推动非遗项目代表性传承人的认定。目前有 31 项少数民族非物质文化遗产被列入省级“非遗”名录，其中 9 项被列入国家级“非遗”名录，认定少数民族非物质文化遗产代表性传承人 34 人，其中国家级代表性传承人 5 人。同时，通过建设传习所、开展传承人培训、对传承人给予经费补助等措施，为传承人开展传习活动创造条件，逐步完善少数民族非物质文化遗产的传承机制。成功打造“三月三”畲族文化节品牌，自 2012 年举办首届福建“二月二”文化节活动至今，文化节从对歌、舞蹈、武术、服饰、饮食、传统体育、手工技艺等方面较为集中并全面地反映了福建畲族的文化形态，成为一个重要的文化品牌。推动地方性实体法《宁德市畲族文化保护条例》出台，从立法层面开启对畲族文化的保护。构建非遗文

化进校园传承体系，结合中华传统文化教育，挖掘少数民族文化的精髓，因地制宜地开发民族文化校本课程，将畲歌、舞蹈、剪纸等少数民族文化艺术引进学校课堂，开展丰富多彩的民族文化活动。借智借力，搭建福建中医药大学和我省畲医药协会合作平台，致力传承保护畲族医药。指导华安县成立高山族舞蹈文化研究与保护小组，对高山族舞蹈进行全面普查，积极挖掘、提炼、宣传，并组建高山族舞蹈表演队开展活动。

2. 打造了一批少数民族文化精品

2011 年，福建省民族与宗教事务厅着手实施少数民族文化“双十一”繁荣发展工程，打造了“三月三”畲族文化节、民族文艺精品创作、海峡两岸民族文化交流中心、畲族小说歌传承中心、畲族服装传承保护基地、畲族民俗馆、风情园、回族史馆等 11 个少数民族文化精品项目。有序开展少数民族古籍保护工作，整理出版了《福建省少数民族古籍丛书》。组织创作了一大批少数民族优秀文艺作品，如《凤凰到此》《祥瑞畲乡》《山哈魂》《海歌山魂凤凰情》《“山哈”结婚难离哩》《畲乡童谣》等畲族歌舞节目，其中大型原创舞剧《山哈魂》获第五届全国少数民族文艺会演剧目银奖、福建省第八届百花文艺奖一等奖和第六届福建艺术节剧目金奖。2018 年，举办全省第五届少数民族文艺会演，集中展示了一批文艺精品节目。2019 年，组织 8 个少数民族体育表演项目参加第十一届全国民族运动会，其中畲族表演项目《畲家婚庆》《打枪担》分获一等奖、二等奖。

3. 少数民族文化对台交流取得丰硕成果

闽台两地少数民族历史渊源深厚。近年来，福建省积极发挥两岸畲族同根同祖优势，以乡亲乡情为切入点，开展两岸族谱对接恳亲、寻根谒祖等活动，密切两岸畲族族亲的交流交往。成功打造了海峡两岸少数民族丰收节、海峡两岸民族乡镇发展交流会、“三月三”畲族文化节、海峡两岸少数民族茶产业交流会等平台，拓展了闽台少数民族文化领域的交流合作。积极创建闽台交流合作基地，推动两岸少数民族交往交流交融。截至 2020 年底，全省已有漳浦、福鼎、连江、上杭 4 个县（市）被国家民委授予“海峡两岸民族交流与合作基地”称号。支持漳州组织人员赴金门县共度台湾少数民族丰收节，指导举办 2018 年“中华民族一家亲”海峡两岸少数民族（华安）联欢会、2019 年“高山青，北溪蓝”海峡两岸少数民族歌舞展演活动，将华安县送坑村列为首批漳台交流基地，促进漳州华安高山族与台湾少数民族的相互往来交流。2021 年 7 月，指导南平市举办了“中华民族一家亲、同心共筑中国梦”

为主题的海峡两岸（南平）各民族欢度“六月六”暨南平市畲族乌饭节活动，加强了闽台少数民族同胞的交流互动。

4. 开展各类文化活动丰富了群众文化生活

为丰富群众的文化生活，福建省民族与宗教事务厅致力于完善少数民族乡村的公共文化服务体系，加大民族乡综合文化站、民族村文化室的建设力度，不断提升民族乡村的文化服务能力。坚持每五年举办一届全省少数民族文艺调演，每四年举办一届全省少数民族传统体育运动会。适时举办全省少数民族文化交流周，通过视频、图片、实物等方式展示我省少数民族文化风貌。组织开展少数民族文化进校园和乡村巡演活动，让民族文化贴近百姓生活。支持各地举办“二月二”会亲节、“三月三”畲族文化节、“四月八”牛歇节等少数民族传统民俗活动。命名连江华侨中学等 17 个单位为福建省少数民族传统体育项目训练基地（2021—2024），不断促进少数民族传统体育项目的普及推广。鼓励民族乡村成立少数民族文艺演出队和传统体育表演队，经常开展群众性文体活动，丰富当地群众的文化生活。

着眼提高文化软实力。当前福建少数民族文化建设仍存在一些不足：一是少数民族文化传承创新不足。对少数民族传统文化技艺的传承手段相对保守，运用计算机、网络、通信等现代信息技术发展传统文化的能力较弱，未能实现传统技艺与现代技术之间的融会贯通。二是少数民族文化产业发展动力不强。少数民族文化产业总体发展缓慢，对民族文化资源的利用开发不足。从事少数民族文化创意产业的人才较少，产业规模偏小，发展后劲不足。三是对少数民族文化核心价值观的挖掘提炼不够。从衣食住行、风俗习惯到文学艺术等，尽管对多元的少数民族文化形态进行了抢救保护，但是对蕴藏在文化现象背后的核心价值观研究不足，提炼不够。在新时代背景下，对民族文化的有些解读已经过时，尚未以社会主义核心价值观为引领进行重新梳理、阐释和挖掘与之相契合的文化新元素。四是民族文化对台交流层次不深。闽台少数民族文化交流在广度上已有很大的拓展，形式上也不断丰富，但交流的深度不够，对祖国大陆文化内核的交流不多。

三、进一步加强少数民族文化建设助力福建文化软实力的提升

1. 坚持社会主义核心价值观引领，提升文化的凝聚力

社会主义核心价值观是文化软实力的灵魂，是文化凝心聚力的关键。少

数民族文化是中华文化的重要组成部分，也是我国社会主义核心价值观形成的文化基础，蕴含着社会主义核心价值观的传统理念、人文精神、文化规约、理想追求等。在新时代，要以社会主义核心价值观为引领，对畲族等少数民族的传统习俗、传统技艺、民间文学等不同的文化形态进行深入挖掘和研究，从中提炼出与社会主义核心价值观相一致的文化因子，并将其融入少数民族传统节日、民间规约、日常生活当中，以各民族喜闻乐见的表达方式表现出来，让少数民族群众在生活中感受、领悟社会主义核心价值观。积极倡导我省文艺界将少数民族的优秀传统文化元素与社会主义核心价值观有机结合，创作优秀的文艺作品，传播社会主义核心价值观，赋予少数民族传统文化以新的时代价值。

2. 深化少数民族文化对台对外交流，提升文化的辐射力

少数民族文化是福建开展对台对外交流工作的重要资源和抓手。持续深化少数民族文化对台对外交流是展示福建文化魅力、提升文化辐射力的重要途径。要继续发挥闽台少数民族亲缘、族缘优势，以“三月三”畲族文化节、海峡两岸民族乡镇发展交流会等交流平台为依托，常态性地开展好各项少数民族文化交流活动，不断丰富交流形式、拓展交流领域、深化交流层次。通过联合举办少数民族节庆活动、联合创作文化作品等方式，不断推动两岸少数民族文化创意产业的交流合作，推动我省文化产业发展。支持开展闽台少数民族宗亲交流活动，联结两岸少数民族群众感情，努力增强台湾少数民族同胞对大陆“根、祖、脉”的认同，构筑共同的精神家园。进一步统筹对外交流的文化资源，培育少数民族文化精品，积极创作一些能体现福建少数民族文化精髓的作品，参与在国外举办的文化活动，提升文化知名度。继续引导泉州通过“海外交通史博物馆——伊斯兰文化陈列馆”，积极向海内外宣传“海丝文化”“伊斯兰教文化”在福建的传承发展。鼓励少数民族民间机构、文化团体、个人等参与到文化交流中，形成合力。

3. 传承少数民族优秀传统文化，提升文化的创造力

优秀传统文化是创造力的源泉，离开传统意味着丧失根本。在新时代，依然要传承好少数民族优秀传统文化，为文化创新提供养分。重点抢救和保护民间文学、民俗文化和民族音乐舞蹈等非物质文化遗产。持续开展少数民族非物质文化遗产项目及代表性传承人的申报、认定工作，加强对传承人的培训与管理，为传承人开展授徒传艺活动提供保障，对做出突出贡献的传承人给予表彰。继续办好全省少数民族文艺调演和全省少数民族传统体育运动

会，积极组团参加全国少数民族文艺会演和全国少数民族传统体育运动会。加大对少数民族文艺创作的扶持力度，组织选送优秀文艺作品参加全国及省内外各类交流、展演活动。继续支持各地举办“二月二”“三月三”等民族民间节庆活动。鼓励发展少数民族乡村文化旅游、民族服饰、民族医药、民族银器等文化产业。

4. 讲好少数民族文化故事，提升文化的吸引力

福建少数民族文化故事素材丰富，通过讲故事阐述好、传播好优秀传统文化是实现文化走出去、提升文化吸引力的重要举措。进一步加强对福建少数民族优秀传统文化的研究，将少数民族文化中能体现民族团结奋斗、中华民族共同体认同的精髓，通过讲故事的形式生动直观地展示出来，弘扬主旋律。鼓励、引导文艺工作者从少数民族群众的日常生活中挖掘故事素材，围绕民族团结进步主题，创作具有生活气息的文学、影视剧、舞台剧、宣传片、纪录片等文艺精品，展示传播福建少数民族文化。加强传统媒体与新媒体的融合应用，尤其是要发挥以互联网为核心的新媒体优势，拓展故事传播的渠道，不断增进社会大众对少数民族文化的了解。

概而言之，丰富多元的少数民族文化是福建文化的有机组成部分，承载着人们宝贵的精神财富，是福建文化软实力建设的重要文化资源之一。在新时代，少数民族文化的创新发展要以社会主义核心价值观为引领，提炼精髓，凝练共性，构筑各民族共有精神家园；深入开展对台对外交流工作，不断增强台湾同胞对祖国大陆的认同、对中华文化的认同；守正创新，保护传承好少数民族优秀传统文化，为福建文化持续发展积蓄力量；传播好少数民族文化故事，弘扬民族团结为主旋律，为福建实现高质量发展超越凝聚力量。

参考文献：

［1］吴松江．从福建文化资源看文化的作用［J］．福州大学学报（哲学社会科学版），2007（6）：94—95.

［2］习近平著．摆脱贫困［M］．福州：福建人民出版社，1992：117.

［3］习近平著．摆脱贫困［M］．福州：福建人民出版社，1992：23.

［4］习近平著．摆脱贫困［M］．福州：福建人民出版社，1992.7（2014.8 重印）：125.

［5］郭娅．少数民族文化在国家文化软实力建设中的地位浅论［J］．西南民族大学学报（人文社会科学版），2013（7）：195.

［6］卢美松．八闽文化综览［M］．福州：福建人民出版社，2013：679—699.

关于福建省开展铸牢中华民族共同体意识宣传教育的研究报告①

福建省民族与宗教研究所　黄淑萍

习近平总书记在2021年中央民族工作会议上强调，铸牢中华民族共同体意识是维护各民族根本利益的必然要求，是实现中华民族伟大复兴的必然要求，是巩固和发展平等团结互助和谐社会主义民族关系的必然要求，是党的民族工作开创新局面的必然要求。四个“必然要求”深刻阐释了铸牢中华民族共同体意识的重要意义。当前，广泛深入开展铸牢中华民族共同体意识宣传教育，深化对铸牢中华民族共同体意识重大意义、丰富内涵、实践路径的理解与把握，是新时代民族工作创新发展的现实要求。

自“铸牢中华民族共同体意识”重要论断被提出以来，福建省认真组织开展宣传教育工作，取得一定成效，但也仍然存在一些不足。本研究以全省民族工作部门、民族中（小）学、设内地新疆班、西藏班的学校为调查对象，通过召开座谈会、实地调查、文献资料分析等方法，对福建省铸牢中华民族共同体意识宣传教育的做法进行总结，分析存在的突出问题，并提出一些对策建议，旨在不断深化福建省铸牢中华民族共同体意识宣传教育工作。

一、开展铸牢中华民族共同体意识宣传教育的实践

（一）加强理论武装，统一思想认识

铸牢中华民族共同体意识宣传教育是一个自上而下的过程，作为宣传教育的实施者，自身的思想政治素养、民族理论水平要过硬。着眼提升民族工作干部的素质，全省各级民族工作部门将民族理论、方针政策等列入各类干

① 本文为2021年度国家民委信息调研课题报告。

部培训的内容规划与课程设置中，构建常态化的培训机制。2021 年以来，全省各级民族工作干部通过各种形式深入学习贯彻习近平总书记关于民族工作的重要论述和重要指示批示精神、习近平在闽工作期间关于民族工作的论述、习近平总书记在福建考察调研时的重要讲话精神、2021 年中央民族工作会议精神等，将思想统一到中央决策部署上，牢牢把握铸牢中华民族共同体意识主线，明确新时期铸牢中华民族共同体意识宣传教育的重要性。2021 年中央民族工作会议召开后，福建省委常委会及时召开会议学习贯彻落实中央民族工作会议精神，提出一系列实施意见。全省民族工作部门、民族中（小）学校等随之掀起学习贯彻中央民族工作会议精神的热潮，通过专家授课辅导、座谈研讨、举办论坛等多种形式开展铸牢中华民族共同体意识专题理论学习与宣讲。

（二）结合党史学习教育，讲好中华民族共同体故事

中国共产党的百年光辉历程，是全国各族人民团结一致的奋斗历程。福建各民族始终与祖国同呼吸、共命运，为中华民族从站起来到富起来再到强起来做出了积极贡献。2021 年，福建省民族与宗教事务厅结合党史学习教育，以“中华民族一家亲，同心共筑中国梦”为主题，在全省范围内共挖掘收集一百多则福建民族爱国故事，并在福建省民族与宗教事务厅门户网站及“福建民族宗教”微信公众号上陆续刊发，反响热烈。

各地市民族工作部门纷纷以党史学习教育为契机，开展各种形式的民族团结进步宣传教育。如，福州市民族宗教局以“加强民族团结，共同繁荣发展——喜迎建党一百年”为主题，通过知识竞赛、文艺演出等形式，开展民族团结进步宣传，引导群众感党恩、跟党走。厦门市民族宗教局以“铸牢中华民族共同体意识，庆祝中国共产党成立 100 周年”为主题，开展民族政策法规宣传活动，在集美中学举办党史知识竞赛，引领学生们学党史感党恩。泉州市民族宗教局组织人员围绕脱贫攻坚、乡村振兴主题采写民族团结进步故事并结集出版《民族好故事》。龙岩市庐丰畲族乡联合福建省文联撰写党史书籍《红色畲乡——庐丰》，表达畲乡人民“听党话、感党恩、跟党走”的坚定信念。

（三）依托民族团结进步宣传月，集中开展宣传教育

深入贯彻落实中共福建省委统一战线工作领导小组《关于全面深入持久开展民族团结进步创建工作铸牢中华民族共同体意识的实施方案》，持续推进全省民族团结进步创建工作，以每年 9 月的民族团结进步宣传月为抓手，全

省各地通过举办文艺演出，召开座谈会，体验民俗活动，分发民族政策、法律法规知识宣传手册，张贴宣传海报，电视新闻宣传，网络宣传等各种方式，开展民族团结进步宣传教育。

2021年，中共福建省委宣传部、中共福建省委统战部、福建省民族与宗教事务厅共同主办以“铸牢中华民族共同体意识·永远跟党走”为主题的民族团结进步宣传教育活动。活动采用“线上+线下”相结合的方式，福建省广播影视集团海博TV、视频号、抖音、快手、微博、一直播等媒体平台对宣传月活动进行现场直播，在更大范围内展示民族风情文化，宣传民族团结进步精神。各地市也纷纷开展民族团结进步宣传月活动，如泉州市民族宗教局开展线上有奖知识竞答活动，宁德市民族宗教局组织畲歌畲语理论宣传小分队宣讲中央民族工作会议精神，开展知识竞赛及主题征文活动。建瓯市民族宗教局开展首届少数民族书画摄影展，通过书画、摄影作品展现民族团结进步的风貌等等。

（四）筑牢学校育人主阵地，增强学生“五个认同”

在全省各民族中（小）学，设有内地新疆班、西藏班的中学（或职业技术学校），开展形式多样的铸牢中华民族共同体意识宣传教育。利用学校的电子显示屏、宣传栏、校园广播、校报、黑板报等平台，宣传党和国家的民族政策，营造浓厚的民族团结氛围；通过开展民族团结主题征文、演讲活动，举办党史学习教育辅导讲座，参观爱国主义教育基地等方式进行专题教育，引导青少年树立正确的国家观、民族观、历史观，提升学生对伟大祖国的认同、对中国共产党的认同、对中国特色社会主义的认同。组织学生外出研学考察，感受祖国的繁荣与强大，增强对祖国的认同感和自豪感；采用各族学生混班、混宿、混餐的管理模式，开展师生结对子、共度传统节日等活动，加强各族学生的交往交流，增进感情，将诗词歌赋、书法汉字等中华民族优秀传统文化引入课堂，提升学生对中华民族的认同、对中华文化的认同。

（五）推进民族团结进步教育基地建设，不断完善宣教功能

福建省委、省政府高度重视民族团结进步教育基地的建设，明确要求每个设区市及平潭综合实验区充分利用博物馆、纪念馆、文物古迹等现有资源，培育至少1个省级民族团结进步教育基地。福建省民族宗教厅积极指导基地所在设区市完善相关制度，建立健全教育基地档案制度和数据库，完善管理

办法，不断提升教育基地的建设水平。现有闽东畲族革命纪念馆、宁德市畲族历史文化陈列馆、龙岩市上杭县古田镇苏家坡村树槐堂、漳州市漳浦县蓝氏宗祠“种玉堂”、宁德市蕉城区金涵畲族乡上金贝村、宁德师范学院语言与文化学院6个教育基地被命名为全国民族团结进步教育基地。

各教育基地因地制宜，不断挖掘中华优秀传统文化、红色文化资源，丰富基地的宣传教育素材，通过搭建研学平台，举办形式多样的展演活动，开展“践行社会主义核心价值观，铸牢中华民族共同体意识”主题教育实践活动。对各族干部群众特别是青少年群体开展爱国主义教育、社会主义核心价值观教育和民族团结进步教育，大力弘扬以爱国主义为核心的民族精神，不断提高对伟大祖国的认同。

（六）拓展宣传教育渠道，丰富宣传教育内容

巩固已有的报纸、期刊、门户网站、电视、微信公众号等传播媒介，在此基础上进一步深化铸牢中华民族共同体意识宣传教育的内容。如，在福建省民族宗教厅主办的《福建民族宗教》杂志上开设“铸牢中华民族共同体意识”栏目，着重对铸牢中华民族共同体意识的思想理论、全省民族团结进步创建工作、全省民族团结进步模范集体和模范个人的先进事迹等进行宣传报道。在福建省民族宗教厅门户网站的专题报道栏目中，新辟“中华民族一家亲，同心共筑中国梦”专栏，对民族团结好故事进行连载，并同步在“福建民族宗教”公众微信号上进行宣传。各地市民族宗教局纷纷利用政府门户网站、微信公众号等网络平台设立学习专栏，转载宣传一系列专家学者对民族理论政策的权威解读以及关于铸牢中华民族共同体意识的理论研究文章等。如厦门市民族宗教局在局门户网站设立“铸牢中华民族共同体意识”专栏，在《厦门日报》开设专栏，连续报道开展“铸牢中华民族共同体意识，庆祝中国共产党成立100周年”民族团结进步宣传教育情况。如三明市民族宗教局在《三明日报》开设民族团结进步宣传专门版面，在E三明、智慧三明等APP上宣传民族理论、政策法规知识。

（七）搭建政校合作平台，强化民族理论与现实研究

为贯彻落实习近平总书记关于民族工作的重要论述重要指示批示精神，加强民族基础理论问题与重大现实问题的研究，2021年，福建省民族与宗教事务厅联合福州大学成立“福建省铸牢中华民族共同体意识研究中心”，搭建

起政校合作的平台。研究中心围绕中华民族共同体意识的理论内涵、铸牢中华民族共同体意识的路径举措等问题，通过课题招标的形式，组织师资力量，开展“铸牢中华民族共同体意识的理论内涵与实践路径研究”“福建省各民族交往交流交融历史及其经验研究”“福建省少数民族流动人口服务与管理研究”“树立和突出各民族共享的中华文化符号和中华民族形象研究”“福建省民族团结进步创建工作”“增强港澳台同胞和海外侨胞中华民族共同体意识研究”等课题研究。

2021年8月，福建省民族与宗教事务厅与福建工程学院签约合作共建“福建省民族宗教文化信息数字基地”。数字基地将围绕铸牢中华民族共同体意识工作主线，对接福建民族工作的实际需求，推进“一个数据库、一个展示中心、一个云平台”建设，为我省铸牢中华民族共同体意识宣传教育提供信息技术支持。

二、当前铸牢中华民族共同体意识宣传教育存在的不足

（一）宣传教育主体的认知不深

铸牢中华民族共同体意识是一个新思想、新理论，内涵丰富，兼具理论意义与实践意义。深刻理解铸牢中华民族共同体意识的概念内涵、重要意义等是开展宣传教育的前提和基础。目前，我省民族工作干部总体上对铸牢中华民族共同体意识的丰富内涵、内在理论逻辑理解还不够透彻，尚未形成系统而精准的认识，导致在开展宣传教育时指导性不足，创新宣传教育的方法举措不多。对铸牢中华民族共同体意识与民族团结进步创建的关系认识不够清晰，在实际工作中有将铸牢中华民族共同体意识宣传教育等同于民族团结进步宣传教育的倾向。民族团结进步宣传是铸牢中华民族共同体意识宣传教育的其中一项重要内容，但并非全部，不应将两者等同视之。

（二）宣传教育的内容不全面

内容是影响宣传教育效果的核心因素。现阶段，我省铸牢中华民族共同体意识宣传教育的内容主要集中于重要会议的精神及贯彻落实的举措、民族政策法规、民族团结进步创建工作等方面，对铸牢中华民族共同体意识的理论内涵以及与此关系密切的中华民族历史、中华文化、中华民族共同体等方

面的内容宣传教育较少。福建省56个民族齐全，在长期的历史发展过程中，各民族交往交流交融创造了丰富多彩的福建文化。当前对福建各民族交往交流交融的历史过程研究不够，成果产出少，宣传教育不足，对各民族之间的共同性缺乏系统地梳理阐释和宣传教育。

（三）宣传教育的协同性不高

铸牢中华民族共同体意识宣传教育不是某一个地区、某一个部门的任务，而是需要全社会各部门协同配合、共同努力的一项工作。福建省铸牢中华民族共同体意识宣传教育工作存在部门不协同、地区不平衡的现象。目前宣传部门、统战部门、民族工作部门、教育部门是开展铸牢中华民族共同体意识宣传教育的主导部门，其他部门的参与度还有待进一步提高。民族工作重点地区的宣传力度较大，非重点地区重视不够。就学校而言，民族中小学、设有内地新疆班、西藏班的学校宣传教育力度较大，其他学校总体较为薄弱。

（四）宣传教育的人才队伍建设不足

铸牢中华民族共同体意识内涵丰富、意义深远，其宣传教育工作需要一支思想政治觉悟高、精通民族政策、民族理论水平强的人才队伍来支撑。福建本土的民族理论政策研究队伍力量相对薄弱，目前宣教人才以各级民族工作部门的业务骨干、各级党校和个别高校的教师为主，数量不多，且各自为政，尚未整合形成宣传教育的合力。

（五）宣传教育的方式方法创新不足

我省铸牢中华民族共同体意识宣传教育的媒介与平台从报刊、电视台到网站、微信公众号、抖音等不断拓展，但宣传教育的方式方法还是以单向灌输式为主，施教者与受教者之间缺乏必要的互动交流，受教者对于宣传教育活动的反馈较少，施教者也较难评估宣传教育的效果，从而影响宣传教育策略的进一步完善。

三、深化我省铸牢中华民族共同体意识宣传教育的建议

（一）正确认识宣传教育的重要性

首先，铸牢中华民族共同体意识是一项长期的工作。从哲学角度而言，

中华民族共同体意识是人们对中华民族共同体这一客体的主观反映，从形成到确立再到铸牢需要一个过程，而且意识是动态可变的，中华民族共同体意识不仅要铸，而且还要牢，“铸牢”两字意味着宣传教育的长期性，也意味着构建常态化宣传教育机制的必要性与紧迫性。其次，铸牢中华民族共同体意识是一项复杂的工作，需要社会各个部门协同配合。宣传教育是铸牢中华民族共同体意识的一个重要途径，它不仅仅是民族工作部门、宣传部门、教育部门等机构的任务，各级各类政府部门都应加入宣传教育的队伍中来，形成合力。第三，铸牢中华民族共同体意识宣传教育的对象是中华民族共同体的每一位成员，而不局限于某个地区、某个民族、某个学校。无论是汉族还是少数民族均是中华民族共同体的一分子，都应该接受铸牢中华民族共同体意识教育。

（二）加强宣传教育的顶层设计

习近平总书记在中央民族工作会议上强调：“要构建铸牢中华民族共同体意识宣传教育常态化机制，纳入干部教育、党员教育、国民教育体系，搞好社会宣传。”新时期，要将铸牢中华民族共同体意识宣传教育纳入福建省大宣传格局，针对福建省的实际情况，统合各个部门协同研究制定铸牢中华民族共同体意识宣传教育的整体规划及实施意见，明确福建省铸牢中华民族共同体意识宣传教育的具体任务并根据职责分工落实到具体的单位，探索建立相应的宣传教育工作考核制度与效果检测机制，为不断提升宣传教育效果提供制度保障。

（三）建立一支宣传教育的专家队伍

从福建省高等院校、省委党校、省社科研究机构和讲师团的专家、教授、研究员中选择在民族研究、宣传教育等相关领域等具有较高理论素养和专业水平的人员，从省直有关部门、事业单位的领导干部中选择一些具有丰富实践经验和较高政策理论水平的人员，整合力量，组建铸牢中华民族共同体意识宣传教育的专家队伍，为政府部门提供民族理论政策的宣讲服务，为各级各类的干部学习教育提供教学培训服务。同时不断加强专家队伍自身的建设，通过开展专题学习、研讨交流等活动深入学习我们党关于加强和改进民族工作的重要思想，不断深化对铸牢中华民族共同体意识的认识，统一思想，提升队伍整体的民族理论政策水平。

（四）加强铸牢中华民族共同体意识理论研究

铸牢中华民族共同体意识的内涵丰富，当前学术界正掀起一股研究的热潮。福建省应发挥“福建省铸牢中华民族共同体意识研究中心”平台的优势，不断拓展并深化民族工作部门与高校的合作，一方面引领高校开展铸牢中华民族共同体意识宣传教育；另一方面吸引省内不同学科的专家学者投入民族领域的研究，尤其是对当前热门话题“铸牢中华民族共同体意识”的研究，不断充实民族理论研究成果，为铸牢中华民族共同体宣传教育提供丰富的理论知识和生动的实践素材。同时，也要凝聚师资力量，坚持理论与实践相结合的原则，开展民族工作现实问题研究，实现理论研究成果向实践工作转化，为铸牢中华民族共同体意识提供决策咨询服务。

（五）宣传教育过程中要处理好两组关系

一是共同性与差异性的关系。“中华民族共同体”话语是在尊重各民族差异性的前提下对命运共同体的强调、对共同性的强调，突出共同性但并不否定差异性。当前，在铸牢中华民族共同体意识宣传教育过程中应以“共同性”的宣传教育为主，让各民族通过了解相互之间的共同性来不断增强彼此的纽带连接，领悟中华民族共同体“你中有我，我中有你”的有机结构。我国是一个统一的多民族国家，各民族的差异性是客观存在的。在铸牢中华民族共同体意识宣传教育的过程中，要坚持实事求是原则，充分尊重各民族之间的差异性，不能为了突出共同性而刻意抹杀差异性。二是民族团结进步宣传教育与铸牢中华民族共同体意识宣传教育之间的关系。民族团结进步创建是铸牢中华民族共同体意识的重要工作抓手，民族团结进步宣传教育也是铸牢中华民族共同体意识教育的重要内容之一。铸牢中华民族共同体意识的内涵比民族团结进步创建更为深刻，范围更广，要求也更高。新时期，应以铸牢中华民族共同体意识为主线，不断地拓展深化民族团结进步宣传教育内容。

（六）优化宣传教育的方式方法

宣传教育是一个“实施宣传教育—受众反馈—再实施宣传教育—受众再反馈”不断循环的过程，也是施教者与受教者之间不断互动的过程，其最终目标是要实现宣传教育的内容内化于受教育者的思想、外化于受教育者的行为。着眼提升宣传教育的效果，我省铸牢中华民族共同体意识宣传教育需进一步完善方式方法，从单向灌输式的宣传教育向双向或多向互动式的宣传教育方式转变，立足发挥互联网新媒体的优势，以群众喜闻乐见的形式多开展一些互动体验式活动，提升宣传教育的亲和力、感染力，探索建立受众的信息反馈机制，研究宣传教育效果的评估方法，并根据效果评估情况有针对性地调整宣传教育策略。

（七）创建宣传教育示范样本以点带面

铸牢中华民族共同体意识宣传教育是一项系统的庞大工程，需要全社会各领域各部门的协同合作。由于不同领域、不同部门具有各自特殊性，无法按照统一的模板开展工作。建议根据不同的领域、部门类型、区域等要素，选取一定数量的单位，集中资源，积极探索，打造一批铸牢中华民族共同体意识宣传教育的示范单位或基地。通过示范创建过程，不断探索宣传教育的做法，总结提炼先进经验，在不同的领域内塑造起可推广参照的样本，发挥示范引领作用，以点带面逐步推动全社会广泛开展铸牢中华民族共同体意识宣传教育。

大力推动民族乡村建设 铸牢中华民族共同体意识①

泉州台商投资区党工委党群工作部

泉州台商投资区的百崎回族乡是全省唯一的回族乡，下辖白奇、里春、莲埭、下埭、后海5个行政村，有13个自然村，人口1.71万人，其中郭氏回族人口1.47万人，占86%左右。近年来，泉州台商投资区紧紧围绕“共同团结奋斗、共同繁荣发展”的民族工作主题，着力将民族团结进步创建与文化建设、移风易俗、强基促稳等工作有机结合，讲好民族团结进步好故事，维护民族乡村和谐稳定，切实铸牢中华民族共同体意识。

一、铸牢中华民族共同体意识的主要做法

（一）推动民族团结进步。持续开展民族团结进步创建工作，积极承办泉州市第12个民族团结进步宣传月启动仪式及“民族团结一家亲”百崎回族乡徒步定向打卡活动，营造民族团结的良好氛围。2019年以来，全区共有1人获评全国民族团结进步模范个人，1个集体获评全国民族团结进步模范集体，并到北京参加全国民族团结进步表彰大会；里春村郭廷水、郭秀琴家庭积极参与疫情防控工作，荣获“全国抗疫最美家庭”称号；白奇村获评福建省基层对台交流示范点。

（二）助力民族乡村振兴。聚焦民族乡村经济社会发展，引导少数民族村立足资源禀赋、生态条件和产业基础，通过盘活资源、资产运作、服务创收等方法，拓宽村集体经济增收渠道，全区少数民族村集体经济均达20万元以上。聚焦基础设施建设、社会公共事业、民族教育事业等民生热点，指导推

① 本文系2021年福建省民族与宗教事务厅主办的“铸牢中华民族共同体意识论坛”交流文章。

动莲埭村埭上自然村人居环境整治和乡村旅游文化道路硬化建设工程等民族补助项目建设落地，每年争取各级民族补助资金超400万元。

（三）促进民族交往交流。深化民族文化发展和交流，扎实推进白奇村、莲埭村少数民族特色村寨建设，打造“一湖（百崎湖）、一亭（接官亭）、一街（朝盛街）、一堤（郑和堤）、一馆（海丝展览馆）”等民族文化精品，建成泉州丝路文化艺术展览馆、白奇村古街党建回廊等民族文化交流阵地。培育健康向上的乡村文化，指导传唱“移风易俗新童谣”、编演“重温郭仲远家训”情景剧，大力推广陀螺、蹴球等民族传统体育项目，推动成立后海村拍胸舞队、南音社等21个民族民间艺术团体赴各地演出，年平均表演百来场，深受群众喜爱。

（四）维护民族领域稳定。坚持党建引领，少数民族乡村脱贫攻坚成效明显。在民族乡村全面推广党员“修分争星”工作，创新运用党建云平台推出“微心愿”“党员认领”等功能，累计帮扶困难少数民族群众655人次，解决就业、就学、就医等实际困难190多项。开展少数民族困难户结对帮扶，为郭妙芬、陈海梅等争取扶持资金建设完成“同心房”。投入300多万元推动“天网工程”视频监控与网格化服务管理指挥中心对接应用，实现“智慧乡镇”的智能化管理。探索建立健全“1＋2”（“政府＋社会能人＋关键人物”）矛盾纠纷化解机制，建成郭志坛调解室和企业调委会（隆盛轻工有限公司调委会）等调解阵地，聘请法律顾问，推进法律援助进村，引导群众理性表达诉求。强化民族乡村矛盾纠纷排查调处，成功解决历史遗留问题5个，妥善处置1起突发事件、2起网络舆情，全区民族领域总体保持和谐稳定。

（五）强化民族服务管理。以疫情防控排查为抓手，加快建立全区少数民族流动人口与常住人口数据库，做到对每一位外来少数民族人员定位到点，不留死角。联合各乡镇对涉及少数民族务工人员的企业情况进行摸排和梳理，建立“一企业一档案”，切实做到底数清、情况明。制定《关于加强和改进外来少数民族务工人员服务管理工作的意见》，明确乡镇和区直有关部门工作职责，健全完善沟通协调、应急处置和服务管理等机制，有力促进民族团结进步。同时，积极协调解决外来少数民族群众子女上学难、看病难等急需解决的问题，有针对性地开展普法宣传，推广国家通用语言文字，为其工作生活营造良好的社会氛围，增强他们的归属感。

二、影响民族团结的风险隐患

（一）民族乡村征地拆迁问题。随着经济建设快速发展和城镇化水平不断提高，大量农村土地被征用。涉及少数民族群众的征地拆迁问题，若处理不当，容易激化矛盾，引发房屋拆迁的群体性事件，甚至可能将问题上升至民族矛盾问题，从而影响民族区域社会稳定和谐。

（二）城市少数民族流动人口管理与服务问题。在市场化和城市化发展的社会背景下，大量少数民族人口流入东部沿海地区务工。一部分少数民族经商人员没有取得所在地个体经商执照，当地城市管理执法人员执法监督时，容易造成摩擦。还有一些不法商人为谋取不当利益，不尊重少数民族风俗习惯，打着清真招牌出售非清真食品，这些问题容易引发矛盾纠纷，影响社会稳定。

三、探索铸牢中华民族共同体意识的路径

中华民族共同体建立在各民族政治上团结统一、文化上兼容并蓄、经济上相互依存和情感上相互亲近的基础之上。新时代铸牢中华民族共同体意识，必须在“共建”意识的基础上，正确处理共同性和差异性相统一的问题，着力从以下几方面探索铸牢中华民族共同体意识的路径：

（一）思想认识方面。民族工作是争取人心的工作，要靠干部群众的共同努力，更要靠广大干部的引领带动。因此，要下大力气做好领导干部的政治引领工作，注重加强对干部的民族政策理论、法律法规以及基础知识等方面的培训，建设一支适应新时代民族工作且“明辨是非、立场清醒、维护团结、行动坚定、情感真诚”的干部队伍。一方面是增强政治自觉。把握好民族问题具有的普遍性、长期性、复杂性、国际性和重要性等特征，深入研究习近平总书记关于民族工作的新理念新思想新战略的精神实质，结合区域实际，深入思考和谋划推进中华民族共同体建设的可行路径，切实增强铸牢中华民族共同体意识的政治自觉。另一方面是深化对伟大祖国、中华民族、中华文化、中国共产党、中国社会主义的认同。“五个认同”是铸牢中华民族共同体意识的核心，必须以“五个认同”为基石，夯实铸牢中华民族共同体意识的思想基础；必须有历史眼光，看到各民族共同开拓辽阔疆域、共同书写悠久历史、共同创造灿烂文化、共同培育伟大精神；必须有国家观念，认识到各民族共同缔造的中华人民共和国是统一的多民族国家，维护祖国统一、国家主权和领土完整是各族人民的共同使命；必须有文化清醒，共同构建各民族共有精神家园的中华文化。

（二）宣传引导方面。舆论宣传工作关系人心向背，关系事业兴衰，关系党的执政地位。做好新形势下民族领域的思想宣传工作，是铸牢中华民族共同体意识的重要内容。一要下大力气搞好民族团结宣传教育，既要面向少数民族，也要面向汉族，采用群众听得懂、易接受的话语体系和表示方式，宣传有关政策法规，引导全社会自觉维护民族团结、社会和谐。二要着力提高群众的政治判断力，坚决抵制意识形态领域各种错误思潮，旗帜鲜明地反对一切破坏民族团结、分裂祖国的言行，坚决维护民族团结、国家统一。三要注重加强网络涉民族领域的舆情监控，联合国安、公安、网信、宣传、文化、市场监管等部门妥善处置网络舆情，规范舆情处置工作，营造良好的网络生态。

（三）矛盾化解方面。一要依法处理矛盾纠纷。坚持依法治理是坚定中国特色解决民族问题的正确道路的内在要求，也是有效解决民族事务的根本途径。涉及民族因素的问题，有的是经济问题，有的是民事纠纷，有的是行政执法纠纷，不能把涉及少数民族群众的民事和刑事问题归结为民族问题，不能把发生在民族地区的一般矛盾纠纷简单地归结为民族问题，而必须以法律为准绳，具体问题具体分析，注重工作方式方法，是什么问题就按什么问题处理。二要完善民族维稳机制。建立完善民族方面群体性事件处置机制、信息共商机制、矛盾纠纷排查调处机制，实现民族群众纠纷事后协调向事前预防转变。推广设立社会法庭、基层调解委员会等做法，开展涉及少数民族的法律援助，建立涉及民族因素矛盾纠纷事前预警、事中联调、事后研判三项工作机制，一旦少数民族群众与汉族群众、少数民族群众之间发生矛盾纠纷，马上介入，实现矛盾纠纷快速调解。三要完善民族乡村全域化基层治理体系，建立民族工作“三级网络两级责任制”，确保民族工作有人管、管得住、管得好。探索在少数民族行政村配备民族工作网格员，在少数民族务工企业、民族学校等设立民族团结进步促进小组或联系点，明确细化工作任务清单，督促发挥好“联络员、宣传员、信息员、调解员、互助员”“五位一体”的作用，把影响民族团结的隐患纠纷解决在当地，化解在基层。

（四）服务管理方面。外来少数民族流动人口是现代企业用工的重要组成部分，做好服务管理工作，对于促进经济社会发展、增进民族团结和维护社会安定稳定具有重要意义。一要实施“两地双向”协同机制，探索“互嵌式”服务管理模式，从流入地和流出地两方面入手，进一步摸清少数民族人口底数，掌握工作对象的具体情况，推动民族事务管理实现数字化、制度化。同时，健全协调机制和信息沟通机制，定期排查可能影响社会稳定的因素，防止将一般性纠纷事件上升为民族问题，把矛盾纠纷消灭在萌芽状态。二要针对少数民族流动摊贩、餐饮商户等管理难问题，先与少数民族流动人口相对集中输出地建立“两地合作公办、双向服务管理”机制，主动邀请当地政法、司法、统战及所涉及乡镇有关部门共同商讨服务管理工作，按照“同城待遇、同等要求”，开辟外来少数民族务工人员流动摊贩疏导点；邀请当地政府人员开展入户宣讲，并签订合法经营、文明经商承诺书等。三要推动实现基本公共服务均等化，将少数民族流动人口纳入基本公共服务范围，联合人社、教育、司法等部门，就少数民族流动人口就业创业、入学教育、法律援助等出台具体办法，重点督促企业在劳动保险、社会保障、医疗保障、待遇支付等方面予以保障，持续扩大就业、培训、就学、医疗、养老等公共服务覆盖面，保证外来少数民族务工人员与本地职工享受同等待遇，为各族共居、共学、共事、共乐创造良好社会条件，筑牢民族团结的社会基础。

推进民族团结进步
铸牢中华民族共同体意识[①]

霞浦县民族宗教局

习近平总书记多次提出要积极培育中华民族共同体意识，在党的十九大报告中再次强调，深化民族团结进步教育，铸牢中华民族共同体意识，加强各民族交往交流交融，促进各民族像石榴籽一样紧紧抱在一起，共同团结奋斗、共同繁荣发展。为推动新时代全面深入持久开展民族团结进步创建工作，霞浦县委、县政府高度重视，在改善民族乡村人居环境、传承优秀传统文化、发展特色产业和民族教育等方面，取得一定成效。

一、铸牢中华民族共同体意识的实践

（一）坚持党的领导，着力提升民族工作能力

始终坚持党对民族工作的领导，深入学习习近平总书记关于民族工作的重要论述和中央民族工作会议精神，全面准确理解铸牢中华民族共同体意识提出的时代背景、深刻内涵，牢牢把握民族团结这一生命线，认真落实好党中央关于铸牢中华民族共同体意识、全面深入持久开展民族团结进步创建活动的部署，把民族团结进步事业作为基础性事业、纳入全县经济社会发展总体规划，引导畲族群众牢固树立“三个离不开”“五个认同”思想。同时，认真学习并坚决贯彻落实《统战工作条例》，增强政治判断力、政治领悟力、政治执行力，正确认识民族关系，正确看待民族问题，并结合工作实际，坚持服务大局、发挥作用的基本方位，不断提升民族工作能力和水平。

① 本文系2021年福建省民族与宗教事务厅主办的“铸牢中华民族共同体意识论坛”交流文章。

（二）突出工作重点，着力增强民族工作实效

1. 深化民族团结进步创建。打造松城街道玉潭畲族行政村为全省民族团结进步示范村，举办畲族农民画培训班、文化下乡会演等活动。打造水门乡军民融合示范村，举办“传承红色基因　赓续革命精神”——迎“八一”建军节军地共建活动，邀请水门机场、雷达站军人以及少数民族群众参加，以舞蹈、歌曲、朗诵等表演形式深切表达少数民族人民群众和军人对祖国的热爱，展示了“军爱民、民拥军，军民团结一家亲”的鱼水之情。持续办好“三月三”“九月九”等传统畲歌会，结合党史学习教育，举办“唱支畲歌给党听”主题畲歌节。依托乡妇联、乡团委及各村党支部成立志愿服务队，引导霞浦县爱心汇慈善公益组织积极参与，开展结对帮扶少数民族留守儿童和空巢老人等志愿活动。加强溪南半月里、崇儒上水村、水门半岭观音亭等福建省对台交流基地建设，推动闽台交流。

2. 发展少数民族教育。少数民族学生与汉族学生混合编班，创造各族学生交流机会；结合标准化学校建设，大力推进民族乡学校的校安工程、改薄项目、寄宿制项目、附属工程等建设；积极推进民族学校素质教育，开展畲族文化进校园活动，在县民族小学开设畲歌传唱兴趣班、县民族中学开设射弩、陀螺、花式键球等民族特色体育项目；民族学校利用畲族民间资源，打造校内实践基地“小山哈百草园”和校外实践基地“半月里畲族自然村”“畲药研究所”“畲族传统工艺品厂”等，开展研学实践活动，让学生们通过参观畲族村落、认识畲族草药、体验畲族民俗艺术等活动，促进各民族学生交往交流交融。

3. 传承和弘扬民族优秀传统文化。霞浦县有15个畲族项目被列入非物质文化遗产名录，其中2个被列入国家级非物质文化遗产名录（畲族小说歌、畲族婚俗），4个被列入省级非物质文化遗产名录（畲族武术盘柴槌、闽东畲族乌饭制作技艺、畲族斗笠制作技艺、畲族服饰制作技艺），8个被列入市级非物质文化遗产名录（畲族舞蹈、畲族武术牛家拳、畲族青草药膳制作技艺、雷氏青草药制作技艺、畲族医药、畲族糍粑制作技艺、畲族菅粽制作技艺、畲族手剪），1个被列入县级非物质文化遗产名录（畲族药酒制作技艺）。其中，畲族武术盘柴槌、齐眉棍在2009年第四届香港国际武术比赛中获得金牌。培育非物质文化遗产传承人12名，其中国家级1人，省级6人，市级5人。挖掘整理出版《畲族卷——霞浦畲族小说歌》《霞浦畲族小说歌》《霞浦

畲族杂歌集》，创编大型历史歌舞剧《一代歌王——钟学吉》，编排畲族舞台剧《难为亲家伯》。

溪南半月里村和崇儒上水村被列入中国传统村落名录，其中溪南半月里村入选中国历史文化名村。溪南镇半月里村、三沙镇东山村、水门乡茶岗村、崇儒乡上水村、崇儒乡霞坪村、沙江镇大墓里村和盐田乡二铺村被命名为中国少数民族特色村寨。水门半岭观音亭寨被列为国家级文物保护单位。福宁山民会馆、半月里龙溪天后宫被列为省级文物保护单位。

4. 推动民族乡村经济发展。依托资源优势，培育壮大少数民族乡村“一村一品”特色产业。如：溪南半月里村挖掘畲族文化资源，发挥中国历史文化名村品牌效应，成立畲族文化旅游有限公司，将畲族人物（服饰）摄影、畲族小说歌、畲族传统工艺品、畲族特色小吃、畲族文化民俗节目等优势资源同畲族村落旅游景点进行创新串联，推动畲族乡村特色旅游业发展，年接待游客达10万多人次。崇儒乡通过建设“茶叶小圳”、畲族风情小镇、油坊小镇，发展畲绣服饰、花斗笠等传统手工技艺，推动茶产业、旅游业发展。水门乡大坝村种植雷竹200多亩，注册“畲华宝”雷笋商标，并带动周边畲村种植雷竹面积达1000多亩，成为群众增收致富的支柱产业。此外，畲族乡村因地制宜，大力发展名优特新水果种植等高效高优农业。

二、存在的不足

一是民族团结进步创建活动工作的长效机制有待进一步健全完善；二是民族团结进步宣传教育办法不多、成效不明显；三是村级组织作用发挥不强；四是少数民族非物质文化遗产传承人老龄化，存在传承人队伍青黄不接现象，部分非遗濒临失传；五是构建民族团结进步教育体系在内容、标准、评价、特色等方面，依然在摸索阶段。

三、思考和建议

（一）讲好民族团结故事

结合党史教育，深入挖掘民族团结进步典型故事，广泛征集“邻里亲”“凝聚力”“包容心”“责任感”“家国爱”“奋斗史”等主题的民族故事，并加大宣传力度，增强各族群众对中华民族共同体的认同。

（二）创新民族团结进步教育方式

在举办“二月二”“三月三”“九月九”这样的节日传统歌会基础上，结合党史学习教育，充分发挥民族团结进步“十进”（即进机关、进企业、进社区、进乡镇〈村〉、进学校、进宗教场所、进军〈警〉营、进医院、进口岸、进绿色食品工业园区）创建活动，通过开展日常学习宣传、理论政策下基层宣讲等活动，深层次、多角度开展民族团结进步教育。

（三）加强师资队伍建设

民族团结教育从娃娃抓起，而民族团结教育者是党的民族团结教育工作的组织者与实施者，只有加强民族团结教育教师队伍建设，打造一支结构合理、素质过硬、后继有人的民族团结教育教师队伍，民族团结教育的长远发展才有希望。民族团结教育工作者应具备的素质，习近平总书记概括为“四有”：“做好老师，要有理想信念；要有道德情操；要有扎实知识；要有仁爱之心。”

（四）大力培养民族乡村建设人才

加大对民族乡村产业振兴等关键领域优秀突出人才的政策倾斜力度，拓宽乡镇优秀干部的提拔晋升渠道；各级党委、政府加大力度做好民族村村干部选拔和培养，定期选派民族乡村干部到民族院校和民族乡村振兴示范地区开展培训学习，打造一支懂政策、善沟通、有想法、能干事的民族村领头人队伍。

推进民族团结进步事业
铸牢中华民族共同体意识[①]

漳州市龙海区民族宗教局

龙海区民族宗教局坚持以习近平新时代中国特色社会主义思想为指导，贯彻落实习近平总书记“七一”重要讲话和来闽考察重要讲话精神，贯彻落实中央民族工作会议精神，全面执行党的民族政策，以铸牢中华民族共同体意识为主线，以加强各民族交往交流交融为根本途径，以“中华民族一家亲，同心共筑中国梦”为总目标，深入推进民族团结进步事业，着力打牢中华民族共同体思想基础，全面开展民族团结进步创建工作，坚持民族团结进步与高质量发展统筹推进，积极探索新时期做好龙海民族工作的新思路。

一、龙海区少数民族基本情况

龙海是少数民族散居地区，少数民族人口 17870 人，占全区人口总数的 2.04%。少数民族中畲族人口 9381 人，占少数民族人口的 52.50%，主要聚居在隆教畲族乡和海澄镇部分村庄。全区有 1 个民族乡（隆教畲族乡），3 个少数民族行政村（隆教乡新厝畲族村、红星畲族村和海澄镇屿上畲族村），畲族人口集中的自然村有隆教乡白塘村、海澄镇黎明村的山尾自然村、豆巷村的五社自然村和河福村的庵兜自然村、玉枕村的土楼自然村。

二、龙海区铸牢中华民族共同体意识的工作实践

（一）聚焦党的领导，进一步夯实中华民族共同体的政治基础

在 2021 年的中央民族工作会议上，习近平总书记强调：“铸牢中华民族

① 本文系 2021 年福建省民族与宗教事务厅主办的“铸牢中华民族共同体意识论坛”交流文章。

共同体意识是新时代党的民族工作的‘纲’，所有工作要向此聚焦。”这就要求我们要深刻理解把握铸牢中华民族共同体意识的核心要义和精神实质，大力传承弘扬习近平总书记在闽工作期间的重要理念和重大实践，自觉发挥引领和表率作用、主动担当作为、善于开拓创新、勇于攻坚克难，紧扣铸牢中华民族共同体意识主线做好民族工作。龙海区民族宗教局牢牢把握党的民族工作大政方针，将铸牢中华民族共同体意识作为新时代党的民族工作的“纲”，贯穿于区民族工作全过程各方面。定期组织开展学习《中国共产党统一战线工作条例》《乡村振兴促进法》等条例法规，深入学习贯彻中央民族工作会议精神，不断增强“四个意识”、坚定“四个自信”、做到“两个维护”，积极培养中华民族共同体意识，不断增进“五个认同”。坚持中国共产党的领导，准确把握和全面贯彻中国共产党关于加强和改进民族工作的重要思想，以铸牢中华民族共同体意识为主线，坚定不移走中国特色解决民族问题的正确道路。只有铸牢中华民族共同体意识，构建起维护国家统一和民族团结的坚固思想长城，才能不断实现各族人民对美好生活的向往，才能实现好、维护好、发展好各民族根本利益。

（二）聚焦促进“三交”，进一步夯实中华民族共同体的社会基础

习近平总书记指出：“做好民族工作，最关键的是搞好民族团结，最管用的是争取人心。”各民族交往交流交融是中华民族发展的历史大势，是加强民族团结的根本途径。龙海区民族宗教局注重以少数民族文化为魂，挖掘少数民族文化内涵，展示少数民族文化特色，推进少数民族地区巩固与拓展脱贫攻坚成果同乡村振兴实现有效衔接。成功举办“三月三”畲族文化节；全面开展畲族文化资源普查，制定保护传承方案；加大对非物质文化遗产“抢孤棚”民俗文化的保护力度；建设特色文化旅游项目，助力畲族文化保护传承，推动畲乡经济发展。正确把握中华文化和各民族文化的关系，各民族优秀传统文化都是中华文化的组成部分，中华文化是主干，各民族文化是枝叶，根深干壮才能枝繁叶茂。加大民族团结进步创建力度，加快民族乡村经济发展，补齐教育卫生等民生社会事业短板，因地制宜策划民族乡村各项帮扶项目，加快民族乡村经济社会事业发展。

（三）聚焦“五个认同”，进一步夯实中华民族共同体的思想基础

文化认同是最深层次的认同，是民族团结之根、民族和睦之魂。要不断

增进各族群众对伟大祖国、中华民族、中华文化、中国共产党、中国特色社会主义的认同，形成各民族同呼吸、共命运、心连心的强大精神纽带。龙海区民族宗教局积极开展民族理论政策法规宣讲活动，通过举办民族团结进步座谈会、联谊会、培训会、宣讲会等各类活动，加大对铸牢中华民族共同体意识的宣传教育力度。每年9月开展“民族团结进步宣传月”主题活动，利用各大媒体平台大力宣传党的民族理论政策、法律法规和基本知识，大力宣传我区推动民族乡村振兴取得的重要成效，宣传新时代各族群众团结奋斗的崭新风貌，巩固民族团结的良好氛围。龙海区通过多维度、立体化的集中宣传教育，扩展了宣传的广度，提升了教育的深度，进一步夯实了铸牢中华民族共同体意识的思想基础。

（四）聚焦依法治国，进一步夯实中华民族共同体的法治基础

坚持依法治国，是我们党治国理政的基本方略。龙海区着力推进民族事务治理体系和治理能力现代化，切实把涉及民族因素的矛盾纠纷化解在基层和萌芽状态。实行动态扶贫领域“1＋X”专项督查平台与乡村振兴（扶贫惠民）资金在线监管平台，着力加强扶贫资金监管，确保款项资金落到实处，提高资金使用效率。全面加强清真食品生产、经营、认证等方面的监管，尊重少数民族风俗习惯，保障各族群众的合法权益。

三、当前铸牢中华民族共同体意识工作存在的不足

龙海区在推进铸牢中华民族共同体意识过程中，“民族一家亲”的良好局面不断显现，但在构画“最大同心圆”，找到“最大公约数”上，也还存在一定的差距。

一是少数民族优秀传统文化保护传承有待加强。少数民族优秀传统文化是中华文化的重要组成部分。在铸牢中华民族共同体意识大背景下，保护传承好少数民族优秀传统文化意义重大。在日常工作中，龙海区对少数民族文化保护传承工作不够重视，导致一些文化流失。

二是民族工作干部的服务水平有待提高。目前，龙海区民族宗教局工作人员较少，导致部分工作开展不利。部分乡镇干部对民族工作的重要性认识不足，对民族政策掌握不精准，致使民族事务治理能力与服务水平不高。

四、龙海区铸牢中华民族共同体意识的新思路

铸牢中华民族共同体意识是马克思主义民族理论中国化的重大理论创新成果，是新时代开展民族工作的重要遵循。

（一）着力增强法律意识，持续提高保障力

习近平总书记强调：“要用法律来保障民族团结，只有树立对法律的信仰，各族群众自觉按法律办事，民族团结才有保障，民族关系才会牢固。”我们要在遵守法律的基础上，不断教育引导各族群众自觉形成学法、守法、懂法、用法的习惯，利用好“民族法律法规宣传月”载体，加大铸牢中华民族共同体意识宣传教育力度，将中央民族工作会议精神、习近平总书记关于民族工作的重要论述、民族法律法规纳入年度培训内容，大力开展民族团结进步和民族知识、政策宣传，创新宣传方式方法，不断提高群众法律意识，积极引导各族群众树立正确的国家观、历史观、民族观、文化观、宗教观，让铸牢中华民族共同体意识入脑入心。

（二）着力弘扬民族文化，不断提升凝聚力

习近平总书记指出：“一个国家、一个民族的强盛，总是以文化兴盛为支撑的，中华民族伟大复兴需要以中华文化发展繁荣为条件。”文化是一个民族长期历史发展的产物，我们要高度关注各族群众自身的文化特点，发扬先进，利用优点，以文化交融促进民族凝聚。龙海区要保护好传承好畲族村的“正月十八拜新娘”、红星大社“抢孤棚”等风俗文化，创新发展载体，加强各民族的文化交流，不断增进各民族之间的文化认同感，提高文化自信和凝聚力。

（三）着力优化服务水平，逐步增强感召力

习近平总书记强调，中国共产党人的初心和使命就是为中国人民谋幸福，为中华民族谋复兴。我们要始终以铸牢中华民族共同体意识为主线，聚焦民族乡村振兴，加强实地调研，分析民族乡村发展存在的问题，学习借鉴发达地区民族乡村振兴的先进经验，认真贯彻落实党的民族政策，创新搭建基层民族团结进步创建常态化工作平台，推动建立各民族相互嵌入式的社会结构，推动民族工作高质量发展。

建设少数民族特色村寨
助推民族乡村振兴发展

——龙岩市少数民族特色村寨建设实践与思考①

龙岩市民族宗教局

龙岩市有49个少数民族成份，少数民族户籍人口6.6万人，占全市总人口的2.06%；其中畲族人口4.75万人，占少数民族人口的71.97%。全市有上杭县官庄、庐丰2个畲族乡，51个民族行政村（上杭40个、长汀1个、漳平10个）。2011年至2020年，龙岩市有14个民族村列入全省少数民族特色村寨保护与发展试点，已投入民族专项资金1200多万元，撬动各级各部门及社会资金近亿元，在发展特色产业、建设特色民居、传承特色文化、改善基础设施、增进民族团结进步等方面给予大力扶持，少数民族特色村寨建设取得了显著成效。截至2020年，上杭县官庄畲族乡树人民族村、庐丰畲族乡丰康民族村和漳平市赤水镇香寮民族村、桂林街道山羊民族村已被国家民委命名为“中国少数民族特色村寨”。

一、主要做法及成效

（一）开展调查摸底，主动沟通对接。自2009年国家民委开展少数民族特色村寨保护与发展试点工作以来，龙岩市就认真组织开展调查摸底工作，对全市51个民族村进行全方面了解，对基础条件较好、文化底蕴深厚、当地干部群众积极性高的民族村列入备选库。龙岩市民族宗教局主动与省民族宗教厅进行沟通对接，积极申报争取。2011年至2020年，全市有14个民族村列入全省少数民族特色村寨保护与发展试点，分别为第二批4个：上杭县官庄畲族乡树人民族村、庐丰畲族乡丰康民族村、古田镇苏家坡民族村和漳平

① 本文系2020年福建省民族与宗教研究所主办的“中华民族团结进步窗口建设论坛”交流文章。

市赤水镇香寮民族村；第三批4个：上杭县官庄畲族乡福泉民族村、璜头民族村，太拔镇丘辉民族村，漳平市桂林街道山羊民族村；第四批6个：上杭县庐丰畲族乡丰济民族村，官庄畲族乡七里民族村、朱堡民族村，湖洋镇文光民族村，中都镇古坊民族村，漳平市象湖镇龙门民族村。

（二）发展特色产业，壮大民族经济。龙岩市政府制定出台了《关于印发龙岩市“十三五”促进民族地区和人口较少民族发展实施方案的通知》（龙政办〔2017〕162号），提出大力实施“民族乡村特色经济发展扶持增收工程”，积极引导试点民族村加快产业结构调整，走“一乡一优势产业、一村一优势产品”的发展路子。上杭县出台民族乡烤烟特产税90%返还、超收部分全额返还政策，官庄、庐丰2个民族乡每年可增加财政收入700多万元。2020年，官庄畲族乡有百亩以上油茶示范片10个，千亩以上油茶示范片4个，成为上杭县油茶种植面积最大的乡镇，被上杭县委、县政府评为油茶“一乡一业”专业乡。庐丰畲族乡2019年种植烤烟8361亩，收购烟叶2.3万担，实现产值3400万元，产量连续18年居全县第一、连续9年居全市第一；庐丰畲族乡种植金花茶2100亩，成为全省最大的金花茶种苗培育、林下种植基地。苏家坡村大力发展林下经济，以发展贵妃鸡为主的龙岩福欣牧业有限公司年产值达6000万元，带动50户村民致富，成为全省最大的贵妃鸡养殖基地。

（三）传承特色文化，发展文化产业。“三月三”是畲族的重大传统节日。上杭县庐丰、官庄畲族乡和漳平市桂林街道山羊民族村等地每年农历“三月三”都会举办形式多样的庆祝活动。少数民族乡村的“三月三”畲族文化节已走上规范化、规模化轨道，活动蕴含丰富的乡土气息、文化底蕴，成为畲乡特色宣传、项目推介、招商引资、文化交流的平台。漳平市桂林街道山羊民族村、象湖镇龙门民族村等民族村还保存有畲语、畲歌等畲族传统文化。上杭县古田镇苏家坡村、漳平市赤水镇香寮村等民族村建设了畲族陈列馆（室），以图片、实物、题词、油画、音像资料等形式，详细展示了畲族的历史渊源、民俗风情、革命斗争、经济发展、社会生活等方面的内容。少数民族特色村寨保护与发展试点村所在民族中小学组织撰写编印《畲乡神韵》《畲乡民俗》《畲乡山歌》等系列校本教材，将畲歌、畲舞、畲族体育等纳入课堂活动。上杭县庐丰畲族乡丰济民族村成立蓝田种玉文化公司，重点传承和发展高桩舞狮、五梅拳、香灯龙等项目，探寻畲族文化产业化发展之路。2014年，上杭县庐丰畲族乡丰济民族村“种玉堂”舞狮队参加福建省第八届少数民族传统体育运动会获得表演项目银奖。2018年，上杭县庐丰畲族乡丰济民族村“香灯笼”表演队参加福建省第九届少数民族传统体育运动会也获得表演项目银奖。漳平市桂林街道山羊民族村畲族民歌队参加2013年海峡两岸各民族欢度“三月三”节民歌赛中获得原生态民歌二等奖，《山羊山民的幸福生活》参加2018年福建省第五届少数民族文艺调演获得表演三等奖。2017年1月，上杭庐丰畲族乡树叶吹奏技艺被列入省级“非物质文化遗产”名录。2018年7月，漳平畲族乌米饭习俗、畲族山歌被列入龙岩市“非物质文化遗产”名录。

（四）建设特色民居，打造旅游品牌。各地多方面筹措建设资金，对古民居进行保护修缮，对现有民居进行装饰改造。2020年，14个少数民族特色村寨保护与发展试点村的水、电、路、通讯、广播电视等基础设施进一步改善，树人村、福泉村、香寮村、山羊村的房屋在进行立面改造修缮时融入了畲族文化元素，有效提升了村庄的整体档次，村寨风貌、传统民居得到合理保护，寨门、路灯、凉亭、长廊、休闲步道、文化公园等公共建筑与传统民居风格协调。上杭县古田镇苏家坡民族村对全村房屋建筑进行“平改坡”，统一规格颜色，把昔日破烂杂乱的小村落变成了如今整齐有序的别墅群，极大地提高了乡村颜值，2019年该村被国家民委命名为“全国民族团结进步示范单位”。上杭县湖洋镇文光民族村建成了梅园环山道路、观赏茶亭、观音古井、知青农场、游客接待中心，开发种植标准化果园2000余亩，成为省级休闲农业与旅游示范点、3A级旅游景区，每年接待游客超过25万人次，旅游收入达2000多万元，带动周边果树种植、农家乐等农户200多户。漳平市赤水镇香寮民族村被国家住建部和国家旅游局评为“全国特色景观旅游名村”，被国家住建部、文化部、财政部列入第二批“中国传统村落名录”，荣登“福建省最美休闲乡村”榜单。

二、存在的不足和问题

龙岩市少数民族特色村寨建设工作已经取得阶段性成效，但也存在一些不足和问题：

（一）规划不重视。建设少数民族特色村寨，是保护传承少数民族优秀传统文化，发展特色经济培育优势产业，改善人居环境建设美丽乡村，促进民族团结进步的重要手段和载体，是促进民族文化与旅游发展深度融合的重要举措和抓手。但仍存在认识不到位、重视不够的现象，把少数民族特色村寨建设视同于一般的新村建设，没有进行高起点规划。少数民族特色村寨规划编制滞后，大部分试点村村寨建设、产业发展、文化传承等规划均未编制，导致建设的随意性较大。各个村寨的发展主题也不够明确，民族文化内涵没有得到充分体现。

（二）特色不明显。部分少数民族特色村寨试点村基础设施较完善，村容村貌也整洁，但就村寨特色而言，只能说是体现了“新”，没有体现出“特”，民族文化气息不浓，民族符号和民族元素没有使用或使用较少，直观上没有少数民族特色村寨的第一印象。畲族是一个有自己语言而无本族文字的民族，随着现代社会的快速发展，畲族传统文化逐渐式微。民族乡村的家庙、祠堂、祖墓等少数民族古建筑由于风雨侵蚀、缺少管护等原因，破损严重。一些畲族传统礼俗，如畲族婚礼、畲族祭祀等，已被不断淡化、简化，甚至遗忘。

（三）发展不平衡。由于中央的少数民族特色村寨建设专项资金有限，各地经济发展不平衡，对这项工作重视程度不一，各试点民族村在推进这项工作时力度有差距，进展不平衡。有的民族村工作力度大、变化快、效果好，特别是上杭县古田镇苏家坡民族村成效特别显著；有的村工作谋划不够、思路不清，缺乏统筹，花了钱、做了事，但特色不够鲜明，难以起到示范引领作用，比如上杭县官庄畲族乡树人民族村，全村 4200 多人，是龙岩市最大的民族村，也是龙岩市第一批列入试点的村，每年投入的建设资金不少，但是效果不理想，与其他村别无二致；有的村积极性和主动性不足，作为少，效果不明显。另外，有的村产业结构单一，少数民族群众收入主要靠种植业和劳务输出，增收渠道狭窄，收入不稳定，生活水平不高，基础不扎实；还有的村经济结构不合理，缺少产业支撑，村集体经济薄弱，可支配收入少，村级组织无钱办事现象较为严重，用于少数民族特色村寨建设的资金更是短缺。

（四）机制不健全。少数民族特色村寨建设工作政策性强、工作周期长，涉及民族、文化旅游、住房建设等多个职能部门。截至 2020 年，龙岩市尚未出台专门的指导和规范少数民族特色村寨建设的相关文件，尚未建立各相关部门之间加强沟通联系的机制，导致各部门在项目规划建设上缺乏协调，存在“各吹各号，各唱各调”的情况，条块分割，互不兼容，资金难以打捆，步调难以同频，尚未形成建设少数民族特色村寨的强大合力。

三、深入推进少数民族特色村寨建设的思路

建设少数民族特色村寨意义重大，要按照“规划先行，突出特色，打造精品，示范带动，保护发展”的工作思路，凝聚各方面力量，把龙岩市 14 个

少数民族特色村寨保护与发展试点村打造成“中国少数民族特色村寨”，使之成为全市民族乡村实现转型升级、加快发展的样板，成为对外展示民族工作成果、民族文化风采的窗口，成为游客体验“探畲山、赏畲景、住畲家、尝畲菜、听畲歌、观畲舞”的目的地。

（一）编制一个规划。规划是行动的指南。要按照立足当前、着眼长远的原则，在全面摸清试点村经济社会状况和当地资源优势后，做好少数民族特色村寨建设规划设计，做到规划先行、优化布局、科学发展。积极推动编制《龙岩市少数民族特色村寨建设规划（2020—2025）》，民族、文化、旅游、农业、林业、国土、环保等部门参与进来，与古村落建设、美丽乡村建设、农业综合开发、休闲农业发展等一起规划，从完善基础设施、培育特色产业、保护特色民居、传承特色文化、增进民族团结等方面进行规划，克服村寨建设“千村一面”和同质化、低质化的现象。同时，要严格按照规划推进建设，科学合理布局村寨，井然有序地建设，充分体现畲族的传统文化特点，尽量保护好有历史价值的老房屋，促进特色村寨与自然环境融为一体。

（二）做强一批产业。建设少数民族特色村寨，产业是根本。只有产业发展起来，通过产业的带动和支撑作用，使农民的经济收入有所提高，才能使村寨建设走上可持续发展的良性轨道。立足试点民族村山地气候及地理条件优势，因地制宜，找准突破口，持续实施“民族乡村特色经济发展扶持增收工程”，打造试点民族村“一村一优势产品”，做大做强上杭官庄畲族乡的油茶、庐丰畲族乡的烤烟、才溪镇溪北民族村的脐橙、古田镇苏家坡民族村的贵妃鸡，漳平双洋镇中村民族村的水仙茶、桂林街道山羊民族村的苦茶、赤水镇香寮民族村的乡村旅游等特色产业，形成支柱产业。同时，在现有产业的基础上，科学策划开发新的产业项目，努力增加少数民族群众收入，努力增强民族村集体经济实力。

（三）打造一个平台。文化是根。要以龙岩市畲族文化研究会为平台，定期举办畲族文化论坛或召开畲族文化研究学术会议，邀请专家学者进行学术文化交流，进一步整理、挖掘、研究、传承、弘扬闽西畲族文化。借鉴广东潮州市的做法，组织专家学者编撰《闽西畲族志》，系统阐述闽西畲族的历史与现状。每年举办“三月三”畲族文化节，展示畲族祭祀、畲族婚嫁、畲族服饰、畲语畲歌等特色文化，提高知名度，扩大影响力，形成畲族文化品牌。在民族乡村建立畲族文化陈列馆（室）、畲族戏台和畲族文化长廊，鼓励畲族群众在村里传唱畲歌、传承优秀的畲族风俗。积极推动文物部门开展畲族文化遗产普查，加强畲族文物征集，做好畲族文物鉴定、定级、研究和展示服务工作。推动教育部门继续做好畲族优秀传统文化进校园工作，发挥民族中小学的作用，把畲族传统文化列入课堂教学或兴趣小组，营造保护传承畲族文化的浓厚氛围。同时，组织国内专家创作反映畲族历史文化的歌曲、电影、电视剧，作为文化旅游项目进行开发打造宣传。

（四）凝聚一股合力。少数民族特色村寨建设需要大量财力、物力、人力，离不开各级各部门和社会各界的大力支持和共同参与。要充分发挥市政府在少数民族特色村寨保护与发展中的领导作用，并发挥民族、财政、住建、规划、文化、旅游等相关部门的职能，将少数民族特色村寨建设工作纳入重要议事日程，在资金和政策上给予大力扶持，有关县（市、区）也要制定并落实支持少数民族特色村寨建设的优惠政策，形成强大合力。建议将 14 个少数民族特色村寨保护与发展试点村列入全市乡村旅游示范点扶持对象，每个村给予资金扶持，连续扶持三年。建议旅游部门引入市场机制，引导市场资金进入民族乡村。把民族文化与休闲旅游结合起来，打造若干条“畲乡风情游”线路，进一步做大做强民族乡村特色游。

（五）树立一个典型。榜样的力量是无穷的。建议转变目前在特色村寨建设中撒胡椒面、每个村寨都分一点资金的做法，集中资金、资源、力量，逐个建成少数民族特色村寨，然后以点带面，逐步铺开。苏家坡民族村是上杭县古田镇唯一的民族村，500 多人，基础较好。在各方面的共同努力下，该村开展少数民族特色村寨保护与发展试点工作已取得显著成效。下一步，要继续秉持“绿水青山就是金山银山”的理念，紧密结合古田会议旧址群，把苏家坡民族村打造成集民族文化、红色文化、绿色文化于一身的“红色畲乡”，在全市开展少数民族特色村寨建设中起到典型示范带动作用。一要壮大产业。要继续大力发展壮大贵妃鸡、棘胸蛙养殖业，并引进高优葡萄、芙蓉李、水蜜桃、杨梅、百香果等特色农业，建设集观光、采摘、休闲为一体的生态种植基地。二要美化环境。要在村道旁及贵妃鸡、棘胸蛙养殖基地种植银杏树、樱花等观赏树种，吸引游客。要对穿村而过的小溪进行专项整治，建设防洪堤、便桥、凉亭，小溪两旁种植绿化树，把小溪两岸打造成休闲长廊。三要改造民居。在民居外墙空白处适当绘制展现畲族风情的图画，在村道两旁建设畲族文化墙。四要完善设施。要继续完善游客服务中心、畲族特色村寨大门、畲族戏台、标示标牌和观景台，成立 3—5 家农家乐及民宿，大力发展乡村旅游。五要传承优秀文化。组建少数民族表演队伍，每年举办“三月三”畲族文化节，展演“竹杆舞”“畲族婚嫁”“上刀山、下火海”等畲族特色传统节目，吸引八方游客。

聚力创建特色村寨　扎实推进乡村振兴

——南平市开展少数民族特色村寨建设的做法与成效[①]

南平市民族宗教局

南平市有 43 个少数民族成份，少数民族人口 3.5 万人，占全市总人口的 1.2%，以畲族、回族、苗族为主。其中畲族人口 2.3 万人，占我市少数民族人口的 66%。全市有少数民族行政村 48 个，其中 47 个畲族村、1 个苗族村。

南平市在开展少数民族特色村寨创建试点工作中，牢牢把握少数民族特色村寨建设工作的总体要求，指导有关县市抢抓省市政策机遇，以规划为引领，整合各种项目资金，强化基础设施建设和产业发展，突出民族文化传承，打造了各具特色的少数民族村寨，进一步助推了我市少数民族乡村振兴战略实施。

一、主要做法

1. 坚持规划先行，描绘民族村发展蓝图。指导县市把少数民族特色村寨建设纳入当地乡村建设发展规划，保证特色村寨建设的前瞻性。如武夷山市星村镇黎前村委托武夷学院旅游系，对黎前村畲族风情旅游景区的发展战略、功能定位和总体布局进行了整体规划，结合美丽乡村建设、民族风情旅游、景观建设等方面制定了《黎前民族特色村寨保护与发展三年建设规划》，建瓯市房道镇吴大元村将特色村寨创建与美丽乡村建设同步推进，编制了《特色村寨保护与发展规划》，从产业发展、依托“金三角”竹海旅游区编制“畲乡竹海风情游”建设项目建议书等。

2. 大力发展产业，增强民族村内生动力。近年来，我们坚持用好用活民族政策，助力民族村发展特色产业，壮大村集体经济，增强内生动力，推进

---

① 本文系 2020 年福建省民族与宗教研究所主办的“中华民族团结进步窗口建设论坛”交流文章。

乡村振兴。指导武夷山市黎前村、顺昌县江墩村、浦城县圳边村、光泽县浆源村紧扣增收主线，规划发展生态农业、特色产业，带动村民增收，培育了孔雀养殖、柑橘、笋竹、食用菌、中草药种植等特色产业。其中浦城县圳边村发展中药材覆盆子种植面积123亩，亩种覆盆子280棵，年产鲜覆盆子5万余斤，村财增加净收入5万余元，每年增加村民人均纯收入273元，带动空闲劳动力50户100人。抓产业发展的同时，南平市民族宗教局积极争取市财政支持，从2018年至2020年，连续三年下达田坪、江墩、黎前等3个特色村寨每村10万元资金，用于发展壮大村集体经济，培育产业类项目5个，均已开始获取收益。

3. 丰富文化内涵，提升特色村寨品质。一是开展学习考察活动。为进一步开拓视野、创新理念，全面提升南平市少数民族特色村寨建设水平，市民族宗教局组织部分县市民族宗教局负责人和特色村寨建设试点村书记或主任赴浙江等地考察学习特色村寨建设经验。二是在建筑中展示民族文化元素。指导顺昌县下沙村在民居的墙体上展示畲族特色的文化元素，将反映畲族生产生活习俗的畲乡文化搬上墙，形成了一道畲乡风情浓郁的文化墙。三是建设民俗文化展示设施。鼓励有条件的特色村寨建设民俗馆、激情文化广场、文化长廊等设施，展示弘扬民族优秀文化，让村民在行走驻足之间感受到民族文化的熏陶，增强民族文化自信，提升特色村寨内涵。顺昌县田坪村抓住筹办全省“三月三”活动的有利时机，注资800万元全面提升改造了顺昌畲族民俗馆。松溪县招沙甲村建设畲族民俗馆，从建设方案到装修风格请专家把关，南平市民族宗教局也注入10万元资金用于民俗馆布馆工作。畲族民俗馆集中展现了闽北畲族的历史和人文风貌。延平区岭炳洋村是南平市首个获得国家民委命名的“中国少数民族特色村寨”，我们并没有止步于此，而是持续巩固提升国家级特色村寨建设水平，投入资金52万元，打造少数民族激情广场、民族文化长廊。岭炳洋村成为316国道线上一道靓丽的畲族风情风景线，吸引了周边地区群众来此打卡旅游。四是注重传承少数民族优秀传统文化。2017年至2020年，南平市民族宗教局连续四年举办畲歌畲语培训班，组织380多名群众参加培训，少数民族传统文化爱好者和传承人队伍不断壮大。指导顺昌县成立南平市首个独立的少数民族民间艺术类团体——畲族歌舞协会，并给予一定的经费扶持。协会成立后，组织畲汉群众共同参与传承弘扬畲族优秀传统文化。截至2020年市、县两级畲族文化社团组织共有8个，它们成为民间传承保护畲族优秀传统文化的生力军。吴大元村建立了畲寨农民俱乐部，每年举办板凳龙文化节和“三月三”乌饭节，邀请周边县市畲族群众进行山歌对唱，展示少数民族优秀传统文化。国家、省、市媒体多次对吴大元村的文化活动进行了宣传报道，扩大了畲族文化的影响力。

4. 坚持因地制宜，分类打造精品亮点村寨。在特色村寨建设中，我们坚持因地制宜、分类打造精品亮点村寨。顺昌县田坪村、建瓯市吴大元村发挥少数民族传统文化底蕴深厚的优势，打造文旅发展特色村。光泽县浆源村、司前村，浦城县圳边村、大洋村，立足特色产业发展优势，打造特色村寨。延平区岭炳洋村、武夷山市黎前村、顺昌县下沙村、松溪县招沙甲村有丰富多彩的畲族民俗旅游资源、良好的生态、完善的基础设施以及便利的交通，积极打造集观光、休闲、表演于一体的民族风情旅游特色村寨。

5. 完善基础设施，积极改善村居环境。通过加强村寨基础设施建设，村容村貌得到明显改善，村寨呈现出一派美丽新农村景象。光泽县浆源村建设了农民公园、村标、寨门，完成村民住房改扩建及危房改造拆迁工程，在老年人活动中心安装健身器材，修建标准篮球场，铺设广场砖。顺昌县江墩村利用省级少数民族资金 100 万元，整合其他资金 280 万元，硬化村道 3 公里，房屋改造 72 座，建造仿古栏 400 米，进一步完善基础设施建设，提升群众获得感、幸福感。

6. 典型引领示范，促进工作提升。南平市民族宗教局总结推广岭炳洋村等 14 个少数民族特色村寨的创建经验，联合南平广播电视台开辟“走进闽北少数民族村”专栏、组织拍摄“南平市少数民族特色村寨”专题宣传片，充分展现南平市少数民族特色村寨的民族风情和建设成就，提升少数民族特色村寨的影响力。顺昌县田坪村作为民族团结进步创建典型，引领全市民族村积极开展民族团结进步创建活动，推动了全市民族团结进步事业发展。

二、工作成效

南平市少数民族特色村寨建设取得了良好的经济效益和社会效益，进一步推动了少数民族村经济全面发展、基础设施明显改善、社会事业不断进步、群众收入水平逐年提高，为乡村振兴战略顺利实施奠定了良好基础。截至 2020 年，南平市获得国家民委命名挂牌的“中国少数民族特色村寨”有 6 个，列入省级少数民族特色村寨试点村的有 8 个，少数民族特色村寨村占南平市民族村总数的近 30%，直接受益人口近 2 万人。特色村寨发展建设与文明创建工作、美丽乡村建设、旅游发展等同步推进，创建成效凸现。顺昌县下沙村是乡村振兴示范村；松溪县招沙甲村被评为国家级生态村、国家3A级旅游景区；建瓯市吴大元村在2018年被中央文明委评为全国文明村镇，到2020年已蝉联三届。

三、存在问题

1. 建设资金短缺。南平市民族村经济发展相对滞后，村民收入普遍偏低，少数民族特色村寨建设资金投入主要靠上级政府政策性扶持。由于受地方财力所限，少数民族特色村寨建设项目资金严重缺乏，导致一些配套项目难以及时抓好落地实施。

2. 少数民族优秀传统文化保护传承任务艰巨。南平市少数民族村民族服饰、语言、习俗等已逐渐淡化，民族文化氛围不浓。许多少数民族群众对本民族文化缺乏自信，少数民族文化发展资金投入严重不足。

3. 产业发展较弱，村财收入较低。南平市少数民族特色村寨虽已初步形成一批地方特色产业，但产业化程度不高，难以形成规模效应，产品缺乏优势特色、品牌附加值较低。同时，少数民族村集体经济发展相对薄弱。

四、几点启示

1. 整合资源，加大扶持力度。坚持把少数民族特色村寨建设与美丽乡村建设、旅游经济开发等结合起来，统筹安排、积极推进，集中财力办大事，并充分调动干部群众建设特色村寨的积极性，团结一心，同向发力，共同努力推进少数民族特色村寨建设。

2. 挖掘内涵，提升特色品味。进一步收集整理、挖掘研究少数民族文化元素，将展示民族特色文化元素与村寨建设相结合，积极营造民族文化氛围，切实提高特色村寨的品位。要持续培育少数民族优秀传统文化的传承人、传播者。

3. 注重实效，促进全面发展。结合各地实际，立足长远，坚持少数民族特色村寨建设与乡村振兴战略相融合、与生态文明建设相结合。积极探索加快发展壮大村级集体经济的新路子，增强“造血”功能，增强发展后劲，为南平绿色高质量发展赶超贡献力量。

多措并举推进特色村寨建设
助力少数民族乡村振兴发展①

宁德市民族宗教局

宁德是全国最大的畲族聚居区和福建省民族工作重点地区。习近平总书记十分关心宁德民族工作，2015年1月、2016年2月先后对宁德赤溪畲族村扶贫开发工作做出重要批示，与赤溪畲族村干部群众视频连线，高度肯定宁德几十年来滴水穿石、久久为功推进扶贫攻坚的实践与成效，并提出明确要求和殷切希望。近年来，宁德市认真贯彻落实党中央、国务院的决策部署和习近平总书记对福建、宁德的重要批示指示精神，紧紧围绕“全面实现小康，少数民族一个都不能少，一个都不能掉队”目标，扎实推进少数民族特色村寨建设，促进民族乡村振兴发展。

一、宁德市特色村寨建设基本情况

宁德市现有42个少数民族成份，少数民族人口22.34万人，占全市总人口的6.32%，其中畲族人口20.04万人。全市少数民族人口千人以上的乡镇（街道）有57个，设1个少数民族经济开发区、9个民族乡、246个民族村。2009年至2020年，根据国家民委关于少数民族特色村寨建设的部署要求，宁德市少数民族特色村寨保护与发展工作取得较好成效，先后有64个民族村开展特色村寨建设，数量居全省首位，其中，30个村寨已经获得国家民委“中国少数民族特色村寨”命名授牌；11个村寨已具备验收条件；23个村寨建设中。少数民族特色村寨已成为宁德市民族乡村一道亮丽的风景线，已命名的特色村寨中获得全国文明村、国家级传统村落、中国历史文化名村、全国民

① 本文系2020年福建省民族与宗教研究所主办的“中华民族团结进步窗口建设论坛”交流文章。

族团结进步模范集体、省级生态示范村、省级美丽乡村、AAA级旅游景区等殊荣80多项。

二、宁德市少数民族特色村寨建设的举措和成效

（一）坚持因地制宜发展产业与乡村特色旅游开发双轮驱动，推动产业更加兴旺、群众更加富裕。把挖掘特色资源、培育特色产业、发展特色经济、促进农民增收作为一项长期性、基础性工作来抓，立足少数民族特色村寨资源禀赋、区位条件和发展基础，探索经济发展新路径，增强少数民族乡村自我“造血”能力。一方面，积极发展现代农业，推广种养结合等新型农作制度，推动村寨形成蜜柚、水蜜桃、脐橙、巨峰葡萄等“一村一业、一村一品”格局。如蕉城区北山村种植草莓650多亩，种植中草药300多亩，与莆田市万好集团签订供销合同，逐步形成“采、购、种、销、医、食”互动发展的现代农业模式；松岭村成立石蛙人工养殖专业合作社，吸收10户农户加入合作社，合作社以“股金、薪金、租金”三金带动养殖户致富奔小康。另一方面，推动少数民族特色村寨旅游产业发展，带动当地少数民族群众增收。如上金贝村开发建设刺葡萄沟、荷花池、樱花谷、畲家百草园等系列农业观光园景点，扩建唐代古寺——金贝寺，投资200多万元建设建文帝广场等旅游景观设施，吸引各地游客前来观光访古探奇。溪塔村修建5公里葡萄沟溪边路，供游人漫步观赏，在桃园上游坝区修建游人戏水、休闲的水上乐园，自然景观与人工完美融合，形成一道美丽葡萄沟，被全国葡萄协会评为全国葡萄第三沟，是全国完美假期十佳线路中的一个景点，日均接待各地游客约5000人次，进一步带动了当地农产品的销售及民族村村财增收。福鼎赤溪、霞浦东山两个少数民族特色村寨作为脱贫致富的先进典型被中央电视台《新闻联播》和《焦点访谈》报道推广。

（二）坚持特色民居保护提升与农村环境综合整治双管齐下，力求特色更加彰显、生态更加宜居。以改善少数民族乡村人居环境为核心，以特色民居保护和改造为重点，实施农村环境综合整治和房屋立面改造修缮，有效提升村庄整体档次，使村寨风貌、公共建筑及设施与传统民居风格相协调，民族村落的民族文化进一步彰显。一是实行保护性修建，保留原生态民族村居风貌，努力保持村寨的完整性、真实性和延续性。如福鼎市双华村对原有的石墙石屋进行保留修缮，赤溪村对古堡修旧如旧，方家山村利用白茶故里建成

白茶一条街。二是实行改造性提升，适度融入现代理念、现代功能、新技术，合理运用民族建筑符号，提升改造民族村寨民居建筑。如福安市牛山湾村，村内有3座保存较为完好的乾隆八年（1743）的建筑，根据遗存情况，制定民居保护修缮方案，开展民居外墙及屋顶立面改造，引导群众利用现代材料、技术在保持民族传统风格基础上，加强古民居的保护和修缮，效果较好。三是实行综合整治，以畲族风情为亮点，结合改路、改水、改厕、垃圾处理、污水处理、危旧房改造等整治改造项目，努力打造民族风情浓郁、生态环境优美的少数民族特色村寨。比如，福安市过洋村对特色村寨主要出入口，设计建造既特色鲜明又朴素自然，突出畲族风貌的门亭、门楼；在村寨的房前屋后画上具有畲族风情的壁画。

（三）坚持健全乡村治理体系与民族团结进步创建双向发力，促进治理更加有效、乡风更加文明。根据民族村地域、人文景观，因地制宜、科学编制民族特色村寨建设规划，完善通村道路、供水、排水、供电、通信、网络等基础设施，补齐民族乡村的交通、水利、信息等基础设施方面的短板。持之以恒推进村寨精神文明建设，着力培育文明乡风、良好家风、淳朴民风。健全完善村民自治制度，推进村务公开，发挥村寨长老、乡贤等社会各类人才在乡村治理中的作用，处理好可能影响民族团结、社会和谐、民生改善等方面的突出矛盾和问题。广泛深入开展民族团结进步创建活动，以民族团结进步宣传月、民族节庆等活动形式为载体，大力宣传党的民族政策、民族知识和包括全国首部畲族文化保护地方性实体法——《宁德市畲族文化保护条例》在内的民族法律法规。连续五年承办福建省“三月三”畲族文化节和福建省少数民族庆祝“2019年农民丰收节”活动，畲族乡村普遍开展“二月二”“三月三”“四月八”等畲族传统节庆活动和“桃花节”“葡萄节”等特色民俗活动。2020年以来，积极应对疫情影响，运用新媒体创新性开展宁德市“三月三”网络文化周活动和全省第十三个民族团结进步宣传月活动启动仪式，共吸引了130多万群众参与。2019年，福安市人民政府、宁德市民族宗教局和福鼎市赤溪村村民委员会被国务院表彰为全国民族团结进步模范集体，蓝颜勇、雷国胜两位同志被国务院表彰为全国民族团结进步模范个人。

三、少数民族特色村寨建设存在的问题和困难

（一）畲族文化氛围不浓，文化保护意识不强。近年来，有些畲村群众对

彰显畲族特色的民居古建筑物，缺乏保护与传承意识。畲族传统文化有待进一步挖掘整理，部分少数民族特色村寨保护与发展试点村在畲族民俗展示、畲族服饰、畲族歌舞表演等畲族文化展现方面还不够到位。

（二）特色村寨建设资金不足。在少数民族特色村寨建设中，民族建筑维修改造、民族传统文化保护与传承、民族特色产业发展、民族特色文化旅游开发等都需要大量资金投入，而且特色村寨获得命名挂牌后，还需要继续投入资金，才能彰显特色和规模，而少数民族特色村寨建设扶持专项资金只有100万元左右。因此，少数民族村在特色村寨建设中普遍存在资金短缺的问题。

四、关于推进民族乡村振兴的几点建议

（一）加大少数民族特色村寨建设资金扶持力度。中央少数民族发展资金被列为扶贫专项资金，建设少数民族特色村寨项目资金有限，建议另外增加预算指标，专项用于特色村寨民族文化方面的建设和提升。

（二）保护传承少数民族优秀传统文化。建议制定我省少数民族特色村寨保护与发展实施办法，充分挖掘展示少数民族特色村寨特有的文化生态资源，在发展中保护，保护中发展，走一条有特色可持续发展的路子，带动少数民族优秀传统文化的保护与传承。

（三）整合资源形成发展合力。加强与财政、住建、规划、农业、文旅等部门的工作衔接，整合各级各部门的政策、项目、资金、技术、信息，确保美丽乡村建设、农业综合开发、惠农民生、民族文化保护发展等各类政策在试点村得到叠加覆盖。

福鼎市磻溪镇赤溪村调查①

福鼎市民族宗教局

多年来，在党中央的关怀和厚爱，各级党委政府帮助和扶持，一届又一届村两委的辛勤拼搏，以及干部群众不断挖掘自身内生动力下，赤溪村因地制宜，精准发力，滴水穿石，久久为功，历经“输血”就地扶贫、“换血”搬迁扶贫、“造血”“旅游＋产业”扶贫的艰苦历程，走出一条“旅游富村、农业强村、文化立村、生态美村”的路子，脱贫致富奔小康事业结出了丰硕成果，群众生活水平显著提高。农民人均纯收入从1984年的166元增长到2019年的20135元；住房从人均8.4平方米的“茅草屋、木瓦房”升级为人均42平方米的“砖混结构房”。村庄面貌显著改善。通村公路从无到有，总里程达58.6公里，到达高速公路和太姥山景区仅需20分钟。通过搬迁，赤溪村自然村数由14个减至1个中心村和2个自然村，生活配套、文化教育、医疗卫生等设施一应俱全。村财收入从1984年的负债10多万元增加到2019年的120多万元。2015年，赤溪村的扶贫开发工作得到了习近平总书记等中央领导的批示肯定；2016年2月19日，习近平总书记还通过人民网与赤溪村民视频连线，在线交流；2015年12月7日，汪洋副总理到赤溪村视察，并把赤溪村的扶贫工作作为扶贫“宁德模式”的典型之一。

一、摆脱贫困的“赤溪历史”

宁德是全国最大的畲族聚居地，畲族先民早在唐朝就开始入闽东，明清时期迁徙活动更趋频繁，使闽东成为我国畲族最聚集的地区。宁德现有畲族

① 本文系2020年福建省民族与宗教研究所主办的“中华民族团结进步窗口建设论坛”交流文章。

人口 20.04 万人，超过全省畲族的二分之一、全国的四分之一，设有 1 个畲族经济开发区、9 个畲族乡，少数民族人口千人以上乡镇 60 个，民族村 246 个（畲族村 239 个，回族村 6 个，壮族村 1 个），民族自然村约有 1000 个。畲族乡村主要分布在偏僻山区，多为二三十户、十多户、甚至几户人家组成的自然村庄，形成典型的小聚居与大散居特点。在抗日战争和解放战争时期，闽东畲族群众利用山区天然屏障和独特的生存优势躲避战乱，保护党组织的斗争力量，对党的革命事业做出了巨大贡献。然而，在经济发展和社会建设时期，闭塞的交通、短缺的土地资源极大地限制了畲族村的发展。改革开放以前，畲族群众主要在山坡旱地种植地瓜，辅以茶叶、毛竹、林木资源来换取粮食，实现基本的生存需求。环境恶劣，资源匮乏，产业结构单一，生产成本较高，市场信息闭塞，导致闽东民族乡村经济社会事业发展相对缓慢，畲族群众收入偏低，存在不少畲族贫困村。随着经济社会的发展和人口的增长，人们的生活需求不断增加，人口与资源的矛盾更为突出。耕地低产稀缺、交通条件简陋、外部资源无法有效导入，许多畲族群众被迫外出务工，青壮年劳动力外迁，导致畲族村发展建设人才更加匮乏。

福建省委、省政府高度重视少数民族贫困村的脱贫攻坚，研究出台了一系列扶持民族乡村发展的政策措施。2012 年，出台了《福建省人民政府关于进一步帮扶民族乡加快发展五条措施的通知》，针对少数民族乡制定了明确挂钩帮扶目标、加大挂钩帮扶力度、落实惠农民生政策、强化挂钩帮扶责任的五条措施，大大提高了挂钩帮扶成效；2015 年，出台了《中共福建省委　福建省人民政府关于加强和改进新形势下民族工作的实施意见》，要求挂钩帮扶部门结合实际将挂钩帮扶进一步延伸到全省 19 个民族乡以外的 432 个民族村，并逐步加大对民族乡村转移支付力度。2016 年，出台了《中共福建省委办公厅　福建省人民政府办公厅关于做好挂钩帮扶民族乡村工作的通知》。2017 年，出台了《福建省人民政府关于贯彻国务院“十三五”促进民族地区和人口较少民族发展规划的实施意见》，提出到 2020 年民族乡村农村经济总收入和人均收入比 2010 年翻一番，民族乡村基本公共服务均等化水平显著提升，教育、医疗条件明显改善，社会保障实现全覆盖的工作目标。这些政策的出台给畲族乡村带来前所未有的发展机遇，尤其体现在产业项目发展、基础设施建设、基层组织能力提升、发展基金融资等方面。

30 多年前，《闽东日报》刊发的一篇题为《穷山村希望实行特殊政策治穷致富》的读者来信，讲述了宁德市礤溪镇赤溪村下山溪自然村，仍有“破旧茅草房，婆媳一条裤”的贫困场景。该信虽然短小却蕴含着作者对贫困百姓的深厚感情，引发了人们对边远山村极度贫困的生活状况的高度关注与极大共鸣。1984 年 6 月 24 日，《人民日报》头版转发了该信，还配发了题为《关怀贫困地区》的评论员文章。同年 9 月，《中共中央、国务院关于帮助贫困地区尽快改变面貌的通知》下发，1994 年 4 月 15 日，国务院发出关于印发《国家八七扶贫攻坚计划》的通知，全国乡村扶贫工作与实施攻坚任务就此拉开序幕，赤溪村也因此被称为“中国扶贫第一村”，省地县镇四级党委政府对赤溪村给予了特别关心与扶持。

赤溪村的扶贫经历了三个阶段。第一个阶段即“输血”阶段（1984—1993 年）。赤溪村的贫困情况见报后，全国各地的读者纷纷寄来各类生产生活物资，各级政府也加大扶贫力度，为村民们无偿提供了树苗、果苗、鸡苗、羊羔及各种庄稼种子。但由于自然条件过于恶劣，“一方水土难养一方人”，部分已脱贫的群众也由于自然灾害及发展后劲不足等原因很快返贫。村民们刚刚燃起的脱贫希望很快就被熄灭了，“输血”扶贫收效甚微。第二个阶段即“换血”阶段（1994—2003 年）。早在 80 年代，赤溪村就萌生了通过整村搬迁进行“换血”的大胆想法，但苦于没有通村公路，水泥、石砖等建材运不进来，新村建设也就无处谈起。1988 年至 1990 年，习近平同志任宁德地委书记期间全力推动福鼎桑园电站建设，这是福鼎乃至闽东地区历史上最大的扶贫项目，也是转变赤溪畲族群众命运的关键。1993 年因建桑园电站，赤溪有了第一条可以通车的泥结石土路。随着通村公路的修建，下山溪自然村在全省率先实施了造福工程整村搬迁。此后，村党组织坚持实施“造福工程”，现在的中心村人口集聚，规模达到 1500 多人，不仅让大山里的群众彻底告别穷山恶水，更以上级扶贫资金的优化投入，完善安全饮水、文化卫生等基础设施，为后来赤溪村申报全国少数民族特色村寨建设试点村及发展乡村旅游奠定了基础。第三个阶段即“造血”阶段（2004 年至今）。习近平总书记在《弱鸟如何先飞》中说：“闽东，交通闭塞，信息短缺，是小农经济的一统天下。”又在《一种崭新资源的开发》中写道：“千百年来农民与土地圈守一块，自给自足，备受自然经济的束缚。”这些都是当时赤溪畲族群众农业生产的形象写照。为转变“种田吃粮”、自给自足的落后局面，村“两委”抢抓九鲤溪旅游的发展机遇，积极整合资源，挖掘潜力，立足生态做文章，加大宣传推介，实施“富民强村”工程。一方面，利用丰富的山林、淡水资源，通过能人带动，以“公司＋合作社＋基地＋农户”模式，发展名优果蔬、珍贵苗木、淡水养殖等高附加值本地特色农业。另一方面，引进万博华、耕乐源等旅游公司投资3000多万元建设蝴蝶坪、竹排漂流、健身拓展等旅游休闲项目，大力发展乡村生态休闲旅游。2015年7月，杨赤旅游公路通车，赤溪村迎来了旅游发展的春天。随着特色农业和旅游产业的发展，畲族群众办农家乐、开杂货铺、养鱼、种苗木、种白茶……众多畲族群众还将土地出租或入股农业合作社、旅游开发公司，一手领田租，一手拿劳务工资，赤溪扶贫开发建设步入“快车道”。

二、脱贫致富的“赤溪经验”

（一）产业扶贫

赤溪村坚持因地制宜，立足优美生态、扶贫历程、畲族文化等资源，主动融入环太姥山旅游经济圈，建设美丽乡村，发展乡村旅游，拓宽村民增收渠道，为精准扶贫奠定产业基础。

赤溪村脱贫致富的过程伴随着乡村旅游项目的全面铺展，不仅有了竹筏漂流、农业观光，而且增添了登山健身、户外体验，还配套建成了九鲤溪水域观景带、下山溪河段峡谷观景区、杜家堡古民居聚集群、乡村农耕田园自然风光景区等。发展特色生产，开发乡村旅游，成为赤溪村增收致富的主旋律。据统计，2019年到赤溪村的游客超过27万人次，旅游旺季参与服务工作的农民群众达800余人。过去村民撑竹排运物资是迫于不通公路而维持生计，如今则成了生财手艺，每个劳动力每天撑竹排经营旅游项目就能收入400—500元。2019年，赤溪村人均收入已超2万元，仅旅游一项带给每个家庭的平均收益就达到6万多元，可以说是“一业兴带动百家富”。

（二）政策扶贫

30多年来，赤溪村紧紧抓住扶贫开发各项政策支持机遇，大力实施整村推进扶贫工作，通过产业发展带动，造福工程搬迁，加快教育发展，持续加大基础设施和民生项目建设力度，一大批村民自力更生，积极创业，摆脱了贫困，不少人过上了富裕生活。同时，落实政策保障兜底，对五保、低保对象应保尽保，落实新农保新农合，对贫困户建档立卡，落实精准扶贫“六到村、六到户”措施。其中，重要的一条就是“干部包户”。市、镇两级干部持续不断地进村入户开展帮扶工作，帮助想法子、找路子，为村子加快发展提供组织保障：一是每年帮助贫困户和低收入户落实一笔2000元以上帮扶资金；二是帮助落实有劳动能力的家庭成员至少一名参加技术技能培训和就业；三是干部实行一包到底，不脱贫不脱钩。

在有关部门的大力支持下，赤溪村建立了人力资源和社会保障工作站，对全村415户的家庭人口、劳动力、收入结构、创收来源、劳动技能与就业愿望等进行登记造册，并成立青年创业与农民就业指导中心，现代特色农业生产推广与技术服务队、农民文化技术学校等产业发展培训平台。同时，按照产业发展需要，选送青年农民到高校或公司进行短期学习与技能培训，仅近2年全村就有67户152人次完成了创业就业培训，培训内容涉及特色种养、电商销售、餐饮服务、旅游、民俗文化、家庭旅馆经营等方面，有效提高了农民群众创业就业技能。

（三）思想扶贫

赤溪村坚持把思想道德建设和科学文化建设贯穿于扶贫开发的整个过程，制定村规民约，通过开展丰富多彩的文体活动，引导村民弘扬和践行社会主义核心价值观。挖掘赤溪村非物质文化遗产，打造赤溪特色文化品牌。建成赤溪村综合文化服务中心，提升公共文化设施建设、管理和服务水平，培育群众健康的生活方式和高尚的道德情操，引领社会风尚，推进文明村庄建设。

近年来，人民日报、新华社、中央电视台、中新社、中央人民广播电台、光明日报、经济日报、农民日报、福建日报、浙江日报、省广播影视集团新闻中心等中央、省主流媒体100多批次600多人到赤溪畲族村总结提升扶贫工作经验，在省级以上媒体刊播新闻达600多篇（条）。

（四）党建扶贫

近年来，赤溪村党总支围绕建设发展型和服务型党组织，探索实施“四强四引领”党建经验，贯彻落实好党的扶贫政策和少数民族“三优”政策，带领赤溪群众走出了一条“生态立村、旅游富村”的旅游产业脱贫致富小康路。

强素质，引领思想观念大转变。坚持把强素质作为摆脱贫困的重要内容，在村干部、党员和群众中开展治“愚”、扶“智”、改“陋”三项教育宣传活动，教育引导党员群众思想观念大转变。

强组织，引领脱贫致富奔小康。深入开展“党建富民强村”工程，充分发挥党员的“领跑”作用，带动村民从事旅游行业，帮扶残疾人贫困户、畲族农户走上脱贫致富之路。及时升格成立赤溪村党总支，注重选拔群众公认的能人进入村班子，先后3名大学生村官和3名驻村、蹲点干部到村任职，不断优化村级班子和组织架构。成立赤溪生态产业发展有限公司，统一规划指导全村的旅游、生态农业等产业发展，发展壮大村级集体经济。

强合力，引领建设美丽乡村。紧紧抓住“造福工程”、全国少数民族特色村寨保护与建设试点等契机，实施推动人口居住“集聚化”、畲族村寨“特色化”、推动道路交通“便捷化”，改善基础设施建设，推进美丽乡村建设。

强机制，引领团结稳定促和谐。坚持发挥党组织的政治、组织和群众工作优势，建立民主议事“六事”制度，实行村“两委”干部轮流坐班制、定期走访制，开展“无讼村居”建设工作，村级运转机制得到不断健全，有效推动了团结稳定。

（五）社会扶贫

多年来，在各级党委、政府的主导下，赤溪村的扶贫工作得到社会各界的关心和支持。一些企业和爱心人士捐资助教、对接帮扶、吸纳就业，提供金融支持，帮助一些村民解决困难、增加收入。此外，扶贫开发协会、老区促进会、慈善总会等群团组织与机构通过各种形式帮扶困难家庭。在上级党委政府出台一系列支持返乡大学生、青年、农民创业措施的基础上，还有一些企业“大手拉小手”，帮助发展壮大一批青年、农民、大学生创业项目。

多年来，宁德始终大力弘扬“弱鸟先飞”的追赶意识，坚持扶贫与扶智扶志相结合，引领干部群众逐步破除“穷自在”“等靠要”等落后思想，走上了依靠内生发展脱贫致富的路子。

从未通路时的羊肠小道到现在的杨赤公路，随着精准扶贫、精准脱贫工作的推动，村民回流，拥有涵盖小学一年级到六年级6个班和幼儿园的赤溪小学，学生数也从2014年前的不足60人，逐年增加至2020年的132人。建立了宁德市首个规模最大、功能最齐全的村级医院——磻溪卫生院赤溪分院，设挂号室、抢救室、注射室、中西药房、病房、预防接种室、化验室、B超室、值班室，有救护车等基本抢救设备，可以满足赤溪及周边村民基本医疗和应急诊疗服务。

三、巩固脱贫成果的“赤溪答卷”

围绕打造“中国扶贫第一村”和“生态旅游畲族风情特色村”的品牌，

新起点策划，高起点规划，通过中国农业发展银行、中国农业银行、中国邮政储蓄银行、福建农村信用社合作联社的信贷支持，抓好交通设施、教育文化、医疗卫生、饮水工程、造福工程、村容村貌等新农村基础设施建设，不断提高群众生活水平，提升村庄旅游产业发展承载力。

农业强村：围绕旅游带动，壮大农业专业合作社、家庭农产、森林人家等经济组织，提升观光农业、淡水养殖、林下种植、茶叶精加工等项目建设水平，增强村民自主创业能力。

文化立村：树文明和谐新风，弘扬传承畲族文化、农耕文化和家训文化等，以和谐友善、文明诚信、热情好客的美丽赤溪笑迎八方游客。

生态美村：保护好绿水青山，实施环境的美化花化净化亮化，营造山环水绕、鸟语花香、人与自然和谐相处的美丽赤溪。

旅游富村：从实际出发，科学规划，依靠赤溪“中国扶贫第一村”这张名片，发展旅游服务业，以较少的投入获得最好的效益，实实在在带动老百姓致富。

坚持“创新、协调、绿色、开放、共享”五大发展理念，实施“1＋N”发展模式，围绕旅游主导产业，抓好多个支撑旅游发展的特色产业，加快实施“旅游富村、农业强村、文化立村、生态美村”，把“中国扶贫第一村”建设成为畲族旅游小康明星村。

赤溪村就是党和政府立足自身自然资源，靠发展乡村旅游带领群众脱贫致富的典型例子，切实将生态优势转化为了脱贫致富的优势，将绿水青山变成了金山银山。

赤溪村三十多年的艰辛奋斗史，得到了中央领导的肯定。2015 年 1 月 29 日，习近平总书记在国家民委《民族工作简报》第六期上对福建省宁德市福鼎磻溪镇赤溪畲族村作重要批示。批示内容为：“30 年来，在党的扶贫政策支持下，宁德赤溪畲族村干部群众艰苦奋斗、顽强拼搏、滴水穿石、久久为功，把一个远近闻名的贫困村建成了小康村。全面实现小康，少数民族一个都不能少，一个都不能掉队。要以‘时不我待’的担当精神，创新工作思路，加大扶持力度，因地制宜、精准发力，确保如期啃下少数民族脱贫这块硬骨头，确保各族群众如期实现全面小康。”总结其发展方式和经验，对于激发山区少数民族村持续发展的内生动力有深刻启示。

惠安县推进少数民族乡村振兴的工作实践[①]

惠安县民族宗教局

惠安县共有回族、畲族、蒙古族等39个少数民族成份，少数民族人口共8700多人，其中回族和畲族人口最多。少数民族人口千人以上的镇有螺城、螺阳、黄塘和涂寨。有少数民族村4个，分别是黄塘镇前郭村、接待村和涂寨镇涂寨村、新亭村，其他镇少数民族以散居为主。4个少数民族村没有村办企业，村集体经济收入主要靠土地流转金、房屋出租等，经济相对薄弱。近年来，惠安县委、县政府认真贯彻执行党的民族方针政策和《福建省少数民族权益保障条例》等有关法律法规，紧紧围绕"共同团结奋斗，共同繁荣发展"的民族工作主题，实施少数民族乡村振兴战略，加大对项目的扶持力度，努力推动少数民族村经济发展和社会稳定，少数民族群众的生产生活有了明显改善。目前，4个少数民族村的贫困户均已全部脱贫。

一、主要做法

（一）加强宣传，着力营造各民族共同团结奋斗、共同繁荣发展的良好氛围。扎实开展民族团结进步宣传月活动。充分利用每年9月为我省民族团结进步宣传月的契机，指导各少数民族村广泛深入地开展民族团结进步宣传教育活动，宣传民族理论、民族政策、民族法律法规和民族基本知识。同时，通过开展民族团结书画作品展、民歌比赛、知识竞赛等一些群众性文化活动，把宣传教育与各族群众喜闻乐见的活动结合起来，营造各民族"共同团结奋斗、共同繁荣发展"的良好氛围。协办泉州市第十一个民族团结进步宣传月

① 本文系2020年福建省民族与宗教研究所主办的"中华民族团结进步窗口建设论坛"交流文章。

活动。2018 年 9 月 8 日，“泉州市第十一个民族团结进步宣传月启动仪式”在惠安县涂寨镇举办。活动围绕“团结奋斗铸牢中华民族共同体意识”这一主题，大力宣传习近平新时代中国特色社会主义思想和民族政策、民族法律法规。通过举办文艺演出、召开座谈会、悬挂横幅标语、发放宣传品，以及开展义诊赠药、猜灯谜等丰富多彩的形式，掀起民族团结进步宣传的热潮，不断增强干部群众维护民族团结的自觉性，进一步弘扬优秀少数民族文化，促进各民族交往交流交融，推动各民族共同繁荣发展。义诊赠药活动共惠及群众 512 人，其中接受器械检测的有 295 人，为群众节省医药费用 4 万元以上。

（二）注重帮扶，促进少数民族村经济发展。引导民族村增强“造血”功能。每年年初，惠安县民族宗教局深入少数民族村与村两委座谈，针对每个村的实际，研讨、谋划乡村振兴有关措施，确定帮扶项目。针对少数民族村集体经济相对薄弱，村财收入较少的实际情况，引导民族村发展光伏产业，壮大村集体经济。从 2018 年开始，黄塘镇接待村率先发展光伏发电项目建设，至 2020 年项目已经进行到第三期，建成太阳能光伏发电站 3 个，每年可增加村集体收益 6 万元左右。此后，黄塘镇前郭村、涂寨镇新亭村也相继建设太阳能光伏发电站（前郭村 2 座、新亭村 1 座）。以项目带动集体经济增收，有效盘活了扶持资金。加大帮扶项目投入。积极向省、市上报民族村亟需帮扶的发展项目，申请民族补助资金。同时，每年 20 万元民族工作专项经费纳入财政预算，少数民族人口年人均补助超过 20 元。2018 年至 2020 年，下拨到 4 个少数民族村的中央、省、市和县级民族补助资金合计 85 万元。其中，扶持黄塘镇前郭村道路建设 13 万元、涂寨镇新亭村乡村道路太阳能路灯工程 4 万元及涂寨村下郭回族自然村老年活动中心修缮和厕所改造 5 万元，有效改善了村居条件，方便了群众生产和生活；扶持黄塘镇接待村、黄塘镇前郭村、涂寨镇新亭村光伏发电项目共 48 万元，促进民族乡村加快经济发展。

（三）深化服务，保障少数民族群众权益。依托区位优势，引导农民就业。本县黄塘镇接待村、涂寨镇新亭村辖区内各有工业园 1 个，黄塘镇前郭村毗邻台商创业基地。下辖的民族村依托其区位优势，积极沟通协调，引导村民到工厂内务工或经商，增加少数民族群众经济收入，提高生活水平。主动为少数民族群众多办实事。每年春节期间走访慰问少数民族困难群众 12 户，为困难群众送去慰问金每人 500 元。2018 年 8 月至 2020 年，帮助涂寨镇下郭村 3 名贫困大学生申请助学金 1.6 万元；维护少数民族合法权益，热心为少数民族群众办理民族成份变更手续。

二、存在的困难和问题

（一）基础设施仍需完善。近年来，少数民族村基础设施建设虽然得到长足发展，但部分少数民族村因历史积累和地域差异，基础设施建设相对滞后，早期建设的村道、电网、饮水等标准较低，群众文体活动空间有限，社会各项事业发展缓慢。

（二）产业带动能力偏弱。部分民族村没有村办企业或集体经营性收入，发展空间比较有限。村级集体经济薄弱，缺乏稳定收入来源。产业培育不足，“自我造血”能力相对较差，不能有效带动群众发展。缺乏开拓市场、引导生产的先行者和掌握一定专业技能的人才引领群众发展生产，无法起到带动、辐射作用。群众对产业发展缺乏科学管理经验。

（三）少数民族文化保护和发展力度不足。部分民族村民族特色不足，“三月三”等传统民族节日活动氛围不够浓厚。同时，民族文化对当地产业发展的作用尚未完全发挥，对民族村产业结构的优化和经济增长方式的改变未起到实质性作用，无法充分激活少数民族文化资源的市场价值。

三、加快少数民族乡村振兴的工作建议

（一）营造氛围，促进民族团结进步。要加大民族政策、法律法规的宣传力度，积极宣传党中央的民族政策和《福建省少数民族权益保障条例》等有关法律法规，拓宽渠道，创新机制，使民族政策、法律法规深入人心。要加大对少数民族的政策扶持工作，促进民族村经济社会事业得到更好发展。

（二）项目带动，加大对民族村的扶持力度。要加大对民族村的项目支持力度，根据实际情况分阶段推动宜业宜居的少数民族村基础设施建设。优先安排特色设施农业基地、林果业产业园区、改善农业生产条件项目等。扶持民俗旅游业的发展，加快旅游景点和旅游线路的开发和宣传，增强民族村的“造血”功能，让少数民族群众获得更加持续稳定的增收能力；要致力发展少数民族乡村文化，加大对少数民族乡村文化产业发展的指导和扶持力度，推动民族乡村产业发展壮大。要组织力量进行深入挖掘少数民族语言、民歌、舞蹈、服饰、故事等文化资源，取其精华，古为今用。有条件的村庄可建设

民族文化特色展示项目。

（三）规划先行，助力推动民族乡村振兴。要将少数民族乡村振兴融入乡村振兴战略总体规划，统筹推进。要以发展壮大民族乡村村级集体经济为着力点，突出产业政策扶持，优化生产生活环境，为发展民族乡村经济、促进农民增收创造良好的条件。按照“先规划，后建设”的原则，规范和引导乡村产业发展，可以先搞试点，再做推广，避免急功近利、仓促推进。当前农村产业融合发展项目用地矛盾比较突出，很多项目因为缺乏建设用地无法落实。要在严守耕地红线的前提下，为保障发展乡村产业需要的建设用地多想办法、多亮绿灯。

（四）完善机制，推进少数民族人才队伍建设。人才不足一直是乡村产业发展的一块短板。要制定优惠措施，引导鼓励在外发展较好的村民返乡创业。要加大农民技能培训，尤其是基层农技推广人才的培养力度，减少乡村人才向非农领域流失；要大力培养少数民族文化传承人才，搭建文化人才信息库，建立有效的人才保护、培养和引进机制，有目的、有计划、有针对性地开展各类少数民族文化特色人才培训，使少数民族文化薪火相传，并得到更好传承和弘扬，充分挖掘少数民族优秀传统文化的潜在价值。

关于新时代少数民族村寨建设的思考[①]

霞浦县民族宗教局

少数民族特色村寨在产业结构、民居式样、村寨风貌以及风俗习惯等方面都集中体现了少数民族经济社会发展特点和文化特色，凝聚了少数民族文化的历史结晶，是传承民族文化的有效载体，是少数民族和民族地区加快发展的重要资源。支持少数民族特色村寨保护与发展，是社会主义新农村建设、民族工作的重要组成部分，也是保护中华文化多样性的重要举措。做好这项工作，对于促进民族地区经济发展，传承和弘扬少数民族优秀传统文化，增强民族自豪感，提高各民族的凝聚力、向心力，巩固和发展平等、团结、互助、和谐的社会主义民族关系具有重要意义。

一、霞浦县少数民族基本情况

霞浦县总人口约56万，其中少数民族人口50175人，占全县总人口的9.12%，有畲族、回族、壮族、满族、瑶族、藏族等31个少数民族成份（其中畲族人口46992人，是全国畲族人口较多的县），设三个畲族乡、54个民族行政村、360多个民族自然村。除海岛乡外，其他15个乡镇（街道）少数民族人口均在1000人以上。全县少数民族行政村有35个是老区，其中老区基点民族行政村4个，分别是盐田乡西胜村、崇儒乡苋下村、柏洋乡西坑村和松港街道八斗贝村。

① 本文系2020年福建省民族与宗教研究所主办的“中华民族团结进步窗口建设论坛”交流文章。

二、少数民族特色村寨建设取得的成效

近年来，在省、市民族宗教主管部门的关心支持与指导下，在县委、县政府的正确领导下，霞浦县立足县情和民族地区实际，坚持以资源为依托，政策为支撑，产业结构调整为主线，以农民增收为目标，民族团结进步为重点，充分挖掘红色旅游和畲族风情游特色，将民族地区和老区建设相结合，加强基础设施建设，统筹利用美丽乡村、造福工程、道路交通、农田水利等资金，实行资金项目扶持到村。全县 54 个民族行政村基本实现“五通”，即通电、通电话、通公路、通自来水、通电视。民族乡村基础设施建设不断得到强化完善，为经济发展创造了良好条件。

自少数民族特色村寨建设项目申报实施至 2020 年，霞浦县少数民族特色村寨建设项目实施了四批次，共十三个村，其中第一批为溪南镇白露坑村，第二批为三沙镇东山村、水门乡茶岗村、崇儒乡上水村，第三批为水门乡湖里村、沙江镇大墓里村、松城街道青福村、崇儒乡霞坪村、盐田乡二铺村，第四批为沙江镇大坪村、沙江镇炉坑村、崇儒乡溪坪村、下浒镇四斗村等 4 个村，其中国家民委正式命名的特色村寨有 6 个村，分别是：溪南镇白露坑村、三沙镇东山村、水门乡茶岗村、崇儒乡上水村、沙江镇大墓里村、崇儒乡霞坪村。

三、少数民族特色村寨建设中存在的问题和困难

虽然少数民族特色村寨建设取得了初步成效，群众生活水平有了明显提高，但由于自然、历史等原因，少数民族特色村寨的保护与发展仍面临许多困难和问题，主要表现在：这些村寨多位于边远落后地区，道路交通状况差；受自身条件限制，传统经济转型困难；在工业化、城镇化的背景下，村寨人才大量外出，以及少数民族文化传承人才缺乏，民族文化保护与发展遭受巨大冲击；受多种因素影响，许多传统民居被造价低廉的简易建筑所取代，村寨的民族特色和乡村特色急速消失等等；这些都阻碍了新时代少数民族村寨的可持续发展。同时，全县 54 个民族行政村、村级集体经济普遍薄弱，村财收入高于 10 万元的村寨寥寥无几，有的村还是“空壳村”。对标有效改善民族村寨面貌，制约霞浦县少数民族特色村寨建设的主要因素有：

1. 民族产业政策落地不够及时彻底。早在2012年5月，福建省政府就下发闽政〔2012〕27号文件《关于进一步帮扶民族乡加快发展五条措施的通知》，目前霞浦县还尚未制订专门针对民族乡村产业振兴的扶持政策，财政、税务、金融、商务、交通、住建等相关部门也未出台相关扶持措施，集中、精准、高效帮扶政策平台尚未形成，导致一些扶持民族乡村产业的政策不能在较快时间内得到落实。

2. 少数民族特色村寨建设“千篇一律”。在建设少数民族特色村寨过程中，没有按照“因地制宜、立足资源特色”的原则，产业发展中“文旅产业缺文化”的现象较为突出；对村寨缺乏整体、科学、长远、特色的发展规划，文化建设方面多以类似的牌坊、广场、文化柱、展示馆等形式打造畲族特色，风格雷同、同质化严重。

3. 村寨基础设施等硬件要素制约突出。受地理区位制约，部分少数民族村寨道路线路长、路窄、弯多、等级低，制约了产业发展；教育、医疗等社会事业相对滞后；用地指标缺乏，因城关建设用地需求，用地指标调至农村，造成民族乡村绝大部分土地被划定为农保地。

4. 村寨人才、技术的支撑缺乏。近年来，少数民族农村大中专毕业生增加，但由于生活环境艰苦及工资待遇不高，愿意留在本乡本土的人才极少。常住村民原有文化教育底子薄，观念保守，接受新知识、新技能比较慢，不能有效掌握现代农业科技，不善于经营管理。民族乡村缺乏发展领头人，干部后备乏力，一些民族村选举出现“无能人可选”的现象。缺乏经济致富带头人，有经营头脑的村民大多外出创业，特别是农技人才、文化人士等，外地的来了又留不住，乡贤等农村工作热心人力量也不足。

5. 村寨民族文化传承后继乏人。许多畲族村寨的传统文化习俗在日常生活中已经淡化，畲族传统手工技艺失去了赖以传承的社会环境，加之对少数民族传统文化工作者的培养不足，民族传统文化工作者青黄不接。特别是许多少数民族文化传承人年事渐高或离世，导致部分习俗、医药、武术、编织、刺绣手工艺等已失传或即将失传。对民族文化内涵的挖掘不深，提炼不够，新时代的民族文化项目创新发展不多。

四、关于少数民族特色村寨保护与发展的思考

做好少数民族特色村寨保护与发展工作，对促进经济发展、保护传承少

数民族优秀传统文化意义重大。建议对民族村加大力度精准帮扶、精准施策，以民族乡村产业振兴为重点，全面推动全县少数民族特色村寨建设可持续发展。

1. 加大政策扶持力度，为助推民族村寨建设形成更大合力

一是完善相关政策法规。政府要加大对民族乡村特色经济发展的扶持力度，在落实闽政〔2012〕27号文件和“民族乡村特色经济发展扶持增收工程”的基础上，尽快出台民族乡村振兴的相关扶持政策。要以少数民族特色村寨建设为契机，大力引进和培育发展一批市场潜力大、经营机制活、带动能力强的农产品加工、流通领域的龙头企业，提高民族村寨的市场竞争能力和辐射带动力。

二是增强资金投入保障。建议金融、财政部门按照省委、省政府《关于加快现代农业建设推进农业农村改革发展的若干意见》精神，建立更集中、更优惠、更精准的财政扶持政策，允许各级扶持政策叠加使用，发挥集聚效应。要以实现村集体增收为出发点，坚持市场化运作方式，扶持出能够带动村民共同致富的产业项目。

2. 科学规划培育产业，为助推民族村寨建设提供资源要素支撑

一是依托独特资源优势。根据少数民族村寨在地理位置、资源配备等方面的特点，进行村庄规划，合理布局，优先发展民族村寨优势产业，以构建现代农业体系和特色产业布局为目标，充分发挥少数民族村寨自然风光优美、人文景观独特的优势，把经济发展与特色民居保护、民族文化传承、生态环境保护有机结合，培育壮大少数民族乡村旅游项目。

二是扶持大户带动农户。重点扶持能人大户作为特色产业起步和发展壮大的着力点，构建一二三产业融合局面，让民族乡村产业上规模、出品牌、有特色，努力打造“一村一品、一乡一韵”的民族乡村产业振兴格局。通过整合少数民族村寨“天然生态、唯美风情、奇异民风”资源，把村寨建设与民族团结进步小康村创建活动、畲族文化建设、美丽乡村建设、民族旅游经济开发等结合起来。以支持民族村寨产业培育为主要内容，挖掘和整合自身资源优势，选择好扶持项目，发展好支柱产业。

3. 完善基础要素配置，为助推村寨产业发展突破瓶颈

一是政府要加大公共基础设施建设力度。逐步完善民族村寨的文化设施、饮用水、排污管网、垃圾清运等基础设施。继续改善道路交通等基础设施条件，实施民族村道路拓宽提升工程，加大道路建设维护的财政投入，解决制

约经济发展的交通障碍，推动“交通＋生态旅游”“交通＋特色产业”“交通＋电商快递”发展。

二是大力解决用地问题。率先在民族村开展宅基地和集体用地制度改革试点，制定民族村拆并搬迁特殊优惠政策，盘活闲置农房、宅基地等资产，培育民宿、“共享农家”等产业项目。优化民族村土地政策，将盘活的土地指标倾斜用于村集体产业发展，适当提高建设用地复垦奖励比例。

4. 强化人才技术支撑，为助推村寨产业发展完善造血功能

一是大力培养和选拔少数民族干部。少数民族干部工作是党的干部工作的一个重要组成部分，也是贯彻落实党的民族政策的重要内容之一。一要大力发展民族基础教育，解决好少数民族干部的源头问题；二要拓宽少数民族干部队伍来源渠道，解决好少数民族进入干部队伍渠道单一的问题；三要加强少数民族后备干部队伍建设，使少数民族干部储备保持近、中、远期人才比例协调。四要进一步加强教育培训，提升少数民族干部的能力和素质。同时要注重培养充实各类科技管理人才队伍，努力改善少数民族干部队伍结构，为少数民族和民族地区经济腾飞、可持续发展提供人才保证。

二是激活人才要素支撑。要建设好少数民族特色村寨，关键在人才，要加大对村寨产业振兴等关键领域优秀突出人才的政策倾斜力度，拓宽乡镇优秀干部的提拔晋升渠道，充分调动乡村干部参与村寨建设的积极性和能动性。各级党委、政府要加大力度做好民族乡村村干部选拔和培养，要定期选派民族乡村干部到民族院校和民族乡村振兴示范地区开展培训，努力打造一支懂政策、善沟通、有想法、能干事的民族村领头人队伍。

进一步稳固脱贫攻坚成果 助力乡村振兴战略实施①

顺昌县民族宗教局　廖祖英

一、顺昌县基本情况

顺昌县位于福建西北部，武夷山脉南麓，闽江上游富屯溪、金溪汇合处，为“闽江起源处、顺达昌盛地”。土地面积1985平方千米，辖1个街道、8个镇、3个乡，130个行政村，2019年年末户籍人口23.5万人，常住人口19.2万人。顺昌是一个移民县城，民族杂居，文化多元，姓氏多种，方言复杂，有畲族、苗族、回族等26个少数民族成份，少数民族人口8000多人，占全县人口的3.4%。少数民族以畲族人数居多，人口近7000人，占全县少数民族人口的87.5%。有11个少数民族村、43个自然村，1所民族中学，为闽北最大的畲族聚居地。

近年来，顺昌县委、县政府高度重视民族工作，认真贯彻执行党和国家的民族政策，贯彻落实中央、省、市扶贫工作部署，坚持少数民族和民族聚居区域优先发展，将少数民族贫困村、贫困户的扶贫工作纳入全县扶贫攻坚工作，同步谋划。重点推进搬迁扶贫、产业扶贫、就业扶贫、健康扶贫、教育扶贫、兜底扶贫、挂钩帮扶、村财增收等八项措施，精准落实。2017年，全县建档立卡少数民族贫困户92户321人，少数民族人口212人（其中国定贫困户73户255人，少数民族人口167人；省定贫困户19户66人，少数民族人口45人）。2018年11月，人均纯收入低于4500元的6个重点贫困少数民族村全部脱贫摘帽。

---

① 本文系2020年福建省民族与宗教研究所主办的“中华民族团结进步窗口建设论坛”交流文章。

二、主要经验、做法和成效

（一）狠抓政策落实，助推民族乡村经济发展。一是进一步贯彻落实省委、省政府支持民族地区发展的决策部署，大力实施“民族乡村特色经济发展扶持增收工程”，推动民族村“一乡一业”“一村一品”“一户一就业”不断优化升级，增强少数民族群众自我发展能力。如，洋口镇田坪村成立春辰养殖合作社，大力发展孔雀、蜜蜂等特色养殖，吸引60多户村民入社；双溪街道余墩村、溪兰村发挥近郊优势，采取“公司＋农户＋基地”运作模式，发展大棚蔬菜、葡萄、富硒米等特色农业，带动400多人创业致富。二是促进农产品销售，积极推动全县19家机关企事业单位食堂和16家农业经营主体与少数民族贫困户建立对接联系制度，对少数民族农户的农产品以优惠价收购，直接配送到批发商、超市和机关企事业单位食堂，让少数民族农户种植的农产品卖得出、有收益。三是进一步贯彻落实省、市挂钩帮扶民族乡村政策，出台相关措施。成立顺昌县民族工作协调委员会，全县11个少数民族村全部实行了乡镇（街道）领导挂点、干部驻村制度，省市县20多家单位实施对口帮扶，其中人均纯收入低于4500元的秀吴村被省委、省政府确定为第五轮省级扶贫开发重点村，并下派干部驻村任职，田坪、谢坊、下坑、际会、江墩、上凤村等6个村由市直部门加强挂钩帮扶；溪兰村、秀吴村等2个村分别安排1名县领导挂点。为了更好地落实《中共中央　国务院关于实施乡村振兴战略的意见》，进一步夯实党在基层的工作力量，顺昌县委先后选派大学生村官和驻村任职干部扶持民族村工作，2019年，又选拔5名基层党群工作者入驻民族村，实现全县11个少数民族行政村全覆盖，为民族村注入新鲜血液，推动民族村经济社会发展，确保少数民族村乡村振兴取得实效。

（二）加大资金投入，强化基础设施建设。一是持续推进民族乡村公路安保工程、提级建设，主村乡道按6.5米以上路幅宽度的标准优先安排完成民族村的道路单改双建设，所需资金除中央、省、市补助外，县财政按每公里20万元标准予以配套补助。截至2020年，已完成井垄、下沙、上风、秀吴、下坑、田坪新村道路单改双工程，谢坊村完成招投标程序，际会、溪兰、余墩、江墩村正在抓紧规划设计。二是集中部分民族经费重点扶持产业，坚持通过发展项目为抓手，将项目、资金、政策向产业特色明显的民族村集聚，有力促进民族村基础设施完善和生产生活环境改善。2017年至2019年，顺昌县少数民族村累计完成含基础设施、特色产业、民生社会事业等项目 70 个，争取各类帮扶资金近 3000 万元（其中中央、省、市民族宗教部门项目资金 1000 余万元）。同时，结合美丽乡村建设，优先把少数民族村列入重点整治村，累计投入专项建设资金 600 余万元，将余墩、下沙、江墩、下坑等 4 个少数民族村打造成省级美丽乡村示范点，田坪、江墩等 2 个村完成少数民族特色村寨建设。2019 年，顺昌县政府又投入 2180 余万元建设双溪街道下沙景观带人居环境整治项目，投入 680 万元提升改造顺昌民俗馆，按 3A 级景区标准规划设计，加快推进少数民族村旅游特色产业发展，助推民族乡村振兴发展。

（三）推进文旅融合，彰显民族文化魅力。进一步加快实施“少数民族文化繁荣发展工程”。一是加强挖掘保护工作。组织编制了《顺昌畲歌集》（第 1、2 集）以及《顺昌畲族志》《顺昌畲家青草茶集》《闽北山哈医药》《知味顺昌——闽北畲乡特色养生名菜烹饪指南》《顺昌畲乡风情》等文献资料，积极做好非物质文化遗产名录申报及传承人培养工作，截至 2020 年，已有 9 项被列入市、县级非物质文化遗产名录，确定非遗代表性传承人 9 名。二是积极开展文化交流活动。连续举办“三月三”畲族民俗文化节活动，通过畲族风情摄影展、畲族歌舞绝技表演、畲族土特产饮食文化展示等特色项目，不断丰富民俗文化节形式和内容。顺昌县民族中学将毽球、珍珠球纳入学校特色体育项目，成为省、市重要训练基地；洋口镇把踢毽球作为农村特色体育项目，被福建省农民体育协会授予省首批农村特色体育项目示范乡镇。

（四）稳固农业发展，不断促进农民增收。大力实施“民族乡村特色经济发展扶持增收工程”，以产业扶贫为主线，依托茶叶、提子、葡萄、食用菌、反季节蔬菜、畲药等优势特色产业为基础的 10 余个产业示范基地和 2 个畲药生态园，充分发挥本地资源优势，通过资金帮扶、信贷帮扶、品牌帮扶、挂钩帮扶等形式，大力推进民族乡村特色产业规模化、标准化、品牌化和市场化建设，培育民族乡村经济发展新增长点，带领群众增产增收，发家致富。

三、存在困难、问题和原因分析

目前，顺昌县少数民族脱贫人口未出现明显的返贫现象，但民族乡村脱贫致富依靠的产业，主要还是传统产业，只有少部分新兴产业；少数民族群众的生活水平虽然较过去有了明显提高，但仍然存在着许多困难和问题。

（一）产业发展水平不均衡。顺昌县部分民族乡村尚未形成比较成熟的产业体系，村与村之间产业发展差别较大，有主导产业的村，户户有项目、人人有收入，户与户之间的差距不大。如：大历镇下坑村引入榕宏农业入驻后，农户增加了土地流转和务工两方面的收入，同时，该公司每年还按每亩流转土地 112 元的标准上交费用给村里。每年给 60 岁以上的老人发放 100 元生活补助，实现村、户、人三方受益。没有主导产业的村，农户贫富差距大，产业发展的规模小而散。如：双溪街道余墩村，山地林地较少，农民收入主要靠传统种植业，近年受部分土地被国家项目征用和产品改良迟缓、产品价格缩水的影响，种植面积越来越少，农民人均可支配收入相对偏低。部分乡村的发展受技术、信息、市场等要素制约，产业发展普遍存在质量不高、项目分散等问题，加上没有稳定的产品销售渠道，受市场波动影响大，全县仍有部分民族村的少数民族群众人均可支配收入未达到全县平均水平。

（二）产业生产资金短缺。顺昌县民族村大多散居在边远山区，受地理环境制约，交通、水利等支撑产业发展基础设施建设点多、线长、面广，政府虽然逐年加大了资金投入，但由于资金投入方向较为分散，专项资金少，用于产业发展的资金明显不足。同时，农业项目投资周期长、见效慢、市场价格不稳定。如：传统产业柑橘，丰产周期一般 3—5 年，好的年份市场价格在 1.5 元左右，差的年份挂在树上无人采，不少贫困户虽享有小额扶贫贷款，但缺乏技术，又找不到相对固定的产业，发展压力大。

（三）产业带动能力偏弱。一是产品竞争力差，大部分民族乡村有产无业、有品无牌问题依然存在，农产品大多停留在粗浅加工层面，技术含量和科技附加值都比较低，产品档次低，产业链短，市场竞争力不高。二是龙头企业不足，民族乡村基本没有龙头企业，缺乏开拓市场、引导生产的先行者，无法起到带动、辐射作用。三是缺乏人才技术，民族乡村缺乏掌握一定专业技能的人才引领群众发展生产，群众对农业生产缺乏科学管理经验。四是自我发展能力弱。多数民族村经济结构单一，外出人口较多，土地抛荒严重，脱贫户老弱病残多，生产经营能力弱，抵御风险能力脆弱。

（四）村集体“造血功能”不足。顺昌县部分民族村在农村土地确权和灾后异地重建后，既没有村办企业支撑，也没有集体经营性收入，同时又没有可供发展的土地，缺乏稳定收入来源，导致村级集体经济薄弱。如何壮大村里的集体经济、发展产业让村民们增收，是摆在许多民族村面前的一道难题。

四、意见建议和工作举措

地方各级要充分发挥党的领导作用和政府的引领作用，切实贯彻落实好习近平总书记“全面实现小康，少数民族一个都不能少，一个都不能掉队”的指示精神，把握大局、借助大势，巩固脱贫攻坚成果与乡村振兴相衔接，抓重点，攻难点，补齐民生短板，促进少数民族乡村振兴工作措施务实、过程扎实、结果真实，确保实现预期目标。

宁德市蕉城区畲族文化保护传承的现状与思考

蕉城区民族宗教局

近年来，蕉城区畲族文化保护传承工作在各级党委、政府的重视支持下，坚持以保护为基础，以发展为主线，着力抓好畲族民间文化的抢救整理、传承发展工作，为少数民族文化的繁荣发展做出了积极贡献。

一、畲族传统文化保护传承基本情况

长期以来，畲族已形成了自己独特的民族文化和民俗风情，畲族语言、民歌、故事、音乐、舞蹈、服饰、古民居、民族工艺、民族习俗、医药和武术等传统文化异彩纷呈，是中华民族传统文化的重要组成部分。2020 年，蕉城区有区级少数民族文化站 1 个、乡级少数民族文化站 1 个、村级文化活动室基本普及；大型民族文化展馆 2 座、县级民族中学 1 所、县级民族实验小学 1 所、少数民族武术协会 1 个、畲族文化研究会 1 个、畲族文化实体 5 个；已整理编辑畲族相关古籍资料 300 多条，征集畲族重要文物 600 多件，报批国家级非物质文化遗产项目 2 个、省级非物质文化遗产项目 1 个、市级非物质文化遗产项目 10 个；少数民族特色村寨保护与发展试点村 12 个。

二、畲族文化保护传承的主要做法与成效

1. 宣传贯彻《宁德市畲族文化保护条例》，增强群众的畲族文化保护意识

《宁德市畲族文化保护条例》（以下简称《条例》）是宁德市第一部地方立法，它的实施是畲族群众生活中的一件大事。为此，蕉城区认真开展了一系列宣传活动。结合“三月三”等畲族传统节庆活动，发放《条例》宣传材料 1000 多份；蕉城区政协港澳台侨与民宗委举办“关于学习贯彻《宁德市畲

族文化保护条例》辅导解读”活动，邀请民族工作联席会议成员单位、金涵畲族乡及部分政协委员、畲族非物质文化传承人、畲族文化企业负责人参加；区民族宗教局召集区直相关部门、民族乡干部，畲族文化研究会成员，畲族非物质文化传承人，民族村主干，群众代表等参加座谈会，共同学习探讨《条例》有关精神。翻印5000本《条例》，以编唱畲歌的形式到全区各乡镇、村进行宣传发放，努力把宣传面覆盖到全区范围。引导干部群众树立畲族文化保护意识和观念，形成畲族文化保护的良好氛围。

2. 制定有效措施，保障畲族文化保护传承

蕉城区委、区政府先后制定出台了《关于开展抢救与发展畲族文化工作的方案》《关于保护与发展畲族文化的决定》和《关于进一步繁荣发展少数民族文化事业的实施意见》，同时将每年52万元的区级畲族文化保护专项资金列入财政预算。这些政策的推行有力推动了蕉城区畲族文化的挖掘和开发。

3. 加大资金投入，搭建畲族文化展示平台

蕉城区先后建成了闽东畲族博物馆、中华畲族宫（闽东畲族文物馆）、蕉城区少数民族文化站。特别是中华畲族宫（闽东畲族文物馆），充分展示了畲族历史渊源、民俗风情、社会生活等。先后成功举办了“中国·闽东畲族民俗文化艺术节”“面向21世纪畲族社区研讨会”等国家级、省级大型活动，并多次举办了规模盛大的祭祖活动。中华畲族宫也是蕉城区民俗节庆活动较为固定的场所，每逢节庆日，很多畲族群众聚集在此尽情对歌、观看“上刀山、下火海”“起洪楼”等民俗表演。2020年依托中华畲族宫，着手建设宁德畲族文化园。该文化园总投资约5亿元，规划用地220多亩，包含畲族文化展演中心、凤凰广场、畲族风情街、畲族原生态聚居区、旅游接待中心等。

4. 成立相关机构，推进畲族文化挖掘整理

一是成立畲族文化研究会、畲族联谊会、畲族企业家协会、畲族武术协会、畲族文化培训中心等相关机构，为挖掘、整理、保护畲族文化遗产提供组织支持。二是收集整理畲族文化资料，先后编辑出版了《蕉城区畲族志》《畲族歌言简集》《畲族文化常识》《畲寨风情》等，拍摄录制了畲族原生态歌言碟片。已收集、整理畲族古书籍、手抄本、古时民间往来票据、碑刻、族谱等资料300多份，其中20多份编入《中国少数民族古籍总目提要》（畲族卷）。三是加大畲族非物质文化遗产保护传承力度。蕉城畲族二声部山歌“双音”“银饰锻制技艺”被列入国家级非物质文化遗产代表作名录；“乌饭制作技艺”被列入省级非物质文化遗产代表作名录；“上刀山，下火海”“登十三

洪楼”民俗活动等10个项目被列为市级非物质文化遗产代表作名录。

5. 精心组织活动，展示畲族文化独特魅力

蕉城区民族宗教、文体等相关部门经常组织歌手参加国家、省、市民歌比赛活动。畲族二声部山歌“双音”是畲族民歌的“活化石”，是国家级非物质文化遗产。该项目传承人雷美凤多次代表畲族参与国内重大民族音乐活动，所演绎的《凤凰歌》荣获第十届中国民间文艺“山花奖”银奖，并获中国原生态民歌优秀传承人奖，她的歌声曾随“神舟七号”飞船飞上太空，遨游宇宙。她开办的“蕉城区畲族音乐活动中心”免费向社会开放并培训教授畲族青少年唱畲歌、跳畲舞；2015年，蕉城区承办福建省第四届“三月三”畲族文化节暨第八届海峡两岸少数民族丰收节；2016年，蕉城区选送3名畲族民歌手参加了由中央电视台举办的中国民歌大会，为建党95周年献礼；2019年成功举办了宁德市“三月三”畲族文化活动周暨畲族歌会活动；各民族村、畲族文化团体也踊跃开展畲族节庆活动，先后举办了“三月三”歌会、九月九“尝新节”、畲族民俗文化展演、畲族民歌盘歌会等活动。通过多种形式展演畲歌、畲舞、畲族武术、畲族技艺，展示畲族服饰、饰品、中草药、特色小吃等，充分展现了畲族传统文化的魅力，进一步促进了畲族文化的保护弘扬。

6. 依托民族学校，开展畲族文化进校园活动

蕉城区十分注重在校园传播畲族文化。依托民族实验小学、民族中学，编印了校本教材《畲寨风情》《畲族文化常识》；以艺术扶贫的形式邀请市艺术馆的老师教授孩子们唱畲歌、跳畲舞，开设畲语、畲歌、畲舞、畲族风情导游等民俗文化兴趣小组，每周三下午开展学习交流活动。蕉城区民族中学定期举办校园畲族文化艺术节、体育运动会，组织学生成立打枪担、畲歌合唱等艺术队，组织教师编写《宁德市蕉城区民中校本课程——畲族文化读本》；聘请国家级非物质文化遗产——畲族二声部山歌“双音”项目传承人雷美凤为教练，利用每周五下午第三节的活动课，集中畲族学生进行畲歌传唱；学校把畲族文化精髓融入校园文化建设之中，让学生了解畲族风土人情。

7. 发挥资源优势，扶持畲族文化产业发展

充分发挥民族乡村人文资源优势，开发民族特色旅游产业。截至2020年，蕉城区共有8个民族村被国家民委命名为“中国少数民族特色村寨”。随着旅游产业的发展，畲族优秀传统文化得到有效保护弘扬，也带动了民族乡村经济社会发展。八都镇猴盾村发挥现有千亩茶园的资源优势和畲族风情浓

郁的文化优势，以畲族文化站为载体，挖掘畲歌、畲舞，培养畲族文化传承人，努力打造集农业观光和畲族风情为一体的旅游景点；金涵乡上金贝村依托民族风情、人文历史、地理区位及自然生态优势，按照建设“三园”目标（即畲族村寨风情园、新农村建设示范园、郊外生态休闲园），科学制定村寨与景区建设规划，开发了民俗文化、自然观光、乡村休闲、农事体验等特色旅游项目，上金贝村现已被评为国家“AAA”级旅游景区、“国家级文明村”“国家级生态村”“生态教育示范村”和“宁德十大最美乡村”等称号。

三、进一步做好畲族文化保护与传承的思路

1．强化领导，加大投入

成立蕉城区畲族文化保护工作领导小组，并定期召开联席会议，加强对畲族文化保护工作的领导和指导，研究解决畲族民间文化保护发展过程中存在的问题和困难。通过财政拨款、向上争取、民间筹措和社会捐助等方式，设立专项文化保护资金，加强对文化遗产的挖掘、修复和保护，收集畲族文化珍贵资料和实物，资助民俗活动和项目传承单位、研究机构、文化基地的建设。

2．健全机制，完善措施

建立健全政府统筹协调、部门密切配合、社会各界广泛参与的民族文化工作机制，建立完善一套行之有效的畲族文化遗产整体性保护制度和运行制度，不断完善畲族文化研究机制。建立畲族文化遗产项目代表性传承人的保护机制，为传承人提供必要的生活、工作补助，提高传承人的社会地位，鼓励他们带徒学艺，支持他们举办相关传习活动。持续举办畲族传统节庆、文化节、艺术节，让畲族文化在浓厚的节日氛围中得到原生态的保护。

3．加强教育，扩大宣传

继续完善畲族文化乡土教材的编写、修订，在畲族聚居区开设畲族传统技艺、武术、民俗、乡土文化等兴趣课程。在推广普通话的前提下，开展畲族方言的歌诀童谣等的吟唱、演讲比赛等。充分利用融媒体，加强宣传弘扬畲族优秀传统文化，增强畲族群众民族文化认同感、自信心和自豪感。通过发展壮大具有民族特色的畲族文化生态旅游业和文化产业，使畲族群众在保护文化中得到实惠，进一步激发他们传承和弘扬畲族文化的主动性和积极性。

4．构筑平台，夯实基础

结合少数民族乡村振兴、中国传统村落保护等举措，加强畲族村落的基

础设施建设，改善群众的生产生活条件，为畲族文化的保护与传承构筑良好的平台、创造有利的条件。加大蕉城区畲族聚居区公共文化基础设施建设力度，使每个民族村有农家书屋、文化室，基本完善畲族乡村公共文化服务体系。继续加大少数民族特色村寨保护与发展试点村建设力度，分阶段、有步骤地集中打造一批畲族民间文化重点村。建立畲族文学、音乐、美术、舞蹈、传统武术、手工技艺、医药、民俗、古民居及生活习俗等文化生态保护示范点，以点带面地推动畲族文化传播。

晋江市少数民族文化保护传承工作的经验、不足与思考[①]

晋江市委统战部

晋江市有51个少数民族成份，少数民族常住人口9.3万人（本地户籍3.2万人、外来6.1万人），数量位居全省县域首位，是全省民族工作的重点县（市）。族群融合、共同发展历来是晋江市民族工作的一大名片。晋江市委、市政府始终把民族文化事业作为促进少数民族和民族地区经济社会协调发展的重要内容，围绕“铸牢中华民族共同体意识”的主线，大力推动民族文化融合发展、传承弘扬优秀民族文化、完善民族公共文化体系建设，并取得明显成效。2018年，晋江市荣获全国民族团结进步创建示范区称号。

一、主要做法

（一）坚持高位推动，扶持民族文化事业发展。以市政府名义出台《关于促进民族地区发展的实施意见》（晋政文〔2018〕240号），以市委统一战线工作领导小组名义出台《关于全面深入持久开展民族团结进步创建工作　铸牢中华民族共同体意识有关工作的通知》（晋委统领〔2020〕3号）等文件，对少数民族文化工作提出明确要求。市财政每年编列186万元民族补助经费，帮助少数民族经济文化事业发展。各级各有关部门认真贯彻市委、市政府的工作部署，把少数民族文化工作摆上议事日程，在制定民族文化发展规划、实施民族文化建设、举办民族文化活动、培养民族文艺人才等方面都予以倾斜支持。

（二）坚持统筹发展，完善民族文化服务体系。加大对少数民族文化基础

① 本文系2020年福建省民族与宗教研究所主办的“中华民族团结进步窗口建设论坛”交流文章。

设施建设的投入，重点打造龙湖粘厝埔民族文化中心、陈埭民族南音社、内坑霞美畲族文化长廊等具有地方浓郁民族特色的文化载体，建设和木文化活动中心，初步形成了少数民族公共文化服务网络。特别是，市财政投入6100万元建设陈埭民族中学体育馆，作为“世界中学生运动会”的艺术体操与健美操比赛场馆，为大力发展少数民族文化体育事业起到孵化作用。

（三）坚持挖掘整理，实施少数民族文化保护工程。一是注重保护具有民族特色的优秀文化。陈埭回族史馆是民族融合的一大见证，曾三次开展修缮保护工程，被列为全国重点文物保护单位及全省少数民族文化精品项目。配合开展民族文物保护和考古调查活动，丁拱辰故居、内坑霞美畲族钟氏祠堂、龙湖衙口粘氏宗祠等一批富有晋江民族文化特色的建筑物得到妥善保护。引导陈埭回委会修订丁氏族谱《回族家族谱牒》及编撰《陈埭回族史研究》。二是积极推进少数民族文艺展示。每年组织开展民族风情文艺会演活动，集中展演各民族文化。积极开展少数民族题材文艺创作，陈埭民族南音社编排的《归巢》在全国少数民族曲艺表演大赛中获得二等奖；市青少年宫、市华侨职校、陈埭民族中学等单位的民族文艺创作作品在全国各地展演。在少数民族学生中推广竹竿舞、蹴球和陀螺等民族体育项目，推动民族传统体育项目创新发展。三是指导少数民族群众办好文化活动。陈埭回委会每年举办冬至、元宵节春冬年祭。内坑霞美畲族村每年开展“三月三”畲族文化节活动。龙湖镇粘厝埔和衙口村的满族群众每年开展颁金节的各种小型庆祝活动。

（四）坚持突出重点，推进少数民族文化繁荣发展。一是实施“少数民族特色村寨”建设。推进龙湖镇后溪村少数民族特色村寨试点工作，实施景观提升、文化教育等项目建设，进一步优化村容村貌，丰富村寨特色文化内涵。二是打造民族团结进步创建品牌。培育陈埭岸兜村、陈埭民族中学、陈埭宇踏公司、陈埭回族史馆等“四个点”（一社区、一学校、一企业、一史馆）作为民族团结进步示范窗口。开展“中华民族一家亲，同心共筑中国梦”主题宣传活动。每年在民族村（社区）、民族学校、相关企业等举办10多场民族团结进步宣传活动。每年在民族村（社区）轮流举办“民族团结进步”杯篮球赛，组织书法家到民族村（社区）现场书写春联等，让民族团结进步理念、中华民族共同体意识入脑入心。2020年民族团结进步宣传月期间，组织开展晋江市民族歌曲演唱大赛，吸引了500多名选手报名；组织小记者到民族村采访民族文化、经济发展成效，并通过晋江市融媒体中心、晋江乡讯等新闻媒体进行报道，宣传面得到全覆盖。三是推动外来少数民族融入当地社会。

注重外来少数民族务工人员的文化服务工作，引导相关企业开展民族特色文体活动，使外来少数民族同胞在异地也能感受浓浓的家乡民族文化气息。为外来少数民族较集中的企业和华侨职校西藏班等赠送书籍，在宇踏公司建立民族之家、图书室等，进一步丰富外来少数民族同胞的文化生活，使其更好地融入晋江。

（五）坚持拓展平台，推动民族文化对台对外交流。发挥侨乡和对台优势，推动民族文化对台对外友好交流，“闽台粘厝村”的联谊交往已实现机制化、常态化、规模化。陈埭回族史馆每年接待来自台湾、香港、澳门地区及东南亚、中东国家的参观访问团有上百个。来自新疆伊犁州昭苏县的马主向晋江市捐赠伊犁马，再次印证了民族团结一家亲，促进了新疆人民和福建人民的来往，拉近了彼此之间的距离。

二、存在的困难及建议

当前，全市各民族融合发展，“你中有我、我中有你”，这有利于民族的团结和社会的稳定，但也对少数民族文化保护和传承提出了挑战。有的少数民族村（社区）干部对民族文化在经济社会发展中发挥的作用重视不够，发展民族文化的措施不够有力，文化传承断代问题仍然比较严峻，年轻一代弘扬少数民族优秀传统文化的意识不够强烈，愿意学的人不多。民族文化的市场化运作缺乏内生动力，带动少数民族增收的效应不够明显。建议晋江市从以下三个方面做好民族文化传承保护工作。

（一）整合各类资源，加快少数民族文化宣传和展示阵地建设。加大对少数民族优秀传统文化的宣传，注重民族文化的软硬载体建设，为优秀民族文化传承和保护提供必要的智力支撑和经费保障。以全国少数民族特色村寨建设为抓手，结合民族习俗、建筑文化、节庆文化等，打造“党建＋民族文化”长廊、民族文化中心、民族文化馆等少数民族特色精品项目。支持内坑镇霞美畲族村钟氏家庙的保护和修缮、陈埭四境社区老人文化活动中心建设、龙湖后溪村景观提升等，促进民族地区经济文化事业全面发展。

（二）夯实基层基础，强化少数民族文化人才队伍建设。重视民族文化的传承，一是持续开展民族文化进校园活动，支持民族中小学校开设具有代表性的民族特色乡土课程，传播正能量的优秀少数民族文化；二是建立一支热爱本民族传统文化、专业知识丰富、具有奉献精神且相对稳定的专职文化从业人员队伍；三是鼓励专家学者进行民族文化课题的研究，参与村级民族文化传承和保护的相关机构要定期深入少数民族村（社区）指导民族文化保护传承工作，实现民族文化保护传承由被动接受向主动作为转变。

（三）打造特色品牌，着力发展少数民族文化旅游项目。以培育更多的民族文化产业、文化品牌为目的，将民族文化保护传承和乡村振兴有机结合起来，把浓郁的民风、民俗、民族文化推向市场。通过开发具有民族特色的歌舞、服饰、工艺品等产品，把少数民族民间艺术变成财富。探索引进民营资本，大力发展民族村文化特色旅游、民族村民宿，把传统的少数民族文化与经济发展有机地结合起来，不断丰富民族文化旅游的内涵，提升旅游品质。

泉州市少数民族流动人口服务管理工作的现状、问题及建议①

泉州市民族宗教局

近年来，随着泉州市经济社会快速转型，工业化、城市化的进程日益加快，市场对劳动力的需求不断增加，少数民族人口跨区域流动成为常态。这对于增进各民族之间的相互交往、学习和合作，促进少数民族地区经济发展，丰富城市物质和精神生活具有重要意义。但是，由于民族心理、风俗习惯、地域文化等的差异，少数民族人口的流入，增加了城市民族关系的复杂性。泉州市积极探索新型民族关系下的新举措、新方法，抓好少数民族流动人口服务管理工作，努力构建各民族共同团结奋斗、共同繁荣发展的局面，促进各民族像石榴籽一样紧紧抱在一起。

一、泉州市少数民族流动人口基本情况

泉州市现已成为重要的沿海少数民族散居地区，有回族、畲族、蒙古族、满族等 53 个少数民族成份，1 个民族乡（台商投资区百崎回族乡）、48 个民族村（社区），少数民族人口 22.9 万人，其中外来少数民族流动人口约 13.4 万人，占少数民族总人口的 58.5%。少数民族流动人口呈现以下几个特点：

（一）总量剧增。根据第六次全国人口普查统计，泉州市外来少数民族流动人口约 13.4 万人（仅限于辖区内有固定租住地和经营地的少数民族人口），比第五次全国人口普查时的 4.5 万人增加了近 9 万人，增长近 2 倍。

（二）从业广泛。据调查，流入泉州的少数民族多以青壮年为主，大多从事鞋服、建筑等劳动密集型行业，以及餐馆、酒店宾馆等服务性行业，其中

① 本文系 2020 年福建省民族与宗教研究所主办的“中华民族团结进步窗口建设论坛”交流文章。

很大一部分少数民族群众从事餐饮业等容易体现民族特色的产业。总体来看，从业面较为广泛。

（三）流动性强。来泉州市的少数民族流动人口中，万人以上的少数民族有土家族、苗族、壮族等。由于这些外来少数民族缺乏知识与技能，就业创业能力低，呈现“短期务工型的多、流动经营的多、租住民房的多”等特点。他们大多从业不稳定，流动性比较强。

（四）差异性大。外来少数民族在生产活动、生活方式、历史文化、风俗习惯等方面与泉州市本地的民众相差较大，他们普遍要经历一段较长时期的“从流入到生存、适应再到融入”过程。

二、泉州市少数民族流动人口服务管理工作实效

（一）突出建章立制，形成工作合力，积极构建管理闭合链条。一是完善责任体系。泉州市委、市政府把民族工作摆在重要位置。2009 年成立了民族工作协调委，2020 年建立了民族工作联席会议制度。2013 年、2018 年分别制定出台了《贯彻落实少数民族事业“十二五”规划实施意见》和《泉州市人民政府关于促进民族地区发展的实施意见》，进一步明确各部门工作职责，落实落细城市民族工作。二是建立联系试点。确定 6 个省级少数民族流动人口服务管理工作联系点（鲤城区金龙街道办事处、丰泽区华丰社区、丰泽区源淮社区、晋江市陈埭民族中学、晋江市陈埭镇岸兜回族村、台商区百奇民族中学），并从资金、项目等方面给予大力支持。各联系点立足实际，积极探索服务管理工作。2013 年，丰泽区被国家民委定为全国第四批城市少数民族流动人口服务管理体系建设试点单位，为福建省首个试点单位。三是强化协调联动。公安、民族宗教、教育、工商、人社、行政执法等部门相互联动，建立少数民族流动人口信息台账，及时互通相关信息和新情况、新问题，妥善处理涉及少数民族流动人口的矛盾纠纷、突发事件。各县（市、区）健全完善外来少数民族务工人员工作网络、沟通协调机制、问题反映和处置机制、服务管理机制等，协调做好服务管理工作。

（二）突出服务保障，创新服务模式，着力提高民族管理效率。一是建立服务网格。建立市、县、乡三级民族工作网格化服务管理平台。金龙街道派出所和 11 个社区建立少数民族流动人口服务站；丰泽区在社区中探索“一家四园五基地”的服务模式；华丰社区实现少数民族流动人口和计生协会组织

网络全覆盖。晋江岸兜村制定《少数民族流动人口服务管理体系工作制度》等管理措施，设立服务窗口，优化服务管理工作。二是强化权益保障。教育部门保障少数民族流动人口子女平等接受义务教育权益；司法部门开通“绿色通道”，为城市少数民族流动人口提供法律援助；人社局扩大参加社会保险覆盖面；加强劳动争议调解仲裁和劳动保障监察执法；卫计委对少数民族流入育龄妇女提供计生均等化服务；民政局将少数民族流动人口纳入最低生活保障和临时救助范畴；公安局积极探索推行流动人口居住证制度，逐步解决“市民化、同城化”待遇问题；市监部门协调解决经商摊位、执照等问题；市民族宗教局为外来少数民族提供便利的宗教生活；市行政执法部门在尊重少数民族风俗和生活习惯基础上依法执法；市总工会、旅游局等部门连续九年开展少数民族流动人口免费游泉州活动；丰泽区成立了“少数民族外来流动人口服务中心”“民族团结进步共建理事会”，与新疆驻福建省工作组丰泽区联络站建立共驻共建机制，推行少数民族社区服务卡，让少数民族流动人口与常住居民享受同城待遇。三是开展帮扶工作。组织街道、社区利用春节等节日为少数民族群众送去关心和帮助。丰泽区廉租房及配套设施优先保障少数民族流动人口，源淮社区对困难少数民族流动人口实施“一对一”结对帮扶，为患大病者家庭实施医疗救助；鲤城区为困难户办理城市居民最低生活保障及医保；相关部门开展慰问泉州农校西藏班、泉州师院新疆班的困难学生，协调解决相关问题。

（三）突出宣传引导，促进尊重包容，积极营造团结交流氛围。一是加强宣传教育。充分发挥报纸、电视、网络和党校等的作用，加强民族知识宣传；通过民族团结进步宣传月活动、“政风行风热线”直播咨询服务、民族工作业务培训等，多渠道多形式宣传民族政策法规。开展一系列民族团结进步创建工作，如“礼赞 70 年，铸牢中华民族共同体意识”“共同团结奋斗共同繁荣发展”喜迎新中国成立 70 周年暨闽疆一家亲联欢晚会等。二是开展创建活动。确定 3 个社区 3 个民族村和 12 个乡镇（街道）作为省、市两级创建活动试点，并深入企业、学校、社区开展创建活动。如丰泽区第四中心小学开设民族团结进步教育校本课程，开展形式多样的教育教学活动；积极开展“民族团结户”等评比表彰活动，奖励在民族团结进步事业中表现突出、起带头示范作用的社区家庭和居民。三是促进文化交流。积极推动各民族文化交流，探索各族居民喜闻乐见、具有民族特色的文体活动形式，引导社区组建太极拳、舞蹈、合唱团、健身操、篮球、门球等队伍，组织各族群众开展民族团结趣味体育运动会、民族百家宴、迎春游园、端午节包粽子、中秋节茶话会、重阳敬老节、门球邀请赛等系列活动，丰富了外来少数民族群众的文化生活，提升了他们对社区的归属感和认同感。

三、少数民族流动人口服务管理工作存在的困难及问题

随着少数民族流动人口持续增多，泉州市的少数民族流动人口服务管理工作也暴露出一些问题：一是职能部门协调机制仍需优化。城市少数民族流动人口的服务管理涉及多个职能部门，职能交叉、责任不清、多头管理、力量分散等问题还存在。对涉少数民族事件过分敏感，不愿管、不想管的现象时有发生。二是服务管理思路仍需扩展。由于少数民族流动人口在习俗信仰等方面与流入地社会民众存在差异性，在帮助他们适应和融入当地城市的生活过程中面临诸多挑战。如，外来少数民族对泉州城市经营的政策法规不了解，存在一些经营活动不规范的现象，加之市民对外来少数民族不了解，城市管理的难度大大增加。再如，清真食品不“清真”，相关职能部门因各种原因无法实施有效监管。三是基层管理网络仍需完善。大部分县（市、区）民族工作部门都存在行政编制、经费少，执法力量严重不足等问题，难以适应新形势的需要。社区、企业因为人手少、经费不足等原因，在少数民族流动人口服务方面参与不足。

四、优化少数民族流动人口服务管理工作的建议

（一）完善工作机制，用制度强服务抓管理。一是建立健全组织机构，提升工作能力。在市、县两级民族工作部门增加编制和工作经费，在街道、社区普遍成立少数民族流动人口服务站，增加专职工作人员，并将城市少数民族流动人口服务管理工作纳入县（市、区）、街道两级年终绩效考核目标。二是建立健全联动机制，形成工作合力。成立由综治、公安、工商、城管、卫健、教育、民政、民族宗教等部门组成的城市少数民族流动人口服务管理协调机构，研究解决困难和问题，形成领导有力、组织有效、权责分明、处置高效的工作机制。三是建立健全服务管理机制，优化服务水平。制定外来少数民族经商、务工、子女入学、就医、法律援助等方面优惠政策，成立“泉州市少数民族流动人口服务中心”，切实为外来少数民族提供优质、高效的便

民服务。

（二）丰富交流渠道，用沟通听民声解民忧。将城市少数民族流动人口服务管理纳入社区工作范围，以社区为单位，开展少数民族流动人口的调查摸底工作，掌握少数民族流动人口的总数量、受教育程度、输出地、从业状况等基本信息，筹建少数民族流动人口信息管理平台。组建民族联谊会等社团组织，强化他们在城市少数民族流动人口服务管理中的桥梁纽带作用。在外来少数民族较多的企业建立“民族之家”“民族活动中心”等阵地，组织开展民族联谊活动，提高他们的城市归属感。

（三）加快立法步伐，用法规做支撑破难题。建议国家层面加快修订1993年颁布的《城市民族工作条例》，进一步对地方民族工作机构、人员配备、财政支持、子女教育、教育培训等做出明确规定。福建省可研究出台相应的城市民族工作实施办法。建议在修订《福建省少数民族权益保障条例》时，增加少数民族流动人口的相关条款。建议制定《福建省清真食品管理条例》，尽快改变清真食品市场管理无章可循的局面，真正实现城市少数民族流动人口服务管理工作法制化、规范化。

莆田市大统战工作格局下建设中华民族团结进步窗口研究[①]

莆田市民族宗教局

莆田市是少数民族散居地区，现有少数民族成份44个，7355户，总人口36786人，占全市总人口的1%，其中，回族、畲族、土家族人口分别居前三位，主要姓氏有郭、雷、钟、蓝、盘、出等。11个少数民族行政村、85个民族自然村及5所民族小学分布在全市30个乡镇及街道办事处，多数处于边远山区及海岛。全市有近3000名外来经商务工的穆斯林群众，主要来自宁夏、青海、新疆、甘肃等地。

一、建设中华民族团结进步窗口的主要做法和成效

近年来，莆田市牢牢把握民族工作主题，认真贯彻党的民族工作方针政策，坚持以人为本，在全社会广泛深入地开展了一系列内容丰富、形式多样的民族团结进步创建活动，有力地促进了全市民族团结进步事业的发展。

（一）健全各项工作机制，争创民族团结进步示范窗口

为确保民族团结进步创建活动的有序开展，在深入调查研究、召开专题会议、广泛征求意见和反复组织讨论的基础上，2017年，莆田市委宣传部、统战部、民族宗教局联合制定印发了《莆田市开展民族团结进步创建实施方案》，大力推动莆田市创建全国文明城市活动，建立了民族团结进步教育基地，制作发放了“民族团结进步创建宣传册”。全市民族团结进步创建活动在市委、市政府的领导下，由市委宣传部、统战部和民族宗教局共同组织开展，

① 本文系2020年福建省民族与宗教研究所主办的“中华民族团结进步窗口建设论坛”交流文章。

市民族宗教局负责创建活动的日常工作。印发了《关于加强和改进我市少数民族流动人口服务管理工作的意见》，在兴安社区、莆田一中、长寿社区、双福村和沧溪村建立了五个示范点，发挥示范点辐射引领作用，将民族团结进步创建工作延伸到基层、延伸到社会的各个领域，构建民族工作网络，加大民族工作力度，促进全市民族村经济和社会事业又快又好发展。通过开展民族团结进步创建活动，进一步贯彻落实党和国家的民族政策，保障少数民族群众的合法权益，努力维护民族团结和社会稳定。

（二）举办形式多样的活动，打造民族团结进步宣传窗口

每年9月，莆田市以民族团结进步宣传月为契机，组织人员深入各村、街道认真宣传党的民族政策、国家法律法规、《福建省少数民族权益保障条例》《中国公民民族成份登记管理办法》等。利用报刊、广播和电视等宣传媒体，积极宣传党和国家的民族政策，采用知识竞赛、演讲比赛、文艺表演及征文等群众喜闻乐见的活动方式，宣传各地民族团结进步创建活动的好做法、好经验，宣传为民族团结进步事业做出突出贡献的各族干部群众，努力营造民族团结进步的良好氛围。结合创先争优、结对帮扶等活动，走访慰问老党员、老干部和贫困群众，把民族团结进步创建活动与解决各族群众最关心、最急需、最紧迫的现实问题结合起来，让各族群众得到更多实惠，切实感受到党和政府的温暖，夯实创建活动基础。

（三）开展挂钩帮扶工作，打磨民族团结进步发展窗口

近年来，莆田市认真落实各项强农惠农政策，力争在民族村路网工程、安全卫生饮水工程、“造福工程”、垃圾处理、清洁能源等基础设施建设和民生保障工程中，为少数民族村争取更多的项目和资金支持。科学编制《莆田市“十三五”少数民族事业发展规划》，争取中央、省、市的资金倾斜支持。加大对民族村的扶持力度，民族补助款从人均10元提高到人均20元，出台了《莆田市关于继续做好挂钩帮扶民族村工作的通知》，建立市、县（区）两级部门和发达乡镇共同挂钩帮扶民族村的工作机制，实现全市11个民族村挂钩帮扶全覆盖，为民族村各项事业发展办实事办好事。积极引导社会各界特别是宗教界、企业及慈善机构对少数民族村的扶持，引导和帮助各民族村发展特色生产性项目，发展茶叶、林业、竹业、油茶、蔬菜、水果、金线莲、水产养殖及陶器制作、红木小家具等合适项目，形成“一村一品”特色产业，

增强自身造血功能。强化帮扶资金监管，跟踪扶持项目和资金的落实，提升帮扶工作的实效。

（四）强化民生服务工作，打响民族团结进步服务窗口

认真做好民族成份的更改工作，规范民族成份更改审批程序，简化手续，制作一次性告知内容。积极争取民族中小学改扩建项目和资金，改善办学条件，积极配合做好民族班学生助学金的申报和发放工作。认真贯彻《福建省人民政府关于贯彻繁荣发展少数民族文化事业的实施意见》，帮助民族村建立和完善具有民族特色的文化室、图书室和活动中心，加强对少数民族传统文化的保护、抢救和挖掘工作，开展少数民族非物质文化遗产调查研究，制作专题片，做好保护传承工作。帮助改善少数民族村的医疗卫生条件，把少数民族群众全员纳入新农合和养老保险等社会保障体系，保障少数民族群众的合法权益。

（五）部门配合齐抓共管，实现民族团结进步交流窗口

莆田市是民族散居地区，民族成份多，有来自西北的穆斯林同胞 2000 多人，有拉面馆 120 多家。民族团结进步创建活动需要各方面、各部门各司其职、通力合作、共同推进。莆田市在创建过程中坚持统战和民族工作部门在当地党委、政府领导下，充分发挥职能作用，加强对创建活动的组织协调，推动创建活动有效开展。各相关部门也结合自己的职能，积极开展民族团结进步创建活动，机关、企业、社区、乡镇、学校建立了以基层党组织为核心、广泛吸收各方力量参与的创建工作网络，积极组织各族群众开展创建活动。各级各部门完善了应急处突领导机制和工作预案，坚持在法治轨道上处理涉及民族因素的问题，具体问题具体分析，是什么问题，就按什么问题处理，全力维护民族团结、社会稳定。同时，莆田市充分发挥全市穆斯林联络组的作用，妥善解决穆斯林子女就学问题，满足穆斯林群众正常的宗教生活需求，调解外来务工经商人员的矛盾纠纷，连续多年未发生较大规模涉及民族因素的群体性事件。

二、中华民族团结进步窗口建设中存在的问题

（一）全市民族团结进步“窗口”创建工作进展不平衡。部分县区、乡

镇、部门思想认识不到位，片面地将依法治理民族事务、促进民族团结工作作为单项工作来抓，缺乏全局性、系统性；有些县区、乡镇、部门的民族团结进步创建工作载体少，重点不突出，抓手不得力，民族团结进步创建工作理念、方法创新不够，工作开展不平衡。

（二）宣传工作还有待普及和加强。一方面，宣传工作在偏远山区还存在死角死面的问题，虽然举办了许多宣传教育讲座、培训，但覆盖面不够，造成受教育的经常教育，不受教育的经常得不到教育。另一方面，在营造全社会共同参与民族团结进步创建活动的良好氛围上，还存在宣传不到位的问题。

（三）对民族团结进步创建工作的经验总结提炼不足。各民族团结进步“窗口”创建活动还没有很好地融入依法治理民族事务当中，在具体的民族团结进步窗口建设工作中，存在为创建而创建的现象，对所做的工作没有进行很好的总结、提炼和归纳。

三、加强中华民族团结进步窗口建设的对策建议

今后在全面贯彻民族团结进步“窗口”创建工作中，在全力维护和巩固现有局面的基础上，建议做好以下几方面的工作：

（一）让少数民族群众“富”起来。继续开展挂钩帮扶工作，把全市 11 个民族村分期分批纳入乡村振兴战略、美丽莆田、乡村旅游等发展规划，加大对民族村的投入力度，加强民族村特色产业规划，壮大民族村集体经济。将依法治理民族事务，促进民族团结进步创建活动纳入第十四个国民经济和社会发展五年规划，坚持把发展地区经济与民族团结进步创建活动结合起来，突出“以经济发展带动民族团结进步创建，以民族团结进步创建促进经济发展”这一主题。

（二）让少数民族地区“美”起来。各部门配合齐抓共管，积极开展民族团结进步创建活动，指导民族村加快实施乡村振兴战略，按照“产业兴旺、生态宜居、乡风文明、治理有效、生活富裕”的总体要求，加快少数民族特色村寨建设步伐，分期分批进行村庄公共设施和公共环境整治，进一步推进村道路硬化、垃圾处理、污水治理、卫生改厕和绿化美化建设，逐步改善民族村的人居环境，着力打造民族群众幸福美好家园。

（三）让少数民族文艺“活”起来。坚持把集中宣传和经常性宣传教育结合起来，举办形式多样的活动，深化民族团结进步宣传教育。健全各项工作

机制，推动城厢区兴安社区、荔城区长寿社区和莆田一中建立少数民族流动人口服务管理工作联系点，努力把联系点打造成为民族团结进步的示范点。指导开展少数民族节庆活动，传承和弘扬少数民族优秀传统文化，推动少数民族非物质文化遗产保护与发展。

中华民族共同体建设的福建实践

福建省社会主义学院　张耀影

党的十九大提出“铸牢中华民族共同体意识”并写入党章，推动党的民族工作迈入新时代。党的二十大更是强调“以铸牢中华民族共同体意识为主线，坚定不移走中国特色解决民族问题的正确道路”。中华民族共同体理论是在我国民族实体的基础上、在民族自觉与自强的背景上提出的，不仅有效地承载了我国一以贯之的民族政策，更适应各族人民的实际需求与新时代发展需要。全党及全国各族人民在探索实现中华民族共同体建设中因地制宜、倾力而为，逐步探索可行路径，总结先进经验，使之成为引领我国新时代民族发展、解决民族问题的共同遵循。习近平总书记在闽工作期间，高度重视少数民族和民族地区发展，殷切嘱托要“努力把福建建设成为中华民族团结进步的窗口”，福建省秉承习近平总书记在闽工作期间的重要理念和重大实践，在践行中华民族共同体建设中以加强国家认同、促进各民族共同富裕、推进民族间交流、构筑共有精神家园为抓手，不断铸牢中华民族共同体意识，扎实推进中华民族团结进步窗口建设取得丰硕成果。对其实践内容进行深刻总结，有助于中华民族共同体建设继往开来，成就更大辉煌。

一、加强国家认同建设

大力推进民族事务的法治化治理进程。福建是少数民族散居省份，56个民族成份俱全，以法治化治理民族宗教事务有助于我国民族政策的落实，有助于民族事务的公平开展，有助于实现民族平等。福建省各地市在省政府的统一调度下编制出台了《法治政府建设实施方案》，民族事务治理法治化是其中的重要一环，在此基础上深入开展民族宗教领域法制宣传教育，以“谁执法，谁普法”为基本原则，2021年全省累计组织开展民族事务法治化宣传、讲座1300余次，累计发放、张贴、悬挂传单、条幅等12余万份（条）。与此同时，在法治化推进过程中，福建省秉承“双随机一公开”原则，广泛开展少数民族群众考核评价打分活动，做到管理的量化与监督的“亮化”，获得了一致好评。

持续加强少数民族干部培养。在领导干部队伍建设中，拓宽来源渠道，注重在工作中发现、储备、培养少数民族优秀人才，吸纳更多的少数民族干部进入领导干部队伍之中。民族地区各级政府机关、企事业单位在招录、遴选、军转安置、应届生就业引导中适当增加少数民族岗位。2018年审议通过的《福建省少数民族权益保障条例（修订草案）》中规定，“少数民族人口5万以上的设区的市、万人以上的县（市、区）的人民代表大会常务委员会和人民政府领导成员中应当有少数民族公民，少数民族人口千人以上的乡（镇）人民政府、街道办事处的领导成员中都应当有少数民族公民。”截至2021年，福建省管少数民族干部19名，全省少数民族干部总数超过一万名。加强对少数民族领导干部的培训、提高其能力水平，保障民族工作有序开展。以传统培训＋“少干班”为抓手开展多类型、高频次、讲实效的培训活动，丰富少数民族干部知识和阅历，努力提升少数民族干部的战斗力。2021年全年，省级层面开展2期少数民族干部培训班，培训人次超过100人，其他市县（区）级培训机构同步开展，非专项培训中也设置一定的少数民族干部名额。

二、促进各民族共同富裕

推动少数民族地区经济发展，促进区域协调。福建省大力发展少数民族地区的经济。2020年，福建省财政累计拨付少数民族发展资金4072万元，市级、县级财政配套拨付资金累计3917万元，重点用于保护和发展少数民族特色村寨、发展民族地区特色产业等。各部门及民族地区村镇按照“因地制宜、量力而行、集中使用、合理布局”的基本思路对资金进行规划使用，催生了众多的民族产业，助力少数民族地区经济的总体发展。以福安市为例，在少数民族地区经济发展及产业政策的支持下，福安市延长“一村一品”产业链，推行“合作社＋贫困户”的产业合作模式、“畲族非遗＋畲族美食”的近郊旅游商业模式、“第一书记＋科技助力团队”的人才下乡模式。2022年5月，福安市少数民族村集体经济收入均超过10万元，有15个村的集体经济收入超过50万元。穆云畲族乡虎头村的特色水蜜桃年产值2400多万元，溪塔村体验农业旅游项目年收入2000万元，有效提高了当地经济发展水平，也为广大少数民族地区的经济发展及区域协调发展探索出一条可行的路径。

强化技术导入，推进公共服务均等化建设。习近平总书记强调："中华民族是一个大家庭，一家人都要过上好日子"。这就需要在经济建设的同时，还要努力提高少数民族地区的基础设施及民生福祉。福建省以"美丽宜居乡村建设""新农村建设"等为契机大力发展少数民族地区基础设施建设。2019年至2021年，福建省、市、县三级政府配套资金超过20亿元，重点做好少数民族地区道路、饮用水、人居环境等基础设施建设。截至2021年底，全省19个民族乡的321个民族村均已实现了公路、自来水、电力、电信网络、邮政系统的"5通"，逐步达成"美化、亮化工程入村""硬化公路入户""信息建设入家"的美丽乡村建设目标。增设民族地区学校5所、卫生院3所、医院2所、乡村卫生室236个、文化站活动室337个，民生福祉得到极大改善。同时，将少数民族地区纳入智慧城市系统中，依托互联网、人工智能等新技术，全面提升公共服务水平及现代化程度。如将少数民族区域道路交通讯号系统纳入智慧交通管理范畴，全区域推进智慧城市、掌上政务的运行；将高水平电子教育资源引入校园，促进教领域服务均等化。

三、促进各民族交往交流交融

维护和谐稳定的民族关系。注意鉴别"民族问题"，消除涉民族问题的"非黑即白"二元认知结构，以实事求是的精神深挖社会需求与底层矛盾，消解民族隔阂。如部分少数民族群众就业困难，不能将这一现象背后的原因简单归结于"民族身份"，要从社会岗位的供求矛盾、个体的就业核心竞争力等方面出发，从改善少数民族受教育环境、加强就业技能培训的角度入手，切实提升少数民族群众的能力水平和社会竞争力。

推广通用语言文字，传承民族特有文化。语言是文化的承载，也是文化的外在表现形式。在基础教育阶段，福建省的民族学校统一使用普通话进行授课，并增设民族语言的特色选修课程供学生自由选择。广播电视在使用普通话的基础上增设民族语言频道或栏目。福建省委组织编撰了《闽台文化大辞典》（语言篇）、《福建29种方言语系表》等文献及工具书籍，收录了多种福建常见的少数民族语言，促进了民族特有文化的传承。

提高城市治理水平，重视城市民族工作。随着城镇化程度的不断加深，城市中的少数民族群体呈大散居状态。针对这一情况，福建省高度重视城市民族工作。一是以社区为单位建立少数民族居民档案，了解不同民族的生活习惯、民族风俗。以走访的形式深入城市少数民族居民群体中，了解他们可能遇到的困难。二是将民族政策落实到城市治理的基层单位，让相关部门均能了解有关政策，做到社会治理有的放矢。在县一级政府中增设民族专线，对城市治理中民族事务方面的热门问题提供政策咨询。三是利用现代网络技术构建“跨时空”的少数民族联合体，促进各少数民族之间的交往交流交融，使他们在精神上能相互支撑、相互依托，更好地融入城市生活。

四、构筑共有精神家园

建立共同“意象”，践行社会主义核心价值观。社会主义核心价值观通过个人层面的价值导向，构建社会层面的公平公正秩序的形成。民族团结必须建立在践行社会主义核心价值观的基础之上，中华民族共同体建设也需要以社会主义核心价值观作为多民族群众的共同价值理念。在这一过程中，需要通过多种具有可视、可听、可感、可参与的形式“意象”来不断加强，在群众对于“意象”的共同参与和感知中强化社会主义核心价值观在个人心中的引领价值，从而形成可持续、长久的中华民族共同体理念。习近平总书记在中央民族工作会议上指出：“社会主义核心价值观决定着各民族共有精神家园的发展方向，一定要在全社会、在各民族中大力培育和践行。”福建省努力提振各类爱国仪式的严肃性与仪式感，将之与爱国主义教育相结合，与弘扬社会主义核心价值观相结合，创新仪式形式，融入多民族特色，建立各民族共同的“意象”体系。加强对升国旗、祭奠革命先烈、唱国歌等节庆仪式重要意义的认知，严格规范节庆仪式举办程序，周期性地举办纪念活动，充分利用视觉工具宣传英雄先烈的伟大事迹。允许并鼓励各民族按照各自的习俗与文化在规定流程基础上进行创新。如畲民祭奠革命先烈时奉上乌米饭便是在共同“意象”建设中融合了民族传统习俗，很好地践行了社会主义核心价值观。

建立创新体系，共筑精神家园。在中华优秀传统文化保护、民族文化市场化运作、民俗元素传播上多点发力，高效创新，提升精神家园的建设水平。习近平总书记在全国民族团结进步表彰大会上强调：“要牢牢把握舆论主动权和主导权，让互联网成为构筑各民族共有精神家园、铸牢中华民族共同体意识的最大增量。”互联网要成为精神家园建设的主要阵地和创新平台。福建省利用互联网创新及数字、智能体系在共筑民族精神家园上进行大胆尝试。在传统文化保护方面，建立民族文化电子台账与数字导图，民族、民政及旅游部门牵头，广泛联合各民族团体、演出单位、高等院校、艺术院团等建立健全福建省民族文化体系。在民族文化市场化运作方面，以地区标识为载体在各家互联网平台中对福建省民族特色产品及数字产品进行推广与销售，提升产品的市场影响力。在文化传播方面，广泛应用微信公众号等全新的媒体形式对民族政策法规、各民族风采等进行宣传，并更广泛地与全国性媒体平台、自媒体平台进行交流互通，形成立体的传播网络。

铸牢中华民族共同体意识
加强中华民族共同体建设[①]

福州市民族宗教局

近年来，福州市认真学习贯彻习近平总书记关于民族工作重要论述和重要指示批示精神、来闽考察和“七一”重要讲话精神，深入贯彻落实中央民族工作会议精神和省市工作部署，以铸牢中华民族共同体意识为主线，坚持“3820”战略工程思想精髓，着力打造中华民族团结进步窗口示范城市，共同促进各民族交往交流交融。2015 年以来，福州市拥有全国民族团结进步示范区 1 个，福建省民族团结进步模范集体 4 个、模范个人 6 名，成功挂牌海峡两岸少数民族交流与合作基地。市民族宗教局获评“全省民族宗教系统先进集体”称号，2 名民族宗教干部荣获全省民族宗教系统先进工作者称号。

一、加强组织领导，全面贯彻落实党的民族政策

1. 强化党委主体责任。将民族工作纳入各级党委（党组）重要议事日程、理论中心组学习及各级党校培训计划，把民族团结进步创建工作纳入全市文明城市创建体系。建立健全市委统一战线工作领导小组民族工作联席会议制度，明确各职能部门职责，形成横向分工协作管理机制，完善市、县（市）区、街（镇）三级纵向工作机制，落实属地管理，有效解决民族事务管理难题。

2. 落实民族帮扶政策。以市委、市政府《关于进一步加快少数民族乡村发展的意见》《关于“十三五”促进民族地区和人口较少民族发展规划的实施意见》为指导，争取各级资金支持，并在全省首创民族村村级组织运转资金

① 本文系 2021 年福建省民族与宗教事务厅主办的“铸牢中华民族共同体意识论坛”交流文章。

补助制度，采取提升造福工程补助标准、提高民族村村医津贴、建立全市少数民族小学生助学金制度等措施，着力补齐民族乡村基础设施、教育、卫生与健康、养老和城乡民生服务保障等社会事业短板，持续改善少数民族地区基本公共服务，不断增强民族乡村经济社会发展的全面性、平衡性、协调性，推动民族乡村向纵深发展。据统计，2015 年至 2021 年，全市累计落实市级以上少数民族帮扶资金超过 1 亿 1 千万元。

二、汇聚多方力量，切实改善民生服务条件

1. 提升完善民族乡村生产生活设施。以改善少数民族群众民生为核心，将山海协作机制引入民族乡村挂钩帮扶活动，找准民族乡村发展着力点，有效解决制约民族乡村发展的突出短板与薄弱环节。实现全市少数民族行政村通村道路硬化率 100%，自然村通村道路硬化率 85%以上。实现少数民族聚居区“县有三馆，镇有文化站，村有文化中心”，基本解决全市少数民族乡村安全饮用水问题，每个民族村至少拥有一所合格的村卫生所。福州民族小学建设并投入使用，推进少数民族造福搬迁工程，建成省内最大的少数民族标准化搬迁居住区——连江县罗山小区。

2. 建立健全少数民族流动人口来榕服务体系。将少数民族流动人口纳入全市社会综合治理网格化管理，统一少数民族服务站（点）服务事项和标准，为少数民族群众提供就业、就医、就学等均等化、市民化服务，形成了较好的嵌入式社区结构和社会环境。建立完善少数民族流动人口输入、输出地对口联系机制，开辟办证和法律援助“绿色通道”，帮助少数民族群众设立特色商品固定摊点，依法维护少数民族合法权益，助力少数民族群众主动融入福州。据初步统计，2015 年以来，累计办理民族成份变更事项 117 件，开设新疆土特产商店 6 家、清真拉面店 500 多家，协调解决 32 名甘肃来榕经商少数民族流动人员子女的就学问题。群众办事满意率 100%。

三、突出建设示范，推进民族乡村赶超发展

1. 加快培育民族乡村特色产业。以发展特色经济、培育新经济增长点为突破口，推出一批颇具发展潜力的民族乡村特色产品，形成“一村一品”发展格局。目前，连江天竹村的中草药，晋安山秀园的百香果，罗源竹里村的

蔬菜、庭洋坂的苦笋，永泰雁门村的茶叶、茶油，芭蕉村的樱花，福清东山村枇杷等系列种植产业已形成较大规模。同时，通过打造以“海峡两岸少数民族乡村振兴产业交流会”“少数民族名优茶评选”“少数民族特色农产品展销”等为代表的少数民族特色活动品牌，展示民族乡村建设成果，推广民族乡村特色产品。借助数字化助力产业发展，建立起以罗源民族文化数字云平台为代表的数字化特色品牌，并线上营销推广名优特农产品。

2. 推进民族乡村振兴示范村建设。在推进乡村振兴战略的大背景下，以“突出特色、联动打造、创建精品、示范带动”为核心，重点改善民族乡村生产生活条件、大力培育特色产业、推进民居保护与建设以及民族文化保护与传承。近年来，福州市共打造 7 个“中国少数民族特色村寨”，9 个省级少数民族特色村寨建设试点村，5 个少数民族乡村振兴示范村。19 个民族行政村被列入市级以上乡村振兴试点村建设名单，其中，2 个民族村被列入市级民族乡村振兴（高级版）建设村名单，9 个民族村被列入市级民族乡村振兴（中级版）建设村名单，为扩大少数民族特色品牌的影响力和辐射力提供了良好的示范样本。

四、创设亮点平台，探索开拓民族工作思路

1. 打造民族文化创新平台。持续开展畲族“三月三”“少数民族农民丰收节”等民俗文化活动，鼓励少数民族优秀传统文化传承创新。一批少数民族优秀传统文化入选非物质文化遗产保护名录。设立了一批以罗源谷仓画院、水口洋畲族文化创意产品基地、畲歌畲语研习所为代表的民族特色文化创意创新基地，创作了一批以少数民族优秀传统文化创新为代表的文艺节目，特别是以连江县七里村古民居“探花府”为背景创作的畲族舞蹈《探花红醉》，荣获全省第五届少数民族文艺表演一等奖。

2. 打造民族团结进步工作平台。将铸牢中华民族共同体意识与中华民族共同体建设、乡村振兴工作有机融合，积极探索鼓楼、罗源、连江等示范基地、示范单位、示范带先行先试。每年定期开展各类民族团结进步宣传月活动和民族工作“六进”活动，充分利用新媒体平台，借助报刊、电台、电视台、文艺演出、公益广告栏、公交出租车 LED 屏、微信公众号、门户网站等渠道广泛宣传党的民族政策。不断提升民族事务治理体系和治理能力现代化水平，稳妥处理涉民族因素的矛盾纠纷。加快推进民族文化融合创新，打造

中华民族优秀文化融合样式，形成民族团结奋进的强大精神纽带。持续推进民族团结进步社区“七个一”试点建设，构建互嵌式社会结构和社会环境，促进各民族交往交流交融。重点打造“有福之州·石榴籽精神家园”工作品牌，建设一批中华民族共同体教育示范基地，有效提升民族工作影响力。

创新平台促融入　共享发展新成果[①]

厦门市民族宗教局

厦门是一个多民族散居城市。全市 55 个少数民族成份齐全，现有少数民族人口 24.3 万人，其中户籍人口 4.1 万人，流动人口 20.2 万人。随着改革开放的不断深入和经济社会的快速发展，厦门市少数民族人口逐年增多，各民族之间交流与合作更加广泛，少数民族流动人口服务管理已成为本市民族工作重点。2019 年，厦门市被国家民委确定为深入推进少数民族流动人口服务管理体系建设试点城市。

近年来，厦门市认真贯彻落实党中央、国务院和省委、省政府关于民族工作的重大决策部署，按照国家民委关于开展少数民族流动人口服务管理体系建设工作要求，着力在建立“四个机制”、打造“六个平台”上下功夫、求突破，少数民族流动人口服务管理体系逐步完善，依法治理民族事务能力不断提高，各民族交往交流交融更加深入，中华民族共同体意识和凝聚力不断增强。

一、建立“四个机制”，为完善少数民族服务管理体系，推进城市民族工作创新发展提供有力保障

（一）建立组织领导机制

坚持把少数民族流动人口服务管理纳入全市流动人口服务管理和基层社区治理体系建设大局中，同谋划、同部署、同落实，先后制定出台《关于加强和改进新形势下民族工作的实施意见》《关于依法治理民族事务促进民族团

① 本文系 2020 年福建省民族与宗教研究所主办的“中华民族团结进步窗口建设论坛”交流文章。

结的实施意见的通知》《关于全面深入持久开展民族团结进步创建工作铸牢中华民族共同体意识的实施方案》等政策文件。在市委统战工作领导小组领导下，市民族工作领导小组加强对民族方面重大问题的研究及主要工作的部署，推动工作有序有效开展。

（二）建立协调联动机制

建立联席会议制度，各职能部门按照职责要求，及时了解掌握动态，加强沟通协调，互相通报情况，分析研判问题，处置突发情况，形成齐抓共管的合力。建立市、区、街镇、社区四级民族工作网络，把民族事务纳入社区网格化管理，夯实民族工作基础。

（三）建立扶贫协作机制

做好新疆、西藏、宁夏、甘肃等民族地区对口支援和帮扶协作工作，健全对口支援、东西扶贫协作和闽宁协作工作机制，指导各区开展挂钩帮扶民族乡工作。分别与青海海东市、甘肃临夏州和新疆和田地区民族工作部门签订区域合作协议，建立沟通联系和信息互通机制。认真做好新疆内高班各项服务保障工作，推进实行混班教学、混合就餐、混合住宿，为学生提供良好的学习生活环境。

（四）建立应急管理机制

建立由政法、教育、民族宗教、公安、民政、司法、人社、卫健、市场监管、执法等部门组成的涉及民族因素突发事件应急处置机制，制定《防范化解重大风险措施及分工方案》具体措施。开展涉及民族因素的矛盾纠纷排查，加强涉及民族因素网络舆情监测，及时妥善处置涉及民族因素的突发事件。

二、打造“六个平台”，为引导少数民族群众更好融入城市，促进各民族交往交流交融营造良好环境

（一）打造宣传教育平台

坚持以每年9月民族团结进步宣传月活动为抓手，多层次多渠道多样化

开展民族团结进步宣传教育活动。设立民族团结进步教育基地，开展社会主义核心价值观教育实践活动。充分运用新媒体平台，广泛宣传党和国家的民族政策法规。在厦门日报等媒体开辟专版多方面展示民族团结进步创建工作成果。加强民族团结进步示范单位建设，培育和选树20个试点示范社区。

（二）打造信息管理平台

公安、人社、卫健等部门立足职责，加强信息管理平台和社区公共服务综合信息平台建设，完善少数民族流动人口分类信息，建立厦门市少数民族流动人口基础信息数据库。各街（镇）、社区根据少数民族流动人口的特点，建立少数民族流动人口服务管理台账。

（三）打造就业创业平台

依托人力资源市场和就业信息系统平台，设立少数民族流动人口服务窗口，鼓励企业吸纳少数民族流动人口。利用对口支援、东西部扶贫协作和结对帮扶等多种渠道，建立与甘肃、宁夏等民族地区劳务输出合作机制，开展扶贫劳务输转，加大对用工企业发放惠企补贴的力度。鼓励和引导少数民族群众开展个体经营、经商办企业，支持经营特色产品，引导流动摊贩摊位入店经营。

（四）打造素质提升平台

建立就业培训体系，为少数民族流动人口提供职业技能、自主创业、法律法规、国家通用语言文字等方面的教育培训。联合青海海东市驻厦办举办少数民族就业创业培训班，联合市公安局、新疆驻福建工作组在长青社区开展在厦新疆少数民族务工人员语言文化政策培训班。

（五）打造权益保障平台

依托思明区法律援助中心，设立少数民族法律援助工作站，为少数民族群众提供及时有效的法律服务。尊重少数民族风俗习惯和宗教信仰，完善城市服务设施建设，满足少数民族流动人口的特定需求。

（六）打造社区服务平台

坚持以社区为平台，从居住生活、工作学习、文化娱乐等日常环节入手，营造各民族共居共学共事共乐的社会条件，推动建立相互嵌入式的社会结构和社区环境。结合“爱心厦门”建设，引导少数民族群众积极参与社区建设。湖里区在全市率先推出少数民族流动人口服务管理工作“六有”模式，在每个街道设立少数民族流动人口服务站。积极开展促进各族群众交往交流的工作，让少数民族群众亲身感受到“爱心厦门”大家庭的温暖。

推动民族团结进步创建
深化铸牢中华民族共同体意识教育[①]

宁德市民族宗教局

宁德俗称闽东，下辖一区、两市、六县和一个国家级经济技术开发区，土地面积1.34万平方公里，人口352万，其中畲族人口达20.04万人，占全国的四分之一、全省的二分之一，是全国最大的畲族聚居地。党的十九大报告明确提出：深化民族团结进步教育，铸牢中华民族共同体意识。2021年中央民族工作会议强调铸牢中华民族共同体意识是新时代党的民族工作的“纲”，所有工作要向此聚焦。作为有着42个少数民族成份的多民族地区，宁德市始终坚持铸牢中华民族共同体意识的新时代民族工作核心理念，不断加强各民族交往交流交融，促进各民族像石榴籽一样紧紧抱在一起，共同团结奋斗、共同繁荣发展。

一、主要做法及成效

（一）出台相关政策，为铸牢中华民族共同体意识教育提供制度保障。一是加强党的领导。建立完善中共宁德市委统一战线工作领导小组民族工作联席会议制度，制定了《中共宁德市委统一战线工作领导小组民族工作联席会议工作职责（暂行）》，进一步明确33个联席会议成员单位工作职责，加强各单位密切合作，形成工作合力，形成“各司其职、各负其责、相互配合、齐抓共管”的良好工作机制，共同推进民族工作。二是加强工作指导。制定印发《宁德市全面深入持久开展民族团结进步创建工作铸牢中华民族共同体意识的工作方案》，从总体要求、主要任务和保障措施三个方面明确了宁德市

① 本文系2021年福建省民族与宗教事务厅主办的“铸牢中华民族共同体意识论坛”交流文章。

全面深入持久开展民族团结进步创建工作，提出了 14 项措施，明确了责任单位，并从加强党的领导、加强分工配合、加强政策保障三个方面做出了具体部署，提出工作要求。三是加强少数民族干部培养。制定出台《关于进一步加强培养选拔少数民族干部工作的实施意见》等系列政策措施，对少数民族工作重点县的党委、政府领导班子以及乡镇（街道）党委书记的少数民族干部构成比例做出严格要求，通过挂职锻炼、岗位轮换、交流任职等方式提升少数民族干部素质，努力建设一支维护党的集中统一领导态度特别坚决、明辨大是大非立场特别清醒、铸牢中华民族共同体意识行动特别坚定、热爱各族群众感情特别真挚的少数民族干部队伍。

（二）加强分类指导，不断深化铸牢中华民族共同体意识教育。按照民族团结进步创建进机关、进学校、进社区、进企业、进乡村、进宗教场所的“六进”要求，宁德市坚持实施分类指导，把铸牢中华民族共同体意识教育不断引向深入。一是进机关。市直与少数民族生产生活相关的 33 个单位全部纳入市委统战工作领导小组民族工作联席会议，按照联席会议职责分工，在各自领域抓好民族工作。二是进学校。民族学校全部实行各族学生混合编班，在开展民族文化传承的同时，针对小学、初中、高中学生分别编写《畲族文化简说》《畲族文化读本》《畲族文化常识》校本课程，不分民族、面向全校学生开设民族团结进步和民族文化常识课程，全市 15 所民族中小学校配备畲语畲歌教师 11 名，14 所民族中小学校开设畲语校本课程及民族传统体育相关课程。三是进社区、进乡村。引导民族乡村和城市社区积极开展民族团结进步创建活动，福安市、福安市穆云畲族乡和康厝畲族乡、蕉城区上金贝畲族村和福鼎市赤溪畲族村、福鼎市石亭社区分别被国家民委授予民族团结进步创建活动示范区、示范乡镇、示范村和示范社区。四是进宗教场所。全市民族宗教部门深入各宗教场所开展法治宣传，通过组织召开宗教工作季谈会、座谈会，开展政策法规学习月、宗教慈善周等活动，深化对宗教教职人员民族团结进步宣传教育。五是进企业。依托中华畲族宫协会、畲族企业与企业家商会等平台，开展对企业法人特别是非公企业人士的民族政策宣传教育，努力使党的民族政策和法律法规知识走进千家万户，使“三个离不开”的思想深入人心。

（三）积极开展活动，丰富铸牢中华民族共同体意识教育形式。一是以城乡社区为平台，在居住生活、工作学习、文化娱乐等各环节中积极开展形式多样的各族群众交流互动的活动，使各民族群众逐步由生活中相遇相熟推深到文化嵌入、心理嵌入和情感嵌入，营造各民族共居共学共事共乐的社会氛围。动员社区或团体开展“结对子”“手拉手”“心连心”等多样化的民族联谊、互帮互助活动，增强手足相亲、守望相助的兄弟情。二是以开展民族团结进步宣传月活动为契机，通过民族文艺会演、畲族非遗文化展示、闽东少数民族非遗展览、文创产品展览等各族群众喜闻乐见的活动，呈现民族团结进步的风采，在轻松愉悦、生动有趣的氛围下，营造民族团结进步的良好氛围，巩固和发展平等、团结、互助、和谐的民族关系。三是结合理论宣讲进基层活动，以民族团结进步宣传小分队形式，通过视频录制或走进民族乡村，宣讲中央民族工作会议精神、畲汉民族团结进步的好故事和民族政策理论、法规等。

（四）加强宣传教育，推动铸牢中华民族共同体意识入脑入心。加强常态化宣传工作，以铸牢中华民族共同体意识为根本方向，利用报刊、广播、电视等媒体刊播报道，在公园、广场、街道、学校等公共场所发放宣传资料、张贴宣传画、悬挂宣传标语。在各族群众中宣传党的民族政策，民族发展成就、民族团结进步先进典型，形成强大的宣传态势。一是推出“多彩畲族”微信公众号，通过新媒体平台组织宣传，推动线上活动开展，丰富群众精神文化生活；二是市电视台设立《多彩畲族》专栏，介绍畲族文化和少数民族工作，每两周播出一次；三是《闽东日报》突出对民族乡村产业发展、脱贫致富进行宣传报道；四是以“三月三”等少数民族传统节日以及重要活动、重要会议为契机，在媒体上开展民族团结进步事业专题宣传；五是各民族乡村、民族学校、民族文化研究机构普遍设置民族团结进步宣传专栏，各种层级、各种形式的民族文化活动均融入民族团结进步宣传内容。全市上下形成并长期保持浓厚的民族团结进步宣传氛围，为铸牢中华民族共同体意识教育发挥了积极的导向作用。

二、存在的问题及困难

一是对铸牢中华民族共同体意识的理论研究工作有待加强，民族工作部门人员力量不足，无专门研究机构和研究人员。二是基层单位在开展铸牢中华民族共同体意识教育时缺少具体的可操作的标准。三是存在“民族事务就是民族工作部门一家的事”的认识误区，存在民族工作部门独自承担着应由相关部门共同完成的民族工作任务的情况。四是《城市民族工作条例》施行至今已快 30 年，一些内容已经不适应当前城市民族工作的实际。

三、意见建议

（一）理论研究方面。建议加强顶层设计和统筹规划，针对福建省实际情况，研究制定铸牢中华民族共同体意识工作的具体指导意见，明确铸牢中华民族共同体意识教育的规定动作及自选动作，供基层单位结合实际执行落实。同时，在市、县民族宗教局设立专门理论研究机构，核定人员、编制和专项经费，进一步加强铸牢中华民族共同体意识研究。

（二）实践创新方面。建议培育铸牢中华民族共同体意识示范点，为各地提供借鉴经验。打破“民族事务就是民族工作部门一家的事”“民族工作部门少数人去管众多民族人口的问题”的被动局面。

（三）政策法规方面。建议适时修订已不合时宜的民族政策法规，为做好城市民族工作和民族乡村工作提供更充分有力的法律依据。同时，加强执法人员队伍建设，对基层执法人员进行政策法规培训，提高执法水平。

（四）宣传教育方面。建议将铸牢中华民族共同体意识宣传教育纳入大宣传格局，创新宣传教育载体，依托微信、微博等新载体，把互联网空间建成促进民族团结进步，铸牢中华民族共同体意识的平台。

（五）支持保障方面。建议进一步强化民族工作大统战格局，明确各级党委政府和各部门的主体责任，在精神文明创建、意识形态检查等工作中专门设立测评指标，并纳入巡视巡察工作的重要内容。同时，加强少数民族干部的教育培养，落实好少数民族干部配备有关规定，为铸牢中华民族共同体意识提供人才保障。

聚焦民族团结进步　助推民族乡村振兴①

平潭综合实验区党工委党群工作部

平潭简称“岚”，地处福建沿海中心突出部，为全国第五大岛、福建第一大岛。扼守台湾海峡要冲，距台湾新竹仅 68 海里，是祖国大陆距离台湾本岛最近的地方。目前平潭共有回族、畲族、满族等 21 个少数民族成份，少数民族人口约 9100 人，其中回族人口约 8830 人，占全区少数民族总人口的 97%，共有 4 个民族行政村，分别是君山片区港东村、模镜村，海坛片区上楼村、玉道村。

近年来，平潭综合实验区以“中华民族一家亲、同心共筑中国梦”为总目标，以加强各民族交往交流交融为根本途径，深入贯彻落实中央和省委关于民族工作重要决策部署，牢牢把握各民族共同团结奋斗、共同繁荣发展的民族工作主题，凝心聚力、开拓进取，全面深入持久开展民族团结进步创建工作，促进各民族交往交流交融。同时，充分发挥地缘优势，积极开展两岸少数民族交流活动，传播民族团结进步正能量，铸牢中华民族共同体意识。

一、坚持谋深度远，铸牢民族团结基本盘

（一）稳抓帮扶发展。协调争取各级各有关部门帮扶民族村发展，2016 年至 2020 年，共申请中央、省级少数民族专项资金 129 万元，把少数民族特色村寨建设和民族乡村振兴有机结合，着力打造民族乡村发展的“新环境”，特别是海坛片区上楼村（少数民族特色村寨试点村），2019 年人均可支配收入达 18000 元，村集体经营性收入达 25 万元，位居全区前列。

① 本文系 2020 年福建省民族与宗教研究所主办的“中华民族团结进步窗口建设论坛”交流文章。

（二）夯实基础设施。实现民族村水、路、电、网全面贯通，完成农村停车场、污水处理、路灯改造等民生工程，修建民族特色文化长廊1个，村民休憩小场所5处；修建民族乡村海防路，实现乡村村道硬化，推动六目秀丁氏回族自然村村道与麒麟大道接通，方便群众出行；推进农村“厕所革命”，提升人居环境质量。

（三）力推产业发展。支持民族村紧紧抓住实验区开发和国际旅游岛建设契机，充分利用现有资源，发展特色产业项目，深入打造“一村一业”“一村一品”。指导民族村发挥产业优势，创办村级企业，引进企业入驻，发展壮大村集体经济。大力推动两岸融合社区建设，培育文创产业，打造“上楼有礼”文创品牌。推动建设“田园体验采摘园”，鼓励村民发展果蔬种植，推进休闲农业和乡村旅游融合发展，拓宽村民增收致富新途径。

（四）谋划特色村寨。区党工委、管委会把民族工作列入议事日程，经常听取民族工作汇报，并带领有关部门领导深入少数民族特色村寨试点村调研，帮助解决实际困难；在编制《平潭综合实验区国土空间总体规划（2018—2035年）》工作中，将少数民族特色村寨试点村（上楼村）确定为特色发展型村庄，明确了乡村旅游环境整治工作优先以特色发展型村庄为主要对象；聘请台湾里长担任社区营造顾问，借鉴台湾地区先进的营造经验，建设具有“岚台”特色的少数民族特色村寨。

二、切实放眼长局，编织民族团结同心结

（一）切实保障合法权益。制定《关于依法治理民族事务促进民族团结的实施意见》的贯彻落实方案，依托区民族工作联席会议机制，推动民族工作有关重要部署的贯彻落实。重视维护少数民族群众合法权益，体恤少数民族群众诉求，妥善处理涉及民族因素的问题，热情为少数民族群众排忧解难。

（二）努力提升服务水平。不断加强和改进少数民族流动人口服务管理工作，指导属地片区将少数民族流动人口服务管理工作纳入社区网格化管理，区丁氏回民联谊会成功获批“福建省第三批少数民族流动人口服务联系点”；深入企事业单位、村居、工地、教堂等场所，了解少数民族流动人口的工作生活情况，帮助解决其工作生活上的困难，并积极宣传流动人口服务管理和民族政策。

（三）稳步推进创建工作。培育民族团结进步典型，授予上楼村“民族团

结进步教育基地”称号；联合平潭时报、平潭广播电视台举办“爱我中华民族团结一家亲”宣传活动，宣传民族团结进步好故事；以区民族团结进步教育基地为主阵地，近两年共召开宣讲、学习、座谈会9场，举办群众性活动7次，推动民族团结进步创建工作人文化、大众化，形成社会各界共同关心民族工作、共同促进民族团结进步的良好氛围。

（四）不断增强团结融合。开展了“岚昌（平潭和西藏昌都）青年育才工程”，以铸牢中华民族共同体意识为主线，围绕“为西藏振兴培养更多合格人才”的办学目标，在福建师大平潭附中开设西藏班，招收了藏族学生23名和藏文老师1名，为西藏班安排专项资金，用于学生的学费、教材费及西藏班老师的课时津贴等。

三、立足工作实际，耕好民族团结责任田

（一）传承发展优秀传统文化。授予平潭少体校“平潭综合实验区少数民族传统体育项目训练基地”称号，促进少数民族传统体育项目的传承与发展；组织参加2016年福建省板鞋竞速交流赛、福建省第五届少数民族文艺调演和福建省第九届少数民族传统体育运动会，选送的项目与节目分别荣获表演项目金奖、体育道德风尚奖和优秀组织奖等奖项；推进民族村综合文化服务中心建设，着力将“丁氏回民活动中心”打造成民族团结进步教育基地，指导丁氏回民联谊会积极开展少数民族文化交流及回族文化研究；推动民族村举办“闽剧下乡”等文化惠民演出活动，促进各民族文化互通、互享、互融。

（二）推动对台对外交流合作。紧扣南岛语族文化主题，协同有关部门加快推进国际南岛语族考古基地建设，打造国际南岛语族文化研究与交流平台。推进上楼村两岸融合社区建设，改造传统石头厝，打造岚台基层交往交流平台“楼台会”，吸引台湾青年来岚交流联谊，开展文创展示、社区授课等活动，促进两地民心相交、民族交融。2019年共邀请4批次、120人次台湾地区少数民族来岚交流。协助举办两岸文化交流活动——“原来如此”表演晚会，加强两岸同胞的文化交流。聘请台湾高山族朱倚谅担任金井片区大厝基村杨武楼执行村委主任，大力推动“岚台少数民族大融合”系列活动，促进两岸各民族交往交流交融。

（三）促进民族乡村振兴发展。重视民族村文明建设，着力提升村庄环境、人文建设，上楼村获评2015—2017年度省级文明村镇；指导民族村开展

两岸社区融合建设试点，邀请台湾忠顺社区里长曾宁旖来岚教授台湾经验，将村内百年石头厝融入台湾元素改造成集“民宿”“文创工作室”等一体的多功能厅，让台湾青年、本村村民驻点从事文创工作，并通过宣传，吸引游客来访，有效提高村民收入，着力将上楼村打造成为岚台基层交流窗口的新名片；指导民族村成立志愿者服务队，为改善村居环境、提升村居治理水平等做出贡献。

大团结　大融合　大发展

——晋江市三举措推动民族团结进步创建[①]

晋江市民族宗教局

据全国第七次人口普查，晋江市现有51个少数民族成份，常住少数民族人口12.55万人，12个少数民族行政村（社区），7个少数民族自然村，是全省民族工作重点县（市）。几年来，晋江市认真贯彻党的民族政策，以铸牢中华民族共同体意识为主线，牢牢把握“共同团结奋斗，共同繁荣发展”这一主题，积极营造“中华民族一家亲、同心共筑中国梦”的社会氛围，推动新时代党的民族工作高质量发展。2018年，晋江市被国家民委命名为“全国民族团结进步创建示范区”。主要做法如下：

一、找准“金钥匙”答案，大力加强民族大团结

把加强各民族交往交流交融作为实现各民族大团结的金钥匙，深化“你中有我、我中有你，谁也离不开谁”的命运共同体关系。

一是加大齐抓共管力度。把民族工作纳入党委政府重要议事日程，纳入各级财政预算，纳入经济社会发展总体规划；建立健全民族工作联席会议制度，构建“党委领导、政府负责、有关部门协同配合、全社会通力合作”的民族工作格局。

二是注重队伍建设。加大少数民族干部选拔培养使用力度，全市现有少数民族处级干部2人、科级干部33人、一般干部184人。高度重视少数民族代表人士的政治安排工作，县级以上少数民族人大代表有11名，少数民族政协委员有13名，少数民族人口千人以上的镇（街道）均配备科级少数民族

① 本文系2021年福建省民族与宗教事务厅主办的“铸牢中华民族共同体意识论坛”交流文章。

干部。

三是深化创建活动。找准民族感情的共鸣点、群众利益的结合点，每年开展形式多样、内容生动、贴近生活的民族团结进步创建活动，通过开展走访慰问、义诊赠药、篮球赛、民族文艺会演、民族歌曲大赛、民族知识竞赛、民族特色文化展示、主题征文、登山比赛等系列活动，推动民族团结进步宣传教育进机关、进企业、进社区、进乡镇、进学校和进宗教场所的常态化，为各民族同胞聚聚聊聊、说说唱唱、来来往往创造便利条件、营造良好氛围。

四是强化文化认同。尊重、继承和弘扬少数民族优秀传统文化，促进各民族文化交融，构筑共同的精神家园。粘厝埔金元文化中心、霞美畲族钟氏祠堂得到有效的保护，陈埭丁氏宗祠被列为国家重点文物保护单位和省级精品文化项目。

二、秉持"一家亲"理念，全力促进民族大融合

坚持多措并举，让外来少数民族流动人口快速融入晋江，找到第二故乡的温馨感觉。

一是做好服务保障。出台30项外来人口市民化待遇政策，落实公共服务均等化，使外来少数民族同胞愿意来、留得住、融得进、有发展；积极探索外来少数民族同胞服务管理、社会治理创新模式，在镇、街道、村、社区、企业、学校、社团设立示范窗口，成立全省首个少数民族流动人口管理服务站。在回族群众比较集中的陈埭镇成立回族事务委员会，具体负责协调陈埭7个回族行政村的各项事务。

二是维护合法权益。把少数民族流动人口服务管理工作纳入经济社会发展规划，在劳动就业、子女入学等方面给予引导和帮助。严格落实"三不"承诺（决不让一个外来务工人员领不了薪资，决不让一个外来务工人员维不了权，决不让一名外来务工子女上不了学），加强服务保障，确保外来少数民族同胞留得住、融得进。加强与少数民族代表人士的联系，推荐1名外来少数民族务工人员担任市政协委员，充分发挥他们的资政建言、协调关系、化解矛盾的作用。组织开展联合执法活动，督促各企事业单位严格落实民族政策；指导少数民族流动人口较多的企业为少数民族同胞开展职业培训，提升劳动技能；制定《晋江市处置民族宗教突发性公共事件安全应急救援预案》，及时稳妥处置民族领域热点难点问题，促进本地与外来、汉族与少数民族、

少数民族之间的团结和谐。

三是尊重民族习俗。引导少数民族流动人口较多的企业做好后勤服务保障工作，设立夫妻员工房，解决生活后顾之忧；为新疆阿合奇县11对柯尔克孜族务工青年举行集体婚礼。相关企业利用业余或节假日为各族员工举办各种文体活动，呈现出各民族“亲如一家、携手奋进”的美好图景。

三、打好“组合拳”套路，合力助推民族大发展

对标各级部署，精准施策落实，让少数民族和民族地区获得更平衡更充分发展。

一是加快经济繁荣。出台一系列支持少数民族发展的政策措施，加快发展少数民族经济。由少数民族企业家创办的安踏公司连续三年纳税超10亿元，361°、乔丹、特步3家企业连续三年纳税超亿元。

二是助力乡村振兴。深入开展“百家场所帮百村”“百企帮百村”“百侨帮百村”等系列活动，同等条件下优先帮扶民族村（社区）；引导海内外乡贤投入民族村（社区）公益慈善事业，先后成立“安踏和木爱心资金”“钞岱公益发展基金会”等各类民族村发展基金会，其中安踏和木爱心资金捐资6000万元建设的岸兜村级文化中心已正式使用。大力实施政策、项目、资金帮扶，近五年累计投入1亿多元，建设100多个民族帮扶项目；落实民族村（社区）结对共建制度，泉州市12个市直单位与12个少数民族村（社区）结对共建；打造少数民族特色村寨建设精品，龙湖后溪村被确定为第四批少数民族特色村寨建设试点村。

三是提升民生福祉。在民族学生教育方面，全面普及公立学校12年免费教育，住宿费全额补助；投入2.5亿元搬迁陈埭民族中学；晋江华侨职校西藏班152名藏族学生全部实现就业。在关怀少数民族群众方面，市财政每年安排650多万元优先补助少数民族同胞保障对象，组织知名医疗专家轮流到民族村（社区）开展义诊活动，为少数民族群众赠送药品、提供健康咨询等，缓解群众看病难、买药难等实际问题，不断增强少数民族群众的获得感、幸福感、安全感。

四是落实对口帮扶。认真落实省政府对口帮扶任务要求，扎实做好帮扶宁德市霞浦县盐田畲族乡工作，累计投入935万元帮助发展教育、改善交通、壮大集体经济，让少数民族同胞共享改革发展成果。

画好“同心圆” 铸牢中华民族共同体意识①

连江县民族宗教局

连江县近台临马，是全省少数民族工作重点县之一。全县共有1个民族乡，19个民族行政村，73个民族自然村，少数民族人口1.7万多人，有着畲族、回族、壮族、满族、苗族、蒙古族等31个少数民族成份，其中以畲族为主。多年来，连江县党委政府始终以铸牢中华民族共同体意识为主线，大力发展民族团结进步事业，把民族团结作为维护社会安定稳定、促进经济发展的重要工作来抓，将民族团结工作列入县委、县政府重要议事日程；牢固树立民族大团结思想，切实抓好各项民族政策的贯彻落实，有力促进了民族团结和社会发展。

一、加快民族地区社会事业发展步伐，为铸牢中华民族共同体意识提供核心支撑

历年来，连江县党委、政府深入贯彻落实党的民族政策，加快实施各项惠民工程，把民族团结和谐牢牢建立在民生改善的基础上。

（一）积极争取资金补助，完善基础设施建设。近5年来，连江县委、县政府投入中央及省、市、县资金2000多万元，加快建设少数民族乡村道路交通、水利设施、房屋立面改造、文体项目等，不断夯实民族乡村基础设施，改善人居环境。特别是整合各类项目资金，着力加大小沧畲族乡基础设施建设力度，如投入1300多万元改造小沧乡七里村至晋安区日溪乡道路，投入约4000万元修建小沧乡至罗源霍口镇道路，投入1000多万元进行小沧乡房屋立

① 本文系2021年福建省民族与宗教事务厅主办的“铸牢中华民族共同体意识论坛”交流文章。

面改造等，极大改善了少数民族乡村群众的生产生活条件。

（二）开展异地搬迁工程，改善生产生活条件。连江县建设了全省最大的少数民族异地搬迁造福工程——罗山安置小区。该小区位于东湖镇东湖种畜场罗山地块，距东湖镇区500米，距连江县城区1.5公里，前靠敖江工业区，后靠山岗工业区。总规划用地面积为246.6亩，总搬迁少数民族行政村5个、自然村2个，总安置792户3068人。安置小区分三个片区建设，其中：第一片区搬迁用地50亩，安置安凯乡镇安村，已建设一至三层半联排住宅107座，安置110户503人。第二片区搬迁用地150亩，安置安凯乡黄家村、蓼沿乡赤石村和岐山村上凤岩自然村、小沧乡东风村等共522户1933人，已建设一期安置房13栋，正在建设二期安置房10栋和2栋综合楼。第三片区，搬迁安置长龙镇真茹村和洪峰村搬迁剩余的部分群众约160户632人，计划回购安置房4栋。造福工程罗山集中安置小区按新型社区标准进行规划，努力打造一个功能齐全、具有特色的少数民族新型搬迁社区。

二、加强畲族文化传承保护，为铸牢中华民族共同体意识提供精神动力

（一）加强畲族文化保护，打造畲族特色品牌。一是推动少数民族文物保护，主要是推动少数民族古民居修缮与保护，近年来小沧畲族乡七里村、丹阳镇后冠村等少数民族行政村古民居得到及时修缮，其中小沧畲族乡七里村“探花府”经修缮后列入县级文物保护单位。二是推动连江县少数民族非物质文化遗产项目申报，目前已有畲族山歌、畲族传统服饰、畲族苎布织染缝纫技艺、畲族“三月三”乌饭节、畲族婚礼、连江小沧畲族刺绣、连江畲家拳十八铁、连江小沧畲族祭祖仪式等8个项目纳入县级非遗名录。

（二）推动畲族文化传承，保障民族精神延续。一是设立畲族文化陈列馆，加强畲族文化科普。分别在小沧畲族乡、东湖镇天竹村等设立少数民族文化陈列馆，展示畲族优秀传统文化。二是参与编撰《连江畲歌录》和《连江畲族风》，以出版书籍的方式，加强对畲族文化的梳理、归集、保护和传承。三是在连江县少数民族小学班和中学班开设畲歌、畲语、畲拳课程，丰富学生课余生活，加强学生们对少数民族文化的了解与传承。

（三）推进畲族文化创新，激发民族团结动力。鼓励以畲族文化为元素创作舞蹈，2018年5月，选送原创畲族舞蹈《探花红醉》代表福州市参加福建

省第五届少数民族文艺调演，并荣获一等奖；2018年，原创畲族舞蹈《打糍粑》和《畲山畲水畲家彩带》代表福州市参加福建省第九届少数民族传统体育运动会，分别获得金奖和铜奖；2019年9月，选送原创畲族舞蹈《竹韵酒香畲山春》和《畲家糍粑打打乐》代表福建省参加第十一届全国少数民族传统体育运动会，荣获三等奖。

三、依托生态文化优势发展特色经济，为铸牢中华民族共同体意识提供坚实基础

认真贯彻落实党的民族政策，充分利用自身优势，积极调整优化经济结构，通过大力发展特色经济，促进畲汉民族共同繁荣进步，为增强民族团结打下了坚实基础。

（一）因地制宜发展特色种植业。根据少数民族乡村历史地理条件，大力培育“一村一品”特色产业。引导小沧乡利洋村着力抚育毛竹垦复，指导东风村发展油茶种植、盘活畲乡移民活动中心、打造具有畲乡特色的农业休闲观光产业。引导丹阳镇后冠村利用良好的地理条件发展西瓜种植、高新果蔬、食用菌栽培等特色产业。

（二）依托山区环境发展生态观光旅游业。以少数民族特色村寨建设为契机发展民族乡村旅游，连江县东湖镇天竹村、丹阳镇后冠村先后被国家民委命名为“中国少数民族特色村寨”。天竹村围绕“文化＋农业＋旅游”做文章，近年来先后建成天竹村史馆、畲风楼、凤凰寨、畲族激情文化广场、畲歌对唱打歌台、景观湖及观景长廊等，成为远近闻名的少数民族旅游村。

四、开展少数民族交往交流活动，为铸牢中华民族共同体意识提供有力支撑

（一）构建“四联四共”工作机制，推动少数民族流动人口融合式自治管理。一是加强组织联动，遇事共商强治理。坚持党政主导、社会协同的原则，成立青塘村少数民族流动人口服务管理协会，通过组织共建、人员互融、有事共商，发动和依靠群众参与治理，使协会成为党委、政府和少数民族流动人口的沟通联系纽带。二是聚焦管理联动，平安共保促和谐。按照“建协会、协外管、出成效”的指导思想，充分发挥协会会员在群众中人面熟、信息灵，

特别是外省籍会员和协管员熟悉老乡的优势，缓解少数民族流动人口抵触情绪和防范心理，实现“底数清、情况明、信息灵、监控实，做优服务、做强管理”目标。三是深化矛盾联调，困难共帮机制。少数民族流动人口服务管理协会的正、副会长和协管员发挥有威望、头脑活、口才好、懂政策、了解风俗习惯的优势，主动参与各类矛盾纠纷的调处，建立“同乡帮同乡”的风险防范机制，尽可能避免本地人管外地人产生矛盾冲突。四是抓好服务联动，真情共助激活力。少数民族流动人口服务管理协会积极主动联系相关部门，切实帮助流动人口解决“务工难、暂住难、相处难、就学难”等问题，营造理解、尊重、关爱流动人口的良好氛围，增强少数民族流动人口对连江的归属感。

（二）借助地理位置优势，开展两岸民族交流活动。一是 2017 年 12 月，邀请台湾少数民族学生和盘氏宗亲近 40 人参加“少数民族青年创业创新交流”活动，并签订了连江县民族经济发展促进会与两岸青创管理总部交流合作协议；二是 2018 年 12 月，邀请台湾代表团参加连江县民族促进会承办的“纪念改革开放 40 周年·海峡两岸少数民族‘乡村振兴’交流暨畲族感恩节”活动；三是举办以“两岸一家亲　连马促融合”为主题的 2019“连江论坛”暨海峡两岸（连江）融合发展交流会。论坛期间，连江县和马祖分别发布了共 10 项两岸旅游、商业合作专项政策，并签署了民宿、医疗、渔业 3 项合作项目协议。四是 2019 年 11 月，成功举办“中华一家亲·2019 海峡两岸少数民族茶产业振兴交流暨第五届福建省少数民族名优茶评选活动”，推动了海峡两岸少数民族茶产业和茶文化交流。

念好“高、精、多”三字经
谱写铸牢中华民族共同体意识教育新篇章[①]

罗源县民族宗教局

罗源县有39个民族成份，少数民族人口22481人，其中畲族人口22067人，占全县总人口8.2%。全县有1个畲族乡，34个畲族村，147个畲族自然村，有“中国少数民族特色村寨”4个，“全国民间文化艺术之乡”、国家级传统村落1个，拥有市级以上少数民族非遗项目14项，培养市级以上非遗传承人17名。习近平总书记心系少数民族群众，十分关心民族地区发展，在福建工作期间曾15次来到罗源，其中5次深入民族村指导工作。

为深入学习贯彻习近平总书记关于民族工作、铸牢中华民族共同体意识的重要思想，近年来，罗源县积极开展民族团结进步创建工作，不断探索民族团结进步教育与民族团结进步创建相结合的好方法。在上级统战、民族宗教部门的关心支持和精心指导下，罗源县委、县政府以铸牢中华民族共同体意识为主线，紧紧围绕全省“努力把福建建设成为中华民族团结进步窗口”的目标要求，创新“民族+”工作模式，秉持“高、精、多”三字原则，全力推进民族团结进步教育，助力全县铸牢中华民族共同体意识教育向纵深发展。2019年，罗源县委荣获“全国民族团结进步模范集体”称号；2020年，罗源县获评“全省民族团结重点区”，2021年，获评“全国民族团结进步示范区”。

一、“高”站位谋划部署，加强顶层设计保障教育走深走实

树立“大统战”工作格局，加强民族团结进步创建工作顶层设计，统筹

① 本文系2021年福建省民族与宗教事务厅主办的“铸牢中华民族共同体意识论坛”交流文章。

推进铸牢中华民族共同体意识宣传教育工作。

一是健全领导机制，强化组织保障。健全组织领导架构，为推动铸牢中华民族共同体意识教育等创建工作提供有力指导。成立以县委书记为组长的民族团结进步创建工作领导小组，设立工作专班，全县各单位、各乡镇建立“一把手”负责的领导体制，逐级抓工作落实，形成党委主导、政府支持、上下联动、全员参与的民族团结进步创建格局；充分发挥统战工作领导小组统筹协调和民族工作联席会议制度推动作用，加强对宣传教育等民族工作的督促指导；联合工作专班与统战系统，组建工作督查组，定期开展创建工作督察和汇总工作进展，保障铸牢中华民族共同体意识宣传教育等落到实处。

二是完善制度建设，形成长效机制。锚定目标，结合县域实际，研究制定推进民族团结进步创建工作、铸牢中华民族共同体意识的有关制度，推动形成长效机制。制定《罗源县关于全面深入持久铸牢中华民族共同体意识实施方案》，出台《罗源县促进民族团结进步若干补充措施》，编制《罗源县争当全国民族团结进步排头兵、争创中华民族共同体建设示范区规划方案》，为民族团结进步事业发展提供政策保障，为开展铸牢中华民族共同体意识教育提供基本遵循，并将发展民族团结进步事业、铸牢中华民族共同体意识写入全县“十四五”规划，确保一张蓝图绘到底。

三是明确目标任务，落实政治责任。县委、县政府高度重视，多次召开县委常委会、县政府常务会、民族工作现场会，围绕铸牢中华民族共同体意识总目标、主基调、主方向，明确铸牢中华民族共同体意识宣传教育的主要任务。将党的民族政策理论纳入各级党组织“三会一课”“主题党日”和党校教育培训内容，纳入各类学校日常教育教学内容；将民族团结进步教育、铸牢中华民族共同体意识宣传教育等工作纳入县管领导班子和领导干部考核，纳入县委巡察重要内容之一；将铸牢中华民族共同体意识宣传纳入各单位各类宣传主题中，扩大宣传教育范畴，细化目标任务。

四是注重人才培养，引领教育示范。致力于培养更多投身民族团结进步事业的“后备军”，推动形成“头雁领航”教育示范带动效应。建立健全人才保障机制，配齐配强乡镇统战队伍；建立基层少数民族年轻干部跟班学习制度，深入开展对少数民族干部在民族工作理论、铸牢中华民族共同体意识等方面的培训；选派统战系统干部、少数民族干部等参加国家民委、省市部门和高校组织的学习培训，不断提升干部的政治素养和能力水平，为铸牢中华民族共同体意识教育工作培养更多专业人才。推荐省级以上统战民族宗教系统工作模范个人、模范集体 3 名，积极开展全县创建全国民族团结进步示范区重点工作先进集体和先进个人评选表彰活动，表彰先进个人 60 名，先进集体 25 个，通过培育典型，引导更多干部投身民族团结进步事业，用实际行动讲述中华民族一家亲好故事，潜移默化影响周围的人，为铸牢中华民族共同体意识宣讲储备队伍力量。

二、"精"细化打造阵地，着重联动发力推动教育落实落细

加强县、乡、村三级联动，充分调动各方资源，着力打造铸牢中华民族共同体意识教育阵地，保障宣传教育活动有效开展。

一是打造民族文化数字云平台，构建网上阵地。应用"民族＋"5G 互联网思维，联动县级文旅部门、乡镇等挖掘县域民族历史文化等资源，在全国率先打造集"云展览""云购物""云体验""云教育"为一体的云平台。云平台目前已完成铸牢中华民族共同体意识教育云展厅、罗源民族文化云展厅、民族团结进步云展厅等三个虚拟展厅建设，详细展示了习近平总书记关于铸牢中华民族共同体意识的重要论述、罗源深厚的畲族文化历史、罗源民族团结进步创建工作剪影等内容，为铸牢中华民族共同体意识宣传教育提供面向全社会的线上平台，群众通过二维码扫描或链接分享等方式，可随时随地进行铸牢中华民族共同体意识内容自学。

二是实施中华民族共同体建设示范工程，构建乡村阵地。将中华民族共同体建设同铸牢中华民族共同体意识相结合，先行先试开展中华民族共同体建设示范工程，践行铸牢中华民族共同体意识的重要内涵要义。按地域相距近、民族文化氛围浓、产业发展条件优的原则，择优联合少数民族村与汉族村，整合土地、资金、人才、文化等各类资源，制定五年规划方案，建设 3 个中华民族共同体建设示范带和 1 个中华民族共同体建设示范点，逐步推动少数民族村与汉族村资源共享，将铸牢中华民族共同体意识教育转化为生动实践，为全社会提供铸牢中华民族共同体意识的实践教材。

三是依托传统教育载体，构建学校阵地。发挥传统教育优势，着力打造一批中小学、党校等学校阵地。将铸牢中华民族共同体意识教育纳入县委党校主体班次学习，用好民族中学、民族小学等民族学校少数民族学生与汉族学生混班学习优势，先行试点开设畲族校本课程和民族团结进步课程，坚持

铸牢中华民族共同体意识教育与日常教育教学相结合。推进职业中学民族团结“示范校建设”工程，依托职业教育的特点，打造民族团结进步职业教育品牌。实施智力援藏“西部工匠培育计划”，在罗源职业技术学院挂牌成立合作基地，开设西藏班汽车维护技能培训等班次。

四是发挥统一战线优势，构建同心阵地。发挥统一战线联系广泛、人才集中的优势，积极对接引入工商联、企业、商会、乡贤等资源，依托“台港澳侨同心驿站”“罗川同心驿站”，打造“同心夜话”“同心筑农”乡村振兴系列品牌，广泛宣传民族团结进步、铸牢中华民族共同体意识的重要内容。在民族村建成具有公益性、服务性、群众性特点的直播间，为宣传畲乡文化，开展铸牢中华民族共同体意识教育提供全新平台。

三、“多”形式铺开教育，扩大覆盖范围确保教育有质有量

在2021年的中央民族工作会议上，习近平总书记指出，“要构建铸牢中华民族共同体意识宣传教育常态化机制，纳入干部教育、党员教育、国民教育体系，搞好社会宣传教育”。为不断扩大宣传教育覆盖范围，罗源县坚持创新，结合多种形式开展铸牢中华民族共同体意识宣传教育。

一是丰富宣传载体形式，造浓宣传教育氛围。打造多元化宣传载体，加大民族团结进步宣传力度，造浓氛围。利用县域范围内重点场所LED屏、宣传栏、广告牌等载体，结合各类主题宣传活动，通过“八个一”（一平台、一专栏、一公众号、一宣传片、一宣传册、一汇编、一口号、一Logo），宣传铸牢中华民族共同体意识等内容，切实做到“电视上有画面、报刊上有文字、网络上有信息、街道上有标语、路边有广告牌，基层有宣传队”。罗源县民族团结进步好故事、好做法被人民日报、新华社、光明日报、中新社在内的15家主流媒体报道84次，推动基层民族团结进步好故事、好声音传得更远更广。

二是用好民族文化资源，引领铸牢中华民族共同体意识教育。立足罗源县畲族文化底蕴深厚优势，融合铸牢中华民族共同体意识教育内涵。成立畲族民俗文化传承基地和非遗传承示范基地，依托基层综合文化站、农家书屋等文化宣传阵地，将铸牢中华民族共同体意识融入中华优秀传统文化宣传中；开展“非遗文化进校园”工程，在中小学、幼儿园开设罗源灯谜、畲族八井

拳等非遗课程，开展畲族传统美食制作——打糍粑研学体验，举办“民族团结主题朗诵合唱比赛”，开展中西部职业教学帮扶协作等，丰富新时代校园铸牢中华民族共同体意识教育实践内涵。举办“畲族·风”民俗风情节、“三月三”畲族文化节、“百年正芳华，畲乡新跨越”全市少数民族庆祝建党百年活动等大型群众性主题活动，讲好“中华民族一家亲，同心共筑中国梦”的故事，引导干部群众牢固树立“五个认同”“三个离不开”意识。

三是结合党史学习教育，推动理论实践相互转化。将铸牢中华民族共同体意识教育融入党史学习教育中，结合“我为群众办实事”，推动理论与实践相互转化。依托县域内 17 处革命旧址和畲族文化民俗展馆等资源，结合各类民族团结进步宣传教育活动、展览活动等，吸引广大干部群众参与其中，感受中国共产党带领各族人民团结奋斗开创祖国未来的伟大精神。将“为中国人民谋幸福，为中华民族谋复兴”的初心使命转化为行动，走访调研民族村发展现状，做好民族资金项目库调研评估，协调解决民族乡村发展短板问题 5 项；研究制定《关于开展县直部门挂钩帮扶民族村的活动方案》，2021 年起县级财政预算中，少数民族发展资金从 70 万元提高至 500 万元，为民族村未来发展提供经济支撑；开展企业大走访活动，结合“共建 120 天，建功思路海港城”专项行动，走访企业 130 家，了解企业发展诉求，帮助企业解决一些实际困难等。通过“我为群众办实事”活动，深入理解“各民族共同团结奋斗、共同繁荣发展”的深刻含义，展现铸牢中华民族共同体意识的现实意义。

四是加强民族事务治理，增强中华民族共同体认同。加强民族事务治理，提高民族领域社会治理能力，进一步巩固平等、团结、互助、和谐的社会主义民族关系。提升少数民族流动人口联系点服务管理水平，解决针织厂畲族下岗职工无力参保问题，帮助 3000 多名群众开展就业培训等；发挥新时代“枫桥经验”和畲族巡回法庭的积极作用，打造法治畲乡、平安畲村等治理典型，充分挖掘辖区党员、社区志愿者、网格员等的积极性，形成少数民族矛盾纠纷调解的强大阵容，将矛盾化解在基层，维护民族关系和谐稳定，促进各族群众和睦相处，有效推动民族地区经济社会稳定发展，进一步让各族群众在生活中切实领会“你中有我，我中有你，谁也离不开谁”的深刻道理，增强各族群众对铸牢中华民族共同体意识的思想认同。

畲汉一家亲　共筑中国梦[①]

上杭县民族宗教局

上杭县位于福建省西南部，全县总面积2860平方公里，大致呈“八山一水一分田”的经济地理结构。现辖17镇5乡、344个村（居）委会，总人口约52.8万人。上杭是建党建军纲领确立地和党的群众路线重要发源地，境内有彪炳史册的古田会议旧址和毛泽东才溪乡调查旧址；是名扬海内外的客家祖籍地之一。千百年来，各族人民在这片光荣的土地上繁衍生息，携手共进，共同创造了灿烂的文化，谱写了一页页发展篇章。上杭县先后荣获国家级生态县、中国优秀旅游县、中国候鸟旅居小城、国家园林县城、国家卫生县城、中国建筑之乡、全国体育先进县等称号；连续4年被评为福建经济实力十强县。

上杭是福建省、龙岩市民族工作重点县，县内有2个少数民族乡，分别是官庄畲族乡和庐丰畲族乡；全县有40个民族行政村、205个民族自然村，有18个少数民族成份，有少数民族人口4.2万多人，约占全县总人口8%，其中畲族人口4.06万人，占龙岩市畲族人口的90%。少数民族人口千人以上的乡（镇）有11个。畲族居住相对集中，其他少数民族为散居。全县各民族融合紧密，亲如一家。上杭县认真贯彻落实党中央、国务院关于民族工作的重大决策部署，紧紧围绕“中华民族一家亲、同心共筑中国梦”目标，持续深入开展民族团结进步创建工作，取得了显著成效。全县民族乡村面貌发生了巨大变化，少数民族群众收入持续增长，民族乡村保持强劲发展态势。上杭县被国家民委授予“海峡两岸少数民族交流与合作基地”称号，被省民族宗教厅列为“第一批全省民族团结进步重点区”；古田镇苏家坡村被评为全国

① 本文系2020年福建省民族与宗教研究所主办的“中华民族团结进步窗口建设论坛”交流文章。

民族团结进步示范区；县内2个民族村被国家民委正式命名挂牌“中国少数民族特色村寨”，5所民族中小学被命名挂牌龙岩市民族团结进步创建示范学校；庐丰畲族乡党委书记钟加樟同志荣获全国民族团结进步模范个人称号并受邀前往北京观看国庆阅兵仪式。总结上杭县民族团结进步创建工作，有如下经验：

一、围绕团结主线，夯实民族工作基础

（一）民族工作优先，坚持“四个纳入”。上杭县委、县政府高度重视民族工作，把民族工作摆在重要优先位置。健全民族工作机制，坚持“四个纳入”，即：把民族工作列入县委县政府重要议事日程，定期研究全县民族工作；把民族理论政策法规纳入各级党委中心组和县委党校（县社会主义学院）学习内容；把民族工作纳入领导干部年度考核和巡察内容；把民族工作纳入乡村党建目标管理考评内容，落实目标责任等。成立了县民族工作协调委员会，形成“党委政府领导，部门协调配合，各负其责，齐抓共管”的民族工作格局。

（二）加强少数民族干部的培养使用。认真落实少数民族干部配备有关规定，建立少数民族干部数据库，实行少数民族后备干部单列推荐制度，实行领导挂钩联系、定期跟踪考核、加强教育培训、强化实践锻炼等措施，培养一批少数民族干部后备力量。2个民族乡党委、政府的主要领导均由少数民族干部担任；40个民族村有68名少数民族村干部担任村两委，比上一届增加了23.6％。有省、市、县少数民族人大代表14人、少数民族政协委员23人。

（三）传承红色基因，开展民族团结进步宣传。以每年九月“民族团结进步宣传月”为契机，结合举办龙岩市农民丰收节，积极推动民族团结进步创建活动进机关、进企业、进社区、进乡村、进学校和进宗教活动场所。长期以来，上杭县各民族群众相互支持，共同进步，特别是在革命战争年代，县内各民族群众团结一致支持革命，付出了巨大的牺牲。1926年，上杭县第一个党支部在庐丰畲族乡诞生，全乡有革命烈士350人，蓝庭辉是共和国开国将军。1927年，官庄畲族乡成立了第一个党支部，红四军在这里创建了“闽西兵工厂”，毛泽东、朱德、陈毅等老一辈无产阶级革命家都在官庄留下革命实践足迹，当年全乡4000多人参加革命，有347名革命英烈，在长征途中牺牲的红四军妇女先锋团政委吴富莲是杰出代表。在做好新时代民族团结进步

创建工作中，上杭县始终立足传承和弘扬好红色基因，讲好艰苦年代各民族群众携手追求新生活的感人故事，展现各民族群众弥足珍贵的手足之情，利用微信、短信、互联网、电视、横幅、主题班会等形式，广泛开展民族团结进步宣传教育，大力弘扬以爱国主义为核心的民族精神，铸牢中华民族共同体意识的思想基础。近年来，上杭县还结合举办少数民族实用技术培训班、卫生义诊等为民办实事活动，广泛宣传民族政策法规，并为少数民族群众办实事 200 多件。全县各民族相互包容、高度团结、和谐稳定。

二、围绕发展主题，促进民族乡村振兴

（一）挂钩帮扶实现全覆盖。长期以来，各级党委政府和有关部门十分关心老区民族乡村的发展，对上杭县民族乡村给予极大关注和帮扶。龙岩市委、市政府主要领导以及省直单位和沿海发达县市区持续挂钩帮扶官庄、庐丰 2 个民族乡，2015 年至 2019 年，上级下拨上杭县少数民族乡挂钩帮扶资金及配套资金约 4000 万元。同时，上杭县委、县政府每年专题召开官庄、庐丰项目推进会，召集相关部门研究民族乡村发展工作，从项目、资金、政策等方面大力支持民族乡村发展。县委、县政府主要领导和分管领导分别挂钩庐丰畲族乡、官庄畲族乡，县民协委成员单位挂钩帮扶民族村。县民协委成员单位每年帮扶资金由原来的 3 万元提高至 5 万元，帮扶时间为期 5 年。

（二）加大财政支持力度。为加大对少数民族乡的财政扶持力度，上杭县新一轮乡镇财政预算管理对民族乡超收部分实行全留政策，用于支持民族乡各项事业发展。对民族乡实行烤烟特产税 90％返还政策，2 个民族乡每年仅此项可增加财政收入 700 多万元。

（三）大力改善民族乡村生产生活条件。上杭县在 2 个民族乡的 40 个民族行政村全面实施“空心房”整治、旧宅基地复垦、“家园清洁”整乡推进、农民公园、安全用水等项目建设，民族乡村面貌发生翻天覆地的改变。把各类试点村扶持政策向民族村倾斜，据统计，2019 年全县有 11 个少数民族村列入市级乡村旅游试点村、县级“千村整治、百村示范”工程试点村、县级人居环境整治提升试点村等乡村振兴各级各类试点，其中有 5 个少数民族村列入省级乡村振兴试点村，占全县省级试点村的 25％。民族乡村的农田水利、烟基道路、乡村道路等基础设施逐步完善。据不完全统计，近五年，除民族宗教部门的民族补助资金 2975 万元外，其他各部门投入民族乡村的项目及补

助资金不少于2亿元。在各部门的大力支持下，民族乡村的优势特色产业得到长足发展，2个民族乡已形成以烤烟、油茶、金花茶、毛竹、果业等为主的特色种植加工产业。上登村蜜柚，文光村脐橙、杭梅，南岭村金橘，吉安村沙田柚，苏家坡村贵妃鸡等民族村特色产业基地建设初具规模。民族乡村产业结构更趋合理，农民致富增收后劲增强。2013年以来，全县有三批次共11个民族村被列为少数民族特色村寨建设试点村。其中，庐丰畲族乡丰康村、官庄畲族乡树人村被国家民委命名挂牌“中国少数民族特色村寨”。

（四）加快补齐民族事业发展短板。近年来，上杭县投入1000余万元支持民族卫生事业，2个民族乡医疗设施逐步完善，40个少数民族村有38个设置了村卫生室，25个少数民族村配备了乡村医生，无乡医、无卫生所的少数民族村由卫生院选派医生，以定期巡诊的方式解决少数民族村群众看病难问题。在教育方面，出台了《上杭县关于加快发展民族教育实施方案》，近年共投入2500多万元用于新建教学综合楼、学生食堂、塑胶运动场等，县内7所民族中小学基础设施不断完善。全面落实少数民族学生助学金政策，2019年至2020年共发放少数民族学生助学金50余万元，受益少数民族学生999人。

（五）实现民族乡村全面脱贫。县委、县政府明确10个民族贫困村全部由县处级领导干部挂钩，县直部门或下派驻村干部单位各挂钩帮扶1个村。对少数民族贫困户从生产扶持、建房补助、就学资助等10个方面采取帮扶措施。至2019年底，全县原有10个少数民族贫困村，2343名少数民族贫困人口全部实现脱贫。

三、围绕传承主调，推动民族文化交流融合

（一）发挥特色，注重少数民族文化的保护传承。上杭县把少数民族文化保护和开发利用工作纳入县委、县政府文化大繁荣大发展工作内容。在传承保护畲族文化遗产方面，2018年，上杭县首次设计推出闽西（上杭）畲族服饰，让畲族文化活态发展。实施民族村落民居保护工程，投入近千万元，先后将庐丰丰济村麻子坝围屋等9处民族村古民居进行维修保护。目前，上杭县各民族乡村还保存着丰富多彩的少数民族文化，打香灯、舞狮、畲拳、船灯、十番音乐、树叶吹奏等文艺活动常态化开展，其中庐丰畲族乡树叶吹奏、五梅拳被列为省级非物质文化遗产，香灯龙、钟家拳等畲族文艺被列为市级非物质文化遗产。积极开展畲族文化进校园，将畲歌、畲语、畲族武术、蹴

球、舞狮、民族舞蹈等特色民族文化融入教学课程，让学生了解畲族文化；扶持建设 4 个畲族传统体育训练基地，代表龙岩市组队参加福建省传统体育运动会屡获佳绩。在开展民族文化活动方面，每年农历“三月三”，在庐丰、官庄 2 个民族乡举办形式多样的文艺活动。2018 年，承办中华一家亲·2018 海峡两岸各民族欢度“三月三”节暨福建省第七届“三月三”畲族文化节、第十一届海峡两岸少数民族丰收节活动，受到海内外关注，成为近年来全省“三月三”活动的样板工程。2020 年，以举办线上活动的方式，在当地融媒体平台推出《杭川畲韵》系列专题，获得社会各界的好评。

（二）推进融合，促进两岸少数民族文化交流。上杭县充分发挥海峡两岸少数民族交流与合作基地的平台作用，以亲情血缘为纽带，以客家文化和民族文化为切入点，积极推动两岸多方面交流合作。上杭县在城区建成了全国收藏客家族谱之最的客家族谱博物馆，为台湾同胞和海外侨胞提供了寻根问祖、族谱对接等服务，接待了成百上千批次台湾团体参访。还投资建成全省第一个县级畲族文化博物馆——闽西畲族馆，2018 年开馆以来，平均每天接待近 200 名观众。截至 2020 年，闽西畲族馆累计接待 5 万余人次，其中台湾嘉宾近 3000 人次，成为各民族交往交流的平台和民族团结进步教育基地。上杭县有 3 个乡（镇）和 3 个村分别与台湾乡村开展结对交流，其中官庄畲族乡与台湾彰化县员林镇签约结对，官庄畲族乡朱堡村与屏东县满州乡满州村签约结对，结对乡村建立了常态化交流机制，增进了台湾同胞的情感认同。每年的“三月三”畲族文化节已成为海峡两岸少数民族特色宣传、项目推介、招商引资、文化交流的重要平台。2018 年，首次在大陆举办的“两岸成人礼”在上杭县举行，金门嘉宾和师生代表 135 人参加；2019 年，举办中国·闽西（上杭）第三届世界客属龙舟文化旅游节活动，70 多名台湾嘉宾参加，其中由县民族宗教局承办的子项目“东南亚地区海峡两岸（上杭汀江）公开水域游泳邀请赛”取得良好效果。

高山畲水舞丰年　民族团结一家亲[①]

华安县少数民族事务服务中心

华安县现有 14 个少数民族成份，少数民族人口共 2121 人，以高山族和畲族为主，其中高山族同胞 51 户 135 人，有 7 个高山族聚居村；畲族人口 1280 人，有官畲、坪水 2 个畲族村。

华安县民族宗教局认真贯彻落实中央和省、市委关于推进少数民族工作的决策部署，立足实际、因地制宜，创新工作思路、深化工作措施，牢牢抓住各民族“共同团结奋斗，共同繁荣发展”的主题。围绕建设“生产发展、生活富裕、生态优美”的新华安目标，发挥国家森林公园、国家重点生态功能区、中国名茶之乡等生态名片优势，发展特色产业，打造特色文化，全力做好民族工作。

一、抓落实，健全工作制度，形成民族村发展合力

在中央、省、市的重视和支持下，华安县编制五年民族发展工作规划，出台了《大力扶持少数民族聚居区经济社会发展实施方案》，成立华安县民族工作协调委员会，建立完善县领导挂钩民族村、高山族聚居村制度，明确县委书记挂钩新圩镇官畲村，县长挂钩高安镇坪水村，其他 7 位县委常委分别挂钩 7 个高山族聚居村。引导和推动民族村发挥地域优势，发展特色产业，促进增产增收，合力推进少数民族村的经济社会发展。

---

① 本文系 2020 年福建省民族与宗教研究所主办的“中华民族团结进步窗口建设论坛”交流文章。

二、抓发展，培育特色产业，促进少数民族脱贫致富

华安县立足资源优势，发展一村一品，通过示范、扶持、补助等形式，鼓励高山族、畲族群众种茶、制茶，设立了1个高山族民族团结进步创业基地，涌现了1个省级农民专业合作社示范社和1个国家级农民专业合作社示范社。截至2020年，9个少数民族村茶叶种植面积达2.5万亩，茶叶加工作坊2000多家，创产值1.5亿元。将继续开展茶艺、茶叶种植加工夏令营活动，打造一批有旅游功能的生态观光茶园，发展百香果、坪山柚、沃柑等特色产业，开展采摘体验活动。扶持海拔高的坪水畲族村发展雷竹、单季稻、蜂蜜、苦茶等特色产业，将畲家苦茶指定为全年大型活动的供应茶水，并结合特色旅游发展配置2个畲家农特产品售卖点，大力宣传畲家农特产品，进一步提高村民收入。2019年，华安少数民族村农民人均可支配收入均超过全县平均水平，其中官畲村农民人均可支配收入达24895元，稳居全县前列。

三、抓项目，建设特色村寨，打造宜居宜业宜游新貌

上下联动，立体推进。华安县采取向上争取政策支持与县乡村投入相结合的方式，打造宜居、宜业、宜游的少数民族特色村寨。送坑村高山族特色村寨文化广场、舞台、陀螺公园等一批项目建设完成并投入使用，为两岸少数民族文化交流提供了一个平台。官畲村特色村寨建设最初由群众自筹10万元建设山门，而后最大限度发挥政策叠加效应，先后共投入3000多万元，完成了一批旅游道路建设、村容村貌整治等基础设施及特色民居改造、畲族风情广场、文化长廊、文化广场、畲乡天穹蛋居、瓢虫屋露营基地等项目建设，大大改善了村寨的人居环境。2014年，官畲村被列入首批中国少数民族特色村寨。坪水村列入第三批全省少数民族特色村寨试点村的三年多来，先后共投入2000多万元，实施了美丽乡村建设工程、民居立面装修工程、整村环境整治工程、污水处理工程、畲族文化墙景观工程、畲族文化活动广场建设工程等，有效改善了村容村貌，提升了人居环境，也打造了具有畲族文化特色的乡村旅游环境。另外，大地、云山、下林、市后、大燕、沙建等6个高山族聚居村也在乡村振兴中加快发展步伐，仙都镇正在进行高山族风情休闲小镇建设规划。

四、抓招商，扩大融资渠道，助推民族乡村振兴

华安县少数民族特色村寨建设最初主要依靠政府投资、部门投资及争取政策性项目投资。要长远的发展，还需要招商引资，激活民间资本。华安县、镇、村积极拓宽渠道，成功引进社会资金合作，使官畲、坪水2个民族村更好地立足市场需求，深化农旅融合，着力打造旅游精品。

2018年10月，官畲村与漳州市旅游投资集团签约“官畲风景区协议”，成立了漳州市官畲旅游开发有限公司。旅投集团先后投资2000万元完善了景区游客中心、停车场、旅游公厕、畲乡餐厅、云上餐厅、休憩观云阁等旅游配套设施建设，官畲风景区于2019年2月正式开园。据统计，2019年，景区接待游客12.5万人次，旅游收入781万元。2019年，官畲村集体经济固定收入增加至30万元，门票收入的10%作为村民的分红，官畲125户农户共收到分红现金49万元，人均1000元。全村有30%的村民就业于官畲旅游公司。在旅游业的带动下，村民开办民宿、餐馆、售卖茶产品及其他特色产品等，形成了官畲旅游特色经济，促进了群众增收。官畲旅游项目是华安县村、镇、企三方合作的典范。2019年12月，官畲景区正式被列入国家3A级旅游景区。

2017年，坪水村引进厦门盛世云创文化传媒有限公司合作运营，共同开发坪水旅游，镇政府负责基础配套建设，公司负责景点开发建设，截至2020年已投入1000多万元完善住宿、餐饮、娱乐、观光等配套设施，旅游开发已初见成效，坪水村集体经济收入每年达10万元以上。

两个畲族村寨现已成为华安县重要的乡村文化旅游地，吸引了众多周边地区的游客。村寨旅游开发拓宽了当地群众的收入渠道，有效促进了村集体经济增收，为乡村振兴注入了经济活力。

五、抓品牌，弘扬特色文化，助推闽台交流合作

华安不仅注重在生产生活、就业创业等方面服务高山族、畲族群众发展，而且注重高山族、畲族文化的传承与发展。华安是福建省少数民族传统体育项目训练基地，华安高山族舞蹈拉手舞、华安县畲家民歌分别是国家级、省级非物质文化遗产项目，官畲、送坑、坪水3个特色村寨均组建青年民族歌

舞表演队。华安高山族传统体育表演队6次作为省代表队参加全国民运会获奖项十多个。在第十一届全国少数民族传统体育运动会的表演项目比赛中，华安县的竞技类项目《锯木头争上游》获二等奖，技巧类项目《抛陀螺》获三等奖。另外，表演队还参加海峡两岸的十几场大型助兴表演和民族团结联谊活动。特色品牌文化促进海峡两岸的交流合作，对台工作特色品牌日益响亮，送坑高山族特色村寨、官畲村被漳州市台办授予“漳台交流基地”称号。在弘扬民族文化中深化闽台交流互动，华安县与金门县少数民族协进会签订“共同弘扬民族文化，增进民族情谊友好”倡议书，两岸同胞经常以丰年节等重要活动为载体，互相交流学习。